EDITION

Directeurs de collection et auteurs : Dominique AUZIAS et Jean-Paul LABOURDETTE
Responsable d'édition : Sophie KESRAOUI
Auteurs : Andréa CAUCHOIX, Emmanuelle LESCAUDRON, Marie MORVAN, Solène REY, Boris KAHAUJIAN, Cécile THOMAS, Elisa VALLON, Virginie LANDEMAINE, Isabelle PIN, Stéphanie LE GOFF, Gaël BOCANDE, Sandrine LEMOALLE, Jean-Paul LABOURDETTE, Dominique AUZIAS et alter
Directeur Editorial : Stéphan SZEREMETA
Rédaction France : Briséis TEMPLE-BOYER, Désirée DEBANT, Emilie SAINT-PASTOU, Nicolas WODARCZAK
Rédaction Monde : Laure CHATAIGNON, Morgane VESLIN, Pierre-Yves SOUCHET, Natalia COLLIER

FABRICATION

Maquette et Montage : Romain AUDREN, Julie BORDES, Delphine PAGANO
Iconographie et Cartographie : Anne DIOT, Julien DOUCET

WEB ET NUMERIQUE

Directeur Web : Louis GENEAU DE LAMARLIERE
Technical Project Manager : Hervé MARION
Développeurs : Guillaume BARBET, Adeline CAUX, Bastien MOINET
Intégrateur Web : Mickael LATTES, Antoine DION
Webdesigner : Caroline LAFFAITEUR
Responsable Communication Digital WEB : Alice BARBIER
Community Traffic Manager : Shirley NDEMA-KINGUE, Camille LE PROVOST
Content Manager : Aliénor de PERIER

DIRECTION COMMERCIALE

Directeur commercial : Guillaume VORBURGER
Coordinatrice des Régies commerciales : Manon GUERIN
Responsable Régies locales : Michel GRANSEIGNE
Responsables Développement régie inter : Jean-Marc FARAGUET, Guillaume LABOUREUR et Camille ESMIEU
Assistante commerciale Régie internationale : Leila ANTRI-BOUZAR
Chefs de Publicité Régie nationale : Caroline AUBRY, François BRIANCON-MARJOLLET, Perrine DE CARNE MARCEIN, Jonathan TOUTOUX, Fouzia CHAOUI

DIFFUSION ET PROMOTION

Directrice des Ventes : Bénédicte MOULET assistée d'Aissatou DIOP
Responsable des ventes : Jean-Pierre GHEZ assisté de Nelly BRION

ADMINISTRATION

Président : Jean-Paul LABOURDETTE
Directeur général : Louis AUZIAS
Directrice des Ressources Humaines : Dina BOURDEAU assistée de Sandra DOS REIS et Eva BAELEN
Directrice Administrative et Financière : Valérie DECOTTIGNIES
Comptabilité : Guillaume PETIT, Aminata BAGAYOKO, Adama DIABY
Recouvrement : Fabien BONNAN assisté de Sandra BRIJLALL
Responsable informatique : Elie NZUZI-LEBA

PETIT FUTÉ NANTES

LES NOUVELLES EDITIONS DE L'UNIVERSITE
18, rue des Volontaires - 75015 Paris.
✆ 01 53 69 70 00 - Fax 01 42 73 15 24
Internet : www.petitfute.com
SAS au capital de 1 000 000 € - RC PARIS B 309 769 966
Couverture : © Ron Dale - stock.adobe.com / © Oleg Kapustin - stock.adobe.com / © mkos83 - stock.adobe.com / © master1305 - stock.adobe.com / © Javier brosch - stock.adobe.com / © Corona Borealis - stock.adobe.com / © amenic181 - stock.adobe.com / © svetazi - stock.adobe.com / © Minerva Studio - stock.adobe.com / © Lustre - stock.adobe.com / © Prostock-Studio - iStockPhoto.com / © Stramyk Igor - stock.adobe / Les Anneaux de Buren de Nantes et Notre Dame du Bon Port © Torres-Olivier - Shutterstock.com
Impression : CORLET IMPRIMEUR - 14110 Condé-en-Normandie
Achevé d'imprimer : octobre 2023
Dépôt légal : 06/12/2023
ISBN : 9782305089157

Pour nous contacter par email, indiquez le nom de famille en minuscule suivi de @petitfute.com
Pour le courrier des lecteurs : info@petitfute.com

NANTES

CITÉ EN MOUVEMENT

Nantes est comme un terrain de jeu où les projets les plus audacieux prennent vie. On ne tombe pas à court d'activités, de découvertes ni d'alternatives pour mieux vivre.

Cette ville est à l'image d'un poème qui se décline au fil des ruelles pavées et des quais animés. Chaque pas est une découverte, une aventure qui nous invite à explorer des trésors cachés. Les musées, les places accueillantes et les nombreux jardins sont des témoignages de l'histoire et de l'héritage de Nantes. Sans oublier les balades au fil de l'eau avec la Loire qui traverse la ville, telle une artère vitale.

Les différents mois de l'année sont rythmés par une programmation vivante : spectacles, cinémas, arts, musiques. La Cité des Ducs brille par sa créativité. Les projets soutenus par la métropole en font un berceau artistique et entrepreneurial. D'autant plus que cette ville a su prendre de la hauteur afin d'avoir des approches inspirantes de son espace urbain. La ville prend à cœur sa responsabilité de garantir un cadre de vie adapté pour ses habitants et visiteurs. Cela se ressent au travers des initiatives écoresponsables, inclusives et orientées accessibilité qui fleurissent.

Cité culinaire historique avec ses restaurants et cafés qui traversent les siècles, en parallèle, elle se réinvente. De nombreux restaurants voient le jour et ravissent les papilles les plus exigeantes. Des chefs et cheffes s'appliquent à mettre en avant les produits du terroir, tout en apportant leur touche d'innovation. Ils sont de plus en plus nombreux à s'engager vers un mode de consommation responsable, se tournant vers des produits locaux, de saison, frais et bio.

Nous avons sélectionné avec soin des belles adresses pour vous permettre de plonger dans l'effervescence et l'authenticité de Nantes. Que vous soyez habitant ou visiteur, laissez-vous guider pour une expérience mémorable à Nantes !

PEFC
10-31-1510
Certifié PEFC
Ce produit est issu de forêts gérées durablement et de sources contrôlées.
pefc-france.org

SOMMAIRE

© DEBORD DE LOIRE JUIN 2023

Débord de Loire.

© BISTROT CHAMAILLE NANTES

Chamaille Bistrot.

© DELICATESSAINE PATISSERIE

Fraisier de Délicatessaine.

SOMMAIRE

© PETIT FUTÉ NANTES

Micro Barrr Nantes comedie Club.

© PHOTO PATRICK ALBERA PHOTOGRAPHIE

Concert Mylène Farmer Stade Beaujoire 9 juin.

© PETIT FUTÉ

Bicycle Vélo Café.

Château des ducs de Bretagne.
© ANDRÉA CAUCHOIX

LA VILLE EN MOUVEMENT...

© A. CAUCHOIX THE HUMANS

UN COURS D'HISTOIRE DÉCALÉ

Le Voyage à Nantes nous invite régulièrement à poser un nouveau regard sur Nantes. Cet été, une œuvre vient sublimer la nouvelle place du Commerce imaginée par la paysagiste Jacqueline Osty. Olaf Breuning détourne les codes de la culture pop avec *The Humans* et propose une évolution de personnages qui semblent appartenir à des tribus, avec leurs rites, leurs codes et leurs identités propres.

www.levoyageanantes.fr/en/artworks/the-humans/

QUARTIER FEYDEAU COMMERCE

Après 4 ans de travaux, la nouvelle promenade de Feydeau-Commerce se dévoile. Inauguré le temps d'un week-end en mai avec de nombreuses animations, cet espace permet

© SOPHIE KESRAOUI

de profiter de nouveaux aménagements. Plus de place pour les piétons et les vélos, de belles plantations et espaces végétalisés. C'est un nouveau visage pour cette place où l'on croise même des canards qui barbotent dans les fontaines.

https://metropole.nantes.fr/dossier-feydeau-commerce

© A. CAUCHOIX LA CHAUMIÈRE

FLORAISON DE NOUVEAUX LIEUX DE VIE

Qu'ils soient éphémères ou pérennes, les nouveaux lieux de vie nantais ont le vent en poupe. On peut siroter un verre à la guinguette de Port Jean, savourer un brunch à Ohm Town au rythme de la musique, profiter d'un vide-dressing à Décadanse ou plonger dans l'ambiance nocturne de La Chaumière. Ces endroits offrent de délicieuses perspectives autant pour les résidents que pour les visiteurs.

NOUVELLE GÉNÉRATION DE TRAM

© A. CAUCHOIX

Le nouveau tram de Nantes arrive enfin ! Imaginé en collaboration avec les citoyens, ce tram est une promesse d'accessibilité et d'extension du réseau sur la métropole. Il permettra d'accueillir davantage de passagers en offrant des trajets plus spacieux et agréables. Les voyages dans celui-ci débuteront fin 2023, alors ouvrez grand les yeux. Son esthétique en régale plus d'un et on a hâte de le tester !

RÉHABILITATION RÉUSSIE

Situées au cœur du quartier de la création, les Halles 1 & 2 achèvent la réhabilitation des anciennes halles industrielles de l'Île de Nantes. 3 400 m² destinés à accueillir les initiatives de la filière créative et culturelle de la métropole. Ces halles favorisent ainsi les interactions entre la formation, la recherche, l'économie, la culture et l'innovation. Un bel encouragement de la créativité !

© A. CAUCHOIX HALLES 1 & 2

https://metropole.nantes.fr/actualites/2023/economie-emploi/halles1-2-temple-creativite

UN NOUVEAU THÉÂTRE POUR LE MUSIC-HALL !

C'est un théâtre flambant neuf qui débarque sur l'île de Nantes avec le Sémaphore. Et avec lui, une toute nouvelle offre de spectacle ! Mobilisée par la Cité du Music-Hall et des Arts populaires, la programmation a pour but de développer la diffusion d'artistes émergents et des formes artistiques relevant de l'univers du music-hall. Confort visuel, d'écoute et convivialité sont au rendez-vous !

https://semaphore-nantes.fr/

© STUDIO MATCHUPIC CITÉ DU MUSIC HALL NANTES

MUSÉE D'ARTS DE NANTES

SOPHIE LÉVY, DIRECTRICE ET CONSERVATRICE DU MUSÉE

Après 6 ans de travaux, le musée a fait peau neuve en 2017. À sa tête, Sophie Lévy. Son objectif ? Faire du musée un lieu vivant et accessible. C'est ainsi un subtil dialogue entre les époques qui se produit au cœur de celui-ci, entre collections permanentes et expositions temporaires.

Quelles sont les particularités et l'ambition du Musée d'arts de Nantes ?

Depuis sa création en 1801, le musée n'a cessé d'enrichir ses collections en acquérant en particulier des œuvres d'artistes vivants, comme Eugène Delacroix, Ingres ou Gustave Courbet. Après 1990, le musée a fait le choix de poursuivre cette politique en développant sa collection d'art contemporain.

On y trouve ainsi des artistes majeurs de notre temps comme Gerhard Richter, Anish Kapoor ou Duane Hanson. Il est ainsi l'un des rares musées à présenter 9 siècles d'art, du XIIIe au XXIe siècle. Sa programmation, par son dynamisme et sa transversalité, rend compte, comme la collection, de cet ancrage avec son temps, avec sa métropole et, du fait de son statut de grand musée de l'Ouest de la France, de son regard vers les Amériques.

Comment le Musée d'arts de Nantes s'engage-t-il à attirer différents publics, notamment les jeunes ou encore les familles ?

Au fil des mois et d'une programmation événementielle diverse, le musée se met au diapason des événements nantais, nationaux ou européens. Depuis une pause à l'heure du déjeuner, jusqu'aux nocturnes du jeudi soir, en passant par les visites en langue des signes française jusqu'aux tout-petits qui peuvent s'initier à l'art. De multiples possibilités de vivre le musée et ses collections s'offrent aux publics.

De nombreuses expositions animent le musée. Quel est le programme pour l'année à venir ?

Pour correspondre aux rythmes de la métropole, la programmation des expositions du musée est concentrée sur deux ou trois temps forts dans l'année. Après l'exposition-événement « Hyper sensible «. Un regard sur la sculpture hyperréaliste, les équipes préparent pour le public une rétrospective sur Suzanne Valadon à l'automne 2023, puis au printemps 2024, une exposition sur l'artiste vidéaste nantais Pierrick Sorin.

› LE MUSÉE D'ARTS DE NANTES

10, rue Georges-Clemenceau, 44000 Nantes
✆ 02 51 17 45 00
museedartsdenantes.nantesmetropole.fr
contact.museedarts@nantesmetropole.fr
www.facebook.com/MuseedartsdeNantes
www.instagram.com/museedartsdenantes

© C. CLOS

© REPOR VISITEURS FAMILLE

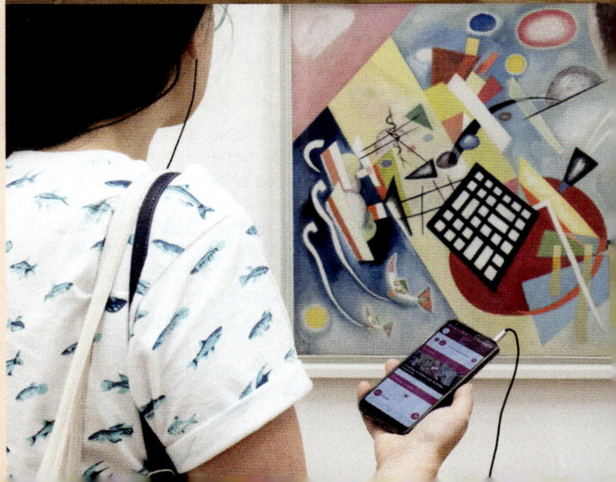

© MUSÉE D'ARTS DE NANTES

ET ACCESSIBLE À TOUS !

© SOPHIE KESRAOUI

QUAND LES STATUES CHANGENT DE STATUT

Que serait Nantes sans ses statues ? La 12e édition 2023 du VAN les met à l'honneur. 4 statues du XIXe siècle ont pris place face au palais de justice. Ces 4 allégories sont : la Justice, la Jurisprudence, l'Éloquence et l'Histoire. Par ailleurs, le général Cambronne se retrouve assis à la terrasse de la « Cigale » et le général Mellinet se retrouve rue des Deux-Ponts. Des statues vivantes !

www.levoyageanantes.fr

FÉMINISATION DES NOMS DE RUES

© SOPHIE KESRAOUI

Nantes souhaite devenir une des 1res villes non sexistes de France d'ici 2030. Depuis 2022, 85 % des nouveaux noms de rues concernent des femmes. Rendre visible dans l'espace public des citoyennes historiques ou contemporaines s'inscrit dans cet engagement. Camille Muffat, Jane Vialle ou encore Frida Kahlo. Mais aussi Louise Bourgeois, sur le parcours du VAN, à côté de l'Œuvre située Halle 6.

GROS PLAN SUR L'ACCESSIBILITÉ NUMÉRIQUE

© A. CAUCHOIX

Rendre le numérique accessible à tous est un des gros enjeux informatiques de notre société ! En ce sens, de nombreux événements nantais mettent l'accent sur cet aspect afin de sensibiliser divers publics face à cette problématique. On a notamment le web2day, le Devfest ou encore la Nantes Digital Week qui donnent la parole aux acteurs du changement et nous invitent à rejoindre la démarche.

LE DESIGN AU SERVICE DE L'INCLUSION

© A. CAUCHOIX ECOLE DE DESIGN - PARCOURS INTER-ÉCOLES

L'école de design forme les étudiants à analyser, comprendre et créer des solutions à des enjeux de société. Son Care Design Lab mène des recherches innovantes afin de lutter contre les vulnérabilités. Par exemple, parmi les projets étudiants : une application pour ressentir la musique chez les sourds et une autre pour lutter contre l'isolement des personnes atteintes du syndrome d'hikikomori.

https://lecolededesign.com/fr

VALORISATION HUMAINE ET VÉGÉTALE

© A. CAUCHOIX

L'association La Brocante verte a pour mission l'insertion professionnelle de personnes sans domicile fixe via une ressourcerie des plantes ! Cette superbe initiative permet de donner une seconde chance et d'accompagner les plus exclus tout en valorisant les plantes. Ils collectent et sauvent des végétaux voués à être jetés. Résultat : des sourires et des belles plantes à des prix accessibles.

labrocanteverte.fr

PRINTEMPS DES FRAGILITÉS

L'humain est au centre de ce village. L'édition du Printemps des fragilités 2023 a rendu hommage à Philippe Pozzo Di Borgo en présence de 3 000 festivaliers. La chorale Urban Voices, des rencontres avec des « gens de la rue », avec la Fraternité ou Le Repère de la Cloche à Wattignies, des visites avec l'ADAPEI, la découverte d'une maraude et des cafés-sourire, le programme a été riche d'humanité.

http://www.printempsdesfragilites.com/

© PRINTEMPS DES FRAGILITÉS

LES RENDEZ-VOUS
INCONTOURNABLES DE L'ANNÉE

JANVIER

LA REVUE DE LA CLOCHE A NANTES
(NANTES)

© STUDIO MATCHUPIC

Incontournable revue musicale nantaise qui propose des spectacles hauts en couleur. Un divertissement pour tous les publics.

SALON INTERNATIONAL DU TOURISME DE NANTES
(NANTES)
Avec plus de 400 exposants liés au tourisme et diverses animations, ce salon est idéal pour organiser ses prochaines vacances.

FÉVRIER

FOLLE JOURNÉE DE NANTES
(NANTES)

© SOPHIE KESRAOUI

Un festival qui ambitionne de démocratiser la musique classique, en proposant des concerts de haute qualité, à prix réduits.

HIP OPSESSION
(NANTES)
Festival entièrement consacré au hip-hop, en février il est dédié à la danse et s'articule entre spectacles, DJ sets, battles...

MARS

FESTIVAL CINÉMA ESPAGNOL
(NANTES)
Ce festival met en avant les talents récents et passés du cinéma ibérique, à travers des hommages et des rétrospectives.

FESTIVAL HANDICLAP
(NANTES)

© APAJH 44 HANDICLAP

La 37ème édition du Festival Handiclap se tiendra du 28 au 31 mars 2024, qui a lieu près des Machines de l'île. Celui-ci vise à favoriser l'accès à la culture pour tous.

JUILLET

AUX HEURES D'ÉTÉ – FESTIVAL DES CULTURES D'ICI ET D'AILLEURS
(NANTES)
Festival des cultures et des musiques du monde à Nantes. On y découvre plus de 30 spectacles et 80 artistes du monde entier.

LE VOYAGE À NANTES
(NANTES)
Chaque été, le VAN invite des artistes à investir l'espace public en y créant des œuvres, qui changent le regard sur la ville.

NANTES MAKER CAMPUS
(NANTES)
Mise en avant de constructeurs de machines qui investissent le champ artistique et qui recherchent la rencontre avec le public.

AOÛT

RENDEZ-VOUS DE L'ERDRE
(NANTES)

© SOPHIE KESRAOUI

Le jazz est mis à l'honneur le long de l'Erdre avec de nombreux concerts. Guinguettes et autres stands où se régaler à découvrir.

SEPTEMBRE

SCOPITONE
(NANTES)
Rendez-vous dédié aux cultures électroniques et aux arts numériques. Concerts, créations artistiques et autres réjouissances !

LA FOLIE DES PLANTES
(NANTES)
Cette manifestation florale et végétale réunit exposants, producteurs de plantes, associations horticoles et jardins familiaux.

NANTES DIGITAL WEEK
(NANTES)
La Nantes Digital Week fête ses 10 ans ! Au programme : concerts, expositions, ateliers, rencontres et débats autour du numérique.

Entre spectacles vivants, culture, nautisme et joie contagieuse, Nantes offre un éventail de rendez-vous tout au long de l'année. La richesse de ses influences culturelles se dévoile dans divers lieux emblématiques, que ce soit les rues, les monuments historiques, les salles de spectacle ou encore les cinémas intimistes. Que l'on soit visiteur ou petit-beurre nantais, la ville se métamorphose mois après mois, pour mieux nous émerveiller. En hiver, les spectacles hauts en couleur éveillent nos sens. Au printemps, c'est le carnaval qui nous attire. Les festivités estivales prennent leur envol dès juin et l'automne nous invite à élargir nos horizons. L'équipe du *Petit Futé* a sélectionné méticuleusement des événements mémorables, pour un divertissement sans pareil.

AVRIL

CARNAVAL DE NANTES

(NANTES)

© HIEU VO - SHUTTERSTOCK.COM

Le Carnaval nantais est une tradition ancienne qui a connu diverses formes. À découvrir : défilés, chars, musique et confettis !

L'ART EST AU NEFS

(NANTES)

Amateur d'arts ou néophyte, ce vide-atelier décloisonne la création, pour la faire vivre au plus près des citoyens et citoyennes.

MAI

MOTION MOTION

(NANTES)

Festival qui invite à découvrir le graphisme animé à travers des œuvres inédites, conférences, rencontres ou projections.

CHTIIING !

(NANTES)

Pendant 3 jours, la créativité nantaise est mise à l'honneur sous toutes ses formes. L'objectif ? Révéler des nouveaux talents !

LE PRINTEMPS COREEN

(NANTES)

Temps fort de la culture coréenne qui traverse ce pays de la tradition à la modernité tout en se projetant vers le futur.

JUIN

LES SCENES VAGABONDES

(NANTES)

Festival artistique en plein air où le spectacle vivant investit les parcs et jardins : théâtre, arts de rue, danse et musique !

FESTIVAL DE LA BD FUMETTI

(NANTES)

Festival BD et arts graphiques, il fait la part belle aux créateurs entre tables rondes, ateliers, expos et performances.

MARCHES DES FIERTES

(NANTES)

Rassemblement LGBTQIA+ emblématique. À Nantes, on retrouve le défilé mais aussi de nombreuses animations tout au long du mois.

OCTOBRE

SALON ZEN ET BIO

(NANTES)

Cette manifestation invite à (re) découvrir le bio, le naturel, le positivisme, afin de les installer dans son quotidien.

LES UTOPIALES

(NANTES)

Festival consacré à la science-fiction qui rassemble des artistes et des passionnés pour de précieux instants de découvertes.

L'ÉTÉ INDIEN AUX NEFS

Du samedi 30 septembre au vendredi 27 octobre 2024. Chaque année, l'été est prolongé avec le Rdv incontournable sous les Nefs et notre éléphant nantais ! Des soirées concerts avec des artistes venant du monde entier, pour notre plus grand plaisir. On aime danser, partager et vibrer. Au programme, hip-hop, du reggae, rock ... et le tout en entrée libre ! https://www.lesmachines-nantes.fr/ete-indien/

NOVEMBRE

CULTURE BAR-BARS

(NANTES)

Concerts, DJ sets, humour, théâtre, jazz, spectacles thématiques... Une programmation riche et variée pour tous les goûts.

ART TO PLAY FESTIVAL

(NANTES)

Plongez dans l'univers de la pop culture, des jeux vidéo et des mangas au travers de nombreuses animations pendant deux jours !

FESTIVAL DES 3 CONTINENTS

(NANTES)

Présentation de longs-métrages d'Afrique, d'Amérique Latine et d'Asie avec une sélection de films de fiction et de documentaires.

DÉCEMBRE

FESTIVAL TISSÉ METISSE

(NANTES)

Festival dédié au vivre ensemble et à la lutte contre les discriminations. Des animations, rencontres, et débats sont à découvrir.

MARCHÉ DE NOËL - L'AUTRE MARCHÉ

(NANTES)

Un marché où l'on déniche des cadeaux qui sont créés par les acteurs et actrices de l'économie sociale et solidaire du territoire.

LES ÉCO-RESPONSABLES

Nantes se positionne comme un terreau fertile pour un mode de vie responsable, solidaire et durable. Des tiers lieux émergent, créant des espaces polyvalents où l'échange et la créativité fleurissent. Afin de changer notre façon de consommer, des boutiques s'engagent en faveur de pratiques respectueuses et de l'économie locale. Une pâtisserie végétale voit le jour. Les livraisons à vélo responsables connaissent un essor remarquable. La valorisation de l'anti-gaspillage est au cœur des préoccupations, tant dans le domaine de l'alimentation que dans celui du matériel. Chacun peut contribuer à ce mouvement en privilégiant les pratiques écoresponsables et en soutenant les initiatives locales. Le Petit Futé a choisi de mettre à l'honneur 10 lieux qui, à leur échelle, sont acteurs du changement.

OLOW

DES VÊTEMENTS MADE IN FRANCE

Bien ancrée dans ses valeurs éthiques, Olow offre un modèle de durabilité dans l'industrie de la mode. Que ce soit par son espace accueillant ou ses collaborations artistiques, cette marque nous rappelle l'importance de faire des choix conscients et de soutenir des marques qui se soucient de la planète et des personnes qui y vivent. Qualité, éthique et créativité se rejoignent pour nous sublimer ! ▶▶ Page 133

© OLOW NANTES

© NAOFOOD LIVRAISON A VELO

NAOFOOD

LIVRAISON DE BONS PLATS A VELO

Alternative éthique face aux géants de la livraison, les coursiers de Naofood pédalent pour nous apporter nos repas ! Cette plateforme choisit de privilégier la qualité et le local, en choisissant avec soin ses restaurants partenaires. En plus d'être écologique, leur modèle remet l'humain au cœur de l'entreprise. On a plaisir à connaître les têtes de nos livreurs ainsi que leurs fidèles mascottes ! ▶▶ Page 103

© SOPHIE KESRAOUI

LE SOLILAB

LABORATOIRE VIVANT POUR TOUS

Chaque détail est pensé pour minimiser l'empreinte écologique du lieu : bâtiment en bois, système de phytoépuration, chaudière à pellets et tri des déchets avec compost. Ils s'engagent pleinement pour la planète. Ce tiers-lieu qui rassemble des acteurs de l'économie sociale et solidaire est un point de rencontre incontournable. Ne manquez pas le marché et la boutique solidaire qui font vibrer cet endroit. ▶▶ Page 219

© DÉLICE VÉGÉTALE

DÉLICE VÉGÉTAL

TOUT AU NATUREL

Délice Végétal est la première pâtisserie 100 % végan à Nantes. Derrière celle-ci : Alice et Agnès, deux sœurs végétaliennes qui créent des douceurs artisanales à quatre mains. Elles réinventent ainsi les classiques de la pâtisserie avec des ingrédients choisis avec soin. Qu'il s'agisse de viennoiseries, tartelettes, royal au chocolat, cookies ou babka, c'est l'explosion de saveurs garantie !

© ANDRÉA CAUCHOIX

WATTIGNIES

BOUILLON SOCIAL & COOPÉRATIF

Le Wattignies est un tiers-lieu qui accueille des initiatives locales et projets solidaires. Il offre un espace convivial ouvert à tous, avec un restaurant et des activités variées comme une brocante, des ateliers de réparation de meubles et de plantes, des livraisons à vélo, des maraudes pour les sans-abri et des soirées festives. Le mercredi soir, il y a un marché avec des produits locaux. ▶▶ Page 219

© CRÉATEURS NANTES À CŒUR

CRÉATEURS NANTES À CŒUR

AU CŒUR DE L'ARTISANAT LOCAL

Nantes regorge de talents et on en découvre de nombreux ici au sein de cette boutique ! Elle incarne l'écoresponsabilité et cela passe par des choix pour l'ensemble des artisans et créateurs : textiles écoresponsables, circuits courts, artisanat local. Chaque pièce proposée résulte de la sélection minutieuse de ces créatrices pour un effet unique et durable ! ▶▶ Page 184

COUPS DE CŒUR TOP 10

© WEARTH LAB

WEARTH LAB

LABORATOIRE DE DÉCOUVERTES

Être acteurs du changement, c'est ce que Gregory et Delphine ont fait en ouvrant Wearth Lab. Ce laboratoire de découvertes propose un vestiaire hommes et femmes, d'articles conçus dans le respect de l'environnement et de l'humain. Made in France, upcycling, produits recyclés, etc. Ils choisissent avec soin les créateurs exposés pour une mode de proximité, écoresponsable, éthique, durable et belle.

▶▶ *Page 133*

© SOPHIE KESRAOUI

ACCROCAMP

UNE ACTIVITÉ VERTE AU COEUR DU CRAPA

Fête d'anniversaire zéro déchet, activité *team building* écoresponsable ou même EVJF ou EVG. Ce ne sont pas les occasions qui manquent pour venir tester ce nouveau parc d'accrobranche sur l'île de Nantes, dans l'un des poumons verts de la ville ! La municipalité a porté une attention particulière à la protection du parc et de son patrimoine arboré, mais aussi à l'accessibilité des activités en termes de prix.

▶▶ *Page 51*

© REVOLTE E-GARAGES

E GARAGE

SECONDE VIE POUR LES BATTERIES ÉLECTRIQUES

Place à la révolte avec le tout premier e-garage dédié à 100 % aux voitures électriques ! Chez Revolte, le maître mot, c'est réparer. Ils proposent diagnostic et réparation des voitures électriques, des batteries à leur électronique. L'objectif ? Faire durer 100 ans nos voitures. On ne peut qu'encourager et soutenir cette offre déterminante dans la filière de la mobilité électrique. Une belle initiative !

▶▶ *Page 211*

© DOCTEUR GUITARE NANTES

DOCTEUR GUITARE

SECONDE VIE POUR LES GRATS !

À chaque instrument, sa sonorité et son âme. Frédéric Paume, luthier passionné, accorde une attention particulière à son métier : il redonne vie à nos guitares ! Plutôt que d'acheter de nouveaux instruments, autant prendre soin de ceux que l'on possède déjà. Son initiative est ainsi une belle façon de lutter contre la surproduction d'instruments. La musique se partage, la lutherie aussi !

ÉCOUTEZ RTL2
LE SON POP-ROCK
À NANTES
RTL2
LE SON POP-ROCK
LE DOUBLE EXPRESSO
6H/9H30
RTL2
NANTES
ILLIAS
DU LUNDI AU VENDREDI
12H-16H
DES CADEAUX,
DES BONS PLANS,
TOUTE L'ACTUALITÉ
POP-ROCK DE LA RÉGION
EN DIRECT DE NANTES
GRÉGORY ASCHER
JUSTINE SALMON
DU LUNDI AU VENDREDI
6H-9H30
DE L'INFO, DU SON POP-ROCK,
DE LA BONNE HUMEUR
+ TOUTE L'INFO DE LA RÉGION AVEC CÉCILE DURAND
6
GROUPE
nantes.rtl2.fr
FM
97.7
RTL2
LE SON POP-ROCK

LES RESTAURANTS

La gourmandise est une évidence à Nantes. Les restaurants de la ville captivent les palais les plus exigeants, offrant une expérience mémorable dans chaque bouchée. L'équipe du Petit Futé a soigneusement sélectionné 10 établissements qui affichent fièrement leur propre univers et leur identité culinaire. Derrière ces restaurants se cachent de véritables histoires de vie, nourries par l'amour, la famille, l'amitié et une passion commune pour le bien manger. Que vous soyez adepte des saveurs traditionnelles, asiatiques, espagnoles, bretonnes ou italiennes, Nantes saura vous séduire par sa cuisine riche, diversifiée et passionnée. Au-delà de l'aspect gustatif, ces adresses se démarquent par leur générosité et leur convivialité. Partage et régal en perspective !

KESSECET

RESTAURANT BAR CAVISTE

Mais... qu'est-ce que le KESSECET ? Un établissement aux multiples facettes. À sa tête : Maxime et Alex, les nouveaux propriétaires. Restaurant le midi avec la carte changeante au gré des saisons. Cave à vins et épicerie tout au long de la journée. La soirée est clôturée en beauté avec le bar à vin où l'on savoure des vins d'auteurs accompagnés de tapas maison. Une adresse gourmande et conviviale !

▶▶ Page 74

© SOPHIE KESRAOUI

© SOPHIE KESRAOUI

LA FOSSETTE

CUISINE DU MARCHÉ ET BONNE HUMEUR

Les bons vivants n'ont qu'à bien se tenir avec cette adresse. La cuisine du marché d'Eleonore, créative et colorée, sublime les produits locaux pour une véritable explosion de saveurs. En fin de journée, cette cantine de quartier se transforme et propose diverses activités comme des ateliers d'écriture, dégustation de vin, slam session, etc. Tout est bon pour nous faire dévoiler nos fossettes !

▶▶ Page 73

© JALEO GASTRO BAR

JALEO GASTRO BAR

L'ESPAGNE À NANTES

Jaleo ou l'amour de la cuisine espagnole. Le chef Albert Riera et sa compagne Emilie nous régalent dans leur gastro-bar. Ils nous transportent le midi avec des assiettes raffinées aux goûts subtils, mais aussi le soir avec une large proposition de tapas gastronomiques à partager (ou non) et à accompagner de sangria. Une adresse incontournable pour faire voyager ses papilles jusqu'en Espagne !

▶▶ Page 65

© SOPHIE KESRAOUI

LAZZARONE

LA PIZZA NAPOLITAINE

Envie d'une pizza qui vous transporte directement en Italie ? Rendez-vous à Lazzarrone où Adrien vous fait découvrir ses pizzas napolitaines à la pâte moelleuse et aux matières premières de qualité. Avec des produits finement sélectionnés en provenance d'Italie, vos papilles seront ravies. C'est aussi un régal pour les yeux grâce à la cuisine ouverte qui permet d'assister à la confection des pizzas !

▶▶ Page 93

© CHAMAILLE BISTROT NANTES

CHAMAILLE

UNE ADRESSE CONVIVIALE

Chamaille ou l'art de la cuisine bistronomique colorée. Cette adresse a le sens du service. Camille nous accueille avec un grand sourire. Quant à Igor, en cuisine, il prépare des assiettes inventives à base de produits frais. À l'ardoise, on découvre systématiquement une option végétarienne et, sur demande préalable, il est également possible d'avoir un menu végan. Un carton à tous les niveaux !

▶▶ Page 62

© GUINDAILLE

GUINDAILLE

BAR À MANGER ET RÉUNION JOYEUSE

Ambiance bistro le midi et assiettes gourmandes à partager le soir. Guindaille est une belle adresse pour savourer des produits frais, locaux et de saison ! C'est aussi l'endroit idéal pour une « réunion joyeuse » puisque convivialité et bonne humeur sont les maîtres mots de la maison. On boit, on mange, on décompresse, on rigole, on socialise ou on fait la fête. Le tout dans un même endroit !

▶▶ Page 64

© IMAGINARIUM

IMAGINARIUM

UNE CARTE AUX SAVEURS D'AILLEURS

Plongez dans l'univers de Jules Verne avec ce restaurant à la décoration insolite. On aime la rencontre entre les bons produits et la restauration écoresponsable. En cuisine, ce sont Carolina et Margot qui allient les produits de la région à des épices gourmandes. Les assiettes dépaysantes aux racines italiennes et japonaises nous font voyager. Une aventure des sens dans une ambiance chaleureuse ! ▶▶ Page 64

© CRÊPERIE SAINTE CROIX

CREPERIE SAINTE CROIX

LA PLUS VIEILLE CRÊPERIE DE NANTES !

Cette crêperie située dans le quartier historique de Nantes n'a pas pris une ride, bien qu'elle soit la plus vieille de Nantes ! Ici, on allie tradition et modernité avec le dynamisme de Stan et tous ses joyeux crêpiers. À deux pas de l'église Sainte-Croix, des spécialités sucrées et salées sont à découvrir pour une authentique parenthèse bretonne. ▶▶ Page 83

© BAIROZ

BAIROZ

LA BISTRONOMIE DIVINE

Bairoz nous invite à savourer la vie, ou du moins savourer sa cuisine. Ce restaurant révèle une cuisine douce et de caractère, faite maison avec des produits frais. Les saveurs se révèlent à chaque bouchée et séduisent incontestablement. En plus de nous enchanter avec de savoureuses assiettes de l'entrée jusqu'au dessert, Jérôme et Estelle assurent le service en salle. Une belle expérience ! ▶▶ Page 61

© ICHI ZEN

ICHI ZEN

LA BRASSERIE JAPONAISE MADE IN NANTES

Le midi, on savoure des classiques japonais aux portions généreuses. On aime aussi tout particulièrement le concept nocturne qui prend la forme « d'izakaya » : le bistrot au Japon, où l'on vient boire et manger. On découvre ainsi des mini plats à grignoter, à accompagner de leurs cocktails maison, d'une bière ou d'un saké. Le tout dans une ambiance conviviale et décontractée. Itadakimasu ! ▶▶ Page 96

L'EPICURIEN

L'Epicurien, c'est le restaurant gastronomique de l'Abbaye de Villeneuve avec, à sa tête, Aymeric Depogny, chef nouvellement étoilé au Michelin (mars 2023) ! Il s'est notamment fait remarquer pour son turbot nacré et capucines et son dessert autour du sarrasin.

Quel est votre parcours ?

Je suis originaire de la région Centre-Val de Loire, entre Gien et Bourges. J'ai travaillé au Relais Bernard-Loiseau en Bourgogne, où j'étais sous-chef. J'apprécie la région nantaise pour son dynamisme. Il y a tout ici, l'océan et des produits du terroir.

Pourquoi l'Abbaye de Villeneuve ?

J'aime les défis, j'ai vu l'annonce de chef de restaurant sur la page Facebook de l'Abbaye de Villeneuve estampillée « objectif étoile », j'ai foncé. Avec ma compagne, Laura Penouty, maitre d'hôtel à l'Abbaye, nous sommes tombés sous le charme de ce cadre remarquable. Un havre de paix.

Qu'est ce qui vous plait dans votre travail ?

Ici, j'ai la sensation de liberté, je fais ce que je veux en cuisine, c'est le bienfait d'être chef. Je découvre les produits du terroir, des associations. Je travaille la terre et la mer et particulièrement le poisson. Les poissons maturés, cuits nacrés, comme la lotte.

Qu'est ce qui vous passionne en cuisine ? Les produits locaux ?

Je me lasse assez vite, j'ai besoin de renouveler sans cesse ma créativité. Tout me fait vibrer en cuisine. Je m'inspire des produits de la semaine, que l'on va chercher aux Sorinières, à Orvault, au Lac de Grand Lieu pour les brochets ou les écrevisses et dans les jardins fruitiers autour de Château-Thébaud. Cela dépend des saisons.

Comment se fait le choix de vos fournisseurs ?

Avant chaque changement de carte, j'appelle mes fournisseurs. J'évite le plastique et les trajets inutiles. Je travaille les herbes sauvages et fraiches, comme le lierre terrestre, le lamier pourpre. J'ai deux cueilleuses. Aucune herbe en sachet.

Vous vous sentez attendu avec cette première étoile ?

J'en suis très honoré mais j'essaie de ne pas trop me mettre la pression, de faire de belles choses, d'avoir une cohésion d'équipe. Nous sommes 5 en cuisine, quatre en salle. On essaie de réunir tous les ingrédients pour que les gens se sentent bien dans notre établissement, qu'ils aient envie de revenir. C'est la passion au quotidien qui nous a amené cette étoile, on va garder le même cap.

› L'EPICURIEN - L'ABBAYE DE VILLENEUVE
Lieu-dit Villeneuve - **Les Sorinières**
✆ 02 55 59 05 91 - abbayedevilleneuve.com

LES ACTEURS DU BIEN-ÊTRE

À chacun sa façon de prendre soin de soi et d'agir pour son bien-être. On peut veiller à son équilibre personnel tant sur le plan physique que mental. Les adresses pour s'offrir des moments de douceur ne manquent pas. Le Petit Futé a sélectionné 5 adresses qui ont à cœur de favoriser l'épanouissement personnel. Cette sélection s'est basée sur la spécificité de chacun de ces établissements : un salon de coiffure pour se refaire une beauté, une boutique pour sublimer sa peau à l'aide de tatouages éphémères, une salle de fitness pour renouer avec son corps et s'ancrer, des balades qui mêlent sport, découvertes et dégustations, ou encore un café où l'on peut recevoir beaucoup d'amour en provenance de chiens disponibles à l'adoption. Il n'y a plus qu'à choisir comment cultiver votre mieux-être !

© SOPHIE KESRAOUI

CLAUDIA COIFFURE

MAITRE ARTISAN DE NOTRE BIEN ÊTRE

Le Cabinet de Claudia, c'est un discret salon de coiffure pour dames. Claudia, Maître Artisan, est une personnalité du quartier Maréchal Joffre. Installée depuis 14 ans, dans ce qu'on appelait le « village » Joffre. Si la ville évolue, Claudia reste fidèle à ses principes de faire de cet instant de coiffure un moment privilégié ! Bien-être du cuir chevelu certes, et écoute des femmes qu'elle embellit. ▶▶ Page 173

© LA ROSE À GEORGETTE

LA ROSE À GEORGETTE

TATOUAGES ÉPHÉMÈRES

Découvrez l'art des tatouages éphémères à l'encre naturelle de jagua, un fruit tropical d'Amazonie. La Rose sublime votre peau avec des motifs personnalisés. Que ce soit pour une occasion particulière ou par pur plaisir, vous pouvez décorer votre peau de façon provisoire et changer de style à volonté. Véritable bulle de douceur, êtes-vous prêt à montrer toutes les facettes de votre personnalité ?

▶▶ *Page 172*

© ARTLIGNE FITNESS

ARTLIGNE

UN UNIVERS SPORTIF COMPLET ET INNOVANT

Parmi les nombreuses salles de sport à Nantes, Artligne se distingue en étant un « lieu de vie » avant d'être une salle de sport. Installée au sein du « village de loisirs » de Carquefou, on y retrouve des équipements neufs, des fresques originales, un espace aquatique et un confort tout particulier. C'est un joli point de rencontre pour prendre soin de soi, avec des activités physiques et de bien-être.

▶▶ *Page 180*

© ADOPTHÉ

ADOP'THÉ

UNE PREMIÈRE BOUGIE POUR CE CAFÉ-CHIEN

Envie de câliner un chien ou d'en adopter ? Rendez-vous à Adop'thé ! Ici, on savoure du salé, du sucré et des boissons (le tout végan) dans une ambiance conviviale. Depuis son ouverture, Leïla, famille d'accueil, a permis l'adoption de 12 chiens ! Cette initiative permet de faire LA belle rencontre dans des conditions optimales. Et à défaut de repartir avec un toutou, on fait le plein d'amour.

▶▶ *Page 143*

© LA BALADEUSE

LA BALADEUSE

DÉCOUVERTE SPORTIVE ET CULINAIRE

Embarquez avec Noémie pour une balade découverte de la ville de Nantes. Que ce soit entre collègues, entre amis ou en famille, elle s'adapte à vos besoins pour proposer un itinéraire adapté à votre forme physique. Et parce qu'après l'effort, le réconfort, vous pourrez savourer des bons produits au sein d'une adresse où la gourmandise est mise à l'honneur. Un joli accompagnement sportif et gourmand !

▶▶ *Page 39*

COUPS DE CŒUR TOP 5

LES PERSONNALITÉS

Nantes, joyau historique et bouillon créatif, est le berceau d'une énergie contagieuse et inspirante. Des personnalités engagées contribuent de manière significative à l'évolution du patrimoine local. Telles des éclats de couleurs dans une toile en mouvement, ces personnes apportent une vitalité nouvelle. La liste de ces dernières est longue, mais nous vous proposons de découvrir 5 coups de cœur de l'équipe du Petit Futé. Dans notre sélection, on découvre des secteurs d'activité variés, aux valeurs communes. De l'art, de l'artisanat, de l'éco-responsabilité où se mêlent solidarité, partage et rassemblement. Qu'ils soient nantais d'origine ou d'adoption, leur passion se reflète dans chaque projet entrepris, tissant des liens entre le passé et le futur, promettant un beau rayonnement de la ville.

MURAT GECIMLI

SCULPTEUR MÉTAL

Incroyable artiste installé à Mauves-sur-Loire. Courez découvrir le parc de sculptures « Disque Planète » ! Murat Gecimli a réalisé une centaine d'œuvres 100 % métalliques avec de la ferraille recyclée, sortant tout droit de l'imaginaire de cet artiste passionné ! Une fois soudées, les sculptures s'incarnent en animaux, personnalités, mythologie, avec la poésie et le caractère insolite de ce site !

▶▶ *Page 37*

© CNCN

AMBRA SENATORE

LA DANSE QUI RASSEMBLE

Danseuse, chorégraphe mais aussi directrice du CCNN, Ambra Senatore a su intégrer harmonieusement la danse dans le tissu urbain de Nantes, offrant une expérience inédite autant pour les habitants que pour les visiteurs. Lors de sa carte blanche pour Débord de Loire 2023, elle a invité le public à entrer dans la danse entre déambulation chorégraphiée, ateliers et chorégraphies inattendues.

▶▶ *Page 148*

© A. CAUCHOIX

TINHÏ KMOU

UNE LUTTE CONTRE LE GASPILLAGE

Cette association à but non lucratif lutte contre le gaspillage, qu'il soit alimentaire, vestimentaire, matériel, etc. Chaque semaine, elle distribue des denrées alimentaires dans leurs locaux en échange d'un euro symbolique. Et ce, sans condition de revenus. Fruits, légumes, pain, produits frais et surgelés à DLC courte. Des tonnes des produits ne finissent pas à la poubelle. Une belle initiative !

▶▶ *Page 219*

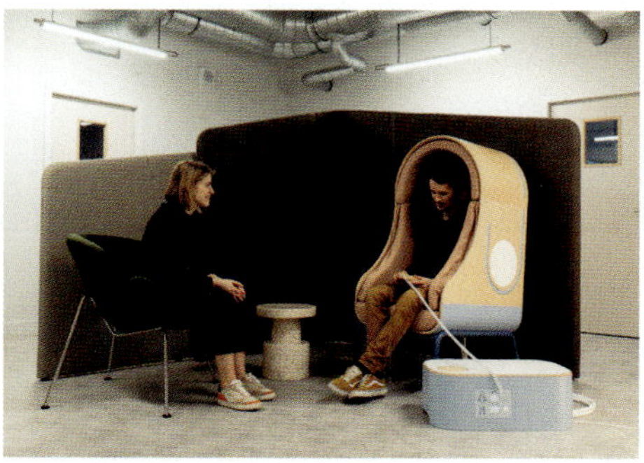

© CORALIE MONNET

ALEXIA AUDRAIN

CONCEPTRICE DU FAUTEUIL OTO

Dans le paysage de l'innovation, certaines personnes se démarquent par leur capacité à concevoir des solutions qui apportent un impact réel et positif dans la vie de nombreuses personnes. Alexia Audrain a fait exactement cela en créant le fauteuil à étreindre OTO. Celui-ci permet de répondre à l'un des besoins qui peut exister chez les personnes présentant des troubles du spectre de l'autisme.

▶▶ *Page*

© SOPHIE KESRAOUI

BÉRANGER POIRON

MAÎTRE ARTISAN BIJOUTIER

Ce joaillier est un Maître Artisan doté de plus de 20 ans d'expérience ! Après avoir exercé à Grenoble et Lyon, c'est finalement à Nantes qu'il a décidé de poser ses valises il y a quelques années. Son expertise est telle que beaucoup se déplacent jusqu'à lui pour profiter de ses talents. Création, réparation et même formation. Il transmet avec beaucoup de tendresse son goût pour la joaillerie.

▶▶ *Page 175*

LES GRAINES DE VAINQUEUR

Certains établissements nous fascinent par leur audace, leur créativité et leur engagement. Ils jouent un rôle essentiel dans la diversité et l'énergie de la ville, offrant des expériences uniques qui méritent d'être explorées et appréciées. Le Petit Futé a choisi de mettre en lumière celles et ceux qui font bouger les lignes des plaisirs gustatifs, de l'emploi responsable, du bien-être ou des escapades urbaines. Ces graines de vainqueurs dans différents concepts invitent à se laisser surprendre par des découvertes inattendues le long de la Loire, à ravir nos palais avec des dégustations, à éveiller notre curiosité au travers de pérégrinations ou encore à favoriser des rencontres impromptues. On vous conseille donc de découvrir ces adresses sans plus tarder, elles en valent le détour !

QUINTESSIA

LE NOUVEAU VISAGE !

Le Quintessia fait peau neuve depuis qu'Alexis Lefebvre a repris le lieu. Son objectif était clair : redorer le blason de ce lieu et casser les codes que renvoie l'image d'un 4*. L'établissement a été transformé : réaménagement complet, nouvelle décoration, terrasse avec le restaurant Le Jardin, spa rénové. L'endroit arbore désormais une ambiance chic mais décontractée, offrant un cocon de douceur. ▶▶ *Page 53*

© QUINTESSIA

© LOUIS BOURDOIS

OHM TOWN

NOUVEAU LIEU DE VIE À CHANTENAY

Belle adresse qui voit le jour dans le Bas-Chantenay. Scène de musique, restaurant, bar, brunch, salle d'écoute de Vinyle à l'acoustique incroyable ! Ce lieu a été pensé pour que l'on se sente comme à la maison. Alexis Tenaud, co-fondateur d'Androgyne, assure la direction artistique de cette « scène » musicale à la programmation pointue et où le respect, l'inclusion et le partage sont les maîtres mots. ▶▶ *Page 145*

© CREPIZZ NANTES

CREPIZZ

LA PREMIÈRE GALETTE À PARTAGER

Entre une crêpe ou une pizza, votre cœur balance ? Ne cherchez plus et rendez-vous chez Crepizz pour découvrir une galette à partager ! Issue d'une reconversion professionnelle, Christophe vous invite à déguster l'alliance originale de la galette et de la pizza. Avec ses deux associés, il s'est lancé dans l'aventure de la restauration et un brevet a même été déposé pour la recette de ses Crepizz !

▶▶ Page 84

© SOPHIE KESRAOUI

THE BICYCLE CLUB

CAFÉ-VÉLO ET RÉPARATIONS !

Il existe tellement de raisons de se mettre au vélo : balades, trajets quotidiens, etc. Que ce soit à Nantes, ses alentours ou plus loin ! Kévin scelle ainsi l'ouverture du tout premier café-vélo de Nantes avec The Bicycle Club ! Rendez-vous à cette adresse, dans un seul et même lieu pour prendre un café, acheter un vélo, l'entretenir, le réparer ou vous procurer des accessoires adéquats !

▶▶ Page 143

© QUAU WEST NANTES

QUAI WEST

BAR RESTO AFTERWORK AVEC VUE

Voici un lieu qu'on n'a pas fini de découvrir. Privatisable à souhait, que ce soit pour les entreprises, familles, soirées ou encore anniversaire, la vue imprenable sur la Loire ne laisse pas indifférent. Convivial, chaleureux, animé et plein de vie, on a envie de vous dire que c'est *THE place to be*. Ce bar et restaurant est idéal pour venir boire un verre, manger en afterwork ou faire la fête !

▶▶ Page 145

© SOPHIE KESRAOUI

LES BOUTIQUES CHYPETTE

DES CONCEPT-STORE QUI NOUS SUBLIMENT

Chez Chypette, quelle que soit l'adresse, on est bien reçu et on ressort avec le sourire ! Créé par Benjamin et Kévin,l'enseigne compte désormais 4 boutiques. On vient ici pour de la décoration, des idées-cadeaux, des habits ou autres. Les créateurs exposés sont choisis avec soin et on peut être sûr de dénicher LA perle rare qui saura nous sublimer.

▶▶ Page 167

© SOPHIE KESRAOUI

CAFÉ JOYEUX NANTES

DE LA JOIE À REVENDRE

« Bienvenue au Café joyeux ! » Ce sont les doux mots qui rythment l'entrée dans ce restaurant aux couleurs solaires et lumineuses. Ce café solidaire emploie et forme des personnes en situation de handicap mental et cognitif et c'est avec beaucoup de joie que l'on est accueilli en son sein. On découvre ainsi du beau, du bon et du vrai que l'on choisisse de petit-déjeuner, déjeuner ou goûter !

▶▶ Page

© LA CAVE PARALLÈLE

LA CAVE PARALLÈLE

L'IVRESSE DES PLAISIRS SANS ALCOOL

Là où les horizons s'élargissent et où les frontières entre les saveurs se redéfinissent, découvrez la cave parallèle de Jérôme. Une cave sans alcool qui repousse les limites de la dégustation, offrant des alternatives novatrices aux boissons alcoolisées. Spiritueux, vins, bières et softs, on y trouve des produits de qualité, sans rien céder au plaisir d'un verre en famille ou entre amis.

▶▶ Page 135

© MAISON MACHE.

ROSEMARY PÂTISSERIE

DÉLICES AROMATIQUES ET DOUCEURS ÉPICÉES

C'est une nouvelle destination culinaire à ne pas manquer qui voit le jour. Margaux et Marion, deux sœurs, ont ouvert leur salon de pâtisserie. Elles revisitent des classiques en proposant des associations particulièrement créatives à base d'herbes aromatiques, fleurs séchées, céréales ou épices. Salon de thé, petit déjeuner, brunch ou goûter, toutes les occasions sont bonnes pour y aller !

▶▶ Page 128

© SUTANPU

SUTANPU

DES ESTAMPES À COLLECTIONNER

Une tradition japonaise a été importée à Nantes avec Matthieu Polet. Il s'agit de la collection de tampon des lieux que vous visitez. 19 endroits emblématiques de Nantes sont à collectionner, sous forme d'estampes, sans plus attendre ! Au cours d'un parcours ludique, vous aurez ainsi l'occasion de découvrir la ville autrement en vous rendant dans les lieux et boutiques partenaires. À vos carnets !

▶▶ Page 177

INTERVIEW

DES RESTAURANTS INCLUSIFS

QUAND LA DIVERSITÉ DEVIENT UN INGRÉDIENT ESSENTIEL

Dans un monde où les différences sont parfois stigmatisées, des restaurants font de l'emploi de personnes en situation de handicap, une véritable priorité. Rencontres avec Arthur Brunier (Café Joyeux), Éric Bouron (Chromosome) et Amandine Perraud (Le Reflet).

Quel est l'objectif de votre restaurant ?

AP : Créer la rencontre pour faire changer le regard sur la différence. Proposer un environnement de travail favorisant l'épanouissement, le développement des compétences et l'autonomie des personnes en situation de handicap, afin qu'elles trouvent leur place dans la société.

Comment avez-vous adapté votre menu pour répondre aux besoins du personnel et des clients ?

AP : Notre carte est réduite pour qu'elle puisse être réalisée par l'équipe et éviter le gaspillage alimentaire. Les cuissons à basse température, les plats mijotés sont favorisés afin de limiter le « coup de feu » et donc le stress au moment de l'envoi.

AB : Une carte saisonnière faite maison, de nouvelles boissons fraîches et chaudes. Des produits éphémères thématiques : chandeleur, chocolat de Pâques… et plein de belles surprises !

EB : Le menu change tous les jours. En soi, on peut tout cuisiner mais certains produits sont trop chers comme nous tenons à garder notre menu à 10€.

Quelle est votre approche pour construire un bon environnement, indépendamment des différences ?

AB : L'usage du prénom et du tutoiement pour tous, quelle que soit la fonction, un processus d'embarquement qui crée du lien, des salles de pause, des temps d'échanges et de *team building*.

Comment sensibilisez-vous au travail en milieu ordinaire avec un handicap ?

EB : On est dans un écosystème d'associations qui se connaissent et on participe à des manifestations comme le printemps des fragilités.

Quels sont vos projets ?

AP : Continuer de développer la clientèle professionnelle pour sensibiliser à plus grande échelle les employeurs ordinaires à l'inclusion des personnes en situation de handicap.

AB : Proposer des livraisons en entreprise pour des petits déjeuners, déjeuners et goûters, privatisations du café pour des groupes, augmentation de la capacité en terrasse.

EB : On a un projet d'ouverture de restaurant pour une résidence inclusive avec une mixité adultes handicapés et personnes âgées, sur le site du nouveau CHU, en partenariat avec la Croix-Rouge.

Café Joyeux
1, rue des vieilles douves, 44000 Nantes
✆ 01 87 53 64 80 - www.cafejoyeux.com

Chromosome
6 Promenade Europa, 44200 Nantes
✆ 07 71 94 53 79 - www.chromosome-resto.fr

Le Reflet
4, rue des Trois Croissants, 44000 Nantes
✆ 02 57 54 61 78 - www.restaurantlereflet.fr

© CAFE JOYEUX

© DR

© LE REFLET

petit futé
2024
NANTES

JE VISITE MA VILLE

Bienvenue à Nantes, où l'exploration et l'émerveillement vous attendent. Cette ville située sur les rives de la Loire offre une expérience captivante. Que vous soyez habitant, explorateur ou visiteur, passionné d'histoire de l'art, de nature ou de gastronomie, vous trouverez des activités qui vous feront goûter à la douceur de vivre de la Cité des Ducs. Perdez-vous dans les ruelles médiévales du Bouffay. Plongez dans l'histoire de la ville en découvrant le Château mais aussi les musées d'Art ou Jules Verne. Optez pour une croisière fluviale à bord du Passe-Partout ou du Défi pour découvrir la ville autrement. Suivez le parcours artistique de la ligne verte du Voyage à Nantes jusqu'à l'Île de Nantes où vous croiserez un éléphant. Émerveillez-vous face au jardin Extraordinaire. Promenez-vous le long des rives de l'Erdre, un écrin de tranquillité en ville. Explorez le vignoble nantais pour déguster d'excellents vins. Laissez-vous charmer par cette ville en perpétuelle évolution. Là où la vie est célébrée. Pour profiter de tout ceci, Le *Petit Futé* a sélectionné de belles adresses où dormir.

VOTRE GUIDE DEVIENT INTERACTIF

TAPEZ **PETITFUTE.APP** DANS LE NAVIGATEUR DE VOTRE SMARTPHONE.

PRENEZ UNE PHOTO DE LA PAGE DÈS QU'ELLE A CE PICTO !

FOIRE
ART TO PLAY FESTIVAL
Parc des expositions
www.art-to-play.fr
Mi-novembre. Entrée : 16 € (pass 2 jours : 23 €). Gratuit pour les enfants - de 6 ans.

Pendant deux jours, la pop culture s'installe au Parc des expositions de la Beaujoire à Nantes ! Art to Play, c'est le salon du divertissement par excellence, des concerts, du jeu vidéo, de YouTube. Particulièrement prisé des amateurs de jeux vidéo et de mangas, il reçoit des invités de marque dans ce domaine. En avant-première : les dernières nouveautés des éditeurs de jeux vidéo. Vous pourrez y rencontrer des mangakas, vous essayer au cosplay, mais aussi profiter de cette occasion pour faire des parties de jeux de plateau entre amis ou en famille. Un événement majeur dans ce domaine ! On ne saurait trop vous recommander d'acheter vos billets en pré-vente.

CULTURE
FESTIVAL HANDICLAP
12, rue de Clermont
✆ 02 40 14 46 45
www.handiclap.fr
37e édition. En mars.

Créé par l'APAJH 44, l'association pour adultes et jeunes handicapés de Loire-Atlantique, ce festival a un message clair : favoriser l'accès à la culture des personnes en situation de handicap, comme spectateurs mais aussi comme acteurs. Et Handiclap a du pain sur la planche. Le festival permet la rencontre de tous les publics et une harmonisation des animations. Concerts, colloques, spectacles vivants : théâtre et danse et rencontres-débats, tout est fait pour permettre un vrai mélange des publics. Handiclap s'exporte également dans les communes avoisinantes, afin de combattre l'exclusion, qui n'a pas de frontières. En mars 2024, ce sera déjà la 37e édition, près des Machines de l'île !

CINÉMA
FESTIVAL CINÉMA ESPAGNOL
3, rue Corneille ✆ 02 40 20 55 84
www.cinespagnol-nantes.com
Fin mars début avril. Séances au Katorza : 6,50 € - Tarif réduit : à partir de 4,50 €.

Avec de nombreux films inédits, des fictions, des documentaires, des courts-métrages et multiples projections en version originale sous-titrée, ce festival est devenu le rendez-vous majeur du cinéma espagnol en France… Il draine plus de 22 000 spectateurs hispanophiles attirés par les rencontres avec les acteurs, cinéastes et réalisateurs, par les hommages ou rétrospectives des plus grands noms du cinéma espagnol, par les expositions, par la découverte de la jeune création ou simplement venus pour le plaisir de voir et entendre des films dans leur langue préférée… On peut également s'attarder à la librairie du festival ou aux soirées musicales mettant l'Espagne à l'honneur !

EXPOSITION
LA FOLIE DES PLANTES
Parc du Grand Blotterau
www.nantes.fr
Première semaine de septembre.

Chaque année, le temps d'un week-end, tous les passionnés de plantes se réunissent au parc du Grand Blottereau. Evénement coloré et populaire, cette exposition-vente accueille près de 40 000 visiteurs le temps d'un week-end. L'occasion pour les professionnels et les amateurs d'échanger sur leurs passions communes : les plantes, la protection de l'environnement, la biodiversité. Cette manifestation gratuite permet d'obtenir les informations et des conseils pour l'entretien de son jardin, de venir écouter des conférences dirigées par des professionnels, de repartir avec quelques plantes achetées aux exposants ou de passer un bon moment lors des nombreuses animations proposées.

CINÉMA
FESTIVAL DES 3 CONTINENTS
7, rue de l'Héronnière
✆ 02 40 69 74 14
www.3continents.com
Du 24/11 au 3/12/ 2023. Entrée : 7 € ; réduit : 5,50 € ; carte blanche : 3 €. Tarifs carnets, pass, sur le site.

Depuis 1979, le Festival des 3 Continents propose des films de fictions et documentaires d'Afrique, d'Amérique latine et d'Asie. Ce festival international de cinéma se distingue par la passion, la curiosité, le goût de la découverte et des rencontres. Fondé par les frères Jalladeau, il réunit professionnels du monde entier, public averti ou amateur autour de compétitions, avant-premières, rétrospectives, courts et longs-métrages. L'occasion de visionnages, conférences et rencontres avec des réalisateurs et acteurs. La sélection intègre aussi des films pour jeune public

MUSIQUE
FOLLE JOURNÉE DE NANTES
5, rue de Valmy ✆ 02 51 88 20 00
www.follejournee.fr
Du 31 janvier au 4 février 2024 (30e édition). Places entre 10 € et 30 € selon les concerts.

La Folle Journée, initiée en 1995 par René Martin, est l'un des événements incontournables de la vie culturelle et musicale nantaise et internationale, grâce à un concept novateur : faciliter l'approche de la musique classique par une série de concerts tous publics à des prix exceptionnellement bas au regard de leur qualité. Après 2022 « Schubert le voyageur », une « Ode à la nuit » en 2023, le thème « Origines » nous attend pour l'édition 2024 ! Sur 5 jours, à nous les berceuses, sérénades, nocturnes : la nuit inspire l'art et les musiciens et rend nos jours plus beaux ! Et toujours des concerts en périphérie de Nantes, (Bouaye, Pellerin…) pour n'oublier personne. Un moment unique à Nantes !

MUSIQUE

HELLFEST FESTIVAL 2024

CLISSON
www.hellfest.fr
27 au 30 juin 2024

Le Hellfest, c'est LE rendez-vous des musiques metal, hardcore et punk, avec une notoriété qui dépasse les frontières hexagonales. Le festival accueille chaque année fin juin, un public venu d'Europe. Pour la 17e édition en 2024, l'affiche est alléchante pour les amoureux du genre, avec 200 groupes programmés sur 4 jours. Ce festival emblématique a contribué à développer l'image de Clisson et de la région. Le nom du festival a été choisi en référence à un autre festival du même style aux États-Unis. Avec 240 000 festivaliers en 2023 et le passage de groupes cultes de renommée internationale, il s'est imposé comme l'un des principaux festivals de musique européens et événements culturels.

MUSIQUE

RENDEZ-VOUS DE L'ERDRE

10, Allée Duquesne
✆ 02 51 82 37 70
www.rendezvouserdre.com
En septembre.

Festival incontournable de la fin de l'été, les Rendez-vous de l'Erdre mettent à l'honneur le jazz sous toutes ses formes au travers de plus de 100 concerts gratuits proposés le long de l'Erdre et autant de guinguettes et autres stands où se régaler. La programmation de ce festival emblématique met en avant des artistes professionnels ou amateurs, locaux ou internationaux, du jazz traditionnel à l'électro jazz, du blues au jazz contemporain, et attire 150 000 personnes sur 16 scènes de plein air. La belle plaisance est aussi à l'honneur avec plus de deux cents bateaux remarquables à quai, évoluant au fil de l'eau entre Nort-sur-Erdre, Nantes, Sucé. C'est LA fête de la rentrée à ne pas rater.

MUSIQUE

LES SCENES VAGABONDES

route de saint joseph
Temps fort organisé au début de l'été.

Les scènes vagabondes ont lieu traditionnellement début juillet dans un parc de Nantes. Il y a le choix, la ville en compte une centaine. L'édition 2023 a démarré par une visite du parc de la Roseraie. La Roseraie, parc floral de la Beaujoire, abrite des milliers de rosiers ainsi qu'une centaine de variété de magnolias. Au programme, musique, danse, théâtre sont proposés sur 3 jours, gratuitement. Du slam, des poèmes de voyage, arts du cirque, orchestres de Nantes, compagnies de théâtre… L'évènement est convivial et familial et met en lumière les musiciens locaux. Les scènes vagabondes, c'est aussi la saison vagabonde. De janvier à juin, 60 événements sont organisés dans les quartiers nantais.

CULTURE

SCOPITONE

✆ 02 40 43 20 43
www.scopitone.org
Début septembre : 22e édition.

Festival transdisciplinaire, Scopitone explore la création au croisement de la musique et de l'image. Rappelons à ce propos que le Scopitone était, dans les années 1960, un juke-box permettant de visionner des « clips » sur un écran. Pendant cinq jours, ce festival singulier propose installations, performances, workshops, tables rondes, lives et DJ sets à travers de nombreux sites (Stereolux, Le Ferrailleur, le pôle étudiant de l'université de Nantes, le Lieu Unique, la Cale 2 Créateurs, Trempolino, le château…). C'est LE rendez-vous des cultures électroniques et des arts numériques. Et preuve qu'il y a un public pour qui en douterait, le festival fait salle comble chaque année.

CULTURE

LES UTOPIALES

5, rue de Valmy ✆ 02 51 88 20 00
www.utopiales.org
Du 01/11 au 5/11/2023. 8,50 €/j. Réduit : 7 €/j. Pass 4 j : 31 € (groupes +10 pers., demandeurs d'emploi, étudiants)

Le festival Les Utopiales met la science-fiction à l'honneur. Son objectif : faire découvrir le monde de la prospective, des technologies nouvelles et de l'imaginaire au grand public. Chaque année au cœur de la Cité des congrès, une thématique est privilégiée et développée grâce à des tables rondes, des projections de films, des rencontres avec des scientifiques, des auteurs, diverses expositions, des installations artistiques, des ateliers et beaucoup d'autres événements. À la fois manifestation grand public et rassemblement de professionnels, les Utopiales est considéré comme l'événement le plus important autour de la science-fiction dans le milieu francophone et même au plan européen.

CULTURE

LE VOYAGE À NANTES

✆ 08 92 46 40 44
www.levoyageanantes.fr
Voyage à Nantes, de début juillet à début septembre. Voyage en hiver, de fin novembre à fin décembre.

La devise du Voyage à Nantes est connue : la ville renversée par l'art. Chaque été, le VAN invite des artistes à investir des lieux emblématiques, historiques, incontournables de la ville en y créant une œuvre contemporaine. Éphémères ou pérennes, ces œuvres, étonnantes, éveillent ainsi la curiosité et la sensibilité des voyageurs et des Nantais. Suivez la ligne verte tracée au sol ! Cette dernière s'est davantage agrandi pour l'édition 2023, qui s'est annoncée encore riche en découvertes. De nouveaux sites inédits et de nouveaux quartiers sont ainsi explorés. Fin 2023, à l'occasion des fêtes de fin d'année, Le Voyage à Nantes proposera sa 2e édition du Voyage en hiver ! À découvrir !

OFFICE DE TOURISME

NANTES TOURISME OFFICE

9, rue des Etats ✆ 0 892 464 044 - Entrée située face au château des Ducs de Bretagne.

www.nantes-tourisme.fr

Ouvert 7j/7 de 10h à 18h. Jeudi à partir de 11h (10h pendant les vacances). Dimanche et jours fériés de 10h à 17h.

L'office de tourisme fait face au Château des ducs de Bretagne. Un espace lumineux aux 1 000 brochures, programmes, souvenirs, et autres précieux conseils. Goûter les meilleures tables, réserver un spectacle, se promener dans un parc ou simplement se repérer. Ville d'art et d'histoire, Nantes réserve de jolies escapades : à pied, suivant ou non la ligne verte du Voyage à Nantes, en petit train ou en croisière. Des visites guidées traditionnelles aux visites gourmandes, en passant par le cinéma ou encore l'histoire du street art, laissez-vous surprendre. Et surtout, pensez à votre Pass Nantes 24 heures, 48 heures, 72 heures ou 7 jours : des bons plans transports et activités !

OFFICE DE TOURISME

OFFICE DE TOURISME DU VIGNOBLE DE NANTES

2 bis, place Ch. de Gaulle - **VALLET** ✆ 02 40 36 35 87

www.levignobledenantes-tourisme.com

Ouvert du mardi au vendredi de 10h à 12h30 et de 14h à 17h30 ; le samedi de 10h à 12h30. 2e adresse à Clisson.

L'office de tourisme de Vallet fait partie d'un ensemble avec celui de Clisson : voici l'office de tourisme du Vignoble de Nantes ! Ce bureau se distingue par le dynamisme de son équipe et son accueil charmant. Un vrai plaisir d'échanger avec le personnel, toujours prêt à vous recommander le meilleur de la région ! L'office de tourisme propose de nombreux services comme la vente de souvenirs et de livres, l'organisation de visites... Bon à savoir : 2 bureaux, mais un site Internet commun : utile et pratique ! De belles idées découvertes pour votre séjour dans le vignoble !

OFFICE DE TOURISME

TOURISME LOIRE ATLANTIQUE

2, boulevard de l'Estuaire

✆ 02 40 20 20 44

www.tourisme-loireatlantique.com

Voir infos pratiques sur le site web.www.tourisme-loireatlantique.com et https://box.tourisme-loireatlantique.com

D'humeur vagabonde, curieuse, bucolique ou épicurienne ? Le site web Tourisme Loire Atlantique est un véritable vivier d'inspirations. Selon la météo, on opte pour les balades à pied, les promenades à vélo, le bord de mer, les visites culturelles, ou la découverte du savoir-faire local. La carte touristique interactive facile d'utilisation offre une vue d'ensemble sur la Loire-Atlantique, son large choix de points d'intérêt, sorties et expériences locales. À noter également qu'il existe aussi une box à offrir la « LA Box Loire-Atlantique » pour toutes les envies !

OFFICE DE TOURISME

EN PAYS DE LA LOIRE

7, rue du Général de Bollardière

✆ 02 40 89 89 89

www.enpaysdelaloire.com

L'agence régionale promeut le tourisme dans la Région des Pays de la Loire et présente toute la belle diversité des paysages, le patrimoine naturel et culturel, les ressources humaines et historiques, les multiples activités sur ce territoire d'une grande richesse. Que l'on vienne découvrir les vignes et les vins made in Pays de la Loire, ou en admirer les villes emblématiques, riches par leur histoire, leur architecture et patrimoine, ou profiter du littoral atlantique avec ses 450 kilomètres de côtes, ou encore suivre la Loire à vélo, à pied, sur l'eau..., ce portail est LE guide vacances pour préparer votre séjour en Pays de la Loire. Cette agence est pleine de ressources inspirantes !

OFFICE DE TOURISME

LE VOYAGE A NANTES

9, rue des Etats ✆ 08 92 46 40 44

www.levoyageanantes.fr

Une collection de 58 œuvres d'art dans l'espace public. L'été : œuvres éphémères et événements.

La devise du Voyage à Nantes est simple : la ville renversée par l'art. Chaque été, le VAN invite des artistes à investir des lieux emblématiques, historiques ou incontournables de la ville en y imaginant et créant une œuvre contemporaine. Ephémères ou pérennes, ces œuvres parfois étonnantes, végétales, ou même interactives, éveillent ainsi la curiosité et la sensibilité des voyageurs et des Nantais, offrant à la cité des ducs ce goût si singulier. Le parcours artistique urbain s'arpente à notre guise, à pied ou à vélo, suivant une ligne verte tracée au sol de plus de 18 km et 58 œuvres pérennes. Depuis 2022, une 2nde édition du VAN se décline pendant les fêtes de fin d'année !

OFFICE DE TOURISME

OFFICE ERDRE CANAL FORET

44, Quai de Cricklade - **SUCÉ-SUR-ERDRE** ✆ 02 40 77 70 66

www.suce-sur-erdre.fr

Mercredi, samedi, dimanche et jours fériés 11h-12h et 14h30-18h ; jeudi et vendredi 14h30-18h (haute saison).

Située aux portes de Nantes, l'office de tourisme de Sucé-sur-Erdre vous accueille pour vous dévoiler tous les charmes de la ville. Véritable Escale Nature, Sucé-sur-Erdre vous embarque à la découverte du patrimoine de la ville à travers un circuit dans le bourg, au fil de balades nature sur les Plaines de Mazerolles pour explorer les oiseaux remarquables, le long de promenades à bord d'un bateau électrique ou en canoë sur l'Erdre pour admirer cette magnifique rivière, ou encore en promenade sur le port de plaisance. L'occasion gourmande de déguster les spécialités du coin. Autant d'activités à faire en famille ou entre amis à seulement 20 minutes de Nantes via le tram-train !

MUSÉE

LE MUSÉE D'HISTOIRE URBAINE

4, place Marc-Elder ✆ 08 11 46 46 44
chateaunantes.fr

Du mardi au dimanche 10h-18h. En été, tous les jours de 10h à 19h. Cour et remparts en accès libre.

Nantes a un riche passé et son château en est l'un des plus fiers symboles. Son musée retrace l'histoire urbaine, du Moyen Âge à nos jours. Constitué de 32 salles et de 1 150 objets, il raconte de façon chronologique et thématique l'évolution de la cité des Ducs. De la duchesse Anne de Bretagne, en passant par la traite négrière, l'ère industrielle jusqu'aux deux guerres mondiales, avec les témoignages bouleversants de déportés, ce musée interactif est passionnant ! Les parcours de visite sont proposés selon votre temps et vos centres d'intérêt.

MUSÉE

MUSÉE JULES VERNE

3, rue de l'Hermitage ✆ 02 40 69 72 52 - En bus, Chronobus 1 : arrêt Lechat, puis 10 minutes à pied. En tramway, ligne 1 : arrêt Gare maritime, puis 15 minutes à pied. En Bicloo, station 42, station Garennes- Stationnement des cars et voitures possible à proximité.

Le dimanche, le lundi et du mercredi au vendredi 14h-18h, le samedi 10h-12h et 14h-18h. Fermé les jours fériés.

Le musée Jules Verne invite, à travers livres, documents, extraits des œuvres et illustrations, affiches, jeux et objets, à un « voyage au centre de l'écriture vernienne ». Grâce au petit-fils de l'écrivain, il s'enorgueillit de présenter des meubles de son salon à Amiens, son globe terrestre et sa boîte de compas. En 1966, les héritiers de Maxime Guillon-Verne, descendants de sa plus jeune sœur, ont fait don à la ville de Nantes d'un important ensemble de correspondance très intéressant pour la connaissance de ses premiers essais littéraires. Le visiteur est convié à se laisser porter par l'imagination débordante de Jules Verne qui a donné naissance aux chefs-d'œuvre que l'on connaît.

MUSÉE

MUSÉE D'HISTOIRE DE NANTES

4, place Marc Elder ✆ 08 11 46 46 44
www.chateaunantes.fr

Cour et remparts accès libre. Ouvert mardi au dimanche de 10h à 18h. Gratuit jusqu'à 18 ans. Adulte : 9 €. Réduit 5 €.

Nantes a un riche passé et son château en est l'un des plus fiers symboles ! Le musée qu'il abrite retrace l'histoire urbaine, du Moyen Âge à nos jours. Constitué de 32 salles et de nombreux objets, il raconte de façon chronologique et thématique l'évolution de la cité des Ducs. De la duchesse Anne de Bretagne aux guerres mondiales, en passant par la traite négrière, l'ère industrielle, ce musée interactif est passionnant. Vous pourrez visiter le musée en autonomie, ou bien accompagné d'un audioguide. Des visites guidées sont également proposées pour les plus curieux.

MUSÉE

MUSÉE D'ARTS DE NANTES

10, rue Georges-Clemenceau ✆ 02 51 17 45 00
Tramway ligne 1, arrêt Duchesse-Anne, Bus lignes 11, 12, 21, 22 et 23, proche de la gare SNCF.

Tous les jours (sauf mardi) de 11h-19h (ouvert dès 10h l'été). Nocturne les jeudis jusqu'à 21h. Entrée 9 €, réduit 4 €.

© © MUSÉE D'ARTS DE NANTES, PHOTO. : C. CLOS

© © MUSÉE D'ARTS DE NANTES, PHOTO. : C. CLOS

Situé en plein cœur de la ville, entre la cathédrale et Jardin des plantes, le Musée d'arts de Nantes est une référence majeure dans le paysage des musées français. Entièrement rénové en 2017, ce nouvel écrin, mariant l'architecture d'hier et d'aujourd'hui, reflète véritablement les collections du musée où passé et présent dialoguent au fil des galeries. Lieu de balade et de contemplation, le musée présente un large panorama de la création, de l'art ancien à l'art contemporain, en passant par le XIXe siècle et l'art moderne à la rencontre des chefs-d'œuvre de La Tour, Ingres, Courbet, Delacroix, Monet, Picasso, Kandinsky, Soulages, Kapoor... A noter la librairie-boutique et le Café du Musée.

MUSÉE

LE MAILLÉ-BRÉZÉ

Quai de la Fosse ✆ 09 79 18 33 51
www.maillebreze.com
Visites guidées (1h30) du mardi au vendredi 14h30 et 15h. Week-end, jours fériés, vacances : 14h30, 15h, 15h30, 16h.

Après avoir servi de décor en 2016 à une superproduction hollywoodienne (*Dunkerque*, de Christopher Nolan), le *Maillé-Brezé* coule des jours paisibles dans le port de Nantes. Sa silhouette grise et imposante se remarque de loin sur le quai de la Fosse. À deux pas de la Chambre de commerce et d'industrie, le premier musée naval à flot de France est classé Monument historique depuis 1988. Septième escorteur militaire d'une série de 18, il a été construit après la guerre et mis en service en 1957. Après avoir servi en Atlantique et en Méditerranée, il a été transformé en bâtiment de lutte anti-sous-marine. Puis, il a été remis à l'association Nantes Marine Tradition et remorqué à Nantes en 1988.

MUSÉE

FRAC DES PAYS DE LA LOIRE

24, bis Boulevard Ampère
CARQUEFOU
✆ 02 28 01 50 00
www.fracdespaysdelaloire.com
Ouvert du mercredi au dimanche de 14h à 18h. Animations. Autre antenne au 21, quai des Antilles (île de Nantes)

Créé en 1982, le Fonds régional d'Art contemporain des Pays de la Loire (FRAC) poursuit la mission de constituer une collection régionale d'art contemporain, sensibiliser le public à l'art moderne et participer à la diffusion de toutes les formes de création contemporaine. La création d'ateliers internationaux représente une expérience unique en France, spécificité du FRAC des Pays-de-la-Loire. Les œuvres produites font l'objet d'une exposition-bilan. Chaque année, le FRAC accueille des expositions monographiques ou thématiques et organise des manifestations sur la région.

MUSÉE

LE CHRONOGRAPHE

Rue Saint-Lupien - **REZÉ** ✆ 02 52 10 83 20
lechronographe.fr
De septembre à juin, du mercredi au dimanche 14h-18h. Juillet et août, du mardi au dimanche 14h-19h.

Pensé et dessiné comme un échafaudage en bois et en métal, cet équipement culturel est surplombé d'une terrasse et d'un belvédère de 16 m de haut. Implanté sur le site archéologique de Saint-Lupien, il vise à valoriser les vestiges mis au jour lors des dernières et récentes campagnes de fouilles : voilà 2 000 ans se tenait ici l'important port antique gallo-romain de Ratiatum. Sur 800 m², le Chronographe offre des espaces de muséographie (objets, restitution 3D) et propose notamment ateliers et conférences. On accède au site archéologique ouvert de 20 000 m² ainsi qu'à la chapelle Saint-Lupien dont le sous-sol présente une coupe par strates des différentes occupations successives du site.

MUSÉE

LE MUSEUM D'HISTOIRE NATURELLE DE NANTES

12, rue Voltaire ✆ 02 40 41 55 00 - Entrée des visiteurs et billetterie : square Louis-Bureau, place de la Monnaie. - www.museum.nantes.fr
Ouvert du mercredi au lundi de 10h à 18h. Gratuit jusqu'à 18 ans. Adulte : 4 €. Tarif réduit : 2 €.

L'emblème du Muséum ? Son impressionnante galerie zoologique. Elle abrite plus de mille spécimens d'animaux vertébrés, sélectionnés, étudiés, restaurés et organisés en un parcours proposant une classification moderne du monde animal. Le squelette de la baleine semble voler au milieu de la galerie. A voir aussi : la collection de bois, la galerie des sciences de la Terre où cristaux et règne minéral permettent de reconstituer l'histoire, et le Vivarium. Le Muséum, ce sont aussi des conférences, des expos, des actions éducatives, une bibliothèque scientifique en libre accès.

MUSÉE

LE MUSÉE DE L'UNION COMPAGNONNIQUE

14, rue Guillon-Verne ✆ 02 40 69 30 55
www.lecompagnonnage.com
1h30 environ la visite guidée. Le samedi de 14h à 18h. Les autres jours, sur rendez-vous. Gratuit pour les individuels.

Perché sur la butte Sainte-Anne dans le quartier Chantenay, le manoir de la Haultière, magnifique bâtiment du XVIe siècle, abrite le musée des Compagnons du Tour de France et des Devoirs Unis. On y découvre de nombreux chefs-d'œuvre exécutés par les compagnons, ainsi que de vieux outils utilisés pour le travail du bois, du métal et de la peinture. On y apprend aussi que le nom « compagnonnique » reflète l'origine de la personne et un trait de son caractère : « Breton la sincérité ». Découvrez la salle des métiers du bois, un joyau nantais à (re) découvrir.

MUSÉE

LE PLANETARIUM

8, rue des Acadiens ✆ 02 40 73 99 23 - Bus C1 ; arrêt Lechat. Tramway ligne 1 : arrêt Gare maritime.
www.nantes.fr/le-planetarium
Réserver un des créneaux du planning. Adulte : 7 €.

Installé confortablement dans un fauteuil : observez la voûte écran et partez à la découverte des secrets de l'univers. Selon nos âges, différentes séances s'offrent à nous : Astronomie des petits (de 3 à 4 ans) Polaris (les 4-8 ans) Planète junior et ciel étoilé. Des séances ados-adultes sont également proposées régulièrement. À noter qu'il est important de réserver à l'avance. Pour cela, n'hésitez pas à passer par le service de vente en ligne qui permet d'anticiper. Prévoir également d'être sur place 15 minutes avant le début. Des soirées astro-thèmes sont organisées chaque mois. Pendant les vacances scolaires, ateliers spécifiques pour les 7 à 12 ans avec des expériences amusantes.

LIEU DE MÉMOIRE

MAISON DES HOMMES ET DES TECHNIQUES

2 bis, boulevard Léon-Bureau ✆ 02 40 08 20 22
www.maison-hommes-techniques.fr

Du lundi au vendredi de 10h à 13h et de 14h à 18h. Pour plus d'info, consulter leur agenda sur leur site. Gratuit.

Créée en 1994, la Maison des Hommes et des Techniques préserve la mémoire industrielle du lieu. Nantes ayant œuvré dans le domaine de la construction navale pendant des siècles, de nombreuses expositions consacrées à ce thème, ainsi qu'aux cultures ouvrières, au monde du travail, à l'histoire de l'île de Nantes ou au passé maritime et fluvial de la ville y sont proposées. L'expo « Bâtisseurs de Navires », est dédiée aux métiers de la navale et à leurs évolutions techniques, aux conditions de travail et combats syndicaux des ouvriers, ainsi qu'aux grandes mutations de l'île.

MONUMENTS & ÉDIFICES

LE BELEM

Quai de la Fosse ✆ 01 42 73 47 30 - Accès par le tramway ligne 1, arrêt Chantiers navals. - www.fondationbelem.com

Port d'attache du Belem, il y passe l'hiver et revient quelques jours au printemps, puis en été et en automne.

Ce « fameux trois-mâts... » fait la fierté des Nantais. Né dans les chantiers Dubigeon de Chantenay, le *Belem* fêtera ses 130 ans en 2026 sur le quai de la Fosse, à Nantes, son port d'attache. Long de 58 mètres, doté de 22 voiles, il a fière allure. Le dernier grand voilier de commerce français du XIXe siècle a hérité son nom de ses traversées jusqu'à Belem, au Brésil. Classé Monument historique en 1984, il est l'un des plus anciens navires naviguant au monde. A la fois un bateau-école et bateau-musée, il se visite lors de ses escales. Le *Belem* prend régulièrement part à des rassemblements de grands voiliers et des voyages plus lointains pour jouer son rôle d'ambassadeur du pavillon français.

MÉMORIAL

MÉMORIAL DE L'ABOLITION DE L'ESCLAVAGE

Quai de la Fosse – Passerelle Victor-Schoelcher
✆ 08 11 46 46 44 - Tramway ligne 1 ; arrêt Médiathèque.
www.memorial.nantes.fr

Ouvert tous les jours de 9h à 18h (16 sept-14 mai), de 9h à 20h (15 mai-15 sept). Fermé 3 janv-3 février 2023. Gratuit.

L'emplacement choisi sur le quai de la Fosse est hautement symbolique : c'est de là que partaient les navires pour relier l'Afrique et les Antilles à l'époque du commerce triangulaire. Conçu par l'artiste Krzysztof Wodiczko et l'architecte Julian Bonder, le mémorial est une promenade parsemée de 2 000 plaques de verre floquées des noms des navires et des 550 000 captifs transportés comme esclaves vers les colonies. La visite se poursuit au sous-sol, rappelant le confinement des cales de navires, où l'on avance ici parmi les témoignages. Un devoir de mémoire incontournable.

MONUMENTS & ÉDIFICES

LA MAISON RADIEUSE

Boulevard Le Corbusier - **REZÉ** ✆ 02 40 84 43 84
www.maisonradieuse.org

Visites guidées le mercredi à 16h et le samedi à 11h. Gratuit jusqu'à 12 ans. Adulte : 10 €. Réduit : 5 € 12-25 ans.

Imposante, en béton, avec ses loggias rouges, jaunes, vertes et bleues et sa grande cheminée, cette maison a été construite par l'architecte Le Corbusier entre 1953 et 1955 pour répondre à la crise de logement d'après-guerre. Elle a des airs de paquebot et mesure 108 m de long, 52 m de haut et 19 m de large. De son toit-terrasse, la vue est imprenable sur l'agglomération, du pont de Cheviré à la tour de Bretagne, en passant par la centrale de Cordemais. Des tels bâtiments, il n'en existe que cinq au monde ! La Maison radieuse a été bâtie au cœur d'un parc de 6 hectares. Elle ne compte qu'un seul hall d'accueil pour favoriser les rencontres et une école maternelle se niche sur son toit.

MONUMENTS & ÉDIFICES

LES ANNEAUX DE BUREN

Quai des Antilles

Accessible 7 jours sur 7.

Le long de la Loire, 18 anneaux bordent le quai des Antilles. L'œuvre marque l'identité culturelle de Nantes depuis leur installation en 2007 dans le cadre de la biennale d'art contemporain Estuaire. Conçus par le plasticien français Daniel Buren, avec l'aide de Patrick Bouchain, ils témoignent de l'union entre la ville et son fleuve. Appel vers la mer dans un sens, vues sur Nantes de l'autre. La nuit, ces grands anneaux en acier de 4 mètres de diamètre s'illuminent de rouge, de vert, de bleu. Les anneaux font aussi écho à l'histoire de la ville, rappelant les anneaux des esclaves à l'époque du commerce triangulaire dont Nantes était la plaque tournante au XVIIIe siècle.

OUVRAGE D'ART

L'ESCALIER DU JARDIN EXTRAORDINAIRE

✆ 02 51 17 49 89
Arrêt bus C1 Lechat ou Lusançay
www.nantes-amenagement.fr

On accède au sommet de l'escalier du Jardin Extraordinaire par le square Maurice Schwob. Commence alors la descente dans la carrière Miséry : 28 mètres de dénivelé, 177 marches, et 4 belvédères intermédiaires. On observe l'île de Nantes, les vestiges du passé industriel. Construit en acier, il épouse le front granitique de la carrière. Son créateur François Delarozière, le directeur artistique des Machines de l'île, a voulu un escalier accolé à la masse rocheuse. Le lieu est magique, sans doute la plus belle vue pour admirer la Loire et ressentir la ville de Nantes.

OUVRAGE D'ART

LE PASSAGE POMMERAYE

Rue de Santeuil
www.passagepommeraye.fr
Ouvert du lundi au samedi de 8h à 20h ; le dimanche et les jours fériés de 9h à 20h. Gratuit.

Tout simplement l'un des plus beaux passages couverts d'Europe. Plus d'un siècle et demi après son ouverture, en 1843, ce passage a été refait et rénové en 2015. Surplombé d'une verrière et bordé de statues allégoriques, son escalier monumental en bois dessert trois niveaux et s'illumine à la nuit tombée de la nuit. Le passage Pommeraye a été construit pour relier la rue Santeuil, quartier Graslin, à la rue de la Fosse et la place du Commerce. Classé monument historique depuis 1976, il inspire cinéastes, dessinateurs et photographes et est désormais jumelé avec la galerie Saint-Hubert de Bruxelles. En 2016, un nouveau passage, « Cœur de Nantes », est venu s'ajouter au passage initial.

SITE URBAIN

SITE HISTORIQUE DES DOCKS DE CHANTENAY

23, boulevard de Chantenay
http://dockschantenay.fr/
Restauration. Marchés de créateurs (se renseigner).

En bord de Loire, les Docks de Chantenay demeurent le témoin de l'histoire de ce quartier dynamique. On y vient pour flâner le long de la Loire impétueuse. Et sur le site de 10 000 m², on (re) visite le chantier naval de l'Esclain. On s'arrête pour boire un verre dans la microbrasserie Little Atlantique Brewery. On rejoint la grue grise en Navibus. On opte pour une balade fluviale de 1h à bord du *Passe-Partout* (ponton Belem) Ce site compte également plusieurs entreprises et une dizaine d'associations et structures autour de la culture et la création.

SITE DE DÉCOUVERTE

PARC DISQUE PLANETE

29, rue de la Citrie - **MAUVES-SUR-LOIRE**
✆ 06 71 82 96 61
Dimanche 14h30-18h30. Mardi et jeudi réservés aux groupes 10 pers. sur réservation. Adulte 5 €. 3-5 ans : 3 €.

C'est une rencontre extraordinaire que celle de l'artiste sculpteur ferrailleur Murat Gecimli. Il crée de véritables sculptures métalliques, fruit de son imagination, que l'on peut admirer au parc Disque Planète à Mauves-sur-Loire. Il récupère et recycle métaux, ferrailles en tout genre. Chaque sculpture est une véritable œuvre d'art ! Depuis 1988, il soude, crée, imagine des personnages inspirés du monde réel (Napoléon), de romans philosophiques ou historiques (Don Quichotte). Et de nombreux animaux métalliques, du mythique Pégase aux dinosaures. Ce « musée » à ciel ouvert est fabuleux. Georges Malgogne et Thérèse Lemaitre ont contribué à l'essor de ce lieu insolite et poétique.

TOUR

LA TOUR LU

1, rue de la Biscuiterie ✆ 02 51 82 15 06 (billetterie) - Entrée quai Ferdinand-Favre (entre la gare SNCF, accès sud et la Cité des Congrès). - www.lelieuunique.com
Ouvert de mercredi à samedi de 14 à 19h, dimanche de 15h à 19h.

Quel emblème ! La Tour Lu se visite d'abord de l'extérieur. Les deux tours Art nouveau de 38 mètres de haut érigées par le célèbre biscuitier nantais furent démolies dans les années 1970. Une de ces tours emblématiques de Nantes a été reconstruite à l'identique en 1998, puis ouverte au public. À son zénith, les visiteurs peuvent profiter d'une vue panoramique sur la ville, après avoir grimpé 130 marches. Une fois arrivés en haut, la visite commence avec le gyrorama : une machinerie qui tourne à l'aide d'une manivelle jaune actionnable. La visite se poursuit par la descente de l'escalier, où l'on découvre l'histoire de l'usine, *via* une vidéo et un très riche fonds de photos d'archives.

SITE DE DÉCOUVERTE

VISITEZ NOS ENTREPRISES

16, Quai Ernest Renaud 70515 ✆ 02 40 44 63 49
www.visiteznosentreprises.com
27, 28 et 29 octobre 2022. 67 sites : 24 en Loire-Atlantique, 26 Maine-et-Loire, 6 Mayenne, 3 Sarthe et 8 Vendée.

Depuis 2001, l'association Visitez nos Entreprises en Pays de la Loire (VNE) participe à valoriser et à développer l'ouverture des entreprises de la région. L'édition papier 2023 des *Visites d'Entreprises en Pays de la Loire* est disponible dans les offices de tourisme régionaux. Ce petit guide annuel gratuit répertorie les sites à visiter afin de nous aider à planifier nos visites. Un QR code renvoie sur une carte interactive. Des visites d'entreprises pour tous pour découvrir la diversité des métiers et la richesse des savoir-faire régionaux. Parmi la soixantaine d'entreprises ligériennes membres du réseau, on retrouve des fleurons de l'industrie : Airbus, Chantiers de l'Atlantique, artisanat…

VISITE GUIDÉE

CHÂTEAU DU COING VISITES

Le Coing - **SAINT-FIACRE-SUR-MAINE** ✆ 02 40 53 02 03
www.vgc.fr
De 10h à 18h du lundi au vendredi de novembre à mars et du lundi au samedi d'avril à octobre.

La première mention écrite du château remonte à 1536 et évoque déjà l'existence de vignes aux alentours. La cour des communs avec son majestueux pigeonnier est un bel exemple du style italianisant du XIXᵉ, dit « Clissonais ». Aujourd'hui, ce domaine est un château viticole géré par Véronique Günther-Chéreau et sa fille Aurore, œnologue. Passionnées, elles comptent parmi les rares femmes chefs d'exploitation du vignoble nantais. Fruités et floraux, les muscadets Sèvre et Maine sur Lie produits au domaine sont des vins de terroir avec une capacité de garde de 15 à 20 ans pour les crus communaux et les cuvées millésimées Comte de Saint Hubert. Visite suivie d'une dégustation.

ARCHITECTURE

LES GRUES DE NANTES

Boulevard de la Prairie-au-Duc

À Nantes, il y a l'éléphant, la Loire, la cathédrale et les grues Titan ! L'une grise et l'autre jaune, immanquables, elles scrutent le fleuve telles des vigies sur l'île de Nantes. La jaune se trouve dans la cité des Ducs depuis 1954 et servait à lever les blocs de bateaux sur cale pour le compte des chantiers Dubigeon. Elle pèse 400 tonnes, mesure 43 mètres, sa puissance de levage avoisine les 80 t. La grue grise servait au déchargement des navires. Elle mesure 42 mètres et sa puissance de levage s'élève à 60 t. Il existe à Chantenay une 3e grue évoquant les activités portuaires de la ville : la grue noire. Restaurée, elle vient de reprendre ses quartiers pour les siècles à venir !

FONTAINE

MIROIR D'EAU DE NANTES

www.nantes.fr/miroir

Ouvert 7 jours sur 7.

Il y a à peine cent ans, les remparts du château se reflétaient encore dans la Loire qui coulait à ses pieds. Puis la Loire fut comblée. Depuis 2015, cet esprit renaît avec la création d'un miroir d'eau. Une lame d'eau très fine (2 cm) de 1 300 m² reflète le château et son environnement proche. 32 jets d'eau allant jusqu'à 1,5 m de haut, 208 points de brumisation et des sources lumineuses permettent de créer des tableaux changeant au gré des saisons. Les enfants en ont fait leur terrain de jeu et profitent de cette fraîcheur bienvenue aux heures chaudes. Le miroir est dans l'axe de la nouvelle promenade nantaise s'étirant de la gare Nord en passant par la place de la Petite-Hollande.

CHÂTEAU

LE CHÂTEAU DE LA DROITIÈRE

330, rue des frères Fleury

MAUVES-SUR-LOIRE

✆ 06 12 68 40 11

www.chateaudeladroitiere.fr

Du 30/04 au 30/09. Samedi et jours fériés : 14h-18h30. Dimanche 10h-18h30. Visites guidées. 4€-8€, gratuit -12 ans

À seulement 15 km de Nantes, ce site historique a vu son histoire commencer au XVIe siècle avec Jean de Malestroit. Ensuite des négociants aux XVIIe et XVIIIe siècles y ont prospéré. Puis Mathilde Verne, la sœur de Jules lui-même, y vécut avec son mari Victor Fleury, maire de Mauves. Au XXe siècle, de 1930 à 2000, le site devint un sanatorium. Enfin, depuis 2014, Frédéric Débono et ses adhérents bénévoles réhabilitent le château. La visite vaut le déplacement pour le superbe parc, la roseraie des Célébrités à voir en 2024 et la vue sur la vallée de la Loire.

EDIFICE RELIGIEUX

BASILIQUE SAINT NICOLAS

5 Rue Affre

✆ 02 40 48 19 94

Arrêt Saint-Nicolas ou Commerce

Nichée entre la place Royale et la rue du Calvaire, Saint-Nicolas s'érige massive et ciselée dans un style néo-gothique. L'édifice a été construit en trois fois entre 1844 et 1869 par les architectes Jean-Baptiste Lassus, Henri-Théodore Driollet et Gustave de Bourgerel. Basilique depuis le 28 octobre 1882 et classée au titre des monuments historiques en 1986, de grands travaux de restauration furent entrepris. 86 mètres de long, 32 mètres de large, 24 mètres de hauteur sous les voûtes, une flèche allant percer le ciel à 100 mètres, le monument s'impose fièrement dans le paysage. Astuce futée : sur la terrasse du Bon Pasteur, la vue est unique sur un pan de la façade et ses jolies rosaces.

CHÂTEAU

CHÂTEAU DES DUCS DE BRETAGNE

4, place Marc-Elder ✆ 08 11 46 46 44

chateaunantes.fr

Cour et remparts en accès libre tous les jours de 8h30 à 19h (20h l'été). Du mardi au dimanche de 10h à 18h.

À Nantes, on entre dans la cour du château comme dans un jardin public. Rénové, le monument a retrouvé sa place en plein cœur de la cité. Cinq siècles d'histoire coulent entre ses remparts où l'architecture traverse les époques. Château fort de l'extérieur, résidence royale aux airs de Blois à l'intérieur. Construit à la fin du XVe siècle par François II, ce monument a surtout été marqué par sa fille : Anne de Bretagne. Classé Monument historique en 1862, il est aujourd'hui propriété de la ville et accueille le musée d'Histoire de Nantes ainsi que des expos temporaires.

EDIFICE RELIGIEUX

LA CATHÉDRALE SAINT-PIERRE ET SAINT-PAUL

1, place Saint-Pierre ✆ 02 40 47 84 64

Busway ligne 4 ; arrêt Foch.

cathedrale-nantes.cef.fr

Fermée temporairement. Une exposition sur le parvis permet de découvrir les travaux en cours.

La cathédrale, majestueuse, s'élève vers le ciel nantais, arborant fièrement son style gothique et la subtilité de ses détails. Si sa première pierre fut posée en 1434, elle ne fut achevée qu'en 1891. Fleuron de notre patrimoine, elle abrite le chef-d'œuvre de Michel Colombe : le tombeau de marbre blanc des parents d'Anne de Bretagne, le duc de Bretagne François II et Marguerite de Foix. Suite à un incendie criminel en 2020, la cathédrale est actuellement fermée. La fin des travaux est annoncée en 2028 et la réouverture, partielle, pour Noël 2024.

VISITE GUIDÉE

LES BALADES D'OLIVIA

✆ 06 79 81 85 16

Sur rendez-vous avec Olivia.

Les Balades d'Olivia sont celles d'une Nantaise passionnée, par sa ville et son quartier : Chantenay. Avec elle, vous observerez la nature, réveillerez l'histoire de cette ancienne commune ouvrière : une belle échappée aux airs de campagne en ville ! Olivia nous amène aussi hors des sentiers battus dans son univers, avec la complicité de partenaires nantais, institutionnels ou associatifs, de façon à faire de ces promenades des moments uniques. L'été par exemple, Olivia nous propose des balades ressourçantes au parc des Oblates, de la Boucardière, de la Gaudinière et dans un bois de Saint-Herblain. On trouve ses balades dans la programmation estivale de l'association Le Voyage des Hérons.

VISITE GUIDÉE

LA BALADEUSE

✆ 06 62 98 98 61

Balades du mardi au samedi toute la journée, sur devis. Coaching sportif du lun au ven 8h-20h. 60 € la séance.

Suivez la Baladeuse, ou plutôt, suivez Noémie ! Coach sportive, elle nous invite à nous connecter à notre corps et notre esprit. Elle propose du coaching, des cours collectifs et des belles balades ! Avec celles-ci notre baladeuse nous invite à (re) découvrir des lieux emblématiques ou insolites nantais sous forme de balade sportive et culinaire. Quelle que soit notre forme physique, elle s'adapte afin de nous proposer l'expérience la plus agréable possible. Préparez-vous donc à vivre des instants ludiques et conviviaux avec Noémie. La balade s'achève par une dégustation culinaire de produits sains et locaux dans des épiceries et restaurants nantais. Corps et papilles sont à l'honneur !

VISITE GUIDÉE

DÉTOURS EN LOIRE

Beau Rivage - **LE CELLIER** ✆ 06 70 30 84 89

www.detoursenloire.fr

Sur réservation. Départ au Cellier site du Beau Rivage. Dès 18 €/ pers. pour une balade de 1h30.

Pêcheur amateur, passionné par la Loire et la pêche à l'épervier, Giovanni vous embarque pour des balades et escapades insolites sur la Loire à bord de ses 2 toues cabanées en bois le *Saint-Nicolas* et *Bonaventura*. Les excursions se font au départ de Beau Rivage au Cellier. Vous pouvez opter pour des escapades « courtes » de 1 h 30 ou encore des balades sur mesure avec escale, pour profiter des restaurants des environs. Les sorties thématiques sont très intéressantes : « matinées à la pêche » ou l'après-midi ou en soirée selon les marées. Et la sortie « coucher de soleil » entre amis où l'on trinque face aux couleurs de fin de soirée est incontournable ! Le bateau est également privatisable.

VISITE GUIDÉE

NEW

CROISIERES SAINT FELIX

84, Quai de la Fosse ✆ 06 62 05 64 86 - Embarquement : Ponton Belem, 84 quai de la Fosse - Nantes. - www.croisieressaintfelix.fr

D'avril à novembre (voir site web pour nouvelle saison). A partir de 16 € la balade.

© CROISIÈRES ST FELIX BATEAUX

© CROISIÈRES ST FELIX BATEAUX

Vous voulez découvrir Nantes d'un point de vue inhabituel ? Et bien tentez l'aventure à bord du *Défi*, le bateau qui vous conduira vers des destinations proches et pourtant dépaysantes ! Plusieurs parcours sont disponibles, entre 50 minutes et 1h45, dont notre favori, celui qui vous mène sous le mystérieux tunnel de Saint-Félix. Unique à Nantes, cette croisière troglodytique vous marquera à jamais ! C'est une sacrée expérience, à partager auprès d'une équipe passionnée et agréable. Gwenolé, le guide, incollable sur Nantes, sait ponctuer ses explications de notes d'humour appréciables. Des produits locaux sont aussi offerts à la dégustation, pour conclure cette aventure sur une note gourmande.

VISITE GUIDÉE

LITTLE ATLANTIQUE BREWERY

23, Boulevard de Chantenay - C1, 81, 10, arrêt Bas-Chantenay (350 m.) ou Navibus depuis l'Île de Nantes, arrêt Bas-Chantenay (350 m).
https://little-atlantique-brewery.fr

Réservation 10 pers. minimum, 24h avant. Visite 1h30 (30 min de dégustation). Tarif : 16 €. Réservation en ligne.

© LITTLE ATLANTIQUE BREWERY NANTES

© LITTLE ATLANTIQUE BREWERY NANTES

La bière est l'une des boissons les plus consommées au monde. Pourtant rares sont les personnes capables de citer l'ensemble des ingrédients la composant ou le processus de fabrication. Une visite de la microbrasserie Little Atlantique Brewery à Nantes s'impose donc ! Avec, à la clé, une découverte gustative des bières artisanales élaborées par deux maîtres brasseur Jonas Trummer et Arthur Pasquet. Bières fines ou de caractère, on écoute les explications, on découvre la fabrication et surtout on goûte les subtils breuvages. On découvre l'histoire du site, de la brasserie.

VISITE GUIDÉE

ERDRE INTIME ET SEVRE INTIME

73, rue de la Basse Île - **REZÉ** ✆ 02 40 13 25 33
www.erdreintime.weonea.com

Toute l'année. Jusqu'à 12 passagers. 10 €/h/pers. Visite guidée et présentation historique du vignoble de Nantes.

Quel plaisir de glisser au fil de l'eau, sur nos belles rivières au cœur du pays nantais ! On (re) découvre la nature, le patrimoine, l'œnologie locale. C'est un moment d'évasion et de poésie que propose François Lelièvre, amoureux de la région nantaise et passionné de bateaux. Il propose des flâneries nautiques à bord de *Gratitude*, belle vedette anglaise ou à bord de deux nouvelles petites vedettes : *Guerledan* et *Garance*. Au-dessus de l'eau, on découvre émerveillés les paysages du vignoble nantais. Un cadeau idéal pour vos événements personnels ou professionnels.

VISITE GUIDÉE

LA TOUE DE NANTES

Canal Saint Félix ✆ 06 81 87 64 49
www.latouedenantes.fr

Sur réservation. 18 € (balade 1h30 adulte), 29 € (balade 2h30 adulte) et 49 € (sunset gourmand adulte).

Détente, découverte de trésors et autres surprises sont au rendez-vous quand vous embarquez avec Olivier sur l'Erdre, la Loire ou la Sèvre. Ce marin chevronné et passionné a fait construire la Libellule en s'inspirant des toues traditionnelles. Ainsi, au départ du canal Saint-Félix, les amoureux de nature et de patrimoine vogueront sereinement sur cette toue cabanée de 15 m de long, en plein air sur la terrasse ou à l'abri dans la cabane de 18 m^2. Parmi les promenades : Cœur de ville (1h30), Bol d'Erdre (2h30), Erdre et Loire (2h30)... Permettant de (re) découvrir la ville et ses alentours. Et pour les petits creux, vous pouvez réserver une dégustation de produits locaux ou même un repas !

VISITE GUIDÉE

LES PASSAGERS DE BULLOPS

25, rue de la Mairie - **SUCÉ-SUR-ERDRE** ✆ 06 45 64 54 36
www.lespassagersdebullops.com

Pour plus d'informations, consulter le site. Tout est régulièrement mis à jour.

L'association Les Passagers de Bullops vous propose des balades et des croisières fluviales sur la magnifique rivière l'Erdre. Et quelles croisières ! Vous aurez le plaisir d'embarquer sur le ketch pour un moment d'évasion totale ! Au départ de Sucé-sur-Erdre, on (re) découvre l'Erdre et sa nature verdoyante. Que ce soit pour un baptême fluvial, une initiation à la voile, une balade en famille, un apéritif dînatoire… Vincent, votre capitaine et moniteur de voile, s'adapte à votre désir de navigation. Vous pouvez également allier la nature et la culture à travers des rencontres artistiques et philosophiques en naviguant avec les sorties à thèmes : méditation et voile, peinture et voile...

VISITE GUIDÉE

NEW LE BATEAU DE L'ILE

quai Fernand Crouan ✆ 06 33 80 01 84
www.lebateaudelile.com
Sur reservation sur www.lebateaudelile.com.
A côté de la grue jaune

Amarré au ponton des chantiers, au pied de la grue jaune, le *Papillon bleu* a fait sa première mise à l'eau en mai 2022. Ce bateau de croisière offre une découverte de la Loire sauvage, en plusieurs temps. La balade du tour de l'île en 1h15 permet de découvrir Nantes sous un autre angle, avec un guide passionné. Concernant les croisières apéro coucher de soleil et musicales, comptez 3 heures de balade, à la découverte de la Loire sauvage. La croisière des Gourmets vogue 5 heures jusqu'aux Folies Siffait au Cellier. Vous dégustez un déjeuner avec 5 accords mets et vin. Mention spéciale pour les anguilles du chef ! À noter : le bateau est privatisable pour vos évènements privés et professionnels.

VISITE GUIDÉE

CARROUSEL MONDES MARINS

Boulevard Léon-Bureau ✆ 08 10 12 12 25
www.lesmachines-nantes.fr

Consulter le site Internet en raison des variations des jours et horaires. Visite gratuite pour les -4 ans.

Élue attraction la plus originale du monde par les Thea Awards de Los Angeles en 2014, le Carrousel des mondes marins est un manège extraordinaire, avec l'éléphant pour voisin, qui permet aux visiteurs de retrouver leur âme d'enfant. C'est vrai qu'il fascine ce manège, avec ses 25 mètres de hauteur, ses 3 étages de créatures marines, son sujet (la mythologie de la mer), ses matériaux (bois, métal, engrenages, poulies, pédales et leviers, fruit de l'imagination des créateurs F. Delarozière, P. Oréfice et leurs équipes). Au choix lors de la visite : embarquement sur l'une des créatures marines en plus d'une visite libre du carrousel ou visite commentée par les machinistes.

VISITE GUIDÉE

LE PETIT TRAIN TOURISTIQUE DE NANTES

Départ : place Saint-Pierre ✆ 06 61 82 02 84
www.atlantrain.fr

Avril, mai, juin, sept. 10h-17h. Juil.-août toutes les 30 min. 10h-17h. Adulte 7 €. Enfant 4 €. Moins 3 ans 0 €. Groupe 6 €.

Le petit train est un moyen ludique pour effectuer le tour des monuments et centres d'intérêt touristique de Nantes en 40 minutes. Le tout, commenté ! Au programme : départ devant la cathédrale en passant par l'hôtel de ville, la tour de Bretagne, le cours des 50 Otages, la basilique Saint-Nicolas et sa proche place Royale. Puis on « crébillonne », on observe l'opéra Graslin, on traverse la Loire et on va contempler l'Éléphant, les Machines de l'île et le Carrousel des mondes marins, on repère le mémorial et le château des ducs, et bien d'autres trésors que la ville garde…

VISITE GUIDÉE

CHATEAU DU COING

Le Coing - **SAINT-FIACRE-SUR-MAINE** ✆ 02 40 54 02 03
www.vgc.fr

10h-18h du lundi au vendredi de novembre à mars et du lundi au samedi d'avril à octobre. Visite dégustation 8 €.

Historiquement, le château du Coing tient son nom de sa localisation « au coin » de 2 rivières : la Sèvre et la Maine. La cour des communs et son majestueux pigeonnier est un bel exemple du style italianisant du XIXe « Clissonais ». Aujourd'hui, ce domaine est un château viticole géré par Véronique Günther-Chéreau et sa fille Aurore, œnologue. Passionnées, elles comptent parmi les rares femmes chefs d'exploitation du vignoble. Fruités et floraux, les muscadets Sèvre et Maine sur Lie sont des vins de terroir avec une capacité de garde (15 à 20 ans) pour les crus communaux et les cuvées millésimées Comte de Saint Hubert. Une visite mémorable suivie d'une dégustation dans un cadre prestigieux.

VISITE GUIDÉE

SUTANPU

www.sutanpu.com

Horaires d'ouverture des points de tamponnage à retrouver sur le site Internet.

Sutanpu, prononcé « Sou - Tan - Peu » est un mot japonais dérivé du mot anglais *stamp*. Timbre ou tampons. Souvenir de voyage ou collection personnelle, il est désormais possible de partir à la recherche de ces tampons à l'effigie des lieux emblématiques nantais. (Re) découvrez donc Nantes à la recherche de ces délicats imprimés qui vous invite en plein cœur de la ville. La tour LU, le château, la Grue Jaune ou les anneaux… Ces Sutanpu sont proposés dans des points d'accueil (musée, boutiques, etc.). Une jolie façon de créer du lien entre visiteurs et hôtes locaux ! À noter qu'il est également possible de réaliser cette collection en version numérique à partir d'une application mobile.

VISITE GUIDÉE

LE DOUX-GLACE BATEAU

Île de Versailles ✆ 06 60 28 34 95 - Tram Ligne 2 - arrêt Saint-Mihiel - www.nouveaux-bateliers-nantais.com/

Promenade découverte Erdre 1h30 à partir de 20 €/pers. Autres balades, voir site Web.

Il aura fallu 5 ans à Arnaud, pour façonner et construire le *Doux-Glace*, dont le nom fait référence à l'essence de bois qui la compose en partie : le pin douglas. Cette toue cabanée de 17 m de long, environ 6 t, a été conçue dans le respect des caractéristiques et techniques du XVIIIe siècle. À travers ce projet, Arnaud a la volonté de mettre en lumière le patrimoine ligérien et la culture fluviale de notre belle Loire. Depuis juillet 2021, l'association propose différents types de promenades (découverte, journée, sunset apéro…). Cap sur de belles escapades ! Que ce soit pour un anniversaire, une fête de famille ou un apéro au coucher de soleil, ce sont des moments inoubliables.

VISITE GUIDÉE

VISITES GUIDÉES NANTES

9, rue des États
✆ 08 92 46 40 44

Sur réservation uniquement. Avril à septembre.

Vous souhaitez visiter Nantes, mais vous préférez être guidé par les professionnels enthousiastes de l'Office du Tourisme de Nantes (le VAN) ? C'est possible : il existe de multiples manières de découvrir la Cité des Ducs ! Accompagnés par de véritables passionnés, Nantes vous sera « contée » selon différents points de vue : historique, architectural, artistique… Une quinzaine de parcours thématiques sont proposés : pour les familles, des visites insolites, Nantes et le Moyen Âge… Petit rappel : avec le Pass Nantes toutes les visites guidées sont incluses, les audioguides en accès libre, les transports en commun gratuits et plus de 50 activités ! Un Pass à mettre entre toutes les mains.

SITE URBAIN

GARE DE NANTES PANORAMA

27, boulevard de Stalingrad
✆ 36 35
Ouvert du lundi au vendredi de 4h20 à 00h15 ; le samedi de 5h15 à 00h45 ; le dimanche de 5h30 à 00h15.

Après plus de 3 ans de travaux, la nouvelle gare s'est dévoilée fin 2020 ! Depuis, les voyageurs peuvent emprunter la majestueuse passerelle de béton et de verre habillée de dentelle blanche qui rappelle le Mucem marseillais du même architecte Rudy Ricciotti. Quel plaisir d'admirer le panorama offert par ces immenses baies vitrées avec vue imprenable sur la ville ! Véritable trait d'union, cette mezzanine survolant les voies permet de rejoindre, au nord, le paisible Jardin des plantes et au sud, le dynamique quartier Euronantes. Faites vos emplettes sur les 1 500 m² dédiés aux commerces ou bien relaxez-vous sur l'une des places assises des espaces connectés parmi la forêt d'arbres blancs.

SITE URBAIN

LA JUNGLE INTÉRIEURE DU PASSAGE BOUCHAUD

passage Bouchaud

De la rue de la Marne à la rue de la Juiverie, un tout petit passage que ce passage Bouchaud. C'est entre ses murs que l'artiste nantais Evor s'exprime. Passionné de végétaux, il ne les dessine ni ne les sculpte : il les plante. Son œuvre fut réalisée pour le Voyage à Nantes 2018, elle est depuis devenue pérenne et s'érige en bulle verdoyante dans l'hyper-centre. Une véritable jungle luxuriante intérieure, chouchoutée chaque jour, que l'on vient admirer, respirer, contempler en prenant de la hauteur sur les plantes exotiques depuis le petit escalier prévu à cet effet.

SITE URBAIN

HANGAR 32

32, quai des Antilles ✆ 02 51 89 16 30 - Sur l'île de Nantes
www.iledenantes.com
Ouvert du vendredi au dimanche de 14h à 18h. En juillet et août : du mardi au dimanche, de 14h à 19h. Gratuit.

Le Hangar 32 abrite l'exposition permanente du projet urbain de l'île de Nantes. Ouvert depuis 2004, cet ancien hangar portuaire est avant tout un lieu d'exposition et de pédagogie. Grâce à de nombreuses animations vidéo, des maquettes disséminées tout au long de la visite, on peut aisément se rendre compte de la philosophie du projet, de l'avancement des travaux et du potentiel encore en devenir. Une représentation à plat de l'île de Nantes permet de visualiser d'un seul coup d'œil le gigantisme du projet. Et le Hangar 32 a encore de beaux jours devant lui ! Passez donc sa grande porte jaune et ne manquez pas la visite, entre un verre au hangar à bananes et une petite visite à l'éléphant.

SITE URBAIN

MAISON DU DÉVELOPPEMENT DURABLE

50, rue du Château - **REZÉ** ✆ 02 40 13 44 10
Tramway ligne 3 ; arrêt : Espace-Diderot. - www.reze.fr
Ouvert le mercredi de 13h30 à 17h30 ; sur rendez-vous les autres jours.

La Maison du développement durable ou Maison du DD, vise à sensibiliser petits et grands à l'environnement, à la solidarité, au commerce équitable, aux économies d'énergie et à la récupération. Expositions, ateliers fabrication de meubles en carton, visites de la chaufferie à bois, spectacles et cours de cuisine composent le programme annuel, auquel s'ajoutent des rencontres entre les habitants. N'hésitez pas à consulter l'agenda pour profiter au mieux des espaces thématiques et des festivités. La Maison du DD se situe au rez-de-jardin de la médiathèque Espace Diderot.

SITE URBAIN

ILE FEYDEAU

Autour de la rue Kervégan.

On appelait Nantes la Venise de l'Ouest. Et pour cause, la Loire enlaçait et traversait la ville, d'où ces noms évocateurs comme l'île Feydeau. En plein centre-ville, cette ancienne île de Loire fut aménagée dès 1720, puis rattachée à Nantes lors des comblements du fleuve dans les années 1930. Aujourd'hui, entre le cours F.-Roosevelt et la rue Félix-Eboué, le boulevard Jean-Philippot et le cours Commandant-d'Estienne-d'Orves, il fait bon se balader sur les vieux pavés de l'actuelle rue Kervégan ou bien sur ses « quais », imaginer passer la Loire. On admire ses immeubles penchés aux façades et mascarons rappelant les riches familles d'armateurs qui habitaient l'île au XVIIIe siècle.

SITE URBAIN

LE PARC DES CHANTIERS

Quai des Antilles
Situé à la pointe ouest de l'île de Nantes.

Ouvert en 1987, le parc des chantiers est un lieu bien connu des Nantais et de ceux qui passent par la cité des ducs de Bretagne. À l'ouest de l'île de Nantes, ce parc de 13 ha offre un patrimoine varié, historique, architectural, naturel et artistique. On peut s'y promener entre les 18 anneaux de Buren en bord de Loire, y admirer l'éléphant des Machines et l'incroyable manège des mondes sous-marins, mais aussi s'y allonger dans l'un des 4 jardins ou sur sa plage, prendre des cours à l'université permanente, visiter la Maison des hommes et des techniques, passer à la HAB Galerie, faire son shopping à la Cale 2 Créateurs... Un lieu pluriel et animé, incontournable !

SITE URBAIN

PORT-JEAN

Chemin de Port-Jean

CARQUEFOU

À quelques minutes de Nantes, Port-Jean est un endroit idéal pour se détendre. Sur ce site naturel de plus de 20 000 m^2, on peut s'abandonner aux joies de la bronzette sur une plage verte face à l'Erdre (engazonnée) mais attention, interdiction de se baigner ! On peut également pratiquer des sports de glisse. Port-Jean possède un club de canoë-kayak et un club nautique se situe à 5 minutes à pied, à Port-Breton. L'été, ces deux clubs organisent des stages et louent leur matériel. De quoi satisfaire les adeptes de voile, planche à voile, canoë-kayak, paddle ! Spot idéal pour pique-niquer, on profite de la guinguette aux beaux jours. Pour une petite escapade bien agréable, cap sur Port-Jean !

SITE URBAIN

SITE HISTORIQUE DES DOCKS DE CHANTENAY

23, boulevard de Chantenay

http://dockschantenay.fr/

Restauration. Marchés de créateurs (se renseigner).

En bord de Loire, les Docks de Chantenay demeurent le témoin de l'histoire de ce quartier dynamique. On y vient pour flâner le long de la Loire impétueuse. Et sur le site de 10 000 m^2, on (re) visite le chantier naval de l'Esclain. On s'arrête pour boire un verre dans la microbrasserie Little Atlantique Brewery. On rejoint la grue grise en Navibus. On opte pour une balade fluviale de 1h à bord du *Passe-Partout* (ponton Belem) Ce site compte également plusieurs entreprises et une dizaine d'associations et structures autour de la culture et la création.

SITE URBAIN

VILLAGE DE TRENTEMOULT

REZÉ

A deux pas de Nantes, cet ancien village de pêcheurs est un havre de tranquillité. Sur la commune de Rezé, si l'on n'y trouve plus vraiment de pêcheurs, ce village aux petites maisons colorées et aux bars et restaurants des plus accueillants a su garder ce charme singulier de bord de Loire, hors du temps. Dès que le soleil pointe le bout de son nez, les Nantais aiment venir flâner ou prendre un verre en terrasse pour couper quelques instants avec l'agitation urbaine. Et pour compléter le charme, on vient à Trentemoult en bateau ! Le Navibus part des chantiers navals à Nantes et vous dépose au pied du village pour le prix d'un ticket de bus. Sensation de déconnexion garantie.

VISITE

SERVICE TRANSPORTS ALEOP

1, rue de la Loire ✆ 09 69 39 14 14

https://aleop.paysdelaloire.fr/

Ouvert du lundi au vendredi de 7h à 20h ; le samedi de 8h à 12h et de 14h à 17h.

Pour vos déplacements du quotidien, pour vos loisirs en famille, entre amis, pour visiter notre belle région et profiter du tourisme en Pays-de-la-Loire, pensez au réseau de transport régional Aléop ! En car, train, bateau ou transport à la demande : pour bien préparer notre voyage, il suffit de contacter Allô Aléop au 09 69 39 14 14 (appel non surtaxé) accessible de 7h à 20h du lundi au vendredi et le samedi (hors jours fériés) de 8h à 12h et de 14h à 17h. Des conseillers répondent à toutes nos questions sur nos déplacements en Région Pays-de-la-Loire. Et bien sûr en ligne 24h/24 sur le site web aleop.paysdelaloire.fr. Il suffit juste d'avoir le bon réflexe ! Pratique et utile.

PARC / JARDIN

SERRES TROPICALES DU GRAND BLOTTEREAU

Boulevard Auguste-Pineau

✆ 02 40 41 65 09

Dimanche et jours fériés : 10h30-12h. Gratuit. Visites guidées mercredi 15h, samedi, dimanche et fériés 15h, 16h30.

Construites en 1902, les serres du Grand Blottereau nous font voyager et se parcourent seul ou en compagnie d'un jardinier botaniste. Ces serres couvrent une surface de 500 m^2 et abritent des plantes exotiques centenaires. Elles sont divisées en deux grandes zones : sèche et humide. La première abrite des essences qui nécessitent une période de repos : jojoba, baobab, kapok... La seconde permet d'observer des plantes à épices vanille, girofle, gingembre, des fruitiers, ananas, papaye, cacao, des bois précieux ébène, acajou, tek, ou encore des plantes à textile.

PARC / JARDIN

PARC DES OBLATES

Rue Boca - Bus 81 arrêt : Bougainville, C1 arrêt Hérelle ou Lusançay

Ouvert tous les jours de 8h30 à 18h. Fermeture à 17h en automne et en hiver, à 19h45 au printemps et en été.

Situé à Chantenay, ce parc récent de 3 hectares est charmant. Il doit son nom à la congrégation religieuse des sœurs franciscaines Oblates du Sacré-Cœur, occupant toujours sa partie basse. Perché sur la Butte Sainte-Anne et surplombant la Loire, ce parc est clos de vieux murs en pierre. On y pénètre par une allée majestueuse de pins parasols avant de découvrir les aires de jeux et zones de jeux de ballon, de pique-nique, les jardins familiaux, le verger associatif composé de variétés anciennes et rares de pommiers, poiriers, cerisiers, qui peuplent donc ce parc éco-aménagé en concertation avec les habitants. Insolite : ses prairies sont entretenues par des moutons de Belle-Île !

Aléop
Destinations coup de ♥
Septembre 2023 - nobilito - © Office de tourisme du vignoble de Nantes

PARC / JARDIN

LE PARC DE LA GAUDINIÈRE

Rue de la Patouillerie et boulevard Robert-Schumann - Accès Pont du Cens. Bus 32, arrêt Pont-du-Cens. Bus 12, 25 et 96, arrêt Bois-Saint-Louis. - www.jardins.nantes.fr

Ouvert tous les jours. Horaires variables selon la saison. Voir site http://www.jardins.nantes.fr/

Situé sur un coteau et traversé par le ruisseau de la Patouillerie, un affluent du Cens, ce parc richement boisé de 12,5 ha a été créé au XVIIIe siècle et racheté par la Ville en 1936. Au printemps, ce sont 300 000 plantes bulbeuses qui offrent le spectacle magique de leur floraison : crocus, narcisses, tulipes, jacinthes et rhododendrons. Le parc conserve un caractère un rien sauvage qui évoque la montagne (rocaille animée de cascades et grande pièce d'eau...). Les promeneurs peuvent étendre leur découverte dans ce site enchanteur à pied ou en vélo tout le long de la vallée ! Le parc est pourvu de jeux pour enfants. C'est une des belles oasis de biodiversité des parcs de la Métropole.

PARC / JARDIN

SERRES TROPICALES JARDIN DES PLANTES DE NANTES

Rue Stanislas-Baudry ✆ 02 40 41 90 09
https://jardins.nantes.fr/

Visites mercredi 15h-15h30 et 15h30-16h, dimanche 15h-15h45, 16h-16h30 et 16h30-17h. Gratuit.

Véritable conservatoire de plantes régionales et exotiques, les serres du Jardin des plantes voient le jour en 1895. Très largement restaurées, elle se visitent avec un guide. Embarquez parmi les plantes carnivores, HLM à fourmis, baobab, grenouilles tapis dans la verdure, serre des cactus... Une multitude de variétés végétales sont à découvrir à l'intérieur des serres tropicales pour la plus grande joie des petits et des grands. Ne manquez pas le Pénis de Titan, la plus grande fleur du monde, qui a fleuri en juin 2014 et qui ne s'épanouit qu'une fois tous les 3 à 10 ans !

PARC / JARDIN

LE PARC DE LA SÈVRE

Place Saint-Martin - **VERTOU**
✆ 02 40 34 43 00 (mairie)
www.vertou.fr
Gratuit.

Le parc de la Sèvre à Vertou est l'emblème de cette ville parmi les plus verdoyantes de l'agglomération : le long de la paisible rivière, il s'offre aux promeneurs. Il s'est récemment refait une beauté, avec un aménagement attaché à offrir un cadre plus naturel : plusieurs mètres carrés de bitume retirés et 60 arbres plantés. Un chemin se dessine sous les arbres et mène à l'aire de pique-nique, un autre conduit à la Maison des Éclusiers et au quai de la Chaussée des Moines. L'aire de jeux XXL de l'île de la Genette fait le bonheur des enfants. Profitez des nouveaux aménagements : passerelles, bancs, ponton pêcheur pour PMR... Et pour la convivialité : 2 planchas au sein de l'espace pique-nique !

PARC / JARDIN

LE PARC DU GRAND BLOTTEREAU

Boulevard Auguste-Péneau - Tramway ligne 1 ; arrêt : Mairie-de-Doulon. Bus 12 ; arrêt : Grand-Blottereau.

Potager tropical en accès libre. Visite des serres à des horaires spécifiques. Gratuit.

Avec ses 22 hectares, c'est le parc le plus vaste de Nantes. Situé dans le quartier Doulon, il abrite un très beau château du XVIIIe siècle, et accueille le lycée horticole du Grand Blottereau. On y trouve les paysages naturels du monde : rocaille méditerranéenne, bananeraie, bayou américain et jardin coréen, baptisé « colline coréenne de Suncheon », il est le plus grand jardin coréen d'Europe. Aussi, les serres tropicales, l'orangerie, le potager tropical et la glacière, datent de la fin du XVIIIe siècle. Tous les ans, début septembre s'y tient la Folie des Plantes !

PARC / JARDIN

LE PARC DE PROCÉ

22, rue des Dervallières
Bus 22 et 70, arrêt Procé

Tous les jours de 8h30 à 18h30 en automne et en hiver, à 20h au printemps et en été.

Sur 12 ha, le Parc de Procès est un bol d'oxygène bien nantais ! On s'y perd à travers les arbres centenaires ou au détour d'un ancien manoir reconverti en restaurant et en galerie d'art, on se balade parmi les collections de magnolias, fuchsias, bruyères et autres beautés végétales comme les camélias et rhododendrons. Aux beaux jours, on s'étale sur les pelouses pour de bucoliques siestes au soleil ou à l'ombre d'un tulipier de Virginie, un des plus vieux de France en face du manoir. Pour les plus jeunes, un manège joyeusement animé et un baby-bob. On peut continuer la promenade en se dirigeant vers la Chézine, point de départ d'une longue traversée d'espaces verts jusqu'à Saint-Herblain.

PARC / JARDIN

LA ROSERAIE DU PARC FLORAL DE LA BEAUJOIRE

Route de Saint-Joseph-de-Porterie ✆ +33 2 40 41 90 00
Tramway ligne 1 ; arrêt : Beaujoire. Bus 72 ; arrêts ; Beaujoire ou Roseraie.

Ouvert toute l'année. Tous les jours. Ouvert de 8h30 à 19h30, 22h15 en été. Gratuit.

Au cœur du parc floral de la Beaujoire s'étend sur 15 ha la roseraie la plus variée de France. 20 000 rosiers, dont 1 600 variétés. Inaugurée en 1988, c'est Roland Jancel, alors directeur des espaces verts, qui a l'idée de représenter le circuit en forme de plan de rosier : les sentiers pour les tiges et les 31 placettes ou pergolas, les fleurs. On y découvre « l'allée des Fragrances », « Le Clos des Médaillés », comptant la rose Catherine Deneuve, « L'allée des vieilles gloires » ou « Le parterre des simples », des plants aux vertus médicinales utilisés au Moyen Âge.

PARC / JARDIN
LE PARC DE LA CHANTRERIE

95, route de Gachet - Tramway ligne 1 ; arrêt : Beaujoire. Puis bus 75 ; arrêt : Chantrerie.

Accessible 7 j/7. La ferme est ouverte le mercredi et 1er dimanche du mois (avril à octobre)

Plus de 100 ans que ce parc frais et verdoyant a été dessiné par le paysagiste Dominique Noisette à qui l'on doit aussi le parc de Procé. 18 hectares situés sur la rive gauche de l'Erdre permettent de découvrir une grande variété d'arbres : épicéas, chênes pédonculés, cèdres de l'Atlas, hêtres pourpres et châtaigniers, dont un millénaire. L'espace de jeux pour enfants et les vastes étendues de pelouse vallonnées permettent de se ressourcer au calme, et au vert. Et rien de mieux que de s'allonger pour une petite sieste au pied de la Folie nantaise, autrefois propriété de la famille Drouin avant que la ville de Nantes ne l'acquière. Le dimanche, la ferme d'éveil propose activités et ateliers.

PARC / JARDIN
LE JARDIN DES PLANTES

Boulevard Stalingrad ✆ +33 2 40 41 65 09 - Tramway ligne 1 ; arrêt : Gare SNCF. Bus ligne 12.

Tous les jours de 8h30 à 20h (l'été), 18h30 (printemps et automne), 17h30 (l'hiver). Visites des serres en accès libre.

Avec 7 hectares de verdure, le Jardin des Plantes figure parmi les quatre grands jardins botaniques de France avec ses 10 000 espèces vivantes, 800 m² de serres, plus de 50 000 fleurs plantées chaque saison et sa collection de camélias, fleur emblématique de Nantes. Mais aussi son poussin géant, imaginé par Claude Ponti, auteur et illustrateur jeunesse de renom, dans le cadre du Voyage à Nantes. Ouvert sur le parvis nord de la gare, ce Jardin des Plantes ravit les Nantais et les voyageurs en transit. Certains arbres, comme le vieux magnolia, sont là depuis le début du XIXe siècle ! Les petits, et les plus grands, raffolent de la volière et des chèvres naines, autant que des aires de jeux.

PARC / JARDIN
L'ÎLE DE VERSAILLES

Quai de Versailles ✆ 02 40 12 14 34

De janvier à mars : 8h30-18h30. De mars à octobre : 8h30-20h. De novembre à janvier : 8h30-17h30. Gratuit.

L'île de Versailles est l'un de ces poumons verts, si chers à la cité nantaise. Posée sur l'Erdre, cette petite île est un lieu de rêve et une ode à la zénitude quand vient le printemps. Inaugurée en 1987, cette petite île perdue dans la ville est convoitée pour la pause-déjeuner et en soirée lorsque se couche le soleil. On apprécie de se balader au cœur de l'île et d'y découvrir un jardin de thé d'inspiration japonaise, aux érables et pins taillés en nuage, des aquariums des poissons de l'Erdre et un jardin sec au cœur de la maison de l'Erdre. De nombreuses activités nautiques, dont la locations de bateaux sans permis et du canoë, sont proposées au joli port de plaisance.

PARC / JARDIN
LE JARDIN EXTRAORDINAIRE

Tous les jours de 8h30 à 18h30 (horaires modifiables selon saison)

Niché à l'emplacement de l'ancienne carrière Misery du Bas-Chantenay, le jardin baptisé Extraordinaire par la Ville de Nantes, s'inscrit dans la transformation du Bas-Chantenay. En octobre 2019, il a attiré des milliers de curieux pour fêter son ouverture. Il s'inscrit dans le parcours haut perché des 7 belvédères. En descendant par le square Maurice-Schwob, on a l'avantage de découvrir un panorama d'ensemble sur le parc et sa cascade, courant sur 25 mètres entre les lierres, grandiose ! En bas, les allées serpentent à travers les bananiers et autres plantes exotiques, attendant toujours l'arrivée du célèbre Arbre aux Hérons qui fait tant parler. C'est le 101e jardin nantais, Extraordinaire !

PARC / JARDIN
LE JARDIN DES FONDERIES

Rue Louis Joxe - Allée des Hélices - Rue de Récife
✆ +33 2 40 41 65 09 - Tramway Ligne 2 et 3 arrêt Vincent Gâche
www.iledenantes.com

Ouvert toute l'année. Fermé la nuit. Gratuit. Accès libre dans la journée. Accueil enfants (espace avec des jeux).

Ancienne friche industrielle du début du XXe siècle, le jardin des Fonderies est un des premiers symboles de la métamorphose du quartier et de la reconversion d'espaces industriels. Allez vous promener sous la très longue et très haute halle de 115 mètres, admirer les jardins de bambou, profiter du patrimoine botanique et horticole nantais et flâner en découvrant les quelques pièces industrielles disséminées ici et là qui ne manqueront pas de vous rappeler le passé de ce quartier. Les fours que vous pourrez voir pendant vos déambulations ont notamment livré les hélices à de prestigieux bâtiments. Toiles d'araignées, slalom, parcours de santé ou encore rondins de bois pour les enfants !

PARC / JARDIN
JARDINS MAIRIE DE NANTES

14, Mail Picasso ✆ 02 40 41 90 00
https://jardins.nantes.fr/

Allô Nantes du lundi au vendredi de 8h à 19h ; le samedi de 10h à 18h (horaires différentes selon les saisons).

Parc de la Chantrerie, Parc de Procé, Parc des Oblates, Parc des Chantiers, Arboretum du Cimetière paysager, Jardin des Fonderies, Île de Versailles... Nantes est devenue la « Ville aux cent jardins ». L'entretien de ces espaces est géré par la direction Nature et Jardin et propose un ensemble d'actions pour préserver l'environnement et développer la biodiversité urbaine avec pour objectif de mettre la ville dans un jardin. Elle accompagne également les projets de jardin dans les quartiers et travaille avec de nombreux partenaires culturels. Enfin, les coulées vertes relient les parcs urbains aux grands espaces naturels, formant une étoile propice aux promenades.

SITE DE DÉCOUVERTE
LA MANUFACTURE DES TABACS

10b et 11, boulevard de Stalingrad

Près du jardin des Plantes et de la gare, la Manufacture des tabacs a refermé ses portes en 1974. Un des premiers sites industriels à être réhabilité en France. Aujourd'hui quartier vivant, doté d'une crèche, auberge de jeunesse, foyer pour personnes âgées, logements sociaux, médiathèque, elle était à l'époque un lieu dédié à la production de cigarettes, de cigares, de cigarillos et de tabac. Pôle économique majeur de la ville, 1 700 ouvriers y travaillaient en 1878. On peut toujours apercevoir une chaudière au sein de la médiathèque et des structures des fours à torréfier.

SITE DE DÉCOUVERTE
PASSAGE SAINTE CROIX

9, rue de la Bâclerie ✆ 02 51 83 23 75 - Bus arrêt commerce, tramway ligne 1 arrêt Bouffay, tramway ligne 2 et 3 arrêt Commerce. Parkings Decré et Carré Feydeau.
www.passagesaintecroix.fr

Ouvert du mardi au samedi de 12h à 18h30. Gratuit.

Depuis 2010, le passage Sainte-Croix fait le lien entre la place Sainte-Croix et la rue de la Bâclerie, au cœur du quartier Bouffay. C'est par un joli jardin d'inspiration médiévale que l'on accède à ce centre culturel ouvert à tous, qui se veut un lieu de dialogue, de pédagogie, de réflexion et de culture. Il propose de multiples actions à destination du grand public : expositions de patrimoine et d'art contemporain, spectacle vivant, rencontres et débats, visites guidées et ateliers adultes, activités pour le jeune public ainsi qu'une offre éducative pour les scolaires. En quelques années, le passage Sainte-Croix est devenu un acteur à part entière de la vie culturelle nantaise.

SITE DE DÉCOUVERTE
LA GALERIE DES MACHINES

Boulevard Léon-Bureau ✆ 0 810 12 12 25
www.lesmachines-nantes.fr

Horaires variables, consulter le site. Tarif : 8,50 € ; 6,90 € rédui. Gratuit -4ans et accompagnateur PMR.

Fruits de l'imagination débridée de messieurs Delarozière et Orefice, inspirés des univers de Léonard de Vinci et Jules Verne, la Galerie des Machines c'est le laboratoire de la compagnie La Machine, où sont nés le Grand Eléphant et le Carrousel des Mondes Marins. Survolé par un héron de 8 mètres d'envergure, l'atelier de la Galerie des Machines vous embarque dans l'univers du futur Arbre aux Hérons. Un projet fou avec ses 22 branches, pour le moment mis de côté qui accueillera le public dans la carrière Misery. On découvre le colibri géant, le pou du ciel, la fourmi géante, l'araignée mécanique, le paresseux si mignon et bluffant, ou encore la nuée de papillons. Et en 2023, le renouveau !

SITE DE DÉCOUVERTE
LA MAISON DE L'ERDRE

Ile de Versailles ✆ 02 40 29 41 11 - Accès : tramway ligne 2 – arrêt Saint-Mihiel ou Motte Rouge.

Lundi, mardi et vendredi de 13h30 à 18h15. Mercredi, samedi, dimanche et jours fériés de 9h15 à 12h15 et 14h15 à 18h15.

Située au cœur de l'île de Versailles, La Maison de l'Erdre est une bâtisse aux allures de pavillon de thé japonais, dépaysement garanti donc pour ce bout d'Asie en plein cœur de la ville ! Elle abrite des expositions permanentes qui permettent de découvrir les écosystèmes de l'Erdre. Les aquariums présentant les espèces piscicoles locales ont disparu. Mais l'on peut toujours admirer la flore typique des rivières alentour. La Maison de l'Erdre accueille aussi des expositions temporaires autour de l'environnement et de nombreuses expositions photo. Des panneaux apprennent aux visiteurs l'histoire de cette île et ses activités d'autrefois, une belle entrée en matière avant une croisière !

SITE DE DÉCOUVERTE
LE GRAND ÉLÉPHANT DES MACHINES DE L'ÎLE

Boulevard Léon-Bureau ✆ 0810 12 12 25
www.lesmachines-nantes.fr

Les jours et horaires varient selon les saisons. Se renseigner par téléphone ou sur le site Internet.

Il fait la fierté des Nantais. Le désormais célèbre pachyderme vit sur l'île de Nantes, sous les nefs de la Galerie des Machines. Né de l'imaginaire foisonnant de François Delarozière et Pierre Orefice, l'éléphant de bois, cuir et métal impressionne avec ses 12 mètres de hauteur, ses longs cils et ses 48 tonnes qui déambulent dans le quartier des chantiers navals et arrosent les passants. On monte sur son dos jusqu'au Carroussel des Mondes Marins où il nous dépose pour un petit tour de manège. Une promenade insolite pour découvrir l'ancienne portion des quais de la Loire.

SITE DE DÉCOUVERTE
MAISON DU LAC DE GRAND-LIEU

Rue du Lac - **BOUAYE**
✆ 02 28 25 19 07
A la sortie de Bouaye, suivre direction Saint-Mars-de-Coutais.
www.maisondulacdegrandlieu.com

Fermé du 15 décembre au 10 janvier. Fermé les lundis. Sur réservation. Visites guidées 5 €. Animations. Boutique.

À seulement 15 minutes de Nantes, le plus grand lac naturel de plaine français, le lac de Grand-Lieu est la 2e réserve ornithologique du pays après la Camargue avec plus de 270 espèces d'oiseaux. La Maison du Lac sensibilise le visiteur à cette richesse naturelle. Le parcours débute par l'exposition sur les paysages, la faune et la flore du lac. On emprunte ensuite le chemin écologique sur 2 km, on termine avec l'ancien pavillon de chasse du parfumeur Guerlain réhabilité. Grande terrasse avec point de vue top sur le lac. Un Grand-Lieu à découvrir absolument !

SITE DE DÉCOUVERTE
CANAL DE LA MARTINIÈRE
LE PELLERIN

Lieu de promenade idéal que ce canal avec ses kilomètres de chemin de halage et ses grandes berges ombragées. Construit entre 1882 et 1892 pour pallier les problèmes d'ensablement de la Loire, ce canal situé sur les communes du Pellerin et de Frossay s'étend sur une quinzaine de kilomètres parallèlement au fleuve. Les deux écluses à sas, monumentales, installées à La Martinière et au Carnet, permettaient aux portes de s'ouvrir en 60 secondes et se refermer en 90 secondes. Aujourd'hui, l'art s'est invité dans le paysage avec l'œuvre pérenne d'Erwin Wurm, *Misconceivable*, dit aussi le *Bateau mou*, créée pour Estuaire 2007. Un façon contemporaine de rendre hommage à l'histoire du lieu.

SITE NATUREL
LA LOIRE À VÉLO
www.loireavelo.fr/

La Loire à vélo, c'est une traversée au cœur de 2 régions, 6 départements et 6 agglomérations. Une belle boucle de 80 km, de Mauves-sur-Loire au Pellerin, permet de profiter de l'agglomération nantaise et de ses beaux paysages ligériens, en longeant la Loire sur ses deux rives. À vous la découverte des marais, des petites îles, des curiosités nantaises comme les Machines de l'île, de la maison dans la Loire de Couëron... Le site Internet vous renseignera sur les hébergements garantissant un accueil adapté aux cyclistes, les loueurs et réparateurs de vélos, les sites de visites et de loisirs, les services de transfert de bagages... Une promenade à faire entre amis ou en famille, immanquable !

SITE NATUREL
LA CHAUSSÉE DES MOINES
Quai de la Chaussée des Moines
VERTOU

Site incontournable de Vertou, la Chaussée des Moines est un véritable lieu de villégiature en bord de Sèvre avec ses restaurants, sa base fluviale, son cadre verdoyant, ses aires de jeux pour enfants, terrains de pétanque... Elle est une sorte de barrage qui relie le quartier du Chêne à la partie basse du bourg. Construite par des moines vers l'an 1000, elle répond à 3 objectifs : créer une réserve d'eau suffisante pour permettre la navigation jusqu'à Clisson, permettre l'installation d'un moulin à eau qui fournirait la farine aux religieux et enfin assurer le passage entre Le Chêne et l'agglomération centrale. Plusieurs sentiers de randonnées passent par cette Chaussée, empruntez-la !

SITE DE DÉCOUVERTE
LA MAISON DANS LA LOIRE DE JEAN-LUC COURCOULT
COUËRON - A découvrir depuis l'estacade du quai Pont-Gibeau (à 200 mètres de la Tour à Plomb). - www.estuaire.info
Gratuit. Œuvre réalisée à Lavau-sur-Loire pour Estuaire 2007 et installée à Couëron en mai 2012.

Œuvre pérenne du parcours Estuaire entre Nantes et Saint-Nazaire, la Maison sur la Loire de Jean-Luc Courcoult rejoint la trentaine d'œuvres de cette collection à ciel ouvert. Les pieds dans l'eau, cette maison de trois étages ressemble à une belle endormie, une épave élégante et immobile. Jean-Luc Courcoult aime à qualifier cette œuvre de « réalisme imaginaire ». Si la réalisation est concrète, le but est lui d'introduire du rêve dans la vie des visiteurs. Une œuvre entre terre et fleuve, face à l'Estacade, qui s'inscrit à merveille dans ce paysage des bords de Loire !

SITE NATUREL
LES ÎLES DE LOIRE
SAINT-SÉBASTIEN-SUR-LOIRE
Accès par le boulevard des Pas Enchantés
Accès libre.

Poumon vert de 140 ha, les îles de Loire sont incontournables. À Saint-Sébastien, elles offrent un espace naturel de loisirs et de promenade remarquable avec leur paysage très ouvert : des prairies à perte de vue plantées de frênes, de saules, de chênes. Classée zone naturelle, sous protection Natura 2000, les îles sont balayées par les vents venus de l'Estuaire. On y observe l'aigrette garzette, le martin pêcheur, le héron... Jusqu'à la fin du XVIIIe siècle, Saint-Sébastien se composait de sept îles dont trois ont été préservées : Pinette, Héron, Forget. Les autres forment Beaulieu, le quartier urbain d'aujourd'hui. Amateurs de pique-niques comme de nature et sportifs s'y croisent.

CANOË
CANOË KAYAK CLISSON CKC
le Moulin de Plessard - **CLISSON** ✆ 02 40 54 39 59
www.ckclisson.fr
Ouvert tous les jours en juillet-août et les samedis, dimanches et jours fériés du printemps à l'automne.

Le club de canoë et kayak de Clisson dénommé CKC bénéficie d'une situation idéale au Moulin de Plessard, en face du parc de la Garenne Lemot, qui est l'un des premiers sites touristiques du secteur. En fonction du parcours, vous naviguerez en canoë, kayak ou en barque vers Le Pallet ou vers Pont Cafino. Se rajoutent les locations de paddle, du stand up simple ou méga sup pour plusieurs personnes ! Certains vendredis entre juin et août, le club de canoë-kayak de Clisson propose également une virée de nuit en canoë d'environ 1 heure 30 pour découvrir l'éclairage du viaduc et du château de Clisson. Une expérience étonnante ! Le nombre de personne est limité donc la réservation est obligatoire.

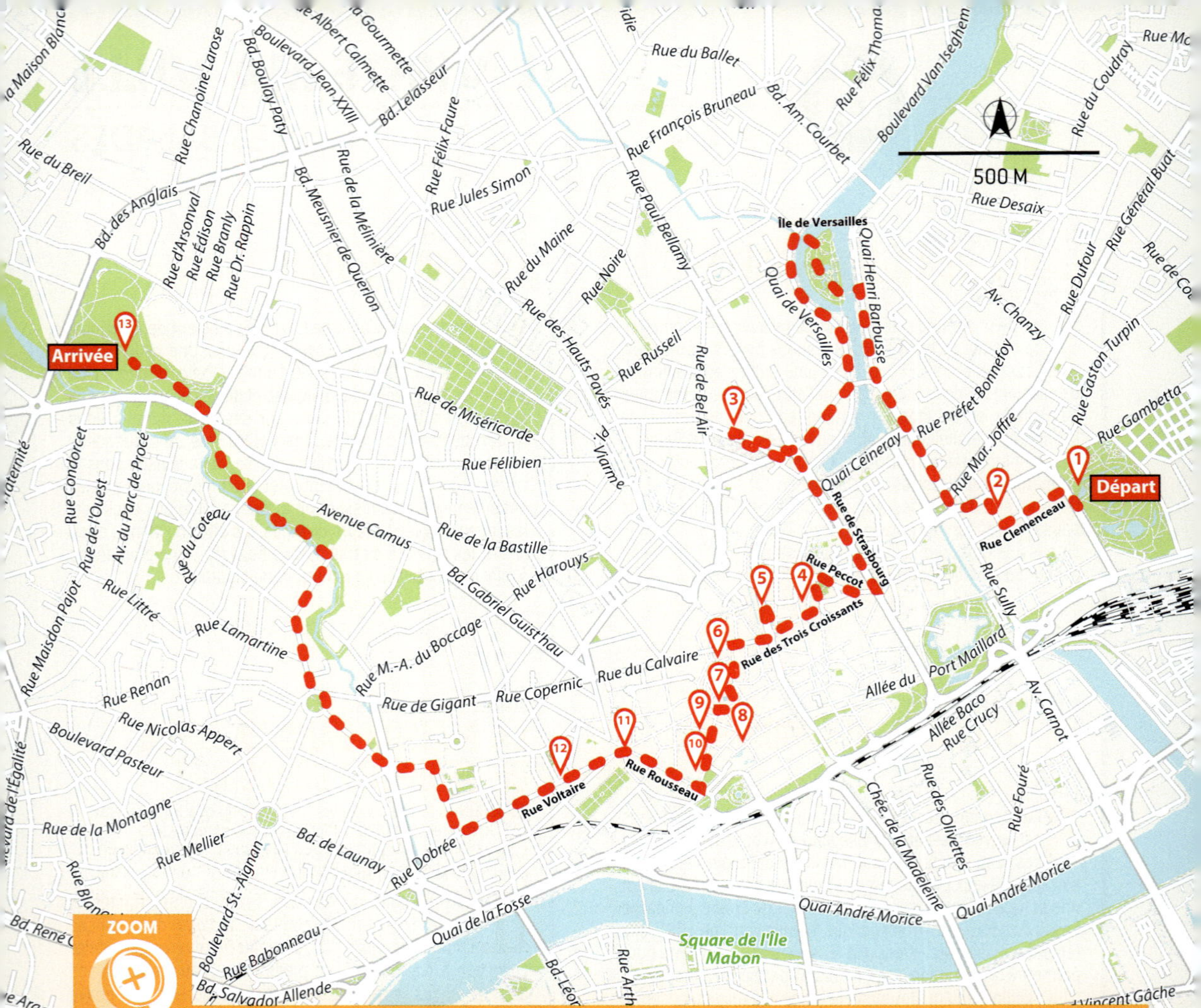

BALADE ENTRE NATURE ET CULTURE

Première étape : le Jardin des Plantes (1). Ce jardin botanique offre une profusion de couleurs et de parfums. On se promène et on admire les serres ainsi que les installations de l'artiste Jean Julien. On en sort pour cheminer rue George Clemenceau où on découvre le Musée d'Art de Nantes (2). Celui-ci accueille toutes les formes de création : de l'art ancien à l'art contemporain en passant par la photographie ou la vidéo ! L'architecture du musée elle-même est un spectacle à ne pas manquer. Après cette escale, on poursuit notre itinéraire vers l'Île de Versailles où un jardin japonais est niché au milieu de la rivière de l'Erdre. On traverse les ponts en bois, on admire les pagodes et les bassins remplis de carpes koï. Puis, direction le Marché de Talensac (3) pour une pause gourmande ! On emprunte ensuite la rue de Strasbourg pour se rendre à la fresque du « Toucan à bec caréné » (4), rue Fanny Peccot. On devance cette œuvre, emprunte la rue des Trois Croissants et on arrive Place Du Cirque (5). D'ici, on aperçoit la tour de Bretagne, symbole urbanistique de la ville. On continue notre route jusqu'à faire face à la jolie basilique Saint-Nicolas (6), puis la place Royale. (7) Direction rue de la Fosse où, en descendant, sur notre gauche, se trouve la librairie indépendante Coiffard. (8) Établissement qui donne aux livres une place privilégiée avec ses bibliothèques en bois, agrémentées d'échelles. Puis, à notre droite, on aperçoit l'incontournable Passage Pommeraye. (9) On continue à marcher jusqu'à la place de la Bourse (10) et on lève la tête vers la « méridienne », un cadran solaire ne donnant l'heure qu'à midi précis ! On remonte la rue Jean Jacques Rousseau pour atteindre la place Graslin. (11) Puis, après la fontaine, on emprunte la rue Voltaire et avance jusqu'au musée d'histoire naturelle. (12) Ce lieu nous invite à explorer les différentes époques géologiques et propose des collections variées qui retracent l'histoire de la faune et de la flore, des fossiles aux animaux naturalisés. Pour terminer, rendez-vous au Parc de Procé ! (13) Bien qu'excentré, ce parc mérite amplement la visite avec ses vastes pelouses, ses sentiers, ses arbres centenaires ainsi que sa piste de bobsleigh pour les enfants !

PARCOURS DANS LES ARBRES
ACCROCAMP NANTES

Rue du Pré Salé ✆ 02 85 52 04 65
www.accrocamp.com
Juillet-août 7j/7. De fév à nov : mercredi, W-E. et jours fériés. 10 € à 30 €, -50 % mercredi, samedi, dimanche matin.

Un nouvel accrobranche sur l'île de Nantes ! Il est situé non loin du centre-ville, au parc Beaulieu dit « crapa ». Et il vous fait crapahuter ! L'équipe d'Accrocamp avec l'accueil professionnel de passionnés. L'équipe vous propose 6 parcours jalonnés d'embûches pour tous niveaux. Sur un hectare, de 6 à 15 mètres de hauteur, selon les parcours (bleu, vert ou rouge…), on grimpe sur des planches en bois, des filins, des filets, des cordages… On y accède par un escalier. Pour finir en frisson avec une tyrolienne. Pour les moins peureux, la liane de Tarzan vous fera sauter dans le vide. Que de sensations ! Inutile de le préciser mais la ligne de vie continue vous assure une sécurité absolue.

ORNITHOLOGIE
OBSERVATOIRE DES OISEAUX

Site de Pierre Aiguë - **SAINT-AIGNAN-GRANDLIEU**
✆ +33 02 40 26 44 44 - www.saint-aignan-grandlieu.fr
Ouvert du lundi au mercredi et le vendredi de 9h à 13h et de 14h à 17h30. Fermé le jeudi après-midi.

En saison, de nombreuses animations sont proposées pour aller à la rencontre du patrimoine naturel de la commune de Saint-Aignan-de-Grand-Lieu. Avec bien sûr la proximité du lac de Grand Lieu, grande réserve naturelle protégée pour sa faune et sa flore. Le site accueille 300 espèces d'oiseaux sur 6 500 hectares. À découvrir : de nombreuses animations, des observations d'oiseaux en libre accès (apporter son matériel d'observation) et aussi des séances commentées (mise à disposition du matériel, chemins nature...), avec la Ligue de Protection des Oiseau. À côté de Saint-Aignan, rendez-vous aussi à la Maison du Lac, à Bouaye, afin de découvrir le lac, son histoire et ses richesses écologiques...

GOLF
MINI-GOLF DE NANTES

21, boulevard du Petit-Port ✆ 02 40 74 47 94
Tramway ligne n° 2 - Arrêt Morrhonnière - Petit Port
www.nantes-camping.fr/fr/mini-golf
Fermé d'octobre à avril. Entrée : 8 €. Enfant : 6 €. 22 € pack famille.

Intégré dans la programmation du Voyage à Nantes, le minigolf artistique et ludique « Petits Voyages extraordinaires » a été conçu par l'artiste plasticien nantais Jean Bonichon. Un autre Nantais est à l'honneur sur le parcours : Jules Verne. Tout au long des 15 pistes, les joueurs sont invités à explorer ses romans : Le Tour du monde en 80 jours, Cinq semaines en ballon, L'Invasion de la mer, Une Fantaisie du docteur Ox, De la Terre à la lune, Voyage au centre de la Terre, Les Enfants du capitaine Grant. Tels les héros du romancier, les joueurs deviennent globe-trotters et poussent la petite balle blanche dans des déserts, des océans, des sols lunaires... Dépaysement garanti !

ASTRONOMIE
PLANÉTARIUM DE NANTES

8, rue des Acadiens
✆ 02 40 73 99 23
Vérifier les séances sur le site. On vous conseille de réserver.

Ce planétarium propose des séances classiques ou en 3D selon des thèmes spécifiques. Parmi eux, on retrouve l'observation du ciel, la présentation des constellations, une visite du système solaire, l'étude d'une comète, etc. Des contenus réservés à certaines catégories d'âges : 3-5 ans, 5-10 ans, ado-adultes. En périodes de vacances scolaires, des ateliers pédagogiques sont aussi au programme, venant compléter intelligemment les séances avec notamment des expériences et manipulations ludiques à réaliser pour des enfants de 7 à 12 ans. Le détail des programmes est disponible en téléchargement depuis le site web du planétarium. Une façon amusante de découvrir l'astronomie.

NEW
LOISIRS
NIDOLUDO

4, Rue de l'Héronnière ✆ 06 51 88 36 35
https://nidoludo.fr/
Ouvert du mercredi au dimanche de 9h à 18h. Entrée : 10 € (plein tarif).

Vous habitez à côté de la Place Graslin et vous ne savez pas comment divertir vos enfants ? Sophie et Quentin ont ouvert un super lieu pour les bambins à Nantes. Un endroit ludique où vous allez pouvoir les occuper et les accompagner (les 0-10 ans). Au programme, arts plastiques, théâtre, yoga parents-enfants, éveil à l'anglais, à la musique… Avec pour les plus jeunes, un atelier bébé-signes, de la relaxation, des massages, de l'éveil à l'expression corporelle. Pour un anniversaire, réservez l'une des salles d'ateliers ou l'aire de jeux intérieure (de 100 m²). Profitez de plus de l'espace café (gâteaux maison, chaï latte…) Chez Nidoludo, on a enfin trouvé le nid pour se détendre en famille !

ZOO
ZOO LA BOISSIERE DU DORE

La Châtaigneraie - **LA BOISSIÈRE-DU-DORE** ✆ 02 40 33 70 32
www.zoo-boissiere.com
Haute saison : tous les jours de 10h à 19h. Adulte : 25,50 €. Enfant : 19 €. Horaires et tarifs réduits hors saison.

L'un des plus beaux parcs animaliers ! Sur 24 ha, plus de 1 100 animaux dont girafes, rhinocéros blanc, gorilles, tigres, lions, guépard, panthère noire, serval et l'orang-outan, emblème du parc. Profitez de la proximité des animaux, du spectacle d'oiseaux en vol libre, des espaces de semi-liberté, assistez au nourrissage des lions, ours, girafes, lémuriens... Créé en 2020, sur 2 ha pensé pour le bien-être des animaux, le Royaume des Lions. Nouveauté 2022 : la Vallée des ours, nouvel espace de 2,4 ha. Prolongez l'immersion avec une nuit insolite en hauteur entouré de girafes et rhinocéros dans l'un des Africa Lodges : magique ! Une sortie incontournable en famille !

NEW

HÔTEL

ABBAYE DE VILLENEUVE

Lieu-dit Villeneuve - **LES SORINIÈRES** ✆ 02 55 59 05 91
https://abbayedevilleneuve.com
Réception : 24h/24 et 7j/7. Chambre double à partir de 117 €. Brasserie. Bar lounge. Restaurant gastronomique.

Idéalement située (aux Sorinières, à 10 min de Nantes, proche aéroport), l'abbaye de Villeneuve nous accueille au cœur d'un parc de 4 hectares, pour un ressourcement optimal. Ce lieu, riche en histoire, ne vous laissera pas indifférent. Le cadre est sublime, le charme de l'ancien se marie avec le confort moderne d'un hôtel haut de gamme. On adore les murs en pierre, la décoration raffinée et distinguée. Les services, avec une réception ouverte 24 h/24, et 7 j/7, la Wifi, le bar lounge, un restaurant gastronomique, une brasserie. Une navette qui fait la liaison entre l'abbaye et Nantes. Tout est mis en œuvre pour que vous passiez un séjour agréable et inoubliable dans cet hôtel 4 étoiles !

NEW

HÔTEL

AKENA HOTELS REZE

12, rue de Bruyere - **REZÉ** ✆ 08 10 22 02 80
www.hotels-akena.com
Ouvert toute l'année. Salles de séminaires et espace de coworking.

Cet hôtel 3 étoiles, situé à Rezé et à 5 minutes seulement de l'aéroport, saura vous chouchouter à votre arrivée sur Nantes. Sa décoration, moderne, est apaisante, reposante. Le groupe Akena a aussi à cœur d'être un exemple dans l'hôtellerie en ce qui concerne l'écologie et propose une architecture dernier cri respectant les normes environnementales. Cet établissement de 5 étages propose, en plus de chambres tout confort, d'un espace de restauration rapide, d'un spa, d'une salle de sport... Le tout pour faire de votre séjour nantais un moment inoubliable ! Sans oublier leurs petits déjeuners, très bons ! De plus, leur proximité avec des lieux incontournables (en transport) est un gros plus.

HÔTEL

LE CHÂTEAU DE MAUBREUIL*****

allée de Maubreuil - **CARQUEFOU** ✆ 02 21 70 03 70
www.chateaudemaubreuil.com
14 suites. En semaine : de 200 € à 350 €, le samedi de 300 € à 500 €.

Après 7 ans de travaux, le château de Maubreuil, datant du XIXe siècle, abrite désormais le tout premier hôtel 5 étoiles de la région nantaise. C'est à Carquefou dans l'écrin du site boisé de Maubreuil qu'on trouve cette pépite acquise par de nouveaux propriétaires, amoureux d'art. Ici sont proposées 14 suites aux thématiques du voyage (Mongolie mon amour, Nuit birmane...) décorées selon chaque pays, ainsi qu'un spa 5 mondes (avec un parcours sensoriel). Les épicuriens peuvent également s'attabler au sein du restaurant gastronomique et bistronomique avec une vue sublime sur le parc. C'est aussi le lieu idéal pour les séminaires, réceptions, mariages... À vous la vraie vie de château !

HÔTEL

HÔTEL AKENA NANTES ATLANTIS***

3, rue Victor-Schoelcher - **SAINT-HERBLAIN**
✆ 02 40 38 33 33 - Zone commerciale Atlantis, en face des cinémas UGC, Pathé Gaumont... - www.hotelsbho.com
Accueil 24h/24. 92 chambres. Parking inclus. En semaine : chambre double de 74 € à 130 €. Petit déjeuner : 12,50 €.

Un grand parallélépipède gris égayé de touches de couleur vives : voici le Bhô Hôtels, un établissement résolument contemporain. Le hall d'accueil abrite le vaste kiosque de réception, le bar ainsi que la salle de petit déjeuner. Il suffit d'ouvrir les niches encastrées dans le mur pour moduler sa chambre à sa convenance : chevet, écran plat, éclairage. Profitez également des quatre salons modulables de 37 à 112 m^2. De quoi passer un bon séjour dans un cadre original et design, que ce soit professionnel, ou en famille. Avec pour le petit déjeuner, des produits locaux.

HÔTEL

HÔTEL OCEANIA HÔTEL DE FRANCE****

24, rue Crébillon
✆ 02 40 73 57 91
Chambre simple de 99 € à 149 € ; chambre double de 99 € à 209 €. Petit déjeuner buffet : 20 €. Animaux acceptés (20 €).

Autrefois propriété de M. Graslin, écuyer et receveur des fermes du roi, Océania Hôtel de France est un emblème de Nantes du XVIIIe. Dans ce lieu historique, voyageurs et habitués, profitent d'un séjour hors norme dans les 72 chambres dont une chambre jalousée au cinquième étage avec vue sur les toits. L'hôtel profite d'un confort phonique et thermique, ainsi que d'une literie haut de gamme. Côté déco, on aime l'esprit graphique et sobre, la luminosité et le calme. Passé le porche de l'hôtel, le hall est magnifique. A droite, le bar de l'Hôtel de France, ouvert à tous !

HÔTEL

HÔTEL LA PÉROUSE****

3, allée Duquesne ✆ 02 40 89 75 00
www.hotel-laperouse.fr
Accueil 24h/24. Chambre double de 99 € à 199 €. Petit déjeuner buffet : 18.5 €. Animaux acceptés, supplément : 10 €

Du même nom que le navigateur, l'hôtel La Pérouse est une escale parmi les institutions nantaises. Distingué par le label « Patrimoine du XXe siècle », dans cet hôtel 4 étoiles, tout est soigné : literie neuve de qualité, parquet, chambres agréables... La décoration épurée et harmonieuse est résolument contemporaine. Sa situation exceptionnelle vous permet de séjourner en plein centre-ville de Nantes, à portée de toutes les activités et visites du patrimoine ! La qualité des prestations, du petit déjeuner à base de produits locaux et bio à la politique de cet établissement est garantie par les labels Qualité Tourisme, HôtelCert® Clef Verte et Développement durable. Une prestation de qualité.

ET POUR DORMIR ?

HÔTEL

HÔTEL MERCURE NANTES CENTRE GARE****

50-51, quai Malakoff ✆ 02 40 35 30 30
www.mercure.com

Accueil 24h/24. Chambre double de 72 € à 209 €. Petit déjeuner buffet : 18 € (petit déjeuner Express : 8 €).

L'hôtel Mercure s'érige sur le parvis Sud de la gare. Idéal pour un voyageur en transit ! Les chambres insonorisées et climatisées disposent d'une literie de qualité. Un lieu contemporain, très design et d'une grande sobriété. Une brasserie propose des spécialités locales et régionales à base de produits frais. L'hôtel fait face à un quartier en devenir. Le LU, la Drôle de Barge, le Petit Baigneur, autant d'endroits sympas où boire un verre. Navette aéroport, bus et tramways permettent de se déplacer rapidement, et le centre historique est à quelques minutes à pied.

HÔTEL

OKKO HOTEL****

15, rue de Strasbourg ✆ 02 52 20 00 70
www.okkohotels.com

80 chambres. Chambre double de 87 € à 300 €. Petit déjeuner 18 €. Parking : 19 €.

La devise de la chaîne d'hôtels Okko : « 4 étoiles sans aucun nuage » ! Okko Hôtel bouscule les codes de l'hôtellerie traditionnelle avec une réservation par Internet et par téléphone. Wi-fi, vidéos à la demande, petit déjeuner avec viennoiseries, crêpes, jus de fruits frais, etc. Les chambres, avec douche à l'italienne et coin bureau, sont modernes et fonctionnelles, et l'une d'elles a été réinventée par l'artiste Julien Nédélec. L'espace-club invite à nous sentir comme à la maison et à profiter de l'*aperitivo* préparé avec des produits locaux, fromages Beillevaire et produits bio des Coteaux nantais ! Un hôtel haut de gamme à l'écoute totale de ses clients !

HÔTEL

MERCURE NANTES CENTRE GRAND HÔTEL****

4, rue du Couëdic ✆ 02 51 82 10 00
www.mercure.com

162 chambres. Chambre double : 60 € à 499 € ; suite : 119 € à 499 €. Petit déjeuner buffet ou en chambre : 18,50 €.

Literie épaisse et hautement confortable, couette sous laquelle on rêve de se glisser... La déco, tout en sobriété et élégance, alterne entre gris perle, prune, beige et framboise. Le mobilier aux lignes épurées est contemporain. Chaque chambre est équipée d'un écran LCD et d'une machine à café. Au rez-de-chaussée, un bar lounge est ouvert à tous, le 4.44. On peut y profiter d'une très belle carte de long drinks et autres cocktails dans une ambiance calme et apaisante. Le hall de l'hôtel a également connu une très belle rénovation. Une valeur sûre et très centrale.

HÔTEL

HÔTEL MERCURE PASSAGE POMMERAYE**

2, rue Boileau
✆ 02 40 48 78 79

Chambre double de 105 € à 255 €. Petit déjeuner buffet ou en chambre. Parking inclus. Séminaires.

Dans le cœur de la ville, à côté du célèbre passage Pommeraye, l'hôtel a fait peau neuve pour passer Mercure 4-étoiles. Cet établissement dispose de 60 chambres très bien équipées et au confort remarquable dans un immeuble de la fin du XVIIIe siècle, de cinq étages avec ascenseur. La décoration des chambres est sobre et d'inspiration contemporaine. Pour mettre tout le monde de bonne humeur, le petit déjeuner copieux avec des fruits frais se présente sous forme de buffet ou en plateau en chambre avec des produits bio et locaux comme le fromage Beillevaire.

HÔTEL

RADISSON BLU HOTEL****

6, place Aristide-Briand ✆ 02 72 00 10 00
www.radissonblu.fr/hotel-nantes

142 chambres. Chambre double : 155 € à 450 €. Petit déjeuner buffet : 20 €. Parking : 20 €. Wifi gratuit. Hammam, sauna.

Un hôtel d'exception que le Radisson à Nantes ! C'est le premier hôtel hexagonal à s'installer dans un ancien palais de justice avec dès l'entrée, le fronton où figure la Justice protégeant l'Innocence, et au sol du magnifique hall, ancienne salle des pas perdus, le damier noir et blanc. Les confortables chambres aux tons chocolat, blanc et or privilégient une déco chic et contemporaine. On apprécie la qualité de service et la discrétion du staff. Dans le hall, le restaurant « A partager » fait la part belle aux tapas, gourmands et contemporains du chef Erwan Noblet. Une belle adresse ouverte à tous les gourmands qui croiseront le chemin de nouveaux voyageurs.

NEW

HÔTEL

QUINTESSIA HÔTEL****

24, chemin des Marais-du-Cens - **ORVAULT** ✆ 02 40 76 84 02
https://www.quintessia.fr/

Chambres doubles à partir de 105 €. Et jusqu'à 320 € pour la suite. Parking. Animaux acceptés (5 €/j/animal)

Situé dans la vallée du Cens, au cœur d'un parc arboré, le Quintessia s'articule autour de 4 activités : l'hôtel, le restaurant, le spa et son parcours aquatique et les séminaires. Chacune des quarante chambres du Quintessia hôtel propose une ambiance douce, chaleureuse et naturelle. Avec un accueil à la nantaise. A nous aussi les chambres familiales, la suite prestigieuse pour les chanceux ou pour les affaires ! Côté déco, on apprécie la luminosité, l'ambiance cosy et douillette, le choix des matières et des couleurs, les douches à l'italienne, les grandes baignoires, et la sublime terrasse. Séjour agréable garanti, que vous veniez en amoureux, en famille ou pour un séminaire professionnel.

ET POUR DORMIR ?

HÔTEL

SOZO HOTEL****

16, rue Frédéric-Cailliaud ✆ 02 51 82 40 00 - A 150 m de la gare SNCF (sortie nord). A côté du jardin des plantes.
www.sozohotel.fr

Chambre double à partir de 119 €. Petit déjeuner : 20 €. Parking fermé : 15 €/24h. Animaux acceptés (15 €/jour).

Un bijou d'architecture classique, un cadre verdoyant exceptionnel, un goût certain pour le mobilier contemporain comme Starck et Ron Arad, c'est le triangle incontournable de cette adresse : le Sōzō Hôtel. En plein cœur de Nantes et à deux pas de la gare, voilà une prestation hôtelière haut de gamme. Niché dans une chapelle du XIXe siècle, soyez séduit dès le lobby puisque c'est dans le chœur de la chapelle et sous 17 mètres de voûtes que vous venez de pénétrer. Réparties sur trois étages, les 24 chambres, Expérience, Tentation, Séduction ou Sōzō Suite, ne vous laisseront pas de marbre entre vitraux, absides, chœur de chapelle et panorama sur les arbres du Jardin des plantes voisin.

NEW

HÔTEL

HÔTEL LIEU DIT

78, route de Vannes ✆ 02 40 76 96 88
https://www.lieudit-nantes.com/hotel

Réservez une chambre sur https://www.secure-hotel-booking.com/smart/Le-Lieu-Dit/JSB8/fr/

Le Lieu Dit, c'est vraiment un lieu à part, qu'on se le dise ! En plus d'être un restaurant, une épicerie et une halle de fête, c'est aussi un hôtel ! Et un hôtel pas comme les autres. En effet, il se démarque des autres par son approche éco-responsable : les matelas ont été rachetés au lieu d'être jetés par leurs anciens propriétaires, les clients sont invités (s'ils le souhaitent) à partager des espaces communs pour réduire leur consommation d'électricité, etc. Pas de télévision non plus dans la chambre, pour une autre expérience. Les lits sont confortables, les chambres très colorées, les petits déjeuner très bons et locaux. Un hôtel à part, une expérience unique.

HÔTEL

HOTEL DUQUESNE

12, allée Duquesne ✆ 02 40 47 57 24
www.hotel-duquesne-nantes.com

Ouvert toute l'année. Accueil 24h/24. 54 chambres. Chambre à partir de 50 €. Petit déjeuner buffet : 9 €.

Cet hôtel deux-étoiles comprend 54 chambres lumineuses et propres à la décoration moderne et sobre. Le petit déjeuner est composé essentiellement de produits bio, confitures, miel et jus de fruits, et de réalisations faites maison à l'image des petits pains au chocolat et croissants. Les chambres disposent toutes d'un écran de télévision, du double vitrage et même, pour certaines, de volets intérieurs, d'une salle de bains avec douche standard, à l'italienne, ou baignoire. L'hôtel s'érige sur le cours des 50-Otages, un emplacement central, au pied du tram et au cœur de la ville, qui facilite la visite de l'agglomération, que l'on soit à pied, en voiture ou à vélo. Bon rapport qualité/prix.

RÉSIDENCE HÔTELIÈRE

APPART' CITY NANTES

2, rue Emile Masson ✆ 02 51 89 77 10
https://www.appartcity.com

Tous les tarifs et réservations sur le site en ligne. Appartement, offre business et chambres familiales

Besoin d'un hébergement pour une ou plusieurs nuitées à Nantes, tout en profitant de l'autonomie d'un appartement et confort hôtelier ? Les voyageurs d'affaires ont besoin de se reposer sur des solutions clés en main avec notamment le parking intégré.Également, nos amis touristes veulent se sentir comme à la maison et le désir de se poser en toute quiétude. Et il y a aussi des appartements pour les familles. Les Appart'City sont des solutions d'hébergements faits pour vous ! L'Appart'City « Confort » de la Cité des congrès est idéalement placé pour profiter du quartier de la Cité des congrès. Il existe aussi l'Appart'City Nantes Centre, le Quai de Loire, Viarme, Saint-Herblain et Carquefou.

SE LOGER - LOUER

HOOMY LOCATIONS NANTES

10, rue de Voltaire
✆ 02 55 07 10 13
https://locations.hoomy.fr/

Vous cherchez votre prochain lieu de vacances ? Depuis 2017, hoomy Location et Conciergerie propose des locations situées à Nantes et plus largement, sur le littoral breton (22, 29, 35, 56), sur la côte Atlantique (44, 85, 17, 33) et même dans les Hautes-Pyrénées (65). Soucieuse des désirs de chacun, cette entreprise nantaise sélectionne les locations pour leur personnalité et leur équipement. Le mix parfait pour des vacances réussies ! Côté organisation, un conseiller vous accompagne dès la recherche de votre maison. Hoomy, c'est un accueil personnalisé, des services à la demande et un happy concierge à votre écoute. Profitez, respirez, soyez futés !

RÉSIDENCE - CLUB

PÉNICHE LA RIVIÈRE HOUSE

65, rue du Port Durand ✆ 07 66 51 35 21
www.carpediem-nantes.fr

Chambre à partir de 130 €. Privatisation complète à 1440 € la nuit.

La Rivière House Carpe Diem est un lieu inoubliable dans un écrin de verdure au calme, à quelques minutes de Nantes. Sur les bords de la plus belle rivière de France, selon François Ier, on embarque pour une nuit magique sur cette péniche entièrement rénovée avec très bon goût par Yannick le capitaine. Les 250 m² de la péniche sont partagés entre le pont supérieur avec la terrasse, le salon et de la cuisine ouverte. Ainsi que le pont inférieur constitué de 5 chambres (avec salle de bains privative) dont une familiale. On profite d'une vue d'exception sur l'Erdre, son cadre naturel de toute beauté. On s'y retrouve en famille, en amoureux... Il est également possible de privatiser la péniche.

NEW AUBERGE DE JEUNESSE

AUBERGE LES BAINS DOUCHES

20, rue Dupleix
✆ 09 77 96 44 83
https://aubergelesbainsdouches.fr/
A partir de 22 € la nuit.

L'Auberge des Bains Douches, c'est un nouveau lieu de vie sur la butte Sainte-Anne. À la fois auberge de jeunesse nouvelle génération, mais aussi salle de réunions, de spectacles, lieu de créations. L'esprit est celui d'une économie basée sur le participatif, l'associatif, la communauté d'échanges… même de passage ! Un lieu populaire et confortable à la fois. On peut y dormir dans des chambres à partager comme dans les anciennes auberges espagnoles mais avec tout le confort moderne. Un lieu propre, agréable, plein de vie. Un superbe lieu où on sera très vite dans le bain.

NEW MEUBLÉ

LOCATION MAISON PORNIC

49, Boulevard thiers - **PORNIC** ✆ 06 86 60 69 29
Location de sept à fin juin. À partir de 580 €/semaine en basse saison. Jusqu'à 780 € en haute saison

Si vous cherchez un hébergement pratique et sympathique à Pornic, voici la location idéale ! À deux pas de l'incontournable Thalasso de Pornic dont la cure dure souvent une semaine, cette petite maison est le point de chute idéal ! À 10 minutes du centre de Pornic, elle vous enchantera avec ses pierres apparentes, dans le quartier calme Gourmalons. Cette maison est celle de Martine Hénaff (propriétaire d'un autre super gîte à Sainte-Luce-sur-Loire) et de sa fille Morgane. Cerise sur le gâteau, depuis la maison on aperçoit la mer ! Idéal pour 2 personnes, la chambre parentale est située en mezzanine, avec un lit bébé. De plus, un lit d'appoint permet l'accueil d'un 2ᵉ enfant en option.

CAMPING

NANTES CAMPING*****

21, boulevard du Petit-Port ✆ 02 40 74 47 94 - Tramway ligne 2, arrêt Morrhonnière-Petit Port. Bus 51 et 26, arrêt Petit Port.
www.nantes-camping.fr
Mini-golf. Piscine du Petit Port gratuite pour résidents. Aire camping-cars. Jeux pour enfants. Wifi. Restaurant/bar.

Proche du cœur de la ville, Nantes Camping propose des hébergements contemporains de qualité de 1 à 8 personnes : cottages design, cabane sur pilotis, chalets insolites. Nouveau : le quartier Premium propose des locations haut de gamme au sein de 3 villages thématisés. Les adeptes du camping traditionnel, seront séduits par les tentes toile et bois alliant l'esprit du camping au confort d'une location. Les vacanciers en tente, camping-car, caravane bénéficient d'emplacements spacieux, semi-ombragés, ombragés. A nous les services et loisirs 5 étoiles : wifi, restaurant-bar, piscine extérieure d'été, aires de jeux, mini-golf, sans oublier l'accès à la piscine couverte du Petit Port.

GÎTE

GITES DE FRANCE

9, rue Alessandro-Volta - **CARQUEFOU** ✆ 02 51 72 95 65 - Périphérique Nord, sortie 23, suivre Carquefou-centre puis Fleuriaye.
Résa tél du lundi au dimanche de 9h à 21h. Horaires accueil public : lundi au vendredi 8h30 à 12h30 et 13h30 à 17h30.

Gîtes de France est le 1ᵉʳ réseau d'accueil chez l'habitant en Europe. En Loire-Atlantique, le label propose plus de 600 hébergements : gîte, chambre d'hôtes, camping ou encore CityBreak (un appartement en ville). Ces hébergements de charme sont référencés en épis et selon des thématiques : bord de mer, en ville, à la campagne, accueil bébé, à la ferme, hébergements insolites… On choisit selon ses envies. La recherche sur le site web, mais aussi via un accueil téléphonique soigné, s'opère selon certains agréments : œnotourisme, écogîtes, accueil vélo, tourisme et handicap. Les Gîtes de France en Loire-Atlantique c'est la garantie d'un tourisme d'authenticité et de découvertes.

GÎTE

LA LONGÈRE DU PLESSIS

Route des Plessis
SAINTE-LUCE-SUR-LOIRE
✆ 02 40 25 61 43
www.longere-du-plessis.com
Voir tous les tarifs sur le site Internet.

© LONGERE DU PLESSIS

Tout près de Nantes, dans la campagne paisible, proche du village de Sainte-Luce-sur-loire, de la Loire, des chemins de randonnée, la longère du Plessis est un gîte exceptionnel. C'est la promesse d'un séjour au calme et réparateur ! La Longère se loue dans sa totalité pour 1 à 10 personnes. Pour un week-end, une semaine ou plus ! 4 sublimes chambres sont proposées : style baroque, exotique, spacieuse et romantique et une 4ᵉ en rez-de-jardin avec vue sur la terrasse et piscine… En plus de la longère principale, le petit gîte Pimpinella (5 personnes) invite au repos ! Martine nous accueille avec sourire et nous invite à profiter de week-ends thématiques zen et spa au sein d'un parc verdoyant !

JE ME RÉGALE

À Nantes, c'est un véritable festin pour les papilles qui vous attend ! En 2023, de nombreuses adresses gourmandes ont pris place dans les quartiers de la ville, de quoi ravir les épicuriens. Que vous soyez à la recherche d'un restaurant raffiné, d'une épicerie fine ou d'une expérience gustative unique, vous trouverez votre bonheur ! Cette année encore, de nombreuses enseignes s'engagent pour nous offrir le meilleur : priorité aux produits locaux, bio et de saison. Bistros, tables gastronomiques, restaurants à thème, street food de qualité, spécialités culinaires d'ici et d'ailleurs, restaurants végétariens, savoureux coffee shops... Le choix est vaste et varié. La créativité, le savoir-faire et la passion des professionnels de la restauration nous invitent à vivre des moments de partage, de convivialité et découvrir des plaisirs culinaires. Laissez-vous donc tenter par une symphonie de saveurs et vivez des moments gourmands inoubliables. Voici une sélection d'adresses où la satisfaction des papilles est au rendez-vous à chaque bouchée. À vos fourchettes !

VOTRE GUIDE DEVIENT INTERACTIF

TAPEZ PETITFUTE.APP DANS LE NAVIGATEUR DE VOTRE SMARTPHONE.

PRENEZ UNE PHOTO DE LA PAGE DÈS QU'ELLE A CE PICTO !

GASTRONOMIQUE

ATLANTIDE 1874

5, rue de l'Hermitage ✆ 02 40 73 23 23 - Ligne Verte du Voyage à Nantes. Tramway ligne 1 Gare Maritime
https://www.atlantide1874.fr/

Ouvert du mardi au samedi de 12h à 13h15 et de 19h30 à 21h15. Déjeuner : 50 €. Soir : menu à 80 ou 120 €.

Du haut de la butte Sainte-Anne, L'Atlantide 1874-Maison Guého, une étoile au guide Michelin, offre une vue exceptionnelle sur la Cité des Ducs et la Loire qui coule en son sein. Ici, c'est délicieux autant pour les papilles que pour les yeux. On se régale avec le lieu jaune rôti, les courgettes violon et le condiment tomate-curry avant le baba poché au citron vert-vanille. Pour les plus gourmands, la carte offre des trésors gastronomique : homard de pays en cocotte, plat aux morilles fraîches ou turbo roti au beurre de spiruline accompagné d'artichaut poivrade en tempura. Ici, l'art du bien-manger et du bien-recevoir se conjuguent totalement. Repas végétarien ou végétalien sur demande.

GASTRONOMIQUE

CAFÉ DU MUSÉE

10, rue Georges Clemenceau ✆ 02 51 12 93 09
https://cafedumusee.fr/

Ouvert du mer au sam de 11h à 19h (21h le jeu). Plats de 16 € à 20 €. Brunch : 27 €.

D'Éric Guérin, on connaît La Mare aux Oiseaux à Saint-Joachim. En 2016, ce chef a continué sur sa lancée en ouvrant une nouvelle adresse, le Café du Musée, au sein du nouveau musée d'Arts de Nantes. Ici, rien d'ostentatoire ni dans la déco ni dans la carte courte et pleine de trésors. En entrée, la panacotta de pomme de terre et œuf parfait avec le granola aux graines est éblouissante. Le couscous végétal, une merveille. En dessert, le fameux gâteau nantais au rhum est divin. C'est beau, c'est bon, c'est surprenant parfois. En parallèle, on n'hésite pas à découvrir la bibliothèque participative ou jouer aux jeux de cartes. Et le week-end, c'est brunch ! Un incontournable nantais.

GASTRONOMIQUE

L'AUBERGE DU CENS

1, route de Rennes - **ORVAULT** ✆ 02 40 16 29 29
Bus 12 arrêt, Pont du Cens. - www.aubergeducens.fr

Du mer au dim midi ; mer au sam soir. Menu midi de 16,50 € à 17,50 €. Soir de 36 € à 43 € ou carte blanche à 50 ou 59 €.

À deux pas du parc de la Gaudinière, Alexandre Fichard maîtrise la cuisine de cette maison aux colombages rouges. Avec Élodie en salle, et l'équipe, on varie les plaisirs, du menu du jour au menu Inspiration où l'on vient prendre son temps, en passant par le menu Découverte. Tout est fait maison ! Les papilles frétillent avec le blanc mousseux, petits pois et asperges au poivre rouge de kampot ou bien la vieille rôtie accompagnée de fenouil cuit au poivre de timut, piperade de poivron rouge et riz noir des empereurs. Pour finir avec une crème fleur d'oranger, un petit gâteau fruits rouges et une ganache blanche fenouil. Le chef, passionné par les épices et les baies, subliment ses plats !

GASTRONOMIQUE

CHATEAU DE MAUBREUIL

Allée de Maubreuil - **CARQUEFOU** ✆ 02 21 70 03 70
www.tabledumarquis.com

Ouvert 7j/7. Menu du marché : 29 €. Soir : menus 58 €/75 €. Brunch le dimanche : 62 €.

Le château de Maubreuil, premier établissement 5 étoiles de la région à la décoration élégante et accueillante qui nous invite au voyage. Nous sommes les bienvenues à La Table du Marquis et sa cuisine d'auteur aux influences mondiales. On retrouve les saveurs du chef Clément Vincent pour le déjeuner avec une bistronomie créative et pour le brunch dominical avec un délicieux buffet. Le chef propose des menus dégustation. Quel que soit le moment de la journée, c'est une cuisine haute en couleur et responsable qui nous attend. On déguste, par exemple, un œuf Maubreuil suivi d'un magret de canard en feuilles de figuier. En dessert, la framboise du Maubreuil nous régale. Un moment unique !

GASTRONOMIQUE

LES CADETS RESTAURANT

15, rue des Hauts-Pavés ✆ 09 86 57 01 46
www.restaurantlescadets.fr

Ouvert le mardi soir et du mercredi au samedi midi et soir. Menu midi à partir de 36 €, le soir 65 € ou 85 €.

Ambiance épurée, lumineuse et chaleureuse, bienvenue chez Les Cadets ! Charles et Tristan nous accueillent dans leur restaurant gastronomique qui a ouvert ses portes en mars 2022. Ils y travaillent avec les bons produits du terroir, dans le respect des saisons. Un menu unique est proposé le midi, en 4 séquences. Avec de belles entrées, puis plats, dessert. Pour une expérience plus curieuse et gourmande, on se laisse tenter par les menus 5 séquences ou 7 séquences. Une belle sélection de vins est disponible. C'est beau, délicat et délicieux ! On apprécie l'accueil et le professionnalisme de l'équipe. Un moment gastronomique en toute simplicité : les Cadets ont tout de très grands !

GASTRONOMIQUE

ICI RESTAURANT

1, rue Léon Blum ✆ 02 40 48 62 27
www.restaurant-ici.fr

Du mardi au vendredi midi et soir ; samedi le soir uniquement. Formules midi de 20 à 36 €. Menus soir à 59 €.

Dans cet établissement élégant à la décoration moderne, le créatif chef, Xavier Rambaud, a posé ses valises pour en sortir ses ustensiles et sa passion culinaire afin de sublimer les beaux produits locaux. Que ce soit le midi ou le soir, on découvre un menu unique, très soigné qui respecte le travail raisonné des producteurs. Ce jour-là, un amuse-bouche d'houmous nous a régalés avant une entrée composée de truite, faisselle et radis. À suivre : un merlan aux asperges et Bock Choï. Les plus gourmands opteront pour l'assiette de fromage avant de ponctuer sur un dessert gourmand : amande, orange et thym-citron. Les menus du soir en 5 temps est tout aussi soigné. Une très belle adresse !

NEW

GASTRONOMIQUE

L'EPICURIEN RESTAURANT

Lieu-Dit Villeneuve - **LES SORINIÈRES** ✆ 02 55 59 05 91
https://abbayedevilleneuve.com
Ouvert du mercredi au samedi de 12h à 13h15 et de 19h à 21h15 ; le dimanche 12h à 13h15. Menu 1201 à 45 €, 5 temps 70 €.

L'Épicurien, c'est le restaurant gastronomique de l'abbaye de Villeneuve. L'établissement au cadre remarquable, du XIIIe siècle, s'est refait une beauté avec deux ans de travaux. Son chef, Aymeric Depogny, nouvellement étoilé, a officié à la maison Loiseau. Sa carte met à l'honneur le terroir du pays nantais et les producteurs locaux. Le menu 1201 est un clin d'œil à l'année de fondation de l'abbaye. Avec les menus à 5 ou 6 temps, le chef vous guide dans ses plaisirs culinaires. Ils commencent tôt le matin avec un petit déjeuner savoureux ou plus tard en soirée avec le cocktail de la semaine servi au bar. L'hôtel est un 4 étoiles. La brasserie offre une vue sur sa piscine et sur le parc.

GASTRONOMIQUE

LULU ROUGET

4, place Albert Camus ✆ 02 40 47 47 98
www.lulurouget.fr
Du mardi au samedi 12h-13h30 et 19h30-21h30, sauf mercredi midi. Menus le midi de 55 € à 95 €, le soir de 75 € à 115 €.

À force de viser la lune, Lulu Rouget a fini par décrocher une étoile… Michelin bien sûr ! 2019 restera l'année de la consécration donc pour Ludovic Pouzelgues et sa fidèle équipe. Les yeux ouverts ou les yeux fermés, vous serez bluffé par ce voyage gustatif en 3, 5, 6 voire 7 services ! Pas de carte à rallonge chez Lulu Rouget, on savoure des produits frais, de saison et le plus souvent locaux. Embarquez voluptueusement avec un blanc de saint-pierre « poudré » avec jeu d'artichauts et berlingot coulant. Tombez en pâmoison devant les fraises de pleine terre meringuées, parfum de verveine. Bien sûr, accompagnez les plats de vins naturels mis ici à l'honneur. Réservation en ligne possible.

GASTRONOMIQUE

LE MANOIR DE LA RÉGATE

155, route de Gachet ✆ 02 40 18 02 97
www.manoirdelaregate.com
Du mardi au samedi midi et soir. Terrasse. 3 salons. Menus 3 temps (midi) 50 €, 6 temps 90 €, 8 temps 120 €, 10 temps 140 €.

Dans cette demeure chargée d'histoire familiale, Mathieu et sa sœur Anne-Charlotte ont grandi au cœur de l'agitation des cuisines. Ici, l'esthétique s'allie à la justesse des saveurs. Que ce soit en 3, 6, 8 ou 10 temps. En cuisine, le chef étoilé Mathieu Pérou joue habilement avec les saveurs, selon l'inspiration apportée par les ingrédients du jour. Il valorise les produits du terroir au rythme des saisons. On retrouve dans l'assiette des produits sublimés et des recettes revisitées. Anne-Charlotte, en salle, gère le service et accueille avec le sourire. A chaque instant lors de ce voyage gustatif, nos yeux et nos cœurs se remplissent de beau, de bon et de bien. Un véritable délice !

GASTRONOMIQUE

BÉNUREAU RESTAURANT

Route des Sables - **SAINTE-LUCE-SUR-LOIRE**
✆ 02 40 25 95 25
www.restaurantbenureau.com
Mercredi au dimanche le midi ; du mercredi au samedi le midi et le soir. Menus de 41 € à 72 € (menu groupe de 60 à 98 €)

© RESTAURANT BÉNUREAU STE LUCE SUR LOIRE

© RESTAURANT BÉNUREAU STE LUCE SUR LOIRE

Depuis 6 générations, Stéphane Gravouille et Magalie incarnent une tradition gastronomique et donnent ses lettres de noblesse aux saveurs régionales. Le chef travaille avec des produits frais et locaux. À nous les belles noix de Saint-Jacques poêlées et leur coulis de crustacés en saison. Les cuisses de grenouille à la provençale, une spécialité ! Le poisson au beurre blanc vous ravira ou le fameux homard bleu façon américaine. Ou un tournedos grillé sauce béarnaise. Le plateau de fromages réjouira les amateurs. Les desserts ponctueront la fin du repas avec l'excellent gâteau nantais traditionnel et glace vanille. Le tout, dans un cadre prodigieux avec un parc, sur le trajet de La Loire à vélo.

GASTRONOMIQUE

MERAKI

2, rue Menou
✆ 02 40 74 57 10
Ouvert lun, mar, jeu et ven 12h-13h30 et 19h30-21h ; mer 12h-13h30. Menu midi 20-25 €. Menu soir 40-50 €.

En grec *Meraki* se définit par : « Faire quelque chose avec son âme, sa créativité, ou son amour ; mettre une part de soi dans son travail ». L'expression est devenue le mot d'ordre des chefs Maxime et Clément, qui après avoir œuvré dans différentes cuisines et en tant que chefs à domicile ont ouvert leur établissement pour nous régaler d'une cuisine inspirée et parfaitement maîtrisée. Ce midi, au menu : en entrée, bulot fumé, ail noir et pomme de terre, suivi du plat : burrata nantaise, artichaut poivrade et harissa de fraise et pour finir, la surprenante île flottante, crème aux herbes et framboise. Les associations de goûts inattendues semblent évidentes une fois qu'on les a savourées.

GASTRONOMIQUE

ROZA RESTAURANT

3, place de la Monnaie ✆ 02 40 54 01 87
www.restaurantroza.com
Du lundi au vendredi midi et soir. Le midi : 35 €/2 plats ou 40 €/3 plats. Soir : menu dégustation 80 €.

Adresse prestigieuse que ce restaurant tenu par Jean-François Pantaleon (La Mare aux Oiseaux, Anne de Bretagne, le Meurice ou Apicius), épaulé par son épouse et une jeune équipe. Déco sobre et chic, cuisine ouverte, grande cave : vous serez séduit par l'esprit bistronomique. Savourez le poulpe et sa purée de mais brulé. A suivre, un ris de veau croustillant et sa garniture, carottes gingembre et girolles d'été. Pour finir, une douceur avec le millefeuille minute à la vanille sambava, cacahuètes beurre salé et caramélisées. Les assiettes sont belles et délicieuses. Roza ? Un clin d'œil aux 2 petites filles du chef, Romane et Suzanne. Et une étoile au *Guide Michelin* chaque année depuis 2021 !

GASTRONOMIQUE

L'OCÉANIDE

2, rue Paul-Bellamy ✆ 02 40 20 32 28
http://restaurant-oceanide.fr/
Ouvert du mardi au samedi de 12h à 14h et de 19h à 21h30. Menus de 35 € à 110 € (plateau de fruits de mer : 55 €).

Face à l'Erdre, le restaurant l'Océanide et son décor cossu rappellent l'ambiance des grandes brasseries bourgeoises d'antan. Ici, poissons et crustacés sont cuisinés avec talent et inventivité par le chef David Garrec. A la carte, laissez-vous tenter, en entrée, par le ravioli de langoustine, servi dans son bouillon de tête aux épices douces. Avant de poursuivre par un filet de saint-pierre poêlé au beurre coulis de crustacés au champagne. Ou un pigeon en deux cuissons, la cuisse confite et le suprême rôti. Côté dessert, la déclinaison d'abricots glace au lait d'amande grillée ou encore la jolie palette de desserts de l'Océanide vous laisseront un souvenir inoubliable.

GASTRONOMIQUE

SOURCES

22, rue de Verdun ✆ 02 40 89 42 42
www.sources-nantes.fr
Ouvert le mardi soir et le mercredi le midi ; le jeudi et le vendredi le midi et le soir ; le samedi midi et soir.

« Sources » était une évidence pour ce néo-bistrot nantais. Car pour Ingrid et Guillaume, l'essentiel est d'aller à la source des produits. On file le long des pierres apparentes, de l'ambiance comptoir où se dressent sur son large corps en bois six couverts, au côté restau, où les fleurs de saisons habillent les tables. Pour le déjeuner, se décline une carte fraîche et saisonnière. Et le soir, les assiettes prennent des airs gastronomiques. On s'évade avec le menu des chefs à l'aveugle en cinq temps, où le sommelier, murmure à l'oreille des palais curieux un bel accord mets et vins. On ne vous en dit pas plus, car pour ne pas s'ennuyer, ça change toutes les semaines !

GASTRONOMIQUE

LE ROMARIN

79, rue de Bretagne - **SAUTRON**
✆ 02 40 63 15 87
www.restaurant-leromarin.com
Menus à partir de 28 € en semaine. Menu en 5 temps, 75 €.

Ce restaurant gastronomique se situe à proximité de Nantes. Le chef Émeric Banon ne cuisine que des produits frais avec originalité et belle présentation. Après une mise en bouche, c'est carte blanche, laissez-vous guider ! Vous pouvez ainsi déguster de 1 à 5 plats accompagnés de vins. Parmi eux, d'excellents poissons du marché de Talensac, comme le filet de bar de nos côtes, des anguilles de Notre-Dame-de-Monts. Suivi de bonnes pièces de viande du MIN de Nantes, de petits légumes de la Chapelle-Basse-Mer, d'épices d'Ancenis, des produits le plus souvent locaux. Parmi les fromages et/ou douceurs, la délicieuse tome de Couëron, le sablé breton, la mousse noire, les fruits exotiques. Un régal !

GASTRONOMIQUE

VILLA MON RÊVE

2, levée de la Divatte - **BASSE-GOULAINE**
✆ 02 40 03 55 50 - www.villa-mon-reve.com
Du mercredi au samedi le midi et le soir et le dimanche midi. Menus de 32 € à 68 €. Formule midi : 32 € à 38 €

Jérôme et Magalie Ponchelle sont à la tête de cette Villa Mon Rêve, une maison de maître au bord de la Divatte. Jérôme, le chef, reconnu maître-cuisinier de France par ses pairs et finaliste du prix Pierre Taittinger UK, propose une cuisine gourmande de saison : queues de langoustines façon Meunière, cèpes au lard fumé, packchoi, noix de Saint-Jacques saisies, fleur de caviar Petrossian, purée de chou-fleur et jus de viande ; risotto d'artichaut à la truffe noire ; tournedos de race charolaise, escalope de foie gras de canard et truffe façon « Rossini » et en dessert pourquoi pas un croustillant citron framboise, sauce au citron vert. Une valeur sûre qui fait partie des Toqués du Goût.

NEW

L'ABBAYE DE VILLENEUVE

Lieu-dit Villeneuve - **LES SORINIÈRES** ✆ 02 55 59 05 91
https://abbayedevilleneuve.com/
Tous les jours, de 12h à 13h45 et de 19h à 21h45

Après deux ans de travaux, l'Abbaye de Villeneuve du XIIIe siècle a rouvert les portes de son hôtel 4 étoiles et de son restaurant gastronomique L'Épicurien. L'établissement vient d'être récompensé d'une première étoile par le *Guide Michelin*. Aymeric Depogny, chef étoilé, a travaillé sur la carte de la Brasserie avec Nicolas Lewandowski et son équipe. Sous la verrière style Grand Palais, dans des fauteuils de velours vert, on peut profiter de la vue sur la piscine de l'hôtel ou sur le parc. La carte, est un entrelacs de mets de poissons et de viandes. Entrecôte Aubrac mariné ou plie façon meunière régaleront vos papilles. Des plaisirs gustatifs de haute volée dans un cadre remarquable

NEW

BISTRONOMIE

L'AGAVE RESTAURANT

11, rue Léon Blum ✆ 02 40 47 54 51 - Arrêt 50-Otages ou Place du Cirque - https://www.restaurant-lagave.com/
Ouvert lun soir, du mar au ven midi et soir. Formule midi : 22 € à 25 €. Soir, menu 45 € ou dégustation 5 temps à 65 €.

Après avoir géré À l'Ardoise pendant 2 ans, le chef Oscar Becerril a décidé de donner à son établissement un nouveau tournant, désormais rebaptisé L'Agave. Cette plante grasse dont la tequila est issue évoque ses origines mexicaines. La ligne de conduite reste la même qu'avant : des produits frais de saison. Le choix des plats est volontairement restreint, la qualité et les saveurs sont bien au rendez-vous. L'alliance de la gastronomie française avec des notes inspirées de la cuisine mexicaine est délicieuse, c'est beau ! L'équipe franco-mexicaine vous accueille chaleureusement dans un lieu où le charme de la vieille pierre vient subtilement côtoyer les couleurs du Mexique.

BISTRONOMIE

BAIROZ RESTAURANT

40, bis rue Fouré ✆ 02 40 48 26 24
www.bairoz-nantes.com
Du mardi au samedi midi et soir. Formule du midi : 21 € et 26 €. Menus soir : 52 € et 64 €.

Une divine surprise a germé au printemps rue Fouré : Bairoz. Bienvenue à Jérôme Berdelou et Estelle Méheust. Déjà 1 an pour ce restaurant, véritable lieu à part, avec 2 salles bien agencées aux murs avec pierres apparentes. Dont la petite salle donnant sur la cuisine ouverte de la cheffe bretonne ! Jérôme, pâtissier « étoilé », nous concocte des desserts subtils et raffinés. Il nous fait partager sa créativité au même titre que celle de sa cheffe de compagne pour les entrées et les plats magnifiques... Bien sûr, ici les produits sublimés 100 % maison (pain compris) proviennent de circuits courts. Le nom ? Un clin d'œil aux poivres et épices qui pimentent notre vie ici !

BISTRONOMIE

ART'N BLUM RESTAURANT

10, rue Léon Blum ✆ 02 40 89 41 56
https://restaurant-artnblum.com
Ouvert le mar et du jeu au sam midi et soir ; le mer midi. Midi : 19/22 €. Sam midi, jours fériés : 25 €. Soir : 34/39 €

Dans ce restaurant, depuis 2018, l'art du service sublime l'art de la cuisine. Le Chef Alexandre Pichard propose des plats créatifs et délicats tandis que le sommelier Valentin Maillet invite à de délicieux accords mets et vins. Les assiettes de qualité transcendent les goûts par une recherche audacieuse de saveurs. Vous pourrez ainsi vous délecter de merlu nacré avec tartare de pommes vertes. Puis de pommes de terre grenaille de Noirmoutier aux épices douce, purée d'oignons juste rôti et pousse d'épinard. Avant de finir sur une délicieuse note sucrée : abricot rôti aux romarins avec crémeux et biscuit amandes torréfiées ainsi que sorbet abricot, balsamique, romarin. Une excellente adresse.

BISTRONOMIE

BATTOS RESTAURANT

15 Rue des Hauts-Pavés
✆ 02 51 72 22 52
https://www.restaurantbattos.com/
Du lun au ven le midi et du mer au ven le soir. Épicerie du lun au sam. Formule midi : 17 €/21 €/24 €. Carte le soir.

© BATTOS NANTES

Battos, c'est le restaurant tenu par 2 amies de lycée hôtelier : Lucie Colombatto, en salle, et Gladys Battault, la cheffe, aux fourneaux. Les Battos, surnom attribué lors de leur adolescence, est devenu une évidence quand il a fallu choisir un nom au resto ! Elles ne ménagent pas leurs efforts pour nous proposer un moment agréable et gustatif ! Ici tout est fait maison, la cuisine est préparée avec soin et élégance. Produits locaux, circuits courts. On aime les cocottes à partager, les langoustines crues, le magret de canard et pavlova et desserts gourmands. Sur commande rillettes, terrines, boudins. Découvrez la belle épicerie pour des douceurs à emporter. Et l'incontournable terrasse !

NEW

BROUSSAILLE

8, Rue Magdeleine

✆ 02 28 44 90 30

Ouvert du lundi au vendredi 12h-14h ; du mercredi au vendredi 12h-14h et 18h-23h. Formules 20 € et 24 €.

À deux pas de l'Éléphant, sur l'île de Nantes, on trouve de bonnes herbes aromatiques dans les plats du restaurant Broussaille. On apprécie leur simplicité et leurs saveurs : du fait-maison bien assaisonné. Comme ce suprême de volaille à l'estragon, aubergine grillée, coulis de poivrons rouges au saté et fregolas sautées ou ce plat de courgette grillée en croûte d'épices douces. Le restaurant à l'étiquette bistronomique est gérée par Flore et Hugo, chef de salle. Leur cuisine ? du local et du bio. La décoration est épurée et une proposition végétarienne est proposée chaque semaine. Et le soir, on prend plaisir à partager les assiettes !

BISTRONOMIE

CHAMAILLE BISTROT

48, rue Saint Jacques

✆ 02 51 86 44 91

www.bistrot-chamaille.fr

Du lundi au vendredi le midi et soir. 1 plat 13,50 €, 2 plats 17,50 €. 3 plats 20,50 €. Le soir carte. Terrasse (patio)

© BISTROT CHAMAILLE

Ce joli bistrot à la devanture bleu Majorelle est situé non loin de Saint-Jacques. Camille, patronne passionnée par l'art de bien recevoir, s'est entourée du talentueux chef Igor, d'origine franco-brésilienne. Il nous régale avec sa cuisine du marché, inventive et 100 % produits frais. Abordable le midi, la formule change chaque semaine. Lingots de polenta frite, velouté du jour, cannelloni à la ricotta, poitrine de cochon, mousse de fromage blanc… Le soir, la carte invite à la gourmandise avec le tataki de thon rouge, ou une côte de bœuf à partager et des douceurs. Des photos de famille, une déco chaleureuse, un patio d'été sont d'autres trésors pour lesquels on pourra sûrement se chamailler.

BISTRONOMIE

LE BOUQUET GARNI

38, rue Martin Luther King - **LA CHAPELLE-SUR-ERDRE**

✆ 02 40 77 88 99 - www.lebouquetgarni44.fr

Ouvert du mardi au vendredi le midi ; du jeudi au samedi le soir. Formule midi de 21 € à 25 €.

Le Chef David Guérin et son épouse péruvienne Noélia proposent une carte inventive riche en saveurs, faisant voyager les papilles au gré d'inspirations puisées lors des expériences du chef à l'étranger. Les produits sont frais, les assiettes soignées et le service chaleureux et impeccable. Dans un style *vintage* chic aux tonalités turquoise, délectez-vous d'une entrée de foie gras de canard chutney de pommes vertes. Puis régalez-vous d'un mignon de porc, mangue, gnocchis de pommes de terre avec jus de volaille corsé à la fève de tonka ou du poisson selon l'arrivage accompagné de moules, combawa et pommes de terre. Enfin, dégustez la divine pavlova aux fraises. Une très belle adresse !

BISTRONOMIE

LES CAUDALIES ST HERBLAIN

229, route de Vannes

SAINT-HERBLAIN

✆ 02 40 94 35 35

www.restaurant-lescaudalies.com

Le mardi et du jeudi au samedi midi et soir. Formule midi : 28 €. Menu Terre Mer : 42 €. Menu 4/6 temps : 52 € et 63 €.

Dans l'établissement d'Anne-Françoise et Benoît Arbouin, le vin est à l'honneur avec plus de 300 références. Les sommeliers peuvent vous proposer une sélection en accord avec vos plats mais la cuisine n'est pas en reste ! Au menu qui varie suivant les saisons : des produits frais cuisinés avec imagination. Par exemple, des asperges avec magret et anguille fumée sur un ketchup de betterave ou du poisson du marché de chez Jordy Moreau. En dessert, optez pour le sablé au sarrasin accompagné de crémeux chocolat Valrhona Hucambi et crème glacée à l'amande. Une excellente adresse.

BISTRONOMIE

LES CHANTS D'AVRIL

2, rue Laënnec ✆ 02 40 89 34 76

www.leschantsdavril.fr

Ouvert du lundi au vendredi midi ; le jeudi et le vendredi soir. Menus midi : 20 € ou 25 €. Soir : 35 € ou 45 €.

Aux Chants d'Avril est un établissement surprenant à l'esprit bistronomique où Véronique et le chef cuisinier Christophe François, couple propriétaire, expriment leur art de vivre qui allie la bonne chère, le bon vin et le partage. Ils se démarquent notamment avec leur menu Mystère qui laisse place à l'inspiration et aux produits de saison. Véronique propose l'accord mets et vins, elle qui aime dénicher les meilleures bouteilles. Dans l'assiette, on retrouve par exemple de la thonine mi-cuite, un risotto de pâtes petit plomb ou une nage de Saint-Jacques. En dessert : chou crémeux ou crème de chocolat. Cette adresse gourmande est idéale si vous aimez la découverte et l'inattendu !

BISTRONOMIE

LA CIVELLE

21, quai Marcel Boissard - **REZÉ** ✆ 02 40 75 46 60
www.lacivelle.com
Ouvert tous les jours de 10h à 23h30 (y compris le dimanche soir, d'avril à septembre). Réservation impérative.

Véritable institution sur le quai de Trentemoult, La Civelle de Vincent et Élisabeth Leduc trône parmi les maisons aux façades colorées. Les matériaux sont nobles, les couleurs chaudes, l'endroit cosy. Lovez-vous dans les sièges en cuir noir et laissez-vous guider par la carte au fil de l'inspiration du chef cuisinier, Franck Hodyk, qui vous concocte à base de produits frais ses spécialités exquises, pour gagner les terres ou bien voguer sur l'océan et vous régaler par exemple de son andouillette à la ficelle ou de sa choucroute de la mer au beurre nantais. Vue incontournable sur la Loire dans le village de Trentemoult. Accessible en Navibus, pratique pour une petite virée gourmande !

NEW BISTRONOMIE

ELMA

8, Rue Félibien
✆ 02 51 84 10 08
www.elma-restaurant.com
Ouvert midi et soir du lundi au vendredi

Si vous aimez les recoins insolites de Nantes, ne loupez pas cette table. Niché aux côtés du Théâtre La Ruche, près de la place Viarme, le restaurant Elma donne l'impression d'être chez soi, avec un côté intimiste. Elena Solorzano, sommelière des lieux et chef de salle et Maxime Robinet, son associé cuisinier, travaillent des produits de saison pour être au plus près des producteurs, le Kiosque Paysan ou les pêcheurs de Bretagne. Un menu différent y est proposé chaque semaine. La carte de cuisine bistronomique a des inspirations d'ailleurs. Le ravioli de pigeonneau pour l'Asie, les langoustines pour la note mexicaine ou encore le tartare de veau pour l'Italie, au bon comté de l'hexagone.

BISTRONOMIE

EPIKUR RESTO ET TRAITEUR

45, quai Malakoff ✆ 02 51 17 76 72
www.epikur.fr
Du lundi au vendredi 8h30-14h30. 2 plats : 14,90 € ; 3 plats : 17,90 €. Contenants consignés 7 €/2 plats et 9 €/3 plats.

Bienvenue chez Epikur, l'adresse lumineuse ouverte par Ambre. Après Londres, Prague, Genève et les îles Caïmans, cette chef passionnée et énergique nous accueille à Nantes où elle gère ce restaurant-traiteur. Son concept est innovant, elle y cuisine des recettes bistronomiques où les assiettes sont des bentos (boîtes japonaises). On gagne ainsi du temps et on choisit ses formules sur place ou à emporter. Également au service, avec sa personnalité solaire, Ambre nous partage avec beaucoup de tendresse sa passion culinaire. Boulettes de lentille corail et patate douce, sauté végétarien ou poke bowl au thon albacore pour finir par un financier sarrasin aux textures chocolat. À découvrir !

NEW BISTRONOMIE

EDITH ET MARCEL

Esplanade Georges Brassens - **SAINT-HERBLAIN**
✆ 02 28 25 28 00
www.bistrot-edithetmarcel.fr
Du lundi au vendredi. Fermé samedi et dimanche

À Nantes, quartier Zenith, Édith (comprenez Piaf) a sa rue et son resto aussi. Un bistrot gourmet où l'on se hâte de s'asseoir à table surtout quand il fait froid dehors. Dans les assiettes, on vous sert de la cuisine traditionnelle à base de produits locaux. Les maraîchers nantais inspirent Édith et Marcel ou plutôt Delphine et Olivier Cingal, sympathiques gérants du lieu. En entrée, le maki au saumon fumé, le houmous maison ou la terrine de campagne de Marcel met l'eau à la bouche. Suivi de son filet de bar à la vapeur ou de son filet de bœuf à la plancha. Avec en dessert, l'incontournable gâteau nantais ou encore le fameux brownie aux cacahuètes caramélisées. Allez, venez, Milord !

BISTRONOMIE

L'ENVOL

85, rue de Mauves - **THOUARÉ-SUR-LOIRE** ✆ 02 40 68 07 21
www.restaurant-lenvol.net
Ouvert mardi et mercredi de 12h à 13h30 ; du jeudi au samedi de 12h à 13h30 et de 19h30 à 21h. Formule du midi : 21 €.

L'Envol est une très bonne adresse où le chef Nicolas Neck travaille avec des produits frais pour élaborer une cuisine de saison raffinée, innovante et accessible. On se laisse tenter par une entrée comme des asperges blanches aux agrumes ou une terrine de poisson de la criée. En plat, un filet de poisson selon l'arrivage du marché avec sa fondue d'endives aux poireaux ou pourquoi pas un médaillon de filet mignon de porc avec marmelade de chorizo et méli-mélo de carotte. Pour finir, une crème brûlée au citron-vanille, un mille-feuille sablé aux chocolats et ses zestes d'oranges confites ou encore une poire pochée à la sangria avec pain d'épices et crémeux d'oranges. Un vrai régal !

NEW BISTRONOMIE

FRENCH DUCK RESTAURANT

route de Sucé sur Erdre - **CARQUEFOU** ✆ 02 55 11 82 98
Ouvert du lundi au vendredi le midi ; et le jeudi soir. Menu à partir de 20 € le midi (2 plats), ou 25 € les 3.

Ici, on vient se régaler grâce au talent du chef Grégoire, passé par de belles tables nantaises et formé à l'école Nicolas Appert. Le chef a travaillé dans de beaux établissements dont des étoilés. Il nous fait partager son talent au sein de cette table gourmande. La formule du midi, renouvelée chaque semaine, nous ravit par sa présentation bistronomique. Le jeudi soir, on peut aussi profiter de cette table avec des formules tarifaires abordables. Les propositions alléchantes sont faites à 100 % à base de produits frais et locaux. La créativité du chef nous fait venir et revenir au sein de ce restaurant situé à deux pas de l'Erdre et de la belle balade de Port Jean. À découvrir absolument.

BISTRONOMIE

GUINDAILLE RESTAURANT

36, rue Fouré ✆ 02 40 75 53 05
www.guindaille.fr

Du mar au jeu 12-14h / 17h30-00h. Le ven 12-14h / 17h30-1h. Le sam 18h-1h. Menus midi : 19-23 €. Carte : 20 € environ.

Guindaille est un belgicisme qui signifie « réunion joyeuse ». À peine la porte passée, on comprend le nom choisi pour cet établissement. On se sent comme à la maison. La mezzanine ainsi que la décoration soignée alimentent la convivialité du lieu. On commence par boire un verre puis on mange. Côté papilles, le midi, c'est ambiance bistrot qualitatif tandis que le soir on retrouve des assiettes à partager. La cuisine travaille avec un maximum de produits locaux, de saison et la carte change chaque semaine. On y découvre ainsi des plats faits maison aux alliances sucré-salé mêlant yuzu, café, algues ou encore chocolard. L'originalité des plats surprend autant qu'elle séduit notre palais !

BISTRONOMIE

IMAGINARIUM RESTAURANT

28, Rue Louis Blanc ✆ 07 49 04 98 81
www.imaginarium-nantes.fr

Ouvert toute l'année. Du mardi au samedi, midi. Jeudi, vendredi, samedi soir. Menus de 18 € à 30 €. Carte, 20 € environ.

Déposez vos valises et plongez dans l'imaginaire de *20 000 Lieues sous les mers*. Ce charmant bistro s'inspire des années 1920 et de Jules Verne. Un grand amateur de voyages et de cabinets de curiosité. D'où la décoration un peu insolite de ce restaurant. Côté assiette, les cheffes, Carolina et Margot Schioppa-Thievet proposent une cuisine d'ailleurs, aux mille saveurs. Un voyage culinaire dans l'assiette, avec des produits locaux de la terre et de la mer. À titre d'exemple, les gnocchis à la crème d'oignons rouges caramélisés ou brisket de bœuf confit 4 heures épices cajun se dévoilent. Un régal. Le restaurant propose une carte bistronomique. Réservation conseillée.

BISTRONOMIE

GWAIEN RESTAURANT

63, rue de bel Air ✆ 02 55 11 19 82
www.gwaien-restaurant.fr

Du mardi au vendredi le midi ; le mardi et du jeudi au samedi le soir. Déjeuner de 19,50 à 29 €. Dîner de 39 € à 53 €.

Clin d'œil à Audierne, ville bretonne d'où est originaire le chef et patron des lieux : Jérémy, Gwaïen est un établissement à l'ambiance cosy et agréable. En cuisine, Jérémy s'inspire de son goût de l'authenticité et de son savoir-faire pour mettre en valeur une cuisine française aux accents modernes. Sur la carte courte, on choisit le blinis sarrasin, feta citron vert et saumon fumé. À suivre : le délicieux lieu jaune avec sa mousseline de carotte et chou-fleur rôtis ou l'escalope de dinde panée. Et pour finir sur une note gourmande, on craque pour le financier avec salade d'orange à la menthe ou on choisit la crème brûlée. Un excellent rapport qualité/prix et une très belle adresse.

BISTRONOMIE

IMAGINE RESTAURANT

12, rue Gresset ✆ 02 40 34 06 11
www.imagine-restaurant-nantes.com

Ouvert le midi du mercredi au vendredi, le soir du mercredi au samedi. Menu midi : 22 €, soir 34 € et 45 €.

Imaginez, derrière les baies vitrées, 2 belles salles aux tables dressées et une nouvelle cave et épicerie fine en 2021. Les assiettes sont aussi belles que délicieuses. Anne-Lise Genouel incarne ce lieu à merveille avec ce nom plein de poésie : Imagine. Douée, généreuse et créative, la cheffe bretonne excelle côté salé s'aventurant dans des ravioles de paleron de bœuf, courges et sata suivi d'un lieu jaune de ligne, chou kale, pomme de terre, haddock et pak choï. Mais aussi côté sucré, alliant subtilement la suavité du marron et l'acidité du pamplemousse ! Tentez aussi le nouveau menu dégustation et ses accords mets/vins et le brunch du dimanche. Arrêtez d'imaginer, courez vous régaler !

NEW

BISTRONOMIE

LE JARDIN

24, chemin des Marais du Cens - **ORVAULT** ✆ 02 40 76 84 02
www.lejardinorvault.fr

Du mardi au samedi midi et soir. Menus midi 20 € à 25 €, soir 29,90 € à 49,40 €. Brunch dimanche 35 €, enfant 15 €

Venez-vous ressourcer au sublime restaurant Le Jardin, dont la décoration vient d'être entièrement revisitée. Il fait bon déjeuner, dîner et bruncher ! On aime le bar lumineux donnant sur la terrasse et le jardin arboré. Maxime Lefebvre, le gérant et son équipe se chargent de vous accueillir à de belles tablées. Dans l'assiette, le chef Allan Goichon, nous surprend avec ses plats audacieux. Un régal pour les yeux et les papilles. De la bistronomie pour tous ! Le restaurant est sur le même site que l'hôtel et le spa. Soins et parcours aquatique au rendez-vous. Le Jardin, un lieu unique dont vous vous souviendrez et où vous reviendrez. Sans oublier les jeux extérieurs...

BISTRONOMIE

L'OURSE

1, rue Montesquieu
✆ 02 40 73 06 69

Ouvert du lundi au vendredi 12h-14h ; du mardi au jeudi 19h30-21h30. Midi : plat du jour 16 €, menu : 19 €/22 €.

L'Ourse a sa « tanière » à deux pas du Muséum d'Histoire naturelle. Clin d'œil aux mascarons « ours » que l'on peut observer depuis la fenêtre et qui ornent le musée Dobrée. Ce sublime restaurant est celui de La Cheffe Céline Mingam, rappelant que la constellation de l'ourse a une forme de casserole ! Ici, les produits sont de saison, la carte évolue selon le marché. On aime la créativité et présentation soignée. Pour un bon rapport qualité-prix, une belle entrée de poivrons marinés à la feta, un dos de merlu cuit à la perfection et son émulsion de champignons avant de finir par un fondant au chocolat ou encore des fraises. On n'hiberne jamais et on retourne très vite se régaler à l'Ourse.

BISTRONOMIE

LAMACCOTTE

7, rue Saint-Denis ✆ 02 85 37 42 30
www.lamaccotte-restaurant-nantes.com
Du mar au sam, midi et soir. Menus : midi de 21 € à 46 €, soir à 69 €. Carte : entrée 15 €, plat 28 €, dessert 13 €.

Dans une ambiance bistrot chic lumineuse, les banquettes vertes s'adossent aux murs de ce joli restaurant. Guillaume Maccotta, dit Lamaccotte, a fait don de son surnom à celui-ci. Ce dernier travaille aux côtés du chef Maxime Fillaut. Ici, on se laisse surprendre par des menus « surprise » bien léchés, subtils et savoureux, avec comme seul credo d'être travaillés à base de produits bio et locaux. Le voyage culinaire démarre avec une foccacia maison et tapenade d'olives, des asperges blanches rôties au citron. Il continue avec des ravioles maison, farcies d'une purée de patate douce pour finir avec une pavlova fraise basilic. Plongez dans l'univers d'une cuisine singulière et raffinée !

BISTRONOMIE

LA MANDALE

32, rue Léon Jamin
✆ 02 28 44 21 34
Du lun au ven de 12h à 13h30 et 19h30 à 21h15. Sauf les lun midi et mer soir. Midi de 19 € à 23 €. Soir de 30 € à 35 €.

Ou l'art de la claque gustative. Ouvert au début de l'été 2019 par Léo et Maximilien, ce nouveau restaurant à l'ambiance cosy est né de leur goût du partage. On y découvre avec plaisir de subtils mélanges de saveurs aux influences bretonnes et asiatiques. Le Chef Léo s'est formé, entre autres, à la Poissonnerie Mais Pas Que et à l'Instinct Gourmand. Il maîtrise la cuisson des produits de la mer à la perfection. Quant à Maximilien, il arrive tout droit de la porte d'à côté, l'ex-By Sainbioz, et vous pouvez compter sur lui pour des conseils en sommellerie... c'est sa spécialité ! Leur credo : privilégier les producteurs locaux et les produits du marché pour une cuisine élaborée. On applaudit !

BISTRONOMIE

LE PETIT BOUCOT

3, rue Lekain ✆ 02 53 97 04 04
www.lepetitboucot.com
Du mardi au vendredi le midi et du jeudi au samedi le soir. Formules du midi : 20 €/23 €. Terrasse.

Ici, la déco, aux accents nordiques sobres et chaleureux, est aussi accueillante que la cuisine de Frédéric Chiron est succulente. À l'heure du déjeuner et du dîner, on se réjouit de la délicieuse ardoise. Des assiettes bistronomiques du marché aux accents asiatiques, italiens ou espagnols, avec en entrée des acras de poisson, tartare de daurade et haddock, raviolis japonais... En plat, du *vitello tonnato* revisité ou du thon rouge de nos côtes et ses petits pois framboises. Enfin, en dessert, des mélanges de saveurs : carotte-fruits de la passion ou vanille-pécan au sirop d'érable... Une excellente adresse nantaise et un excellent rapport qualité-prix. À découvrir ou redécouvrir !

CUISINE MÉDITERRANÉENNE

NEW

JALEO GASTRO BAR

33, place jean macé
✆ 09 88 49 04 95
Du mar au ven 10h30-14h30 ; du mer au sam à partir de 18h30. Midi : 19 €/22 €, soir : tapas ou paellas.

© JALEO NANTES

© JALEO NANTES

Il y a quelques années, le chef Albert Riera épaulait Éric Guérin à la Mare aux Oiseaux. Après avoir travaillé à Minorque à la Finca Santa Ponsa, il est de retour à Nantes avec Emilie, sa compagne. Ils ont ouvert ce « gastrobar » et nous proposent de belles escapades culinaires où la cuisine authentique ibérique est au cœur du concept. Le midi, la cuisine de marché nous régale avec une carte qui change chaque semaine. Le soir, on savoure de la sangria accompagnée de paella et tapas gastronomiques. On découvre ainsi des saveurs espagnoles en plein cœur du quartier Chantenay. Croquetas, Tortilla, bravas du Jaleo, jambon Bellota et pan con tomate. Nos papilles en frétillent ! À découvrir !

BISTRONOMIE

UN PAVE DANS LA VIGNE

46, rue des Hauts-Pavés ✆ 02 53 45 55 75
www.unpavedanslavigne.fr
Du lundi au vendredi midi ; le vendredi soir ; samedi 9h-15h. Formules 14 €/17 €/21 €. Soir, menus 24 €/30 €. Privatisable.

Cet établissement est un clin d'œil à l'amour du bon vin incarné par Barbara et à la cuisine de Rémi. Le terroir, la terre, une sélection de fournisseurs de qualité pour une bonne cuisine bistronomique, on est bien ! Un croustillant d'agneau confit, une araignée de veau, du poulpe grillé... Et les suggestions du chef : foie ou gravlax de saumon, ris de veau. Sans oublier des desserts sublimes ! Les produits sont ceux du marché, les saveurs sont bien présentes, bravo au chef pour ces instants de bonheur. Ici place à la magnifique cave à vins ! La Cave propose : chinon, bourgogne, chablis, sancerre, et vins de vigneronnes... De la passion et un trésor à découvrir dans la rue des Hauts-Pavés !

BISTROT - BRASSERIE

SAIN CAFE CANTINE ÉPICERIE

93, rue du Maréchal Joffre ✆ 02 40 72 82 48
https://sain-nantes.com/
Ouvert le lundi et le mardi de 12h à 19h ; du mercredi au vendredi de 12h à 22h.

Au bout de la rue Joffre, une nouvelle pépite gourmande ! Deux frères, Samuel et Josselin, nous invite à profiter d'un moment SAIN. Ce lieu est un café, restaurant et épicerie fine. Josselin maîtrise avec brio une cuisine bistronomique. Des belles entrées (crème de maïs, lardons confits) avant un tataki de bœuf ou un lieu noir au sarrasin nous ravissent ! Tout est fait maison. Le soir, on partage des planches avec les tapas ou plats du chef. Les légumes sont du maraîcher familial à Guérande, le pain de Painbar. SAIN, c'est aussi une cave à vins. Ils ont pensé à tout !

BISTRONOMIE

SÉPIA RESTAURANT

1 bis, quai de Turenne ✆ 02 51 82 71 59
www.sepia-restaurant.fr
Midi du mercredi au vendredi, formules midi 25 €. Soir du mercredi au samedi, 54 € 4 temps ou 6 temps. 72 € carte

Déjà 4 ans pour ce restaurant tenu par la cheffe Lucie Berthier. Cette ex-candidate de Top Chef a créé un lieu épuré à son image : moderne et chaleureux. La carte évolue au fil des saisons et valorise des produits frais, locaux et majoritairement bio, dans une démarche écoresponsable. L'objectif est de tendre vers le zéro-déchet et de minimiser le bilan carbone. On se réjouit de cette initiative et il ne reste plus qu'à choisir sa séquence : animale, végétale ou accords mets et vins. Enfin, on file se délecter d'asperges vertes avec une mousseline légère, d'œuf poché accompagné d'une polenta crémeuse pour terminer avec une touche de chocolat, kumquat confit et halva. Quelle régalade !

BISTRONOMIE

L'UCHRONIE RESTAURANT

32, rue du Général de Gaulle - **SAINT-SÉBASTIEN-SUR-LOIRE**
✆ 02 40 34 43 49 - https://m.facebook.com/luchronie/
Du lundi au vendredi le midi ; du mercredi au jeudi le soir et vendredi 1 soir sur 2. Midi 18,50 €/22,50 €. Soir 34 €.

Une bien jolie pépite que le restaurant de Simon Gourdon et son acolyte ! Le chef et son ami de longue date vous accueillent le sourire aux lèvres, toujours prêts à partager leur passion de la bonne cuisine avec un service aux petits oignons prodigué par Jerôme Bonnaud en salle. Découvrez une carte de saison, qui change toutes les 3 semaines, avec des produits frais et de qualité. Les recettes, ingénieuses, sont dé-li-cieu-ses. De la bistronomie comme on adore, un régal, on en redemande ! À nous aussi les bocaux du chef à emporter avec les recettes du moment. Le lieu est plein de charme, la décoration soignée, décalée, fidèle à l'ambiance nantaise si particulière. Une adresse incontournable !

BISTRONOMIE

LE TRANSITION

11, Rue de la Bastille
✆ 02 40 20 41 58
Ouvert mardi midi ; du mercredi au samedi midi et soir. Midi : 14,90 €/19,90 €. Soir : menus de 35 € à 45 €.

Le Transition c'est un moment agréable et de belles découvertes au menu ! La carte courte, renouvelée chaque semaine propose des recettes traditionnelles revisitées. Les assiettes élégantes sont réalisées avec des produits locaux, bio et de saison. En entrée : un magret fumé, rhubarbe, purée de petits pois ou le maquereau, carotte, fenouil. A suivre, le travers de porc Label Rouge, moutarde et miel ou le flétan rôti, beurre blanc vaporeux. Enfin le dessert nous ravit : la brioche perdue, melon, cassis ou la banane rôtie, noisettes. Le soir, on choisit entre les différents menus : Découverte, Evasion ou Gastronomie selon notre appétit. Une belle adresse à découvrir sans attendre !

BISTRONOMIE

VACARME

5, rue des Bons Français
✆ 09 87 34 18 82
https://vacarme-nantes.com/
Du mardi au samedi de 12h à 14h30 et de 19h à 23h. Carte.

Depuis 2019, c'est un bistrot qui fait du bruit ! Dans le vivant quartier Bouffay, Vacarme fait rimer chaleur et convivialité en proposant une cuisine française inventive, simple et de belle qualité. La cheffe Sarah Mainguy (qui a participé à Top Chef en 2021 !) s'affaire aux fourneaux et nous régale. Les produits sont sourcés localement. En plat : lentilles, feuilles fraîches d'épinard, chou farci parfumé d'huile d'olive, ou un salé-sucré : butternut rôti, houmous maison, pickles de légumes et pois chiches croquants. En dessert : la délicieuse forêt-noire, les belles profiteroles ou le baba au rhum. Une belle adresse nantaise, où l'on se laisse séduire par la créativité et l'efficacité.

BISTROT - BRASSERIE

AU COUP D'CANON

12, rue Jean-Jacques-Rousseau ✆ 02 40 35 62 57
aucoupdcanon.fr
Ouvert du lundi au vendredi midi et du lundi au samedi le soir. Plat du jour, midi : 12 €. Soir, carte 17 €.

L'ambiance du Coup d'Canon perdure ! Ce bar à vin a l'esprit convivial. On y déjeune le midi et on y dîne le soir d'une cuisine simple, efficace et variée. C'est bon et frais : idéal pour déjeuner avec une formule d'un bon rapport qualité/prix ! L'accueil souriant et le service sympathique sont assurés par toute l'équipe dont Anthony, Jérôme et Anne-Sophie. À la carte, on choisit entre de bonnes pièces de bœuf, des tartares, des burgers… La salade de la semaine régale. En entrée, appréciez le carpaccio, les acras de poissons, terrines, tartare de thon… Le soir, le camembert se partage, tout comme les planches de charcuteries et de fromages. Elles s'accompagnent de bons vins et de cocktails.

BISTROT - BRASSERIE

LE BALTHAZAR

6, rue Santeuil ✆ 02 28 21 13 67
https://balthazar.family/
Ouvert du lundi au vendredi midi et soir ; le samedi soir. Plats de 16 € à 29€. Formule midi de 16,50 € à 19,50 €.

En franchissant le seuil de ce lieu pensé par Jimi et Flore Dufief, on est embarqué dans une ambiance animée, conviviale et chaleureuse : nul doute, on est dans un vrai bistrot ! La décoration est soignée mais sans chichi : bois, pierre, cadres plein les murs, vaisselle dépareillée, un peu comme à la maison ! Formule le midi, casse-croûte après 15h, puis planches et autres douceurs pour l'apéro. Samedi soir après 22h, ça danse ! Traditionnellement, le balthazar, c'est une bouteille en verre contenant l'équivalent de 16 bouteilles… Un nom qui convient à merveille à ce bistrot généreux qui, en plus d'être un bon restaurant prônant le circuit court, fait office d'épicerie et de cave.

BISTROT - BRASSERIE

L'ALCHIMISTERIE RESTO

6, rue Cacault 44000 Nantes
✆ 02 51 17 73 29
Ouvert du mardi au samedi à partir de 10h. Plat : 12 €. Formules 2/3 plats 15,50 €/18,50 €. Brunch le samedi : 22 €

L'Alchimisterie, en plus d'être un salon de thé où cocooning est le maître-mot, propose désormais un service restaurant le midi, pour ainsi prolonger une expérience gustative plus intense encore. Le menu change tous les mois, et il faut reconnaître que le plus dur, c'est de choisir ! Chaque plat donne envie d'être goûté, et cette impression se renforce une fois que l'on en a testé un ! Alice, la cuisinière, maîtrise l'art de la belle assiette, où chaque saveur encense votre palais. Les produits, frais, ont du goût, et ne vous donne qu'une envie : revenir. Et pourquoi ne pas tester la prochaine fois les cocktails à base de thé de la gérante, Maëlyss ? Une très belle adresse nantaise !

BISTROT - BRASSERIE

BELLE DE JOUR

4, Place du 51 éme régiment d artillerie ✆ 02 40 14 84 49
www.belledejour.org
Ouvert le lun 9h-22h ; le mar 9h-22h30 ; du mercredi au ven 9h-00h30 ; le sam de 10h30-00h30. Formules 18 €/21 €.

Imaginez une ancienne caserne, métamorphosée en un nouveau lieu de vie qui n'a plus rien de militaire ! La bâtisse de la Caserne Mellinet est devenue : Belle de Jour ! De l'imagination de trois compères alias Benoît, Jeanne et Julien, ce lieu hybride est devenu restaurant le midi, bar midi et soir, mais aussi, lieu de culture. Conférences, concerts, débats, projections… La lumière inonde le joli bistrot, où l'on ne se lasse pas d'observer le chef préparer les plats du marché. L'ardoise du jour affiche un rapport qualité-prix canon, une belle carte des vins et des produits 100 % maison ! La culture s'associe à la gourmandise et rapidement, on se sent comme chez soi dans ce chouette endroit.

NEW

LES ARROSES

48, Boulevard de la Prairie au Duc
✆ 09 82 52 21 40
https://www.facebook.com/lesarroses48
Ouvert du lundi au vendredi de 12h à 14h. Réservation souhaitée.

Sur l'île de Nantes, en face de la Maison des syndicats, à quelques pas de Gïda, leur deuxième établissement, l'un des meilleurs kebabs de Nantes. David et Benjamin vous accueillent en salle et Samy et Charlie vous concoctent de belles propositions en cuisine. Une carte qui change au fil des jours : 2 entrées, 1 proposition végétarienne, un plat et une pièce de viande, 3 desserts et un café gourmand. Le tout est préparé sur place avec des produits frais, locaux et de saison. Vous y trouverez aussi une carte de pizzas avec une pâte et des produits bien travaillés. De quoi ravir tout le monde et se retrouver dans un endroit chaleureux aussi bien à l'intérieur qu'en terrasse.

NEW

BISTROT - BRASSERIE

AU BON COIN TALENSAC

21, rue de Bel Air
✆ 02 40 20 02 14
Le mardi et du vendredi au dimanche de 8h à 16h ; le mercredi et le jeudi de 8h à 00h. Menu midi : 18,50 €-20,50 €.

Vous recherchez un lieu convivial où il fait bon boire et écouter de la bonne musique ? Ne cherchez plus, Eric a trouvé la solution : il a concilié ses 2 passions, la brasserie et le vinyle, pour en faire un lieu privilégié où vous pourrez vous régaler grâce au talent de la cheffe Mathilde. L'équipe du Bon Coin vous propose une cuisine de bistrot avec la carte du jour : champignons à la grecque, effilochée de poulet aux épices cajun, gaspacho pêche et melon… Le son des 33 tours saura réconforter vos oreilles, que vous soyez mélomane ou non. Si vous êtes curieux concernant un album, n'hésitez pas à poser des questions à Éric, qui se fera une joie d'en parler avec vous !

NEW

BISTRO CANAILLE

8, Rue racine
✆ 02 28 21 52 97
https://www.bistro-canaille.com/
Ouvert du lundi au vendredi de 7h à 1h ; le samedi de 9h à 1h. Planches Tonton Canaille 13.90€. Bière Canaille 25cl : 3€.

En plein cœur du quartier Graslin, le Bistro Canaille vous accueille en toute convivialité. La devanture du bistro qui nous en fait voir de toutes les bouteilles. La terrasse fait l'angle et le bonheur des Nantais et des touristes aux beaux jours. Au menu, des formules du midi avec des entrecôtes généreuses, des cafés gourmands copieux, des planches à partager autour d'un verre. Les écrans vous invitent à voir les matchs de Coupe du monde ou autres rendez-vous sportifs. Un pur délice ? Le burger Canaille pour tous les goûts au bœuf, poulet, végé. Les meilleurs rendez-vous de la journée ? Le Bistro Morning pour démarrer la matinée en douceur ou les cocktails à l'afterwork pour s'encanailler.

BISTROT - BRASSERIE

BISTRO ENFANTS NANTAIS

4, rue Desaix
✆ 02 51 12 15 11
Du mardi au jeudi midi ; vendredi et samedi midi et soir. Formule du midi : de 18,50 €/2 plats à 21 €/3 plats.

© LE BISTRO DES ENFANTS NANTAIS

Au cœur du quartier Saint-Donatien, ce bistrot se remarque par la qualité de sa cuisine, l'accueil très souriant de son patron, Jérôme, ainsi que la convivialité de son équipe. Dans un cadre sobre et élégant on découvre le menu du jour le midi inscrit sur des petites ardoises avec au choix deux entrées, deux plats et deux desserts. La carte courte aux plats typiquement français présente une grande fraîcheur et de beaux produits de saison. Envie d'un œuf cocotte au chorizo, d'une poêlée de rognons de veau à la bordelaise, d'une sole meunière, d'une tarte fine aux pommes ou d'un fondant au chocolat et sa glace à la vanille ? C'est ici qu'il faut venir ! La carte des vins regorge de pépites.

BISTROT - BRASSERIE

BISTROT ELEMENTAIRE

15, rue coulmiers
✆ 02 72 02 66 96
Du lundi au vendredi de 9h à 15h. Plat : 13 €. Formules 16 €/18,50 €. Sur place ou à emporter (avec remise)

Venez vous régaler dans le bistrot Élémentaire. 2 amies, Kanyaman et Virginie, passionnées de bonne cuisine, nous régalent tous les midis de la semaine, et tous les matins. Sur place ou à emporter. Une cuisine du marché, circuit court, 100 % maison et créative, nous invite à déguster de beaux plats colorés. Rôti de porc moutarde et pommes de terre grenailles ou falafels aubergines carotte. En dessert, on se régale avec un gâteau nantais. À noter, le resto sert aussi du bon vin et autres spiritueux. Avant 11h30 c'est un café, à midi, c'est un bistrot délicieux. L'accueil des filles est au top et l'été, on profite de la terrasse. Avant ou après une visite de la MANU des tabacs !

BISTROT MATHURIN

15, rue Jean Jacques Rousseau
✆ 02 40 13 32 51
www.restaurant-mathurin.fr
Du mardi au samedi midi et soir. Carte à partager : de 3 à 28 €. Plat : 18 €. Réservation groupe possible (salle dispo)

Le Mathurin est avant tout un lieu de vie. On y vient pour un déjeuner, un apéro, un diner ou une privatisation. Ce bistrot est le projet de 4 copains : Pierre, Raphaël, Bertrand et Vianney. Et Mathurin ? C'est l'architecte nantais du théâtre Graslin à qui ils ont voulu rendre hommage, étant situés tout proche du monument. La carte est courte mais efficace. Elle offre un choix qui satisfait tous les appétits ! On y découvre du risotto d'épautre, eryngii et tuiles graines ou encore, du magret de canard, jus corsé, laque orange sanguine, espuma patate douce et mini carottes. Les plats sont préparés avec des produits de saison sourcés au maximum localement. Résultat : c'est beau et bon !

BISTROT - BRASSERIE

LE BISTROT BASQUE NANTES

5, rue Beauregard ✆ 02 40 35 31 17
www.le-bistrot-basque-nantes.com
Du mardi au samedi le midi et le soir. Formule midi : de 12 € à 21 €. Plats 16 € à 28 €. Tapas de 6,50 € à 9 €.

Dans le quartier historique du Bouffay, ce superbe restaurant nous accueille. Le chef nous invite à découvrir ses spécialités basques et ibériques. Le Bistrot a réinvesti les murs d'une maison à colombages dans une ambiance typique du Sud-Ouest. Bar au style bodega, véritables fresques murales, jambons ibériques pendus aux murs. À nous les tapas, Pata Negra, croquetas, moules à l'espagnole farcies. Mais aussi les sardines grillées au piment d'Espelette, le filet de bar sablé au parmesan et les incontournables *chipirones* à la *plancha* (encornets grillés à l'ail)... Vins régionaux, riz au lait du bistrot basque pour deux, gâteau basque ou suggestion du pâtissier ! Une valeur sûre !

BISTROT - BRASSERIE

LE BUTCHER ST HERBLAIN

20, rue de la Johardière - **SAINT-HERBLAIN**
✆ 02 49 62 80 13
Du lundi au samedi midi ; du jeudi au samedi soir. Menu enfant : 11 €. Midi : 16,90/20,90 €. Menu Butcher : 31 €.

En plus du Butcher à Saint-Sébastien, il en existe un à Saint-Herblain. Ce lieu très agréable et lumineux dispose de salles bien aménagées. On aime les tables en bois et la cuisine ouverte où l'on fait crépiter les morceaux de viandes grillées. À nous les faux-filets, côte de bœuf, baron d'agneau, ris de veau, etc. Les viandes sont tendres et fondantes, servies avec des accompagnements et sauces maison. Un régal ! À découvrir aussi les plats signatures avec notamment le Tataki de thon aux graines de sésame, une des alternatives pour les moins carnivores. Mais aussi d'autres recettes familiales comme la cochonaille. Le crédo de la maison ? « *Sharing is caring* », soit « partager, c'est aimer ».

BISTROT - BRASSERIE

LE BUTCHER ST SEBASTIEN

Rue Marie Curie - **SAINT-SÉBASTIEN-SUR-LOIRE**
✆ 02 40 12 46 82 - www.lebutcher-restaurant.fr
Fermé le dimanche. Formule midi 17,90 €/20,90 €, plat 14 €, enfant 12 €. Menu Butcher 32 €.

Après la viande, la force de ce restaurant c'est la cohésion familiale ! Ici on est chez Patrick Guérin (le père) très accueillant derrière son étal. Cet ancien boucher sélectionne lui-même ses viandes, les détaille, et s'occupe de griller au feu de bois les pièces de votre choix, accompagné par son équipe. À nous les faux-filet, côte de bœuf, baron d'agneau, etc. C'est tendre, fondant, servis avec accompagnements et sauces maison. Un régal ! La grand-mère met son grain de sel à travers ses « cochonnailles », pâté, rillettes, saucisses bouchères… Des alternatives existent (poissons, salades) à la viande. Un service impeccable ! Une 2e adresse a ouvert à Saint-Herblain (les fils) !

NEW

LES CANCANS

4, Place Canclaux
✆ 02 40 58 41 64
restaurant-les-cancans.fr
Ouvert du lundi au vendredi de 11h à 22h30

Les Cancans, c'est ce resto-bar convivial de la place Canclaux, situé dans le prolongement du centre-ville et magnifié par des arbres centenaires, une belle devanture et une jolie terrasse bien exposée. Véronique, Michel et leur équipe vous accueillent du lundi au vendredi. Le midi : 2 entrées, 2 plats (dont un végétarien), 2 desserts… changent tous les jours. Des produits plaisir, tous faits maison. Le bar vous propose une quinzaine de références de vins de Loire, blancs et rouges. Les visiteurs du soir se régalent avec du saucisson, du fromage Beillevaire, et des tartinades variées… Un lieu sympathique et plaisant !

NEW

BISTROT - BRASSERIE

LES BONS VIVANTS

86, Rue Charles Lecour - **VERTOU**
✆ 02 28 00 42 02
Ouvert du lundi au jeudi 10h30-19h ; le vendredi 10h30-21h. En continu pour la partie caviste, épicerie, salon de thé.

Ce restaurant porte bien son nom. Pierre, le chef cuisinier prend plaisir à nous raconter des histoires culinaires. De sa spécialité, la palette de bœuf sauce beurre-blanc de Philou le Nantais, clin d'œil à son oncle qui tenait un restaurant sous le pont de Cheviré, en passant par les cannelés de papy Bob, la gaufre de liège de Jean-Frédéric, son associé… Les plats regorgent d'attention et mettent à l'honneur les rapports humains. Le décor fait d'anciennes affiches publicitaires collector, nous plonge dans un univers empreint de nostalgie où l'on se sent bien. On peut repartir avec un torchon ou un tablier (une idée cadeau) estampillé « Les Bons Vivants ». Ils y retourneront à coup sûr !

BISTROT - BRASSERIE

NEW

LE CANDIDE RESTO ET BAR

34, Rue voltaire ✆ 02 40 54 04 93
Lundi 8h30-16h ; du mardi au vendredi 8h30-22h ; samedi 10h30-22h30. Midi : 15,90 € à 18,90 €. Soir menus 18,90 €/20,90 €.

© LE CANDIDE

Quel plaisir de se régaler à deux pas du Musée Dobrée à prix tout doux. Marina nous accueille au sein de ce restaurant où la qualité des produits est de mise. Puis, ce sont les coups de main du chef Jonathan qui font le reste ! Réputé pour son foie gras maison qui lui a valu le Prix des Papilles d'or, il prépare des plats traditionnels faits maison. Carpaccio de saumon gravlax, blanquette de veau à l'ancienne ou pavé de lotte selon l'arrivage sont à la carte. Le tout servi avec de bons et copieux accompagnements. Pour des soirées conviviales, on privatise le lieu et on se laisse tenter par les planches apéro ou les cocktails. L'accueil au top associé à ce bar lumineux : un combo gagnant !

BISTROT - BRASSERIE

LE CAFE DU MARCHE

2, rue de Mayence ✆ 02 40 47 63 50
Proche de la Cité des congrès. - www.lecafedumarche.com
Du lundi au vendredi midi. Soir et week-end pour les groupes de 15 pers min. Plat : 13 €. Formules 15,50 €/19,50 €.

Voici un bistrot bien connu des Nantais, qui perpétue la tradition et la bonne humeur ! L'équipe a su conserver les incontournables de la maison tout en apportant une touche de modernité à la carte, revisitée, et un service très professionnel ! Bien sûr, les anciens savent qu'on peut ici déguster des spécialités, à savoir la tête de veau le jeudi et le vendredi midi. Pour le kig ha farz, c'est toujours le mardi. Pour le couscous, il faut venir le mercredi ! Les adeptes de belles entrées copieuses se verront toujours proposer la fameuse terrine du chef servie à table. Le midi, les formules changent tous les jours avec un choix de belles entrées, puis de cinq plats et de desserts gourmands !

BISTROT - BRASSERIE

CAFE DE LA BRANCHE

Bd Léon Bureau
✆ 02 51 17 48 86
De 9h30 à 19h30, du mardi au dimanche et jours fériés.

Voici l'endroit où poser sa branche pour regarder l'éléphant passer depuis une terrasse abritée. Ce café des Machines de l'Île situé à l'un des points méridiens de la ligne verte (un de ses cœurs névralgiques) arbore une grande terrasse, non loin de la Branche prototype de l'Arbre aux Hérons. Les produits sont frais et locaux, l'équipe de restauration menée par Sonia Medorezoff propose un plat du jour en formule (poissons, viandes, grillades ou plat végé) et de bonnes salades l'été. Des assiettes copieuses pour les grands hérons et pour les petits, un menu enfant pendant les vacances scolaires et le mercredi. Pour digérer, arrêtez-vous chiner à la boutique-librairie des Machines de l'île.

NEW

BISTROT - BRASSERIE

LE CANCLAUX

7, place Canclaux ✆ 02 40 33 24 16 - Arrêt Canclaux (C1, C3,23)
https://www.lecanclaux.fr/
Du lun au ven 8h-21h30. Midi : plats 13 € à 20 €. Entrées/desserts : environ 5 €-6 €. Soir : petite restauration 6 € à 18 €.

Figure de la place Canclaux et ancrée depuis plusieurs années dans le paysage du quartier, ce restaurant n'a rien perdu de son charme typique des bistrots. Les traditionnels œufs mayo, tartare de bœuf et profiteroles ornent la carte et côtoient d'autres plats tout aussi appétissants. Le choix proposé est concis et efficace, et le rapport qualité/prix est au rendez-vous ! Le midi, une restauration fraîche est proposée à l'ardoise tandis que le soir, on se laisse tenter par la petite restauration, à partager ou pas. L'ambiance du Canclaux est chaleureuse et vivante. On vient volontiers partager un déjeuner, prendre un café sur le pouce ou bien siroter un verre en profitant de la terrasse !

BISTROT - BRASSERIE

LE CAFÉ DES EXPOS

14, avenue Carnot ✆ 02 55 54 14 91
www.cafedesexpos-nantes.fr
Du lundi au jeudi 8h30-22h ; vendredi et samedi 8h30-23h. Midi : 15 €/20 €/25 €. Soir : 30 €. Service en continu.

Le plaisir de goûter et de pouvoir partager une cuisine traditionnelle, de qualité et abordable pour tous les Nantais, c'est la volonté de Mathieu Pérou, chef du Manoir de la Régate. Avec sa sœur Anne-Charlotte épaulée de son mari Pierre Lochu, voici le trio à la tête de cette belle brasserie familiale ! Accessible à tous et proche de la Cité des congrès, bienvenue au Café des Expos ! Le midi en semaine, on profite des formules du marché à des prix doux. Le lieu à la déco chaleureuse invite à la détente et à l'apéro. Le soir, une formule complète ravit vos papilles. À partir de 14h, la formule « petites faims » est en continu. Avec les conseils avis de Christophe Hu le sommelier.

LA CANTINE JAMIN

34, rue Léon Jamin
✆ 09 83 58 05 58
Du lundi au vendredi le midi ; du mercredi au vendredi le soir. 17 €/21 € le midi. Le soir à la carte. Terrasse.

Mathieu Francès est le chef talentueux de cette cantine de la rue Jamin ! Ce Chef, formé chez Imagine, a le goût du travail bien fait. Ici on profite d'une cuisine maison, bio et locale. Marché de Talensac, Volailles Delanoë et Ô Bocal sont ses lieux de prédilection. Il en ressort une cuisine du contraste, celui des saveurs mais aussi des textures. En entrée, on découvre de la crème de volaille avec condiment brocolis et pommes. On continu avec du merlu vapeur avec sa crème de carottes et coulis de poivrons ou la panisse avec coulis de tomate et glace salée au paprika fumé. Pour terminer : une délicieuse crème brûlée au rhum. Softs artisanaux. belle terrasse à l'année !

LA CANTINE DU VOYAGE

20, Quai des Antilles
https://lacantineduvoyage.fr/
D'avril à octobre. Ouvert du dimanche au mercredi de 11h à 0h ; jeudi au samedi de 11h à 2h. Formule à 15 €, 10 € enfant.

Au Hangar à bananes, on peut prendre un verre mais aussi manger à la Cantine. Depuis 2013, ce resto convivial propose une formule à prix abordable avec des produits de qualité. Chaises longues, collines de jeux pour enfants, on s'y sent comme chez soi. On a plaisir à le retrouver chaque année d'avril à octobre. Le menu, unique, s'est étoffé avec une formule midi et soir avec brochettes (viande, poisson, végé), entrées à base de légumes de producteurs locaux et boissons. Parmi les plats, viandes, poissons... On déguste de bonnes glaces et un pâtissier concocte des desserts maison. En sortant, ne manquez pas le potager de la cantine, il accueille l'œuvre *Invendus-Bottes* du Voyage à Nantes.

LE CASCABEL BRASSERIE

1, rue Kervegan
✆ 02 49 10 57 79
www.lecascabel.com
Restaurant du lundi au vendredi le midi. Plat : 10,40 €. Formules 2/3 plats 14,40 €/17,40 €.

Le Cascabel, c'est le titre d'un roman peu connu de Jules Verne narrant l'épopée de César Cascabel. À Nantes, c'est surtout une brasserie conviviale à la déco faite de clins d'œil pour l'univers de notre romancier nantais. Le midi en semaine, le Cascabel c'est une belle cuisine de brasserie pour un budget très raisonnable. Pour commencer : des toasts de camembert rôti au miel. À suivre : paleron de bœuf braisé façon bourguignon accompagné de linguine, ou l'option végé : bruschetta, frites et salades. Les desserts ne sont pas en reste avec notamment : tarte bourdaloue, crème brûlée à l'amarande ou une salade de fruit. C'est bon, simple, à prix doux et bien réalisé !

BISTROT - BRASSERIE

CLAPTON CAFÉ ET RESTO

1 bis, rue Camille Berruyer ✆ 06 13 19 46 36
www.clapton-nantes.com
Ouvert lundi de 11h à 18h ; du mardi au vendredi de 8h45 à 18h. Plats de 9,50 € à 12,50 €.

Installé quartier Delorme, Clapton est un petit cocoon dans lequel il fait bon se nicher. Toutes les excuses sont bonnes pour pousser la porte de cet espace : le temps d'un café, d'une halte déjeuner ou d'une pause goûter, pour un moment studieux, ou bien découverte en participant à un des ateliers proposés. Inspirée par ses quelques années vécues à Londres (dans le quartier de Clapton), Claire a voulu créer un coffee-shop convivial, vivant où sa devise « Manger, Siroter, Créer » est possible à toute heure de la journée ! Au menu : une bonne cuisine maison et de saison, avec une carte qui se renouvelle chaque semaine. Sur place ou à emporter. On apprécie le côté *cosy and friendly* du Clapton !

BISTROT - BRASSERIE

CHEZ LOUISETTE

1, rue Louis Blanc
✆ 02 40 47 04 44
Lun au mer de 10h30-00h ; jeu au sam 10h30-1h30 ; le dim 10h30-21h. Formule midi : 12 €/15,50 €/18,50 €. Brunch : 24 €.

Découvrez Louisette, un charmant bistrot au style baroque. Un esprit brocante anime la déco du lieu avec ses banquettes en skaï et son grand bar. Ici, on se régale de produits frais. Le midi, on choisit entre le plat du jour, le bowl vegan de saison ou la pièce du boucher. On découvre ainsi de l'araignée de porc avec sauce à l'estragon, du sauté de veau accompagné de polenta poêlée et légumes rôtis ou encore un bowl sarrasin, pois chiche aux épices avec fruits et légumes. Ce lieu animé propose des brunchs le dimanche ou des jeudis cocktails. On aime l'agréable terrasse et sa jolie vue sur la ville et sur la Loire, l'esprit brasserie de quartier, sa cohorte d'habitués et le sens de l'accueil.

NEW

BISTROT - BRASSERIE

LE COMPTOIR DE TALENSAC

rue Talensac ✆ 02 51 72 06 40
Ouvert du mardi au samedi de 7h30 à 14h30 ; le dimanche de 7h30 à 15h.

Nouvelle adresse au marché de Talensac ! Rim a ouvert un nouveau lieu de restauration (tout en haut du marché couvert). Son objectif ? Proposer des plats travaillés et de qualité, tout en créant un espace de convivialité ! L'endroit est ouvert depuis peu, il y règne déjà une atmosphère incroyable, où l'on se sent étrangement comme chez soi. Une formule p'tit déj le matin suivi du déjeuner ! Les restaurateurs profitent de leur emplacement pour se fournir directement chez les commerçants du marché afin de nous proposer des plats de grande qualité. Ici, les mots « circuit court » prennent tout leur sens ! Venez donc y faire un tour et goûtez sa cuisine chaleureuse et goûteuse !

NEW

BISTROT - BRASSERIE

CIRCUS

20, rue Louis Blériot - **SAINTE-LUCE-SUR-LOIRE**
✆ 02 28 16 61 24 - www.circussainteluce.com
Ouvert 7j/7. Bar : 9h-22h30. Brasserie : 12h-14h30/19h-22h30. Menu midi : 17,90 € et 22,90 € ; soir : 28,90 € et 33,90 €.

Ce restaurant nous invite à entrer sous le chapiteau et à profiter du spectacle ! Ici, nous sommes en tout premier lieu accueillis par de surprenantes décorations mélangeant clowns, manèges et acrobaties. Ensuite, c'est Monsieur Loyal et sa trouve de saltimbanques qui nous régalent. Notre immersion au cœur de l'univers du cirque se poursuit jusqu'à la carte haute en couleur. Qui plus est, il y en a pour tous les goûts. Salade, poissons, burgers, viandes, desserts... Les noms que l'on découvre font écho à l'univers du cirque : Pinder, Zavatta, Circus Royal, Salto ou même Cookie Médrano. Dans l'assiette, la présentation est soignée, colorée et ouvre l'appétit. Alors, prêt à rejoindre la piste ?

DU COQ A L'ÂNE

La Ranjonnière
BOUGUENAIS
✆ 02 40 34 72 10
Du lundi au vendredi le midi. Réservation recommandée. Formule midi : 17,50 € le plat ou 23 € plat/dessert.

Ce lieu jouxte la ferme pédagogique de la Ranjonnière, et compte un magasin de produits fermiers. On vient ici pour la carte de Christine Tessier. Travaillant exclusivement à partir de produits locaux de saison et bio, elle s'appuie sur un réseau de fournisseurs triés sur le volet. Les propositions culinaires changent ainsi au fil de l'année afin de garantir la fraîcheur des produits. Parmi les plats : confit de lapin au thym et romarin ou farcis de courgette, quinoa, haricots rouges et mêlée de légumes. En dessert, le gâteau nantais avec soupe d'oranges et fraises ou le cheesecake au citron vert comptent parmi les incontournables de la maison. Ici, on passe du coq à l'âne tout en douceur.

CUIT LU CRU

5, rue Châteaubriand
✆ 02 40 74 09 27
www.cuitlucru-restaurant.com

Ouvert le mar, le jeu et le ven midi ; le soir du mar au sam. Formule midi : 19 €/22 €. Formule soir de 29 € à 35 €.

On ne se lasse jamais de cette belle adresse Cuit Lu Cru qui nous régale ! Toujours Anaïs aux fourneaux et Benjamin en salle. La déco est tout en sobriété et en délicatesse. Les assiettes font rimer plaisir et qualité : du fait-maison, des produits frais, de l'exigence, de la cuisine du marché, des fournisseurs sélectionnés. Qu'il s'agisse des asperges bio de Loire poêlées avec œuf mimosa au Tarama, espuma citronné et poutargue, de l'épaule d'agneau farcie aux herbes cuite 11h à basse température ou du Brillat Savarin à l'huile vanillée, c'est aussi joli que délicieux. Les assiettes sont généreuses, les cuissons impeccables et les saveurs bien présentes. Une vraie bonne adresse gourmande !

NEW ERNEST RESTAURANT

127, rue Ernest Sauvestre - **REZÉ**
✆ 02 28 27 01 78
www.ernest-restaurant.com

Du lundi au samedi midi et soir. Formule midi 16,50 € et 19,50 €. Soir 29,50 €. Terrasse. Privatisation possible

© ERNEST RESTAURANT REZÉ

Dans ce restaurant traditionnel, on apprécie les espaces privatifs. Le jardin offre une agréable compagnie (poules, lapin). On profite de formules abordables les midis et l'on déguste le fameux Black Beef Stone, emprunté au resto Les Tontons Cuisinent à Saint-Sébastien : une pièce de bœuf cuite selon une méthode ancestrale sur pierre de lave. La carte des vins est complète (50 références). Anthony Aubin, le responsable d'Ernest, et son équipe nous concoctent des plats de saison : burgers, salades gourmandes, en passant par des plats végétariens, poisson de la criée ! On aime les planches à partager... À noter belle salle à l'étage avec vue sur le jardin et la privatisation possible du resto !

NEW EZOPE STREETFOOD

13, Rue Léon Blum
✆ 09 82 58 56 67
https://ezope-restaurant.com/

Ouvert le matin de 11h30 à 14h. Le soir mardi, mercredi, jeudi ou vendredi de 18h à 22h.

Ezope, en grec Ésope, est un écrivain célèbre pour ses fables. Il a d'ailleurs inspiré le fabuliste La Fontaine. La gérante de ce restaurant, Aude Bouassière, a le souci de transmettre des valeurs culinaires dont une spécialité, la focaccia, un pain italien fait maison et présenté en sandwich ou en salade fraîcheur. Les produits sont locaux, le poulet fermier vient de Nort-sur-Erdre et les légumes proviennent de la Ferme Gourmande de Carquefou. Tout est fait maison par le chef de cuisine Antoine Lavarec. Il en résulte de belles saveurs et une générosité dans les assiettes. Côté boissons, on se rafraîchit avec du bisap ou de la Ginger Beer. Ezope est aussi présent à Carquefood.

NEW EPICUREÜS

BISTROT - BRASSERIE

8, avenue Sainte-Anne
✆ 09 82 62 94 09

Ouvert en continu, fermé le mardi. Plats midi : 12,50 €, 14,50€. Soir : 31 € ou 39 € avec suppléments. Brunch : 25 €

Marine a choisi de revisiter ce lieu où les jolies boiseries d'une ancienne pharmacie persistent afin d'en faire un restaurant, coffee shop. La cuisine proposée est saine, locale, de saison mais surtout créative. Le midi, on retrouve une carte au mois et un menu à la semaine avec plat végétarien (supplément viande ou poisson selon arrivage). Les produits sont sublimés et les plats ne laissent pas indifférent. On savoure de la burrata accompagnée de patates douces rôties aux épices et on se laisse surprendre par du panais mis à l'honneur en dessert. Le soir, un menu mensuel autour du fromage est disponible tandis que les dimanches sont dédiés aux brunchs. Une délicieuse bulle de douceur !

NEW LES FILLES DU MARRONNIER

3, bd Gabriel Lauriol ✆ 02 40 37 50 36

Mardi et mercredi de 11h à 21h30 ; jeudi et vendredi de 11h à 22h30. EPD 19,50 €, EP ou PD 16 €, plat seul 12,50 €. Terrasse.

C'est une belle aventure familiale qui a guidé la création de ce café-bar-restaurant en 2021, situé non loin de Nantes Université. Isabelle Hurtin et ses trois filles ont aménagé ce bel endroit ombragé de verdure. Le coin est champêtre et pourtant vous êtes en plein Nantes. Du vert aussi dans les assiettes et des produits locaux. À l'instar du gravlax de maquereau, tartare de betterave et échalote ou du kebab breton. Pour trinquer, ne manquez pas la Mamarronnier, une bière blonde aux notes de châtaignes. Service au bar avec des soirées fanfare et de nombreux concerts. Et rendez visite, si le cœur vous en dit, au voisin, le terrain de boule nantaise de l'Amicale du Bouling Club Nantais !

BISTROT - BRASSERIE

LA FOSSETTE RESTAURANT

88, quai de la Fosse ✆ 02 40 73 16 36
https://lafossette-nantes.fr/

Du lundi au vendredi, le midi : plat 14 €, formules 17,50 € et 19,50 €. Le soir, le jeudi et le vendredi. Carte.

Dans ce lieu ouvert avant le printemps 2021, tout respire la poésie. Le nom tout d'abord, en clin d'œil au quai de la Fosse et au sourire de la Cheffe Éléonore Kurtz. Le charme du décor. Le parcours de notre hôte passée de l'écriture à la cuisine en se baladant par les Chants d'avril et Un Coin de prairie. Dans le verre, avec une sélection de crus triés sur le volet tendance bio, nature. Et enfin dans l'assiette avec cette cuisine de marché inventive à base de produits frais de saison. En atteste ce plat de houmous chaud servi avec de petits légumes et des crakers, terminé divinement par des madeleines perdues de Proust ! et ses fraises crues. La Fossette, emplie de poésie, on vous dit !

BISTROT - BRASSERIE

LES FUNAMBULES

83, boulevard de la Prairie au Duc ✆ 02 28 49 20 65
https://lesfunambulesdenantes.com

Lun 12h-21h30, mar 12h-22h30, du mer au sam 12h-00h, dim 11h-15h. Menu midi : 15 €/16,50 €/19,50 €. Sur place ou à emporter.

Entre resto bistronomique et bar tendance, passez le rideau rouge théâtre de ce bar brasserie et découvrez le spectacle ! Ce lieu de vie ouvre tous les jours pour visionner les événements sportifs, savourer une séance de dégustation de vins ou de bières, apprécier une soirée à thème, bruncher les week-ends ou bien goûter avec les enfants. En résumé, le midi on y mange bien, l'après-midi, on apprécie un moment de détente, à l'afterwork, on lâche prise autour d'un verre et de tapas quant au soir, on se régale autour d'une bonne table ! À vous le risotto aux asperges, le copieux burger végé, ou l'Acrobate, burger au curé nantais ! À noter qu'une cave à vin est disponible jusqu'à 22h.

BISTROT - BRASSERIE

LES FRANGINES

4, boulevard de l'égalité
✆ 02 40 58 54 04

Ouvert du mardi au vendredi le midi et le soir. Brasserie le midi avec formules de 10,50 € à 24 €. Tapas le soir.

Dans ce bar à copains, on est accueillis par Gwen, une des deux frangines, et son équipe. Le midi, l'ambiance brasserie de quartier règne. On a le choix entre un plat, végétarien ou non, et un burger. À l'ardoise, laissez-vous tenter par une tartine ricotta courgettes marinées sésame suivi d'une délicieuse moussaka végétarienne. En dessert, vous pourrez opter pour un banofee ou un moelleux coco pépites de chocolat ! Quant au soir, on se laisse tenter par un apéro tapas. On apprécie la cuisine locale et les vins bio de ce lieu d'échanges où l'on croise aussi bien des jeunes que leurs aînés. En ce qui concerne la seconde Frangine, Karine, elle tient le restaurant À Boire et à Manger non loin.

NEW

BISTROT - BRASSERIE

LE HOMARD FRITES NANTES

16, rue saint léonard ✆ 06 98 53 01 06

Du lundi au samedi midi et soir ; le dimanche midi. Formule midi 22 €. 2 salles privatisables. Sur place ou à emporter.

Connaissez-vous la chanson de Jacques Brel ? Des moules et puis des frites, Des frites et puis des moules, et du vin de Moselle ? Ce qu'il fallait à Jeff pour être heureux avec le Grand Jacques. À Nantes, c'est mieux : des frites à la graisse de bœuf accompagnent le homard local. Les vins sont locaux. Le restaurant près de l'hôtel de ville affiche son vivier de homards en direct de Saint-Colomban à Carnac. Demi ou entier, savourez le homard en version Lobster Thaï, Lobster Roll, ou en burger brioché garni de chair de homard. L'idée du patron ? démocratiser le homard ! On aime aussi coquilles Saint-Jacques, fromages, sauce chimichurri ou rhum au homard. Le tout à prix raisonnable.

LE GRAPPILLON

4, rue Kleber
✆ 02 51 84 27 95

Ouvert du lundi au mercredi 11h45-13h30, jeudi-vendredi 11h45-13h30 et 19h45-20h30, samedi 19h45-20h30.

© LE GRAPPILLON

Le Grappillon, c'est un petit coin de paradis dans le quartier Dobrée. Patricia, en salle et son mari Bruno (le chef), nous régalent avec une cuisine du terroir et à base de produits frais. Deux salles nous attendent. On fait voyager les papilles avec d'excellentes recettes revisitées et à base d'épices. L'ardoise évolue selon l'inspiration du chef. On commence avec le muffin épinards et emmental au piment frais ou un velouté de légumes aux épices douces ; à suivre, le gratin de la mer aux notes de l'océan Indien ou la fricassée de poulet braisé et son jus coco épices à colombo. Enfin, le besboussa citron ou le pudding de poire, noix de coco fleur d'oranger. Excellent rapport qualité prix !

BISTROT - BRASSERIE

LE KESSECET RESTAURANT

40, quai de Malakoff ✆ 02 40 47 75 39 - www.kessecet-nantes.fr

Du lundi au vendredi midi. Formule 16 €/20 €. 24 accords mets vins. Caviste. Bar à vin du mardi au samedi soir. Tapas maison.

© KESSECET NANTES

© KESSECET NANTES

Bienvenue à Kessecet. Deux amis : Maxime et Alex, sont nouveaux propriétaires. On se régale grâce au talent du chef Damien. La carte est courte aux produits frais et de aux propositions alléchantes. Le restaurant avec vue sur le canal Saint-Felix est désormais ouvert le soir et se transforme en bar à vins avec tapas maison et planches apéro avec les fameuses panisses. C'est aussi une cave avec de belles bouteilles (vins naturels, biodynamie..) ouverte en continu et des conseils avisés. Un accueil chaleureux, un peu décalé, de la bonne humeur, avec des clins d'œil du Sud toulonnais d'où vient Maxime qui a rejoint le Nantais... avec cette fameuse expression proclamée au long cours : KESSECET !

BISTROT - BRASSERIE

AK SHELTER ST HERBLAIN

352, boulevard Marcel Paul - **SAINT-HERBLAIN**
✆ 02 49 09 51 37 - https://ak-shelter.bike/

Ouvert du lundi au samedi midi et soir et le dimanche soir. Spécialités de 13,90 à 26,50 €. Burgers de 15,90 à 23,90 €.

Vous pensez qu'il est impossible de trouver un établissement où vous pouvez à la fois : vous restaurer, boire une bonne bière, vous faire tailler la barbe, vous faire tatouer et faire réparer votre cylindrée ? Sachez que ce lieu existe et il vous attend dans la zone d'Atlantis ! L'équipe d'AK Shelter, professionnelle et accueillante vous accueille et répond au mieux à vos attentes. C'est un endroit où il est très agréable de flâner, de prendre son temps, ainsi que d'échanger avec d'autres passionnés ! Des concerts sont aussi programmés le dimanche après-midi. Bon séjour garanti ! Une fois votre moto réparée, bichonnée, vous pourrez la récupérer, vos batteries elles aussi rechargées à 100 % !

RESTAURANT

GAMINES RESTO FAMILIAL

5, rue de Lamoricière
✆ 09 83 93 98 90
www.lesgamines-cafe.com

Ouvert du mardi au samedi. Lors des vacances scolaires, du lundi au samedi de 10h à 18h. Petite restauration. Brunch.

Pensé et aménagé pour accueillir parents et enfants, Les Gamines, c'est un endroit family friendly où l'on peut déjeuner (un menu enfant est proposé), prendre le goûter, ou simplement se poser pour profiter d'une pause café. Le vendredi pour l'apéro, on vient boire un verre et partager une planche. Avec ou sans enfant, tout le monde est le bienvenu ! Des ateliers et évènements sont organisés régulièrement : éveil linguistique et culturel, massage bébé, improvisation théâtrale, spectacle... À l'initiative de ce projet : Gaëlle et Constance, deux jeunes mamans pour qui vie parentale et vie sociale vont de pair. Avec Les Gamines, « sortir devient un jeu d'enfant », et un vrai plaisir !

BISTROT - BRASSERIE

LE KRÉGRAND RESTAURANT

29, rue de la Tannerie ✆ 06 16 42 11 39
www.lekregrand.com

Ouvert du lundi au vendredi midi ; vendredi et samedi soir. Formule midi de 14,50 à 20 €. Le soir de 20 à 29 €.

Au cœur de Chantenay, sous ce nom à consonance régressive se cache, depuis fin 2020, un spacieux lieu multifonctions pour tout public. L'ambition de Guillaume et d'Esther est, en effet, d'y réunir petits et grands en toute convivialité. Il s'agit tout d'abord d'une boucherie qui propose de la viande de bœuf découpée et maturée sur place. Il y a également la partie restaurant où vous pouvez déguster de délicieux plats faits maison, carnés ou végé, comme la quenelle maison au poisson ou le curry de bœuf limousin. Ici on privilégie les produits locaux. Vous pouvez aussi boire un café, siroter un verre en terrasse et découvrir des expositions de créateurs… « kranquillement » !

NEW
GOGUETTE RESTAURANT

9, Rue Descartes
✆ 02 52 56 91 71
goguette-nantes.fr
Ouvert tous les jours du lundi au dimanche sauf le dimanche soir

Dans les locaux de l'ancienne prison de Nantes, ce restaurant offre un cadre insolite. Les murs de la prison sont encore visibles. Tenue par Jérome Guilbert et son équipe, on savoure dans cette brasserie des produits de la mer, assiettes d'huîtres, de bulots, de homards, de langoustines ou de tourteaux. En été, un bar à fruits de mer est installé sur la terrasse. Les plats deviennent légers avec du ceviche ou de belles salades. Le dimanche Goguette offre son lot de brunchs : sucrés, salés... pour tous les goûts. Un lieu qui vaut le détour, où l'on prend plaisir à déguster un plat du jour qui varie au quotidien. Comme ce porc confit sauce miel moutarde et ses petits légumes, un régal.

BISTROT - BRASSERIE
L'INSTANT

9, rue Kervégan ✆ 02 40 35 36 10
www.linstantnantes.com
Du mar au sam 12h-14h & 19h30-22h. Midi en semaine : de 15,90 € à 20,90 €. Samedi & soir : de 25 € à 38 €.

« Bistrot sans étiquette », L'Instant, deuxième établissement de Sylvain Le Bras, offre un Instant gourmand et cosy en amoureux ou entre amis dans ses belles salles lumineuses. Côté plats, on se régale d'un poisson accompagné d'un riz à la cardamome (divin) et de délicieux légumes croquants avec un pistou de basilic et courgettes, ou bien on opte pour la pièce de bœuf grillée sauce barbecue au tamarin. On retrouve dans l'assiette toute la créativité et la recherche d'alliances de saveurs réussies à partir de produits frais et de saison. Et pour le dessert, on se laisse tenter par la tartelette macaron avec une crème diplomate à la vanille et cumin, coulis de fruits rouges et fruits frais.

BISTROT - BRASSERIE
MERCI ÉMILE

63, boulevard de l'Égalité ✆ 09 51 71 03 11
www.merciemile.com/
Du lundi au mercredi de 8h30 à 15h, les jeudi et vendredi de 8h30 à 17h. Sur place ou à emporter. Bons cadeaux.

Sous cette façade encre de seiche illuminée d'une touche de jaune citron se trouve ce bar restaurant situé à quelques encablures de la place Zola qui a donné son nom au quartier et lui a donné son prénom. Annie, Pauline et Gaëlle vous y font déguster leur cuisine de marché à base de produits locaux. On raffole de la salade gourmande, pommes de terre grenailles, fenouil braisé, herbes aromatiques fraîches ou la tarte gourmande aux champignons snackés, confits d'oignons et sa salade de saison. On craque aussi pour le cheese-cake. L'établissement est par ailleurs un bar licence 4 avec un barista et un café sélectionné avec soin, ainsi que des vins locaux et un large choix de bières artisanales.

CB'S RESEAU BRASSERIE

17, allée du Bois de la Bauche - **CARQUEFOU**
✆ 02 52 20 31 15
www.brasserie-carquefou-cbs.com
Du lundi au vendredi de 8h30 à 15h ; mardi au vendredi soir. Petit déjeuner : 10-12 €. Formule midi 16,50 € à 19,50 €.

À Carquefou se niche un lieu insolite et innovant lancé par Christine Berthelot, épaulée par Ludovic Simon, leurs initiales formant « CBS ». C'est une brasserie-restaurant-espace de coworking. On y trouve un choix de bières essentiellement locales, au tirage autonome : une carte prépayée permet de faire couler la bière à sa guise ! Côté restaurant, le chef Frédéric concocte le midi une cuisine traditionnelle : viande grillée, carpaccio, tarte et autres. La salle est climatisée. Le soir, place aux tapas. La partie Well Office quant à elle, offre des espaces pour le coworking, avec possibilité de privatiser des salles. Une belle terrasse et des jeux complètent la panoplie de la convivialité !

MAISON GRIMAUD

4, rue Vauban
✆ 09 86 67 56 23
www.maisongrimaud.fr
Du mar au ven et dim 11-19h ; sam 11-20h. Gougère du mois : 8,90 €. Midi 16,90 €, 17,90 €. Brunchs de 18,90 € à 24,90 €.

© MAISON GRIMAUD NANTES

Près de la place Royale, une belle terrasse fait des heureux pour les déjeuners gourmands. Sébastien Grimaud, pâtissier talentueux, met la pâte à choux à l'honneur dans ce lieu. Le midi, deux formules nous font découvrir les gougères revisitées. La Malba végétarienne (pomme et pomme de terre rôties au thym et paprika, tomme de brebis fondue, oignon doré, noisettes torréfiées), la Hanoï au poulet au caramel, la Éole avec sa coppa et ses patates douces ou encore la gougère du mois. Goûtez aussi aux bowls. Côté dessert, la magie du chou opère toute la journée. Aussi beaux à la vue qu'au palais, les parfums nous transportent : vanille, chookie, framboise. Sans oublier les bons brunchs le dimanche !

LES MARAÎCHERS

33, rue Jean Moulin
SAINTE-LUCE-SUR-LOIRE
✆ 02 40 25 88 04

Mardi et mercredi : 12h à 14h, jeudi au samedi : 12h à 14h et de 19h30 à 21h. Menu soir et week-end 33 €. Midi 19 €/22 €.

À Sainte-Luce-sur-Loire, Guillaume, le chef a ouvert avec Sophie son propre restaurant. Le nom de l'enseigne Les Maraîchers est un clin d'œil historique et local. On se régale d'une cuisine tout en saveurs, couleurs et produits frais. Dans la jolie salle ou sur la terrasse estivale, on choisit parmi une formule abordable ou les suggestions du chef à la carte. Velouté de chou-fleur et sa julienne de magret de canard fumé, nems de saumon et ses légumes croquants, poêlée d'escargots, dos de lieu ou autre poisson au beurre blanc, tiramisu aux framboises, sablé aux trois chocolats et clémentines confites : tout est fait maison. L'accueil est chaleureux et l'ambiance familiale. À découvrir !

BISTROT - BRASSERIE

NEW PLUME CANTINE SAVOUREUSE

1, rue mercoeur ✆ 06 80 07 74 86

Lundi 12h-18h ; du mardi au vendredi 8h30-18h. Plat du jour 9,50 €. Formules du jour 13,50 €/17€/19,50€

© HUGUES DEBRAY PHOTOGRAPHIE

Bienvenue dans cette cantine de qualité ! Une cuisine des familles comme aime à le dire Camille, la cheffe de ce très joli restaurant du quartier Mercœur. Ouvert du lundi au vendredi midi, on vient déjeuner sur place ou à emporter ! Avec des bons produits frais et locaux sélectionnés et cuisinés par Camille. Des formules chaudes ou froides avec des tarifs hyper doux, un plat du jour avec des « à-côté », entendez des entrées et/ou des desserts. Et la très bonne idée, c'est que les douceurs pâtissières maison, le sucré mais aussi le salé, se proposent aussi à part : on peut ne prendre que des « à-côté » si on aime plusieurs entrées ou plusieurs desserts. Des formules adaptées à tous les appétits.

BISTROT - BRASSERIE

MAISON BAGARRE

6, rue Jean Jacques Rousseau ✆ 02 40 56 79 09
www.maison-bagarre.fr

Ouvert du lundi au vendredi le midi et le soir. Salle à l'étage. Menus midi 14 €, 17,50 €, 21 €.

Fort d'une expérience de plusieurs années dans la restauration à Nantes, Romain a voulu créer avec Maison Bagarre un lieu où l'on peut venir se poser tout au long de la journée, du petit déjeuner au dîner. Un « restaurant de caractère » où l'on déguste une cuisine simple et de qualité, la carte évoluant quotidiennement avec toujours une proposition poisson, viande ou végé. La spécialité du chef : le cochon. Des plats traditionnels avec un petit truc en plus, des produits frais et locaux : un régal ! Le choix des boissons est également efficace. On apprécie ce lieu chaleureux, son cadre agréable et son équipe. On a hâte d'en découdre de nouveau avec Maison Bagarre !

BISTROT - BRASSERIE

RESTAURANT PERSONNES

32, rue de Coulmiers ✆ 02 40 74 17 39
www.personnesnantes.fr

Lun et mar 10h-00h ; du mer au ven 10h-2h ; sam 17h-2h ; le dim 17h-00h. Plat : 13 €. Formules 17,50 €/21 €.

Une pépite se niche dans le quartier de la Manufacture. Le nom du lieu est un clin d'œil à la référence cinématographique : *Mon nom est personne.* Le midi, on se régale avec la cuisine du chef Baptiste. À l'ardoise, on a le choix entre viande, poisson ou plat végétarien. Tout est fait maison et les inspirations culinaires sont savoureuses, de l'entrée jusqu'au dessert. Côté boissons, on demande conseil à Louie, Boris ou le reste de l'équipe. Quant au soir, on déguste les pizzas du voisin Popolo. On vient au Personnes pour la pause déjeuner, pour boire un verre, pour l'afterwork ou encore, pour profiter de la programmation musicale et des animations du lieu. Un joli lieu de vie atypique !

BISTROT - BRASSERIE

MORSE BAR À FRUITS DE MER

1, allée de la Maison Rouge
✆ 06 63 84 26 65

Ouvert du lundi au mercredi midi ; du jeudi au samedi midi et soir. Midi sandwichs, salades (10,50 €/15 €), option végé.

Passez la porte de ce petit établissement afin de vous plonger dans un univers marin atypique ! Une escale pour déguster des produits de la mer, accompagnés d'un bon verre de vin, dans un décor original et ambiance chaleureuse ? C'est ici ! Cette street seafood est celle de Frédéric en salle. Épaulé par Kévin qui nous régale avec ses sandwichs, salades, assiettes de fromages ou de charcuteries à partager. En dessert, craquez pour les pâtissieries de Little Britain Biscuits. Une belle adresse pour les amateurs de fruits de mer. Une adresse iodée en plein cœur de Nantes.

NEW

BISTROT - BRASSERIE

LES MAINS GAUCHES

1, place Saint-Clair ✆ 09 88 04 44 66
http://bistrot-lesmainsgauches.fr
Ouvert du mardi au vendredi de 8h30 à 14h30 ; du mercredi au vendredi de 18h à 22h. Plat du jour : environ 13 €.

Ève nous accueille dans ce bistrot à l'ambiance moderne tandis que Claire-Marie est en cuisine pour nous préparer des bons plats. Ce restaurant dispose d'une charmante terrasse extérieure avec des plaids à disposition si le froid se fait ressentir. Le midi, on retrouve une cuisine simple, savoureuse et généreuse avec notamment, un plat référent : le Bo Bun. Il est également possible de se laisser tenter et surprendre par le plat du jour qui change chaque semaine : chili con carne, poulet mafé ou encore osso buco à la milanaise. Quant au soir, planches de charcuteries, fromages à partager ainsi que tapas sont de mise avec une sélection de vins bio et cocktails. Sur place ou à emporter.

NEW

BISTROT - BRASSERIE

NACRÉE RESTAURANT

1, Quai turenne
✆ 02 28 44 28 68
Ouvert du mardi au samedi de 18 h à 23 h, le samedi et le dimanche midi. Assiette iodée : 25 €. Assiette nacrée : 30 €.

Dans ce bar à huîtres, on déguste de délicieux fruits de mer. Les belles assiettes sont iodées, nacrées et proposent des huîtres (de Cancale et d'Oléron), des crevettes roses, des poissons fumés, saumons et maquereaux et des rillettes de poissons. Elles rivalisent avec des assiettes de charcuteries et de fromages. Et du caviar ! Ati et Carlito, deux amis tiennent les rênes de ce bar à huîtres à la décoration soignée avec de la pierre et des filets de pêche pour vous faire voyager jusqu'à la côte atlantique. La belle terrasse exposée plein sud favorise les bains de soleil. Côté sucré, le célèbre Baulois ravira vos papilles. Il a été élu meilleur fondant au chocolat de France. Rien que ça !

LE MOLIERE

2, Rue Racine
✆ 02 40 73 20 53
https://www.lemoliere.fr/
Ouvert du lundi au samedi de 8h à 2h. Toasts à partir de 14.90€.

Le café Le Molière, place Graslin, aperçu sur de veilles cartes postales de 1900 traverse les siècles. Cette institution âgée de 150 ans a une belle âme, celle des bonnes brasseries et des meilleurs bistrots. Pascal a pris les rênes de l'affaire familiale. Laissez-vous bercer par sa carte simple et épurée avec poissons, plats, salades et desserts du jour. Les immanquables « club » toastés ou l'excellent burger du week-end. La carte des vins est de grande qualité et propose de belles coupes de champagne. Sorbets et glaces se composent selon vos envies. Le service se fait en continu avec un personnel souriant et efficace. Les jeudis et vendredis, les soirées DJ ambiancent toute la place Graslin.

LE PATIO RESTAURANT

8, rue de l'Emery
✆ 02 51 82 41 16
lepationnement.com
Du lundi au samedi midi et soir. Menus de 25 € à 36 €. Menu enfant : 10,90 €.

© PATIO'NNEMENT

© PATIO'NNEMENT

Le Patio, c'est un écrin confortable et moderne où on prend place en choisissant parmi les quatre espaces aux ambiances cosy, patio, verdoyante et naturelle et on se régale d'un repas fait maison à partir de produits frais et locaux. À la carte, une cuisine qui allie la gourmandise et la créativité ! Pourquoi ne pas commencer par le saint-marcellin rôti aux herbes et ses gressins sésame ? À suivre, l'incontournable filet de kangourou en « Tigre qui pleure » accompagné de pommes de terre du moment. Et pour finir, un parfums des îles : ananas rôti au rhum, crème mascarpone, maracuja et crumble. On aime cet établissement Patio'nnement !

BISTROT - BRASSERIE

NEW

LES PETITS PAVES BISTROT

40, rue des Hauts-Pavés ✆ 02 85 37 71 22 - Tramway ligne 3, arrêt Viarme-Talensac.

Du lundi au vendredi le midi. Le soir planches. Bar en continu et cave. Formule midi : 15 €, 19 €, 23 €.

© AUX PETITS PAVES

© LES PETITS PAVES

Bienvenue dans ce joli bistrot – caviste Les Petits-Pavés. Olivier, épaulé du chef Jean-Michel, nous accueillent avec leur cuisine maison et produits frais. La carte est alléchante et très diverse selon les envies. En entrée, laissez-vous séduire par un saumon mariné et sa crème de ciboulette. Succombez ensuite à l'onglet de bœuf ou l'émincé de magret de canard et le camembert rôti au thym. À moins de préférer une salade « XXL » nordique, sud-ouest ou encore l'assiette de Serrano. Les plus gourmands prendront un dessert tel qu'une île flottante, une mousse au chocolat ou une crème brûlée. 2 belles salles bistrot et une cave sont à la disposition des clients, avec environ 60 références !

NEW

BISTROT - BRASSERIE

O DECK RESTAURANT

PONT 2 du Nantilus
✆ 02 40 71 71 00
www.odeck.fr

Ouvert tous les jours, midi et soir. Brunch le dimanche midi.

O Deck est une institution qui vous fait vivre une expérience unique. Déjeuner ou dîner sur l'eau avec pour panorama la ville de Nantes. De belles entrées à partager, des légumes et salades de saison, de succulentes pâtes et planches, risotto, du poisson de la criée (merlu, lieu jaune, filet de dorade), des viandes sélectionnées (veau, magret de canard). Parmi les incontournables : le gourmet Burger Nantais et ses frites maison. La carte propose des desserts « végétal », une exclusivité chocolatée, Le Nautilus de Vincent Guerlais et de bonnes glaces et sorbets par un artisan glacier. Le dimanche midi, le buffet brunch avec spritz ou cocktail invite à la détente. Accès au buffet et plat chaud.

NEW

LA TERRASSE DU STADE

74, boulevard des Anglais
✆ 02 28 25 47 66
https://www.laterrassedustade.com/

Ouvert du lundi au vendredi 8h30-21h. Restauration le midi : menus de 25 € à 32 €. Prix moyen à la carte : 23 €.

Bien connu par les habitués du stade Pascal Laporte qui accueille le Stade Nantais Rugby et le SNUC Tennis, La Terrasse du Stade a été reprise en famille par Maxime (en cuisine) et Frédéric Louchard. À l'ombre des arbres centenaires ce restaurant est idéal pour déjeuner ou prendre un verre. On se délecte des plats réalisés à partir de de produits frais, locaux et de saison. Plutôt filet de bœuf avec poêlée d'asperges vertes ou pavé de lieu noir avec houmous de haricots rouges ? En dessert, on choisit le crumble mangue kiwi. La cuisine raffinée et soignée nous rappelle des tables haut de gamme. Ponctuellement, des concerts viennent animer ce lieu où la convivialité rencontre la qualité.

BISTROT - BRASSERIE

LA PASSERELLE DE MARCEL

7, allée Jacques-Berque ✆ 02 51 86 60 56
www.lapasserelledemarcel.com

Du lundi au samedi midi et soir. Terrasse. Planches apéritives à partager. Carte. Groupes bienvenus. Menus 28 € et 34 €.

Ce café-brasserie, clin d'œil au stade Marcel-Saupin, fait face à la Loire. Il offre un cadre calme et reposant au cœur de la ville. Sa terrasse de 60 m de long, exposée plein sud, est une attraction appréciée. À l'intérieur, 3 salles, le bar central, la grande salle restaurant et le coin bibliothèque, 3 ambiances. On aime ce lieu tout en lumière. On déguste une cuisine de qualité, faite maison et de saison. Une cuisine avec des produits frais. On se délecte notamment de plats aux saveurs d'ailleurs. Une carte classique et originale à la fois avec des desserts gourmands. L'équipe du restaurant, sous la houlette de Christophe et Nathalie, est aux petits soins. À (re) découvrir sans tarder !

BISTROT - BRASSERIE

PAINBAR

5, place de la République
✆ 07 81 87 73 58
www.painbar.fr
Ouvert du mardi au vendredi midi et soir. En continu le samedi de 11h45 à 23h. Formule à partir de 13,90 €.

Painbar, c'est un concept audacieux entrepris par 3 amis : celui de proposer un lieu convivial où l'on peut boire un verre tout en achetant du bon pain fabriqué et cuit sur place. Painbar, C'est aussi un restaurant le midi et le soir avec une belle carte du marché et le talent du chef. Le samedi, c'est brunch ! La carte met à l'honneur le délicieux pain maison, pain campagne, aux graines et les brioches. À nous les supers sandwichs artisanaux ! La carte des boissons est attrayante avec une sélection de vins, bières locales, cocktails. Ici que des produits bio et locaux. L'ambiance est conviviale avec des concerts parfois : on s'y sent bien. Un nouvel incontournable !

BISTROT - BRASSERIE

LE PROLOGUE

14, rue du Capitaine-Corhumel ✆ 02 40 48 08 08
Proche de la place Viarme - www.restaurantleprologue.com
Ouvert du lundi au vendredi le midi ; le mardi et du jeudi au samedi le soir. Menus de 19,80 € à 35 €.

Jolie prestation du chef Nicolas Bellanger et service attentionné. Une cuisine raffinée, inventive et accessible, à l'image de ce que nous proposent les menus : avec en entrée, patates douces, rillettes de poissons, quinoa, roquette saumon ou chèvre chorizo mâche. En plat, joue de porc confite aux épices, grenailles et primeurs. Cuissot de porcelet, poisson de marché, dos de cabillaud, riz rouge thaï, sarrasin, noisette. Pour la note sucrée : testez la crème brûlée caramélisée, la pavlova poire chocolat, la feuillantine caramel pistache, la nage de fraises et ananas, le fondant au chocolat et la glace à la vanille Bourbon. Le fois gras du chef est à essayer et à emporter. Belle terrasse !

LE REFLET

4, rue des Trois Croissants
✆ 02 40 20 33 86
www.restaurantlereflet.fr/
Ouvert mardi et mercredi midi, jeudi et vendredi midi et soir et samedi soir. Midi : 15 €/19,50 €. Soir : 27 €/33 €.

Le Reflet, c'est d'abord un restaurant où l'on mange une cuisine de saison, maison. Mais c'est aussi une aventure humaine, celle de Flore et de son équipe constituée de 6 personnes atteintes de trisomie 21. On retrouve cette joyeuse équipe en salle et en cuisine, assistée de François et Virginie. Le service a été repensé, et c'est aidé d'un tampon et d'un carton pour que le client choisisse ses plats. Ici, la cuisine est délicieuse ! Merlu, tataki de bœuf, rougail saucisse, basmati, raita, gratin végétarien de légumes d'automne ; ou un curry de haddock, dal de lentilles au lait de coco. Le soir, la carte est aussi gourmande. On aime l'atmosphère bienveillante et chaleureuse. À tester !

BISTROT - BRASSERIE

STEREOLUX

4, Boulevard Léon Bureau ✆ 02 40 43 20 43
www.stereolux.org
Lundi à vendredi 12h-14h. Bar ouvert lundi à jeudi 11h-19h, vendredi 11h-20h, samedi 11h-21h et les soirs de concert.

Dans ce lieu situé sous les nefs des Machines de l'île, on trouve bien sûr la salle de concert, désormais incontournable dans le paysage culturel nantais, mais également un restaurant. Avec ses allures néo-industrielles, cette brasserie aménagée dans l'immense halle vitrée vaut le détour, et est d'ailleurs prise d'assaut à l'heure du déjeuner. Du mobilier aux couleurs vives, les programmes de la saison de toutes les structures culturelles du coin et un personnel aussi décontracté qu'efficace. L'établissement met en avant l'agriculture locale en se fournissant notamment dans une AMAP pour les légumes et la viande. La carte change chaque semaine et est courte car on ne cuisine que du frais.

STREET WEST RESTAURANT

159, Route des Sorinières - **REZÉ**
✆ 02 40 54 18 46
https://st-west.fr/
Ouvert du lundi au samedi midi. Drive. Parking gratuit. Entrée plat dessert 13,20 € le midi, 15,80 € le soir.

© STREET WEST REZE

À deux pas de la galerie commerciale Océane, bienvenue dans un restaurant au bon accueil tenu par Marc Le Duigou et son équipe. Décoré de livres anciens, le lieu mélange des tendances vintage avec des pointes d'exotisme. Un resto mignonnet avec ses petits coins cosy. Sur la carte, on se régale de burgers-frites maison, de salades, de totems de légumes, de plats végé, de bons pavés de viande et de poisson. Les pains des tartines et burgers sont artisanaux et locaux. La carte est accessible et joue sur la proximité des produits. Vous en ressortirez calé ! La carte des vins est tout aussi complète avec des bières pression, des cocktails et apéritifs de saison.

BISTROT - BRASSERIE

LE SELECT RESTAURANT

14, rue du Château ✆ 06 65 67 70 82
www.leselect-nantes.com

Du mardi au samedi. Midi Formule : 20 € à 24 €. Goûter. Soir : Tapas 13/14€. Brunch 1 dimanche/mois 12h-17h

Au cœur du Bouffay, le Select renaît ! Nouvelle équipe : Julie, John, Julien et nouveau chef Cédric ! Dans l'assiette, une cuisine savoureuse traditionnelle, à base de produits frais (et options veggy). Tataki de bœuf, dos de cabillaud confit, parmentier de bœuf braisé ou mousseline de carottes et en dessert un fondant au chocolat et sa chantilly pralinée. L'après- midi, le Select fait salon de thé : goûtez au chocolat viennois et gâteaux nantais. Le soir, c'est un bar à manger avec de véritables planches cuisinées et tapas à partager (pulled pork, tataki) et des cocktails du bar tender (création maison). Un brunch un dimanche par mois ! Salle privatisable de 25 personnes.

BISTROT - BRASSERIE

LA TABLE DE YO

42, rue de la Ville-en-Bois ✆ 09 83 30 77 44
https://latabledeyo.fr/fr

Du mardi au vendredi de 12h à 14h et de 19h à 22h, et le samedi soir de 19h à 22h. Menus de 15,50 € à 20,50 €.

Ambiance bistrot pour ce resto ancré dans son quartier, à quelques pas de la place Canclaux. Avec ses murs en pierre et sa déco sobrement vintage, on a envie d'y rester et de s'attabler aux tables en formica. Côté assiettes, tout est fait maison par Cédric Courcoul et Guillaume Le Dantec ! En entrée, laissez-vous tenter par un œuf mollet et jus de viande réduit ou le velouté de patates douces. Et pour finir une sélection de fromages de chez Lecoq et le gourmand crumble poire-choco ou encore le fromage blanc artisanal. À la carte quelques plats complètent l'offre comme le magret de canard ou, pour les végétariens, le couscous de légumes aux épices. Une cuisine fraîche, sobre et inventive.

NEW

BISTROT - BRASSERIE

LE TREFLE

1, rue Copernic
✆ 06 95 41 66 03

Du mardi au vendredi 8h30-18h ; le samedi 10h30-17h. Plat : 12 €. Brunch le samedi à 21 €. Sur place ou à emporter.

Ce lieu imaginé par Shabnam Khalil, en cuisine, et son mari Anwar, en salle, a conquis notre cœur en un clin d'œil. La carte du déjeuner change souvent et on retrouve des saveurs aux influences du Moyen-Orient jusqu'à l'Inde. La volonté de proposer des plats sains, faits maison et frais se ressent. Ils ont d'ailleurs des partenariats avec divers producteurs locaux. Les samedis sont dédiés aux brunchs. On savoure ainsi un délicieux Kashmiri Chaï et un Karaï, une cassolette de poireau, épinard, oignon, jeunes pousses, avocat, œuf au plat et épices. Notre cœur vacille entre toutes les propositions et on vous conseille de repartir avec un cake au maïs imbibé de jus d'orange pressé. Un vrai régal !

NEW

CUISINE ASIATIQUE

TATA BOBUN

14, rue des Grands Patis
✆ 02 55 54 03 02

Ouvert du mardi au samedi 12h-14h30 et 18h30-22h. Entrées de 3 € à 7 €. Plats de 10 € à 14 €. Desserts de 4 € à 6 €.

Virginie et Nicolas nous accueillent dans ce charmant établissement où on se laisse enivrer par les délicieuses effuves des épices. À la carte, on retrouve des influences du Vietnam jusqu'au Laos en faisant un crochet par la Guyane. Les portions sont particulièrement généreuses et les plus aventureux pourront démarrer leur voyage avec une entrée comme des nems ou un Banh Bao. Laissez-vous ensuite transporter au gré des saveurs qui explosent en bouche. Soupes, bó bùn, nouilles ou riz. Pour une expérience complète, on vous suggère d'accompagner le tout d'un bubble tea et s'il vous reste un peu de place le *sticky rice mango* clôturera votre repas en beauté ! Une belle adresse à découvrir !

NEW

BISTROT - BRASSERIE

TAC BISTROT CAFÉ

8, Rue de la ville en Pierre
✆ 02 40 49 37 13

De lundi à vendredi midi. Entrée + plat ou plat + dessert 15,50 €. Entrée + plat + dessert 18 €. Concerts. Terrasse.

Jean, un clown de métier, s'est associé à la cheffe Marion afin de donner une nouvelle vie au Toutes Aides Café sans oublier Thierry. C'est désormais un restaurant le midi en semaine et un bar-café en journée. À la carte, on découvre une cuisine du marché simple, maison et efficace. À nous le bœuf-carottes, les lasagnes végétariennes, le croque-monsieur et d'autres mets. Ce lieu de vie compte trois salles et accueille des concerts de musique irlandaise et d'autres styles. On y découvre des ateliers d'écriture, des expositions de photos, des ateliers de réparation de vélos ou des dégustations d'huîtres et de muscadet. On est servi avec tact et ici personne ne tique. Et tac !

NEW

TERRE HAPPY

Les Briords
CARQUEFOU
✆ 02 40 68 19 78

Ouvert du lundi au vendredi de 12h à 13h15. Menus de 8,50 € à 15 €. Formule : 11 € (entrée + plat + dessert).

Se régaler à prix tout doux, c'est la jolie thérapie que Terre Happy propose. Ce restaurant d'application est autant bénéfique pour le personnel, que pour nous, joyeux gourmands. Celui-ci est l'un des ateliers proposés par Psy Activ. Centre qui permet aux personnes en situation de handicap psychique de sortir de l'isolement généré par la maladie. Dans le restaurant, le personnel est attentionné et la qualité est au rendez-vous. Dans l'assiette, on retrouve des produits frais collectés en circuit court. Les légumes et fruits bio proviennent de l'atelier maraîchage ! C'est ensuite avec soin que les patients cuisinent avec les 2 cuisiniers pour faire frétiller nos papilles. Un vrai régal !

BISTROT - BRASSERIE

LES TROIS PINARDIERS

27, rue des Carmes ✆ 02 40 20 33 48
https://les3pinardiers.com/
Ouvert du mardi au samedi de 12h à 14h et tous les soirs. Vin au verre. Accueil des groupes. Terrasse. Boutique.

Au cœur du quartier Bouffay, Les Trois Pinardiers est un bar à vins-restaurant qui séduira les amoureux de bons vins et de cuisine traditionnelle. Dans ce joli établissement lumineux, on retrouve chaque semaine trois nouveaux plats : une viande, un végé et un poisson. Saucisse purée façon grand-mère tartare de bœuf infusé au gin et ses pommes de terre grenaille, ou encore pâtes façon forestière... On se régale ! Le soir, un large choix de planches complète l'offre des plats. La carte des vins présente une sélection d'une centaine de vins qui permet d'excellents accords mets-vin. Elle évolue souvent et on peut faire de belles découvertes car tous les vins sont disponibles au verre.

LES TONTONS CUISINENT

35, Rue Marie Curie - **SAINT-SÉBASTIEN-SUR-LOIRE**
✆ 02 40 03 51 04
www.lestontonscuisinent.com
Ouvert du mardi au jeudi 12h-14h et 19h-22h ; le vendredi et le samedi 12h-14h et 19h-23h30. Carte : 20 € environ.

Situés dans la zone commerciale d'Auchan Saint-Sébastien-sur-Loire, les Tontons Cuisinent proposent une cuisine traditionnelle dans une ambiance festive. Et une curiosité, le Black Beef Stone : des pièces de bœuf mitonnées sur de la pierre de lave pendant 3 heures selon une méthode ancestrale. Les Tontons tiennent aussi la marée avec leur bar grillé ou leurs brochettes de Saint-Jacques et crevettes. Les planches, de viandes et de poissons, sont copieuses. Le jeudi, vendredi et samedi, un verre de shooter est offert après le repas. Les Tontons Bringueurs, une salle ambiance attenante au restaurant devient bar de nuit à partir de 22 heures. Pensez à réserver, surtout en fin de semaine.

NEW

BISTROT - BRASSERIE

VATEL RESTAURANT

3, place Clémence Lefeuvre
✆ 02 28 49 20 64
Ouvert du mar au jeu de 12h à 13h et de 19h à 20h30 ; ven et sam de 12h à 13h et de 19h à 21h. Menus de 32 € à 38 €.

Des menus gastronomiques à prix doux, c'est ce qu'offre le restaurant d'application Vatel. École de commerce international, ce lieu d'expérimentation propose trois menus raffinés, servis midi et soir. Les étudiants, soucieux de nous proposer la meilleure expérience possible, nous accueillent avec le sourire dans ce décor élégant et moderne. On se régale avec un œuf parfait en entrée. On continue avec un risotto aux légumes de saison marinés et son cappuccino de champignons. Les plus gourmands se laisseront tenter par le majestueux chariot de fromages. Puis, cerise sur le gâteau : l'incroyable chariot de desserts. Une dizaine de beaux gâteaux se présentent à nous. Le plus dur est de choisir !

BISTROT - BRASSERIE

NEW

MOULERIE BRÛLE - DOIGTS

9, Rue Sainte Croix ✆ 02 51 83 23 64
Ouvert du mardi au dimanche le midi de 12h à 14h et le soir de 19h à 21h30 (22h le samedi).

© MOULERIE BRULE DOIGTS NANTES NOUVELLE PHOTO 9

© MOULERIE BRULE DOIGTS NANTES NOUVELLE PHOTO 6

La moulerie Brûle-Doigts, c'est un décor cosy et ancien, avec de belles pierres apparentes. Anciennement Aux Moules du Bouffay, l'adresse a fait peau neuve ! L'authenticité est sublimée, tout comme le goût. Les moules y sont délicieuses, magnifiées par l'ajout de sauces gourmandes, comme celles au curry Madras, roquefort, forestière, etc. Les frites sont maison, bien cuites, faisant de ce plat traditionnel une réussite ! La carte d'été vous propose des moules ou une viande et la carte hiver vous convie à déguster de bons poissons. Si vous y allez en groupe et que certains ne sont pas fan de cette spécialité du Nord, pas de problème, la carte est riche en belles découvertes !

ZOOM

OÙ BRUNCHER ?

En semaine ou le week-end, rien de plus délicieux que de prendre son temps et se régaler d'un brunch. Le Petit Futé a sélectionné quelques adresses incontournables où vous pourrez vous laisser tenter et profiter de ces délices.

Bam Bam Café : samedi, à la carte, environ 17 €. Le plaisir d'un brunch qui s'adapte à (presque) toutes les habitudes alimentaires. Pain et jus de fruit frais, velouté ou salade, scones ou assiette composée de pancakes, d'œuf au plat, bacon ou légumes rôtis. Délicieux !

Epicureus : dimanche, 25 €. Un bon brunch végétarien dont le menu change chaque semaine. La cuisine est locale, saine et créative. On découvre des associations de saveurs originales pour une douce parenthèse culinaire.

Handy : du mercredi au dimanche, 21 €. Joli repère pour les mordues de brunch. Boisson fraîche et chaude, pancakes, oeuf bénédicte, légumes et pommes de terre. De bons produits de saison, bien sourcés pour mieux se régaler.

Le Trèfle : samedi, 21 €. On choisit entre la formule ou les gaufres à la carte. La formule inclut un jus d'orange pressé, un Kashmiri Chaï signature, une pâtisserie au choix, une tartine et un Karaï. Un régal !

Little Britain Café : samedi et dimanche, 22 €. Au programme pour ce brunch 100 % british avec une belle vue : thé ou café à volonté, jus de fruits frais, délicieuse assiette salée et trio de gourmandises maison.

Maison Grimaud : dimanche, de 18,90 € à 24,90€. Des assiettes colorées et appétissantes entre sucré, salé ou les deux. On finit avec l'incontournable chou qui fait la fierté de la maison.

Melbourne Coffee : tous les jours, à la carte, environ 18 €. À nous le brunch Australien à composer au gré de nos envies : gaufres, grilled toast, egg muffin, pancake ou scones…

Oh Kfée d'MJ : Dernier dimanche du mois, 26 €. Un brunch 100% vegan composé d'un jus, d'une boisson chaude, d'une assiette salée et d'une assiette sucrée.

Painbar : samedi, 20 €. Un bon brunch boulanger accessible avec des produits de qualité, bio et de saison.

Rosemary : samedi et dimanche, 28 €. Ce brunch inclut viennoiserie, boisson chaude et froide, granola ou fromage, un plat salé et une des délicieuses pâtisseries qui nous fait saliver en vitrine.

ALSACE

L'ALSACIEN NANTES

15, allée du Commandant Charcot
✆ 02 40 37 73 54

Ouvert du mardi au dimanche le midi et le soir. Flamme à partir de 9,90€. Formule du midi : 15,90 €.

Envie d'une spécialité alsacienne ? Nostalgique des cigognes et des vins alsaciens ? Rendez-vous près de la gare Nord à L'Alsacien. Les fameuses flammekueches (les flammes) se déclinent aussi bien en version salée que sucrée. Goûtez la traditionnelle à base de crème fraîche, oignons, lardons fumés, le tout sur une pâte fine et croustillante ! La Gratinée, celle au munster, la végétarienne ou végan ou à la choucroute ! Les flammes, c'est comme le bonheur : ça se partage, tout comme les planches et les assiettes.... Version sucrée, la flamme se retrouve en cassonade, cannelle, chocolat, Grand Marnier. Bien sûr, les bons vins d'Alsace, bières artisanales, rajoutent à la convivialité du lieu.

CRÊPERIE

BARAPOM BON PASTEUR

4, Place du Bon Pasteur
✆ 02 40 35 69 49
www.barapom.com

Le lundi 9h-18h. Du mardi au samedi de 9h à 19h30. Crêpe à partir de 1,50 €. Galette à partir de 3 €.

© BARAPOM CREPERIE NANTES

Et de 2 à Nantes, en plus de l'adresse quartier Bouffay. Le concept des galettes et des crêpes en cornets a déjà ses adeptes. Sur place ou à emporter, venez par exemple déguster la Nantaise, une galette au curé nantais, bacon, pousses d'épinard et oignons caramélisés, suivie d'une crêpe au caramel à la fleur de sel de Guérande, le tout accompagné d'un cidre ou d'un jus de pomme comme le nom du lieu l'indique. Toute l'équipe est aux petits soins et vous réserve un accueil chaleureux et un service efficace tout au long de la journée. Ici les produits sont de qualité, circuits courts et producteurs locaux. Passez donc y faire un tour pour ravir vos papilles.

CRÊPERIE

BARAPOM CREPERIE BOUFFAY

17, rue de la juiverie ✆ 02 40 75 96 42 - www.barapom.com

Du mardi au jeudi midi et soir ; le ven et le sam 11h-22h30 ; le dim 11h-19h. Galettes Nantaises : 9,50 €.

© BARAPOM NANTES

Une soudaine envie de crêpes et de galettes au cœur du quartier Bouffay ? Rendez-vous au sein du quartier historique de Nantes. Le concept innovant du Barapom, c'est celui de déguster des crêpes et des galettes sans couverts, en cornets et à emporter ! Idéal quand il fait beau ! Vous pouvez aussi vous installer sur place, quand le temps est un peu plus capricieux. Le soin apporté à la cuisine reste le même, et les crêpes/galettes sont servies aussi sous forme de cornet. Leur composition sont généreuses, croustillantes, savoureuses. Laissez-vous tenter par les galettes nantaises comme la Galette des copains ou Le Retour de mer. Le service est dynamique, souriant, mais surtout en continu.

CRÊPERIE

CRÊPERIE SAINTE-CROIX

11, rue Sainte-Croix
✆ 02 51 72 16 12

Du lun au ven midi et soir, samedi en continu 12h-22h15 ; dimanche 12h-22h. Enfant 11 €. Formule midi 13 €.

La crêperie Sainte-Croix est la plus vieille de Nantes ! Nouveaux propriétaires, nouvelle déco sur les 3 salles : saveurs bretonnes authentiques préservées ! On vient ici partager les bonnes galettes au blé noir (bio) avec les roulés de sarrasin pour l'apéro. On se délecte des galettes traditionnelles, complètes et super complètes avec l'équipe souriante de Stan ! Les sucrées-salées (boudin noir aux pommes, confits d'oignons) côtoient les spécialités, les galettes de Sainte-Croix (Curé nantais, Saint-Jacques) ou végé. Des crêpes de froment : la beurre sucre, chocolat noir, les spéciales, les flambées. L'accord mets-cidres sublime les saveurs et le service est en continu le week-end !

CRÊPERIE

AU VIEUX QUIMPER

10, rue de la Bâclerie ✆ 02 40 35 63 99
https://auvieuxquimpernantes.fr

Ouvert toute l'année. Tous les jours le midi et le soir. Menu enfant : 8,50 €. Formule du midi : 12,70 €. Terrasse.

La rue de la Bâclerie dans le Bouffay ressemble furieusement au vieux centre quimpérois et cette crêperie installée dans une bâtisse du XVe siècle, sait distiller le mal du pays à toutes les *Borleden* (jeunes filles de Quimper) égarées à Nantes. La carte est riche en spécialités du terroir : la Nantaise (curé nantais et bacon), la Champêtre (andouille ou saucisse), la Savoyarde (fromage à raclette et jambon Serrano)... Côté desserts, on appréciera la crêpe au chocolat blanc, celle aux pommes arrosées de chouchen, les flambées, mais surtout les fameuses crêpes dentelle, délices de Fouesnant, de Quimper ou des Antilles selon les parfums des glaces qui les accompagnent... Un lieu authentique !

CRÊPERIE

CRÊPERIE LA GAVOTTE

25, rue Voltaire
✆ 02 40 69 15 52
http://creperie-lagavotte.com/

Ouvert du mardi au samedi midi et soir. À partir de 19h. Menu unique à 13,50 € (boisson comprise) ou à la carte.

© LA GAVOTTE NANTES

30 ans déjà en 2023 que la Gavotte nous régale. on se délecte au sein de cette crêperie. 2 salles, une déco authentique 100 % bretonnante ! Wilfried, le chef crêpier, travaille les produits de saison du terroir breton et produit son cidre, ses confitures, son caramel au beurre salé, son chocolat noir maison ! Les galettes de blé noir sont gourmandes ! Goûtez aux spécialités de la terre : la Charcutière, les Marines : la Nantaise (Saint-Jacques, muscadet, poireaux), les Fromagères. On poursuit avec les crêpes de froment : la François II (pommes, caramel), la Anne de Bretagne (frangipane), l'aLUciNANTES (p'tit Lu, caramel, glace sablé breton). C'est sûr, on se régale à La Gavotte !

CRÊPERIE

CRÊPERIE DE BROCÉLIANDE

3, rue de Guérande
✆ 02 40 89 04 03
www.lestablesdenantes.fr

Ouvert du mardi au samedi le midi et le soir. Galettes gourmandes de 10,90 € à 15,50 €.

Cette crêperie est réputée à Nantes pour la saveur de ses crêpes et de ses galettes de fabrication artisanale, celles-ci profitent du savoir-faire d'une vraie crêpière qui sait que la qualité de la pâte est primordiale. Ses secrets : une farine de blé noir 100 % bretonne, des produits frais cultivés localement par de petits producteurs, des recettes entièrement faites maison et préparées au fur et à mesure. La carte décline avec créativité une large sélection de galettes aux noms sont évocateurs : Florentine, Galiflette, Bigoudène… Les crêpes de froment ne déçoivent pas avec un choix incroyablement fourni et quelques créations spéciales à découvrir sans attendre.

CRÊPERIE

CREPIZZ NANTES

11, allée de la Maison Rouge ✆ 02 85 67 08 30
https://crepizz-nantes.fr

Du mardi au samedi midi et soir. Formules à 12 €,14 €,16 € le midi semaine. Carte. Lieu privatisable

Bienvenue dans ce nouveau concept nommé Crepizz ouvert en décembre 2022 non loin de la gare, voisin du théâtre le TNT. Crepizz, c'est la rencontre insolite entre la Bretagne et l'Italie, un mariage subtil entre la galette de sarrasin et la pizza. L'expérience débute dès l'arrivée avec vue sur la cuisine ouverte et sur les billigs. Christophe y revisite les galettes. Dégustez la Crepizz saucisse, végé ou encore la crepizz taquine ! Goûtez aussi les pokés breizh à base de graines de sarrasin. Encore des surprises : ici même les bols se dégustent en dessert ! Privatisation de la salle possible : dépaysement, belle déco et chaleur garantis. L'accueil de l'équipe est la cerise sur la Crepizz.

CRÊPERIE

LE COMPTOIR DE JULES

90, boulevard Jules verne
✆ 02 40 49 15 49

Ouvert du lundi au samedi midi de 12h à 14h et du jeudi au samedi soir de 19h à 21h. Formule midi : 9,90 €/14,50 €/16,20 €.

Au Comptoir de Jules, on prend place dans une jolie salle cosy aux couleurs rose et gris perle. Côté assiette, on choisit sur la carte entre les propositions de galettes et de crêpes. Celles-ci sont déclinées en trois catégories : Au fil des saisons, les incontournables et les basiques. On craque pour la Flamiche avec sa fondue de poireau et ses lardons crémés ou la Botanique et son aumônière à l'écrasé d'artichauts et olives vertes et velouté de tomates confites. Côté sucré, la Brésilienne à la crème de café maison nous interpelle mais aussi la Régalade avec panna cotta à l'abricot, coulis de cerise et émiettés de spéculoos. Gourmandes et savoureuses, elles se dégustent avec plaisir.

NEW

CRÊPERIE

CREPERIE CHEZ LES DUCS

17, rue des etats ✆ 02 28 49 99 98
www.creperie-chez-les-ducs-nantes.fr
7j/7, de 10h à 23h en continu. Menu enfant : 10,50 €. Galettes spéciales de 11,90 € à 14,50 €

Envie d'une bonne crêpe bretonne ou galette traditionnelle avec une vue imprenable sur le château des ducs de Bretagne ? Courez Chez les Ducs ! Situé face au pont-levis et du château des Ducs, vous serez conquis par l'accueil charmant de cette crêperie ! L'équipe maîtrise aussi bien l'art du billig que de la limonade ou autres spécialités bretonnes. L'établissement fait également bar, café et glacier avec des propositions tout au long de la journée grâce au service en continu ! La carte satisfera toute la tablée avec des belles galettes croustillantes comme La Pays de Retz à base de Curé nantais, œuf, confit d'oignons et pommes de terre. Chez les Ducs, on est tous les bienvenus !

NEW

CRÊPERIE

CREPERIE LA GRUE JAUNE

16, mail des Chantiers ✆ 02 51 82 61 89
https://www.lagruejaune.com/
Ouvert du mardi au samedi de 10h à 19h ; le dimanche de 14h à 18h30.

Cédric Blondeel, photographe renommé est à la tête de ce café-boutique-crêperie qui met à l'honneur la grue jaune, emblématique « Tour Eiffel » de la ville. Y compris dans les assiettes ! La carte des grutiers a de quoi ravir les bons mangeurs. À l'instar des galettes, dont l'excellente Andouille de Guémené, pommes cuites, curé nantais, fromage local aussi célèbre que la grue. Côté crêpe, on craque pour la banane, chocolat, noisettes pralinées. On la déguste accompagnée d'un bon cidre bio ou d'une bière artisanale : Grue Jaune pour la blonde, Grue Grise pour la blanche ou Noire pour la brune. La carte des vins propose du muscadet « grue jaune », softs, apéritifs, digestifs et boissons chaudes.

CRÊPERIE

CRÊPERIE APRÈS LA PLUIE

16, rue de la Juiverie ✆ 02 40 89 16 04
Du mar au sam le midi ; le dim midi. Menu midi 10,90 €/12,90 €/17 €. Galettes dès 2,90 €. Crêpes à partir de 2,70 €.

Cette petite crêperie a pris un parti créatif et contemporain. Une décoration acidulée et une carte imaginative avec ses menus aux noms de nuages et ses galettes de blé noir déclinées sur le thème des intempéries ! La Nuageuse vous invite à déguster du saumon au massalé avec fondue de poireaux et pommes de terre, l'Ensoleillée avec saucisses au muscadet et champignons, ou encore l'Arc-en-ciel, végétarienne avec courgettes, poireaux et tomates. On peut aussi se laisser tenter par les roulés froids de galettes comme le diluvien avec poulet, crème d'avocat, tomates et salade. Côté dessert, on craque pour la chiffonnade de crêpes aux fruits frais poêlés ou le cheese crêpe à la crème de citron.

CRÊPERIE

NEW

CREPERIE CHEZ CANNELLE

4, Rue Emile Masson ✆ 02 40 20 42 27 - https://chezcannelle.fr/
Ouvert du lundi au samedi midi ; du jeudi au samedi soir. Lieu privatisable pour les entreprises, groupes bienvenus.

© CHEZ CANNELLE CREPERIE

© CHEZ CANNELLE CREPERIE

Découvrez chez Cannelle à deux pas de la rue Fouré ! Crêperie gourmande, mais aussi bar et glacier, avec à son bord Christelle et Manon. À la carte, goûtez les galettes incontournables avec la Bergère, déclinée au miel, pommes ou oignons, ou bien sûr la Nantaise avec du Curé nantais. Les recettes sont toutes savoureuses, les produits frais et de saison, et la présentation des galettes est alléchante. Le midi, en semaine, une formule efficace satisfera les plus pressés à prix tout doux. Côté sucré, on savoure les crêpes de froment avec l'incontournable beurre sucre ou la chocolat et poire à la cannelle : une des signatures ! Le bonheur est ici dans la cité des Ducs et des congrès.

CRÊPERIE

NEW

CHEZ MAMIE NÉNETTE

4, rue de la Juiverie ✆ 02 28 49 74 32

Du jeudi au lundi midi et soir (fermé mardi et mercredi) €. Terrasse. Formule 12,50 €.

© CHEZ MAMIE NENETTE

© CHEZ MAMIE NENETTE

Quel plaisir de venir s'attabler chez mamie, mais pas n'importe laquelle, on est chez Mamie Nenette ! C'est le nom de la grand-mère de Jeremy. À nous les belles galettes et crêpes bretonnes préparées par Axelle et l'accueil chaleureux de Marianna ! Les tons doux du cadre associés aux suspensions tamisées confèrent à cette crêperie une ambiance paisible. Les recettes originales à base de produits frais et locaux s'invitent au menu : côté galettes, la Grand Champs ou bien la Ninouche ou encore la Lulu la Nantaise. Côté crêpe, coup de cœur pour la Nénette avec crème de marron, caramel au beurre salé et autres douceurs. Et l'incontournable crêpe chocolat Valrhona maison. Un régal ! Belle terrasse !

CRÊPERIE

LA CREPERIE DU MARCHÉ

4, place de l'église - **SAUTRON** ✆ 02 40 94 88 14
www.creperie-marche.fr

Du mercredi au dimanche le midi ; le mercredi, le vendredi et le samedi le soir. Formule midi : 12,90 €.

Superbe pause gourmande que cette traditionnelle crêperie située sur la place de l'Église à Sautron ! Non seulement l'accueil est charmant mais on vient se régaler avec de qualitatives galettes de sarrasin et de crêpes bretonnes traditionnelles ! On peut choisir de composer sa galette, d'opter pour une spécialité maison comme la galette à l'andouille de Guémené, choisir une galette gourmande (Végétarienne chèvre, Robiquette…) ou alors savourer la suggestion hebdomadaire du chef ! Comme la galette Rougail Saucisses ou la Popeye. Les gourmands clôtureront la dégustation avec une belle crêpe dessert. Coup de cœur évident pour la chocolat maison ou pourquoi pas pour la Maya l'abeille au miel.

À EMPORTER

KRAMPOUEZH NAONED

4, rue de l'Hermitage
✆ 06 88 80 61 86 - Quartier Chantenay.

Ouvert du lundi au vendredi 11h30-14h30 et 17h-19h30. Formule Duo 4,50 €. Trio 10 € ou 13 €. Sur place ou à emporter.

Bruno nous accueille au pied de la butte Sainte-Anne dans sa crêperie. La carte est simple mais succulente de crêpes et galettes réalisées sous nos yeux. Au choix : 3 menus. Deux formules Trio : une galette complète ou une big complète, une crêpe et une boisson. Un menu Duo : sympa pour une pause goûter avec une crêpe et une boisson. On compose soi-même ses recettes avec, pour les plus gros appétits, la possibilité d'opter pour la composition Big Breizh : tout en double ! Tomates, œufs, fromage, saucisse grillée, saumon, andouille ou encore oignons. On peut ajouter un supplément pour les amandes, noisettes, miel. Côté sucré, laissez-vous tenter par une crêpe salidou ou chocolat maison.

CRÊPERIE

LE MILAN ET LE ROSSIGNOL

2, rue Gretry ✆ 02 40 06 91 64

Ouvert le lundi midi ; du mardi au vendredi le midi et le soir ; le samedi de 12h à 22h30. Formule du midi : 13 €.

« Ventre affamé n'a point d'oreilles », cette morale est tirée de la fable de La Fontaine, *Le Milan et le Rossignol*. C'est aussi le nom de la crêperie de la rue Grétry. Une terrasse, de belles salles intérieures avec un coin salon canapé dans lequel on s'affale pour une gourmandise bretonne. Julien le crêpier maîtrise les galettes à la mode finistérienne. Des crêpes de blé noir à la farine de sarrasin. Fines, craquantes et dentelées. Carte courte, car produits frais. Des classiques : saucisse, jambon, œuf, fromage. Aux originaux : Niagara et sa truite fumée des Pyrénées ou Jeanette avec son chorizo ibérique. Côté sucré, la beurre sucre reste incontournable et la pâte à tartiner est maison.

CRÊPERIE

BOITBRÜTT ET KRÊPTAR

15, Rue bon secours
✆ 02 51 72 35 48
Du mardi au samedi de 19h à 1h30.

Une envie tardive de bonnes et vraies galettes bretonnes ? Oui mais il se fait tard ! « Viens donc partager une galette pour l'apéro ! » C'est un peu le credo de cette belle adresse sur l'île Feydeau. La bonne idée d'Aurélie (Roro) et Raphaël (Raph), c'est de nous régaler quand les autres restaurants commencent à fermer ! Avant ou après un spectacle (ciné, théâtre, Cité des congrès), direction Boitbrütt et Krêptar ! Le service est assuré jusqu'à 1h30. Composez vos galettes ou choisissez parmi les spéciales aux noms loufoques : Bonne du village, Vous avez une Végé ?, La Super Mario, Je suis un saumon. Elles sont toutes délicieuses !

CRÊPERIE

LA REINE BLANCHE

13, quai Marcel-Boissard - **REZÉ** ✆ 02 40 75 84 40 - Navibus Gare maritime - Trentemoult. - www.lareineblanche.com
7j/7 midi et soir. En continu en juillet-août (mer-dim). Galettes/crêpes 3,30 € à 16,20 €. Burgers 14,50 € à 18,50 €.

Outre son emplacement idéal au cœur du pittoresque village de Trentemoult, face à la Loire, la Reine blanche, c'est avant tout une crêperie proposant crêpes et galettes bien sûr, mais aussi salades et burgers (viande française), avec des garnitures élaborées à partir de produits frais. Coté galettes, des classiques, des complètes ou des spécialités de la mer, de la terre, des fromagères et des végétariennes ! Coté crêpes (froment) on aime les traditionnelles beurre sucre, mais aussi les fruitées, les flambées et les gourmandes (dont la fameuse Reine blanche !). Et la Reine blanche, c'est aussi un clin d'œil au film de Jean-Loup Hubert avec Catherine Deneuve, tourné en partie à Trentemoult.

BISTROT - BRASSERIE

CRÊPERIE LA GOURMANDISE

1, rue Henri-Mainguet - 44230 Saint-Sébastien-sur-Loire (France)
✆ 02 28 21 99 73 - www.creperie-la-gourmandise.fr
creperielagourmandise@orange.fr
Fermé le dimanche, lundi et jeudi soir. Ouvert du mardi au samedi le midi ; le mardi, le mercredi, le vendredi et le samedi le soir.

Des plus classiques aux plus originales, comme la Gavroche (champignons, échalotes, crème fraîche, œufs, chèvre) ou la Carachoc (caramel à la fleur de sel de Guérande, chocolat, glace caramel, chantilly), la crêpe pommes cuites beurre salé, La Gourmandise est l'adresse qu'il vous faut, à la fois conviviale et chaleureuse. Les plats sont réalisés à base de produits de haute qualité. Les galettes, crêpes sont croustillantes et moelleuses. Cette crêperie restaurant propose aussi quelques plats (assiette de saumon fumé, émincé de blanc de poulet champignons, crème, belle sélection de salades). La formule du midi est alléchante, d'un bon rapport qualité/prix. On en sort repu de gourmandises !

CRÊPERIE

LE LOUP LE RENARD ET LA GALETTE

19, rue de la Juiverie ✆ 02 40 47 12 71
Ouvert du lundi au samedi le midi et le soir du lundi au vendredi. Formule du midi 13,50 €. Pas de réservation.

© LE LOUP LE RENARD ET LA GALETTE NANTES

© LE LOUP LE RENARD ET LA GALETTE NANTES

Si vous nous demandez quelle est l'une des meilleures crêperie de Nantes, nombreux sont ceux qui répondront Le Loup, le Renard et la Galette ! Ce sont les clients fidèles qui le disent ! Ici les recettes de crêpes et de galettes sont originales, ça change des traditionnelles beurre-sucre ! Régalez-vous avec la Brocéliande, la Fat West, la Crazy Avocado. Créatives, les assiettes sont vraiment généreuses, aux saveurs détonnantes. Les gourmands en redemandent ! Le service est agréable et efficace. Et c'est un plaisir d'échanger avec les souriants patrons. Sachez que l'équipe ne prend pas de réservation ! La crêperie est souvent prise d'assaut. N'hésitez donc pas à anticiper votre venue !

VÉGÉTARIEN

LE BROCELIANDE

40, rue Préfet-Bonnefoy ✆ 02 40 74 25 51
Chronobus C1 arrêt Saint-Clément. - www.lebroceliande.com
Du lundi au mercredi 11h-00h ; du jeudi au samedi 11h-2h ; dimanche 18h-00h. Midi, 21 € à 25€. Soir, tapas 6 € à 11€.

À Brocéliande, Loïc et Véronique nous accueillent dans un décor rustique avec une cuisine entièrement faite maison. Avec une prédominance pour les produits bio et une majorité de plats végétariens à la carte. Au choix, le midi, une brasserie gastronomique : potimarron rôti, houmous de betterave, houmous de chèvre, sauce verte, pois chiches, moules à l'escabèche... Le soir, il y a bien sûr les tapas à partager et les planches gourmandes fromages, charcuteries, mixtes. Elles se dégustent autour de bons vins naturels et de bonnes bières artisanales. Avec une belle ardoise et une belle convivialité. On a plaisir à revenir ! Il est possible de réserver pour des groupes (+ de 12 personnes).

VÉGAN

CURIEUX COFFEE SHOP

3, allée Jean-Bart
Tramway, arrêt Commerce.
Du mardi au samedi 9h-18h. Cake sucré, salé 3,50 €. Boissons chaudes et fraîches dès 1,80 €. Vente à emporter.

Sur les 50-Otages, le Café Curieux est un coffee shop, havre de créativité et de qualité. Tata Claire, Angele prodiguent le 100 % home made. Des cakes salés et sucrés vegans changent quotidiennement. Un délice ces cookies décadents au beurre de cacahuètes, pépites chocolat noir, ou l'hebdo, biscuit chocolat et sarrasin, fleur de sel ! Les sablés aux noisettes sont à tomber ! Ces créations veganes gourmandes, s'accompagnent d'une belle proposition de boissons « curieuses » (Butterfly latte, Dirty Chaï, London's Fog). Et bien sûr les basiques avec l'espresso pure origine de Cime, le Chaï latte maison, le mocha... Accueil chaleureux et décalé de passionnées : à découvrir absolument !

VÉGÉTARIEN

LA CACHETTE

2, rue du Refuge
✆ 02 40 47 42 91
Du mercredi au samedi soir, du jeudi au samedi midi : 15,80 €/20,80 €. Le soir, menu : 25 €.

Ça ne s'invente pas, le restaurant la Cachette est à débusquer rue du Refuge. Ça vaut le coup de sortir sa boussole pour faire une étape saine et gourmande chez Valérie et Joël. Menu à l'ardoise composé d'une entrée, plat et d'un dessert à choisir parmi 6 propositions dont 3 végés. Dans l'assiette, c'est bon, frais, savoureux grâce à Joël qui officie en cuisine. Quiche au Curé nantais ou velouté de butternut en entrée, steak végétarien de lentilles corail, filet de cabillaud sauce verveine citronnée ou quenelles de légumes. Pour la touche sucrée, un duo de mousse chocolat blanc et noir, un riz au lait sauce caramel, une charlotte fraises-framboises ou une crème catalane rhum vanille, olé !

VÉGÉTARIEN

L'ÉPICERIE ÉQUITABLE

12, allée de la Bouscarle de Cetti
✆ 02 28 49 71 92 - Gare Sud
http://nantes.epicerie-equitable.com
Ouvert lundi au samedi de 10h à 19h30. Site marchand en ligne.

À cette belle adresse, la souriante Chloé nous accueille au sein de son épicerie équitable, militante et rayonnante ! On fait le plein de fruits et légumes de saison, de légumineuses, riz, lentilles, sarrasin, céréales, muesli, de produits d'entretien. À nous aussi les soupes, moutardes, sauces cuisinées en bocaux, épices, thés, tisanes, les fromages et un peu de crèmerie. Le lieu de restauration propose le midi un menu et carte courte avec le sandwich du jour, une salade ou la soupe du jour ! On déguste cette cuisine sur place ou à emporter. Enfin ce comptoir est aussi « en ligne », on peut commander et venir chercher ses achats pour gagner du temps sur www.epicerie-equitable.com.

VÉGÉTARIEN

CHACHA RESTAURANT

9, rue de la Blèterie ✆ 09 83 88 83 53
http://chacharestaurant.fr
Du mercredi au samedi, midi et soir. Tapas midi et soir. Brunch 1 dimanche par mois : 22 €. Privatisation possible.

Le Chacha, c'est l'aventure gourmande de Séverine. Elle propose une cuisine végétale raffinée, de saison et à base de produit locaux. Un grand bar, deux jolies salles ainsi que des banquettes colorées pour un univers charmant. À l'ardoise, on retrouve des tapas et plats végétariens ou végétaliens ainsi que sans gluten. On démarre notre mise en bouche avec un tatziki végétal pour continuer avec une moussaka (haché végétal, faux mage crémeux de graines de lupin et tournesol). Pour clôturer, on savoure une tarte fraise et rhubarbe. Côté boisson : softs, vins éthiques, bières artisanales ou cocktails. L'accueil est chaleureux et la terrasse extérieure nous ravit lors des beaux jours.

VÉGAN

L'ÉTHIQUÊTE RESTAURANT

14, rue Armand Brossard ✆ 02 40 48 20 02
www.ethiquete.fr
Du lundi au vendredi 12h-14h30. Samedi 12h-15h. Après-midi ou soirées ateliers. A emporter ou à livrer via Naofood.

Le restaurant vegan de Claire et de son équipe est une ode au bien manger. On se régale en privilégiant le respect des fournisseurs, le manger local, le fait-maison, en sachant lire une étiquette : avec éthique et quête de sens. De belles assiettes solidaires et respectueuses de la planète. Nos hôtes partagent avec passion leur cuisine savoureuse et végétale avec des bowls complets, colorés. Leur tofish & chips équivalant du « fish and chips » version tofu ainsi que les burgers vegan aux lentilles. Des desserts gourmands : gâteau aux amandes avec coulis de groseilles, moelleux au chocolat ou maxi cookie choco noisettes. Pour accompagner le tout : kéfirs, boissons pétillantes, vins bio.

NEW
TRAITEUR
MELI MELO - TRAITEUR

4, boulevard Paul Henri Spaak
✆ 02 40 05 29 93
Ouvert du lun au ven de 8h30-12h30 & 13h15-17h15. Menu 11 €/14 €. Réservation obligatoire sur le site Internet.

Méli Mélo est l'un des ateliers proposés par l'association « Oser Forêt Vivante ». L'objectif de celle-ci est de faciliter l'insertion professionnelle de personnes en difficultés sociales et professionnelles. C'est ainsi qu'avec Méli Mélo, 14 salariés occupent le poste d'aide de cuisine afin de nous régaler. On découvre donc avec merveille leurs offres. Traiteur végétarien, menus à emporter ou restauration événementielle. Côté traiteur, l'atelier confectionne des préparations culinaires sur base végétale. Autant pour les particuliers que pour les professionnels, on a l'embarras du choix : Petits déjeuners, collations, buffets, cocktails, plateaux repas ou goûters ! À vos fourchettes !

NEW
VÉGAN
TERRAVEGA RESTAURANT

22, rue Baron
✆ 06 08 68 60 72
www.terravega.fr/
Ouvert du mardi au samedi de 10h à 17h. Bocal à partir de 7,50 €.

« Un bocal végétal ? Goûtez ! C'est un régal ! », c'est la devise de Myriam, Sylvie, sœurs à la ville et gérantes de ce joli restaurant de produits bio, végétaliens et sans gluten qui met à l'honneur les aliments crus. Une cuisine créative et étonnante dans les terrines avec l'excellent tartare d'algues, la Paulinette (rillette végétale) ou le Fogra… TerraVega, épicerie vegan, est devenu restaurant avec une cuisine saine et raffinée : soupe crue chaude épinards, céleri et topping de graines, hachis crumentier, ou encore bûchette de Fogra sur pain sans gluten. Ainsi, des cours de « crusine » sont proposés au restaurant. Et des plats ou desserts en journée sur place ou à emporter !

VÉGAN
OH K-FÉE D'MJ VEGETARIEN

2, rue du roi Albert ✆ 09 88 43 11 17 - Bus 11, 12, 346, 360, C1 et C6, arrêt Foch-Cathédrale (2 min à pied).
Service en continu, du lundi au dimanche. Plat du jour : 13 €. Sur place ou à emporter.

Depuis février 2020, derrière ce drôle de nom se cache une fée bienveillante, Morgane Jobelin, qui vous propose le café mais pas que ! Ici vous pouvez petit-déjeuner dès potron minet, déjeuner à la pause midi, ou bien encore goûter à l'heure du thé. Derrière la vitrine joliment fleurie, se trouve un lieu cosy où la nature n'est jamais très loin… Après avoir œuvré 6 ans à son projet, cette jeune trentenaire a réussi sa reconversion. Allez déguster sa cuisine végétarienne de saison, « fée » maison à base de produits locaux et/ou bio. Du velouté à la tarte en passant par le plat du jour, tout est délicieusement gourmand… sans oublier la farandole de douceurs et les boissons originales !

NEW
VIRGINIE'S CAFE

6, Rue de Saverne
✆ 06 24 20 43 05
https://virginies.net
Ouvert du lundi au jeudi 9h à 17h (sur réservation le vendredi). Plat 11 €, menu complet 13,90 €.

Virginie est toujours derrière les fourneaux : quatre jours par semaine au restaurant, elle assure en plus le vendredi un service traiteur. Ici, tout est fait maison, en circuit court et en bio. Formée à la naturopathie et au yoga, Virginie est sensible à l'équilibre des saveurs et accompagne les intolérances alimentaires. Elle vous propose une cuisine essentiellement végétale avec toutefois, une fois par semaine, de la viande ou du poisson. La cuisine, c'est son premier métier qu'elle exerce depuis plus de 20 ans. L'ardoise change tous les jours. Le jeudi soir, un repas unique avec accords mets-vins vous est proposé, tout en saveurs. Virginie est soucieuse en cuisine, de votre bien-être !

VÉGÉTARIEN
SEPIA RESTAURANT

1, bis quai de Turenne ✆ 02 51 82 71 59
www.sepia-restaurant.fr
Midi du mercredi au vendredi, formules midi 25 €. Soir du mercredi au samedi, 54 € 4 temps ou 6 temps. 72 € carte

Bien connu des Nantais, Sepia est tenu par la cheffe Lucie Berthier, ex-candidate Top Chef. La carte évolue au fil des saisons et valorise des produits frais, locaux et majoritairement bio, dans une démarche écoresponsable. Sur chacune de ses séquences, on a le choix entre la version animale ou végétale. Ce restaurant est une vraie alternative aux gourmands qui veulent vivre une découverte culinaire haut de gamme et végétale. On file se délecter de ravioles châtaignes-tonka et girolles en pickles puis d'artichaut avec crème crue, bergamote, gel citron/œufs de truite au mirin ou condiment végétal pour terminer par une crème double muscovado et truffe, halva, macadamia et amlou. Un délice !

VÉGÉTARIEN
YAFEL

83, Rue Maréchal Joffre ✆ 02 55 10 47 59
www.yafel.fr
Du lundi au samedi de 12h à 14h30 et de 18h30 à 22h. Le dimanche de 18h30 à 22h. Pita seule : 6,50 €. Formule : 11 €.

Agréable établissement lumineux, Yafel est dédié aux falafels. Nolan et Gildas font rimer street-food et qualité. Le falafel, c'est une boulette de pois chiche bio savoureuse servie en salade ou en pita (pain rond) et accompagnée de frites de patates douces si vous le souhaitez ainsi que de sauces (houmous maison, guacamole, tzatziki, sauce blanche maison…). Parmi les plats : le traditionnel Yafel (falafel, houmous, mâche, tomate, oignon rouge, chou rouge…), ou le Ciao Tutti (falafel, pesto, aubergine grillée, parmesan…). On termine avec un dessert gourmand : fromage blanc et son coulis de fruits rouges, ou fromage blanc et son muesli granola nappé de caramel au beurre salé.

BIO

RESTAURANT BON

19, avenue du Marché Commun
✆ 02 52 59 58 46
Ouvert du lundi au vendredi de 11h30 à 14h. Plat du jour : 11,90 €, formule 14,90 €/17,90 €. Café, thé 1,50 €

Raphaël Cacheux se rêvait musicien, le voici depuis 2018 derrière la batterie de cuisine de ce restaurant de 150 couverts niché au sein de la biocoop Les Hameaux Bio, à l'est de Nantes. Le menu changeant chaque jour, ce chef cuisinier trouve son inspiration dans les étals du magasin arborant des produits de saison de producteurs bio locaux. On peut ainsi savourer 1 plat carné ou 3 offres végétales comme un poulet tandoori, un trio de riz thaï façon pilaf, une poêlée de patates douces ou encore un dal aux deux lentilles et lait de coco. On prend plaisir à déguster un délicieux repas respectueux de la planète et de notre santé. Il porte bien son nom ce restaurant BON, Bio, Original et Naturel.

BIO

BIOBURGER ÎLE DE NANTES

5, boulevard Léon Bureau
✆ 02 28 49 65 33
Ouvert 7j/7 de 11h30 à 22h30. Burger de 7,50 € à 11,50 €. Menu de 11,40 € à 15,40 €. Terrasse. Vente à emporter.

© BIO BURGER NANTES

Envie d'un burger avec des produits frais dans une démarche écoresponsable ? Ici vous êtes au bon endroit. Faites votre choix parmi 10 burgers à base de steak de bœuf ou de galette veggie que vous pouvez prendre en menu avec frites ou coleslaw et une boisson faite maison. On aime tout particulièrement le burger l'Halloumi ou le Provençal qui ravissent les papilles. Bien sûr les emballages sont compostables. Bioburger le fast food 100 % bio spécialisé dans le burger gourmet pour carnivores et végétariens qui relie directement les éleveurs et producteurs de l'agriculture biologique aux consommateurs ou comment manger sur le pouce, sain et bon à la fois ! Situé en face de l'Éléphant de Nantes.

NEW BIO

POPY HOT DOGS

7, Rue du Bon Secours
Ouvert le mardi de 12h à 14h, mercredi-jeudi de 12h à 14h et de 19h à 23h, vendredi-samedi de 12h à 14h et de 19h à 1h30

Popy est un restaurant de street food de hot-dogs bio et locaux. Lucie Berthier Gembara, gérante du restaurant Sepia, situé à deux pas, au village Feydeau, a participé à l'émission *Top Chef*. Sa carte, accessible, propose différents hot-dogs, du « classic » au « Chicago Style » en passant par le « Vegas ». Avec leurs saucisses 100 % française, ils sont accompagnés de sauces succulentes et de pommes de terre nouvelles. Le Coachella, plat végé, est composé de pain à la farine bio de la maison Arlot Cheng, située sur l'Île de Nantes. L'ensemble est gourmand et revisite les hot-dogs à l'américaine. Lucie a d'ailleurs fait un séjour aux États-Unis en 2011. À déguster sur place ou à emporter.

GUINGUETTE

STATION NUAGE

Île Forget, Boulevard des Pas Enchantés
SAINT-SÉBASTIEN-SUR-LOIRE - https://station-nuage.fr/
Juillet-août, tous les jours de 12h à 23h. Avril, mai et sept-oct, le vendredi 17h-23h, le samedi et le dimanche 12h-23h

Voici une guinguette engagée et dynamique ! Située sur l'île Forget, le long du boulevard des Pas-Enchantés, elle a été lancée en 2020 et a su s'implanter dans le cœur des Nantais. Elle est devenue œuvre permanente et prend ses quartiers traditionnellement d'avril jusqu'à début octobre. Soutenu par le Voyage à Nantes et Nantes métropole, le lieu privilégie les circuits courts. Les contenants, assiettes, couverts sont compostables ou recyclables. Mais la majorité des plats se mangent à la main. À la carte, moules-frites, baos (des pains mi-cuits) mais aussi de bonnes planches apéro et des animations avec le festival Parc O Tyson ou la présence de DJ. Un havre de paix où la verdure domine.

BIO

LABEL GREEN FOOD ECO RESPONSABLE

✆ 06 31 07 02 61
www.greenfood-label.com
Sur RV pour information sur la labellisation de Green Food.

Green Food est un label créé par Augustin et Alexis désireux de promouvoir auprès des restaurateurs un label éthique au niveau environnemental et éco-responsable pour les gourmets. Adapté aux restaurateurs travaillant les produits locaux et bio et privilégiant les produits proches et les circuits courts, ce label promeut les choix éthiques et éco-responsables. De nombreux restaurants appréciés par le Petit Futé de Nantes l'ont adopté : Restaurant Vatel, la Gavotte, Bam Bam Café, Du Coq à l'Âne... Assurément une idée qui prendra forme dans nos assiettes favorites !

NEW

ITALIEN ET PIZZERIA

LE 149 PIZZA ARTISANALE

2, Rue Lamoricière ✆ 02 51 72 36 89
https://www.le149.fr

Canclaux : du mercredi au dimanche de 16h30 à 21h30. Tortière : du mardi au dimanche de 16h30 à 21h30.

Anciennement Le Comptoir à pizzas, la pizzeria a fait peau neuve et devient Le 149. Même concept, même pâte, la carte a évolué à l'aide d'un chef cuisinier pour sublimer les recettes : caramélisation des oignons, fromages AOP et DOP, de la charcuterie haut de gamme ! Les 2 jeunes associées pizzaïolas, Lou et Léa, travaillent avec des farines bio et produits de qualité. La pâte, la sauce tomate, la bolognaise : du 100 % maison. Elles proposent 42 pizzas à la carte, dont 8 végétariennes, des plus classiques aux plus originales. Aussi, des glaces et sorbets artisanaux, en circuit court, sont proposés. 2e point de vente au 149 boulevard des Belges, d'où le nom ! 2 adresses à Nantes pour se régaler !

NEW

ITALIEN ET PIZZERIA

L'APPEL À PIZZA

27, route de Sainte Luce sur Loire ✆ 02 40 35 33 33
www.lappelapizza.com

Ouvert du mardi au samedi de 11h à 14h et de 17h30 à 22h ; le dimanche de 17h à 22h. Terrasse. À emporter.

La pizzeria L'Appel à pizza c'est la super adresse pour des pizzas traditionnelles, succulentes à emporter ! et ce, pour le plus grand plaisir des amateurs. Ici, Jérémie et David, deux amis officient et nous régalent leurs belles pizzas cuites au four ! Le premier avait un foodtruck à pizzas à Zola jadis. Le 2e en possédait un, qu'il a conduit pendant 20 ans ! Ensemble ici, ils nous régalent avec des produits de qualité et des recettes traditionnelles et inventives avec 2 formats ! Les résidents du quartier répondent présents, ainsi que tous les gourmands de passage. Jérémie et David c'est la bonne ambiance et détente assurée. Ils aiment faire plaisir et on aime l'humour présent. Belle adresse !

ITALIEN ET PIZZERIA

AGAPÈ PIZZERIA BIO

6, rue Racine ✆ 02 40 73 82 98
Quartier Copernic, proche Graslin. - www.agape-nantes.com

Ouvert du mardi au vendredi le midi et le soir. Et samedi soir. Le dimanche soir à emporter uniquement.

Pierre-Yves est un homme amoureux de pizzas depuis son enfance. Son esprit créatif l'a rattrapé et son âme de gourmand l'a poussé à ouvrir Agapè. À son tour de régaler les amoureux de belles pizzas artisanales ! Ici on prépare de bonnes pizzas bio, pâte au levain légère et digeste. Les ingrédients sont tous de saison selon les arrivages avec des petits producteurs locaux. Recettes de pizzas traditionnelles, végétales toujours gourmandes ! À nous les Agapes, Goguette, Bombance, Bamboche, les pizzas de saison ou la recette du moment et les desserts du moment, fondant au chocolat, fromages fermiers. Rue Racine, la Culture n'est jamais loin ! Pizzas sur place ou à emporter. Excellente adresse.

ITALIEN ET PIZZERIA

BONCOEUR PIZZERIA

4, rue des Garennes ✆ 02 40 71 04 64
www.boncoeurpizza.fr/

Ouvert du mardi au dimanche le soir ; du mercredi au samedi le midi. Pizzas de 9 € à 15 €. Sur place ou à emporter.

Cette agréable pizzéria est nichée sur la butte Sainte-Anne, surplombant le Jardin Extraordinaire. L'accueil est chaleureux et le restaurant dispose d'une terrasse au calme. Le cuisinier met tout son cœur à l'ouvrage pour façonner des pizzas goûteuses à souhait. Fraîches, savoureuses et faites à la main, que demander de plus ? On salive ainsi à la vue des bords boursouflés de ces copieuses pizzas dont on ne veut pas laisser une miette ! Comme celle aux tomates bio, mozza fior di latte, stracciatella fumée (cœur de burrata), saucisson épicé napolitain, roquette. Ou encore, la pizza estivale qui sent bon les vacances avec fior di latte, roquette, melon, fetou, specks, pignons de pin et miel !

NEW

ITALIEN ET PIZZERIA

AMOUR NANTES

24, rue Mercoeur ✆ 02 40 10 08 26
www.amour-nantes.fr

Du lundi au vendredi 8h-21h30. Le samedi 10h-21h30. Plat du jour à partir de 15 €. Sans réservation.

Amour Nantes se situe rue Mercœur (ça ne s'invente pas). Ici, on mange, on rit, on aime et on déguste de la bonne cuisine italienne. Tout est fait maison par l'équipe de la gérante Anne-Laure Bernard. On aime (plein de choses !), les aperitivos, le bon jambon de Parme ou aux truffes, les antipasti avec la salade de poulpe ou les Polpette de la Mamma. Les produits sont sélectionnés en Italie et localement en respectant les saisons. Les pâtes sont faites avec amour tous les matins et les desserts, tiramisu, panna cotta, sorbets et glaces sont fabriqués dans le respect de la tradition italienne, sans arôme, sans colorant, ni conservateur. Saveurs et raffinement dans l'assiette. *Amore !*

ITALIEN ET PIZZERIA

CHEZ GAB

17, rue Paré ✆ 02 40 35 77 35
www.pizzeria-chezgab.fr

Mardi-jeudi 18h-21h30, vendredi-samedi 18h-22h. Pizzas de 11,90 € à 15,90 €. Sur place ou à emporter. Terrasse.

Chez Gab, c'est l'atelier de la pizza ouvert à l'été 2019 par Fleur et Aymeric, jeune couple souriant, en référence à leur fils Gabriel. Dans un cadre sobre en noir et blanc, on prend plaisir à voir virevolter la pâte sous nos yeux puis à la déguster moelleuse et croustillante à souhait. Au menu : des pizzas à base de produits frais : les audacieuses comme la Tartufo, les incontournables comme la Chèvre Miel ou les gourmandes comme la Gorgone. Ou bien de savoureuses salades. Le soir, des planches apéritives à partager, ou non. Note sucrée : tiramisu, pizza dessert ou glaces artisanales. Il est possible de savourer sa pizza depuis le Narcisse, Chez Les Filles ou Amer Craft Beer !

SAVEURS MÉDITERRANÉENNES

NEW

PORTUGAIS

CASA CRUZ PORTUGAL

62, rue du Maréchal joffre
✆ 02 40 41 46 12
www.casacruz.fr

Ouvert du mardi au vendredi de 12h à 14h30 et de 18h30 à 22h ; le samedi de 12h à 15h et de 18h30 à 22h.

Mickaël, d'origine portugaise, nous accueille chaleureusement dans ce nouveau petit coin du Portugal à Nantes. Il nous invite à déguster ses spécialités portugaises concoctées à base de ses souvenirs de vacances, d'enfance et de repas familiaux. Ce joyeux mélange allié à sa passion pour la cuisine et l'art de recevoir des hôtes fait venir les gourmands dans ce lieu au joli mur en azulejos. À nous les Petiscos, les Rissois ou encore les Pastels de Bacalhau. Il y en a pour tous les goûts et tous les appétits ! On se laisse tenter aussi par la fameuse rôtissoire pour un goût venu tout droit du Portugal. Sur place ou à emporter. Bom Apetite !

ITALIEN ET PIZZERIA

EMPORIETTO OSTERIA

27, rue Adolphe Moitié ✆ 09 89 59 06 73
www.emporietto.fr

Ouvert du mardi au vendredi midi et soir, samedi soir. Formule midi : 22,50 € ou 25 €. Le soir, menu unique à 45 €.

Au détour d'une ruelle du quartier Saint-Mihiel se cache un petit coin d'Italie. Véritable *trattoria* familiale, Emporietto offre avec sa cave voûtée en pierre un cadre authentique et atypique. Les plats sont raffinés et s'inspirent de la cuisine traditionnelle italienne, sans tomber dans les classiques vus et revus. La carte évolue au gré des saisons, elle résulte d'un doux mélange de produits artisanaux italiens et locaux. Des formules sont proposées le midi en semaine et le soir. L'été, on profite de son agréable terrasse. Les réservations sont vivement recommandées. Burrata, Pasta, Zucchini, Melon farcito... Un passage chez Emporietto c'est une parenthèse au doux air de *dolce vita*.

ITALIEN ET PIZZERIA

DONATELO PIZZERIA

6, rue de l'Héronnière ✆ 02 72 65 14 44
http://donatelo.fr/

Ouvert du mardi au samedi de 12h à 14h et de 19h à 23h ; le dimanche de 19h à 23h.

Un air de Dolce Vita flotte dans cette petite rue entre Graslin et la Petite Hollande : avec les tons rouges, les Vespas en cartes postales et en modèles réduits, la petite salle cosy, l'accueil sympathique et la carte, simple mais soignée, nous voilà en Italie ! C'est d'autant plus vrai, qu'en plus des pizzas et de leur pâte faite maison, de la Margharita à la Bellissima, on vous propose ici à l'ardoise du jour des spécialités italiennes élaborées à partir de produits frais : *les pene con brocoli* e gamberi, les *polpette alla napolitana*, les beignets de chou-fleur, le gratin d'épinards ou les escalopes de veau milanaise, le tout fait maison... A accompagner d'un verre de Proseco bien sûr !

ITALIEN ET PIZZERIA

FRAIS ET DISPO PIZZERIA

45, rue du Maréchal Joffre ✆ 02 51 81 54 93
www.fraisdispo.fr

Ouvert du lundi au samedi midi et soir. Formule midi : 9 €. Pizza : 12 à 17 €. La part : 4 €. Sur place ou à emporter.

Ici, la déco ne se prend pas au sérieux et remet à l'honneur la coupe mulet. Venez déguster de savoureuses pizzas à la part ou entières. Choisissez parmi les pizzas aux appellations déjantées : la Tati Marguerite, la Guenièvre, la Venue du Nord (saumon, chèvre, crème ciboulette) ou les moins classiques : Pudubec (jambon, oignons, Curé nantais, romarin), la Cagole (tomates fraîches, chèvre), la Vegetable (champignons, poivrons, olives, crème balsamique). À accompagner d'un soft ou d'une bière blonde bio de la brasserie du Bouffay. Et si vous avez encore de la place, clôturez votre repas avec un « gros cookie de ta grand-mère ». Une bonne adresse de pizzeria avec des produits frais !

ITALIEN ET PIZZERIA

FUXIA NANTES CENTRE

4, allée Flesselles ✆ 02 28 49 14 38
www.fuxia-restaurant-nantes.com

Tous les jours le midi et le soir. Brunch le dimanche. Menu enfant : 8,90 €. Menu Presto : 14,90 € le midi en semaine.

Située à Commerce, près de l'intersection des lignes de tramway, Fuxia propose une cuisine italienne de qualité, une *cucina fatta con amore*. Parmi les antipasti : de la burrata, des beignets de *mozza di bufala* frits ou encore des assortiments de charcuteries italiennes. À suivre, on a le choix parmi les *insalate* comme la Melanzane ou la Salmone. On peut aussi se laisser tenter par les pizzas ou les différentes *pasta* : con carne, del mar ou veggie comme les Linguine Pastore (chèvre, miel, pignons de pin). On aime également le risotto primavera (petit pois, courgette, pignon de pin, parmesan, crème d'asperge). On termine avec les douceurs : le tiramisu gourmand, ou une délicieuse panna cotta.

ITALIEN ET PIZZERIA

GASPARELLI LIEU DIT

78 à 80 Route de Vannes ✆ 02 40 76 96 88
https://www.lieudit-nantes.com/pizza

Du lundi au samedi le midi et le soir. Dimanche brunch et dimanche soir pizzas à emporter.

Au Lieu-dit, lieu protéiforme, vous trouverez un hôtel, une halle, une épicerie, et aussi un restaurant italien répondant au doux nom de Gasparelli. L'endroit, coloré, est fort attrayant. On s'y sent bien, un peu comme chez nous, finalement. Le menu proposé saura gâter vos papilles, qui ne méritent que le meilleur ! La carte propose des mets connus mais revisités, pour une expérience gustative délicieuse. La formule du midi vous propose toujours un plat du jour, ou une pizza, ou bien une demi-pizza accompagnée de sa salade, idéal pour les petits estomacs ! Cela leur permet de quand même savourer les pizzas, aux recettes créatives, un must. Mamma mia ! mais c'est qu'on en redemanderait !

ITALIEN ET PIZZERIA

GRAZIELLA

8, rue Saint-Léonard ✆ 09 82 41 70 68
https://vincenzo-nantes.fr/

Ouvert tous les jours le midi et le soir. Pizzas de 9,50 € à 16,70 €. Desserts : 8,50 €. Terrasse.

Graziella, c'est une histoire de famille liée à Vincenzo. Tous deux sont les grands-parents napolitains de Jeremy, qui a décidé de leur rendre hommage en ouvrant ces deux pizzerias à Nantes. Ici la pizza est réalisée dans les règles de l'art napolitain. Préparée à partir de farines soigneusement sélectionnées, la pâte est fermentée 24h afin de garantir légèreté, digestion optimale et puissance des arômes. Les ingrédients sont en majorité sourcés localement. Une cuisson rapide au feu de bois et la magie opère ! En dessert on craque pour le délicieux tiramisù. Le cadre est agréable, en levant les yeux on admire un plafond rempli de citrons : Naples s'invite à notre table, et c'est un régal !

ITALIEN ET PIZZERIA

MICA MALE

18, rue de Richebourg ✆ 02 40 74 11 61
www.mica-male-restaurant-nantes.com

Ouvert du mardi au vendredi de 12h à 14h et de 19h à 22h ; le samedi de 19h à 22h. Formule midi de 12 € à 20 €.

La cuisine italienne est à l'honneur dans ce restaurant où l'on vient se régaler de sa spécialité : la croustillante et moelleuse pinsa, qui se décline à l'envi ! Comme par exemple la Dannata, friarielli, nduja, tomates séchée et stracciatella fumée. Mais aussi d'autres plats savoureux qui sentent bon l'Italie, comme les busiate alla trapanese ou les pâtes pici-ail noire avec crème de burrata-truffe. Les gourmands se laisseront tenter par une entrée de burrata fumée ou du carpaccio de bœuf fumé. La qualité et fraîcheur des produits sont au rendez-vous. En dessert : un tiramisu ou une panna cotta. Et pour sublimer le repas, un vaste choix de vin est disponible.

ITALIEN ET PIZZERIA

NOTA BENE PIZZERIA

3, rue Saint-Denis ✆ 02 40 12 47 22 - Près de la cathédrale.
www.notabene-restaurant.fr

Du mardi au samedi midi et soir. Horaires d'été : voir site. Pizzas, pâtes, plats en livraison ou à emporter. Épicerie.

Bienvenue au Nota Bene, restaurant italien situé à deux pas de la cathédrale ! Accueilli par Nathalie, Jean-Luc Senée et leur équipe, on vient se régaler. Leur credo : sélectionner des produits authentiques : du fait-maison ! Ici la convivialité est de mise pour passer un moment gourmand à la découverte de la cuisine ensoleillée et spontanée du chef. Côté cuisine, une belle carte de pizzas avec des farines bio et au levain naturel. C'est frais et goûteux ! Les papilles voyagent dans toute la *dolce vita* si enivrante, le tout accompagné de vins italiens. Le chef cuisine aussi la *pasta* et les fameux risotto. Grands choix d'antipasti sur place ou en vente dans la belle épicerie italienne.

ITALIEN ET PIZZERIA

ORO DI NAPOLI

5, rue Jean Jaurès ✆ 02 53 97 60 27
www.oro-di-napoli.fr

Ouvert du lundi au samedi le midi et le soir. Plat : 14 € midi et soir. Midi formule à partir de 19 €.

Depuis la cuisine ouverte de son établissement, Michele concocte de bons petits plats de son Italie natale. Après avoir travaillé chez San Marco, il s'est ici directement inspiré de son enfance en proposant des recettes familiales napolitaines. La carte est courte, mais laisse présager de jolies choses : choix d'antipasti à base de burrata, prosciutto San Daniele, charcuterie italienne, en plat des lasagnes ricotta boulettes de bœuf, gratin d'aubergines farcies à la mozza fumée. Sans oublier les douceurs sucrées dont sa spécialité la *pastiera* : une pâtisserie napolitaine au blé cuit, ricotta et écorce d'orange confite. Également des vins et bières italiens. Comme un air de dolce vita !

ITALIEN ET PIZZERIA

LAZZARONE PIZZERIA

3, rue de l 'Emery
✆ 02 40 05 96 17

Ouvert du mardi au samedi le midi et le soir et dimanche soir.

© LAZZARONE PIZZERIA

À Nantes, Adrien nous invite à découvrir son nouvel établissement situé dans le Bouffay à deux pas du château. Ici, les recettes sont concoctées avec des farines italiennes de qualité pour un voyage à... Naples ! Admirez le four traditionnel ou les pizzas sont cuites à 400° pendant 90 secondes ! Une pâte généreuse sur les bords, fine au milieu. En starter : la stracciatella, burrata des Pouilles ou focaccia, suivies d'une bonne pizza : Margherita, Fab Four, La Tartuffo, La Red Hot Chili Peppers... En dessert : un tiramisu et la finger pizza, bâtonnets de pâte à pizza avec sucre glace à tremper dans de la ricotta sucrée à la pistache ! Vins italiens et Limoncello. On est bien chez Lazzarone !

ITALIEN ET PIZZERIA

PAZZI PIZZERIA

21, rue Fouré ✆ 02 40 99 36 58
https://pazzinantes.fr/
Ouvert du mardi au samedi de 19h à 23h. Sur place, à emporter ou en livraison via Naofood.

Nouveau nom et nouvelle façade terre de Sienne en 2021 pour cette *autentica pizzeria italiana*. Derrière la porte en fer forgé, le four à pizza réchauffe la salle, l'odeur délicieuse se dégage jusque dans la rue. Le jambon à la coupe, l'origan, le basilic frais et le cédrat confit qui mijote à feu doux éveillent l'appétit. Sur les étagères, de bonnes bouteilles d'anderero, de speranza et de gros pots de sauce tomate Polpa 100 % italiana à la Warhol habillent les murs rouges. Mehdi, à la tête de la boutique, et Samuel ont l'Italie dans le sang et au bout des doigts. Ici, on mange sa pizza sans couverts, entre deux gorgées ensoleillées de rouge italien, sur un air d'Umberto Tozzi. *Come a casa !*

ITALIEN ET PIZZERIA

LA TOMATE

3 bis, allée Flesselles ✆ 02 72 20 43 39
www.brasserielatomate.com
Ouvert 7j/7 le midi et le soir. Menu enfant : 11 €. Formules 15,90 € et 18,90 €. Pizzas de 11,50 € à 19,90 €.

Embarquez à bord de cette brasserie pizzeria à la décoration vive et soignée. Vianney et son équipe souriante vous y accueillent avec une bonne humeur et assurent un service ultra réactif. Installé confortablement, vous serez conquis par des pizzas napolitaines contemporaines comme la prosciutto e bufala, la tomate, la legendario margherita. Pas besoin de beaucoup d'ingrédients puisqu'ils ont les bons. La cuisson de la pâte est parfaite grâce au four Morelloforni rond et rouge comme une tomate, qui peut cuire à la flamme six pizzas en même temps grâce à son astucieuse plaque tournante. Bien entendu, vous pouvez aussi opter pour des viandes, pastas, risottos, burgers, salades ou même poisson !

NEW

ITALIEN ET PIZZERIA

POPOLO

34, rue de Coulmiers ✆ 07 77 28 55 93
https://www.popolonantes.fr/
Ouvert du dim au mar 19-21h30 ; mer au ven 12-14h30 et 19-22h ; sam 19-22h. Pizza de 10 à 17 €. Sur place ou à emporter.

Résident ou simplement de passage dans le quartier, cette adresse permet de goûter aux saveurs de l'Italie. Franchissez la porte de Popolo pour découvrir un four rotatif à la flamme qui assure la cuisson optimale des pizzas. La pâte est tournée à la main sous nos yeux et l'ambiance chaleureuse du lieu invite à la détente et au partage. Margherita, Quattro formaggi, Regina ou encore Calzone. On retrouve des grands classiques mais aussi d'autres recettes plus aventureuses avec de la truffe ou des noisettes torréfiées. Le chef Matteo a concocté sa carte en s'inspirant de la région originelle de Calabre en Italie et le résultat est succulent. Sur place ou à emporter, laissez-vous tenter !

ITALIEN ET PIZZERIA

VINCENZO PIZZA DE NAPOLI

5, rue de la Juiverie ✆ 02 51 72 33 13
https://vincenzo-nantes.fr/
Du mercredi au dimanche, de 12h à 14h et de 19h à 22h30. Carte : 13 € environ. Pizza de 9,60 € à 21 €. Terrasse.

Vincenzo et Graziella Caruso sont les grands-parents de Jérémy, le patron de cette charmante pizzeria napolitaine qui leur rend hommage. Vous y dégusterez des pizzas copieuses et savoureuses composées de produits en grande majorité locaux et de saison. Les plus gourmands se laisseront tenter par la 'nduja à la chair de saucisse pimentée de Calabre, la tartufo e funghi, doux mélange de champignons rôtis et truffes ou encore la végétarienne dont la recette change en fonction des légumes de saison. Côté boisson, le Spritz Hugo nous manquera mais il a été remplacé par le délicieux limoncello tonic. En dessert, laissez-vous tenter par le tiramisù ou l'affogato ! Un véritable coup de cœur futé !

NEW

ITALIEN ET PIZZERIA

SQUADRA RESTAURANT

quai des Antilles
https://www.squadra-nantes.fr/
Ouvert du lundi au dimanche, de 12h à 23h.

La Squadra, quelle équipe ! Julien et son escouade vous accueillent dans ce nouveau restaurant italien, au Hangar à Bananes. Ce lieu lumineux avec sa belle terrasse s'ouvre sur la Loire. À l'intérieur, sous les oliviers ou en extérieur sous les parasols colorés, on profite du cadre moderne et de la dolce vita ! Aperitivo, antipasti, salades… c'est fait « casa ». Le poulpe à la Napolitaine est un régal. Les pizzas, copieuses, sont servies sur des planches. Les glaces sont conçues par un artisan italien. Côté Veni, Vidi, Vino, on se désaltère avec une douce bière Squadra, un spritz limoncello ou Apérol, du vin de Toscane, du Pinot Gris Sartori ou des rosés de l'ile de beauté. Rome as you are !

CUISINE D'AFRIQUE DU NORD

LE COUSCOUSSIER

6, rue de la Juiverie ✆ 02 40 48 14 49
Quartier Bouffay, proche du château.
www.lecouscoussier.fr
Ouvert du jeudi au lundi le midi et le soir. Fermé le mercredi midi. Carte : 17 € environ. Vente à emporter.

C'est un vent résolument oriental de Kabylie qui nous accueille dans cet univers digne des *1 001 nuits*... La carte fait ensuite le reste : en entrée, chorba à l'agneau, salade de concombres à l'orientale, chakchouka, dolmadeè ou les traditionnelles bricks au fromage, à l'œuf... Puis les spécialités maison et leur lot de brochettes et grillades variées, gambas à l'orientale ou les mixtes pour les indécis. Le poulet grillé ou la côtelette d'agneau ou les traditionnels tajines sont autant d'incontournables. Sans oublier le couscous sous toutes ses formes avec le Kabyle, le Mekla, le Djurjura, le Tizi-Ouzou, le Végétarien. Et pour finir, les pâtisseries orientales et le thé.

© TIPHAINE MICHENEAU PHOTOS NANTES

© PATRICK ALBERA PHOTOGRAPHIE NANTES

SAN MARCO

14, rue du Château
✆ 02 40 47 47 48

Du mardi au samedi le midi et le soir. Réservation recommandée. Pâtes à partir 12 €. Carte. Terrasse à l'année.

Bienvenue au San Marco, restaurant italien, tenu par le chaleureux Claudio, spécialiste de la cuisine vénitienne. Avec ses murs en pierres alternant peintures à la chaux aux couleurs chaudes, le décor vénitien est posé. Et nous voilà prêts à déguster les spécialités du chef : rognons de veau aux cèpes, foie de veau aux oignons confits et polenta. Pour les inconditionnels des *pasta*, le choix est large : carbonara San Marco, tagliatelles bolognaise, *pappardelle cardinale*, *penne terra e mare*, *spaghetti all'inchiostro*, *misto di raviolis*, sauce aux truffes et cèpes, etc. Pour les desserts : tiramisu et panna cotta, mais aussi le *Tutto al cioccolato* ou la glace *Torroncino*. Pensez à réserver.

© TIPHAINE MICHENEAU PHOTOS NANTES

© SAN MARCO

© TIPHAINE MICHENEAU PHOTOS NANTES

JAPONAIS

ICHI ZEN

11, rue FOURE
✆ 02 51 82 05 70

Ouvert du lun au ven 12h-14h ; du mar au sam 17h-23h. Carte : environ 13 € le midi. Environ 20 € le soir en mode Izakaya.

Chez Ichizen, on part en voyage culinaire au cœur du Japon. Petite sœur d'Ichi-go Ichi-e ramens à deux pas de cette enseigne, ce restaurant nous régale le midi comme le soir. Dédié à la version cantine le midi, on découvre des propositions de plats traditionnels. Donburi, gyudon ou encore poké bowl. Les plats sont délicieux et on se laisse volontiers tenter par les desserts préparés par Saki Création pour ponctuer l'expérience. En soirée, Ichizen passe en mode Izakaya. Inspiré des brasseries japonaises que l'on trouve au pays du soleil levant, la carte propose un ensemble de mini plats à grignoter pour accompagner une bière, un cocktail ou un saké. De belles saveurs à découvrir !

JAPONAIS

RAMEN YA

26, rue de la Fosse
www.ramenya.fr/

Ouvert tous les jours de 11h30 à 22h. Ramen à partir de 9,90 €. Vente à emporter.

Voici le restaurant d'Anthony Nguyen spécialisé dans le ramen, LE plat national japonais servi dans un bol avec du bouillon, des nouilles, du porc et une variété d'accompagnements. On se croirait dans une ville du Japon : bois clair, bar tout en longueur avec la cuisine d'un côté et les clients de l'autre. Ici, tout est fait maison : les nouilles à base de farines bio ou le tonkotsu, bouillon de porc ou de poulet fermier mijoté 8 heures. Épinards dans le Shoyu, zeste de yuzu dans le Shio, sauce piquante dans le Jigoku, huile d'ail noir dans le Chuka ou sauce shoyu dans le Tsukeme... Les boissons japonaises complètent le total dépaysement. Une autre adresse se situe au 12, place du Pilori.

JAPONAIS

KENJI & LOUISE

22, rue Armand Brossard ✆ 02 40 12 10 38
www.kenjietlouise.fr

Ouvert le midi du mardi au vendredi. Le soir du mercredi au samedi. Carte : 13 € environ. Formules midi 14,85 € à 20 €.

Après un 1er resto dans les îles de Micronésie, c'est à Nantes que Kenji et Louise ont décidé de poursuivre leur passion. Louise nous accueille chaleureusement en salle, tandis qu'en cuisine (ouverte, pour que l'on puisse en profiter) les plats mijotent, sous l'œil expert et le talent de Kenji. On nous explique la carte : gyozas de porc ou tempuras de légumes en entrée, puis différentes déclinaisons de ramens (avec base de bouillon de poulet, soja ou miso). Tout est fait maison, avec des produits frais de saison, légumes bio et poulet Label Rouge (option végan possible). En dessert : verrine hoji azuki, yuzu ou gomacha sando. Une cuisine traditionnelle japonaise savoureuse et succulente !

NEW

JAPONAIS

CHEZ RED LUNA

10, Rue de L'Arche Sèche
✆ 02 51 82 78 86
www.chezredluna.fr

Du lundi au samedi 12h-14h et 19h-22h

Red Luna a son second restaurant depuis fin 2022 au pied de la basilique Saint-Nicolas. Lin Beilei et Jin Eliane vous accueillent chaleureusement avec une soupe aux champignons. Dans les assiettes, on salive devant les bowls, saumon, thon... À la différence de la Juiverie, on peut manger du frits, des nems au poulet, samoussa de bœuf, crevettes tempura ou des raviolis crevettes. Pour ceux qui aiment le poulpe, il est servi en boulettes Takoyaki. On se régale aussi avec les nombreux sushis finement découpés ou encore avec les « axcel roll » au saumon, mangue, avocat et thon servi sur une planche. On peut se rafraîchir avec la bière chinoise Tsingtao, la célèbre japonaise Kirin, du thé ou saké !

NEW

JAPONAIS

KUCHI NANTES JAPONAIS

9, rue Descartes
✆ 02 52 56 92 18
www.kuchi-nantes.com

Ouvert du lundi au samedi de 12h à 14h30 et de 19h à 00h.

Ce temple du Sushi à la décoration délicate et raffinée installé dans les murs de l'ancienne prison de Nantes, met l'eau à la bouche, « Kuchi » en japonais. Les raviolis, turbo rôti ou la lotte snackée vous feront voyager au pays du soleil levant. Une approche sensuelle de l'art culinaire nippon que l'on prend plaisir à retrouver dans la carte conçue par Melvyn Noblet, un chef passé par le domaine de la Bretesche et le Radisson Blue de Porticcio. Les assortiments du plateau découverte sont formidables. Un savant mélange de sauces douces et de notes piquantes de gingembre et de wasabi. À déguster les yeux dans les yeux, sans oublier d'admirer la fine découpe des mets et les jolies baguettes !

JAPONAIS

SANKAI JAPONAIS

1bis, rue Kervégan ✆ 09 83 64 56 70
www.sankai.fr

Le midi du lundi au vendredi. Le soir du mardi au samedi sauf mercredi. Menu midi dès 10,50 €. Terrasse. Vente à emporter

Depuis 2020, derrière ce nom à consonance asiatique, se cache un restaurant japonais au cœur de l'île Feydeau. Derrière les fourneaux, c'est le chef Jean-Philippe Dubois. Il a été formé pendant 7 ans par un maître sushi japonais. L'équipe nous reçoit au sein des deux salles dont l'une avec des tables à la japonaise. Le chef a à cœur de travailler avec des produits frais 100 % frais et locaux. Légumes du jardin. À vous sushi, maki, gyudon, gyoza, brochettes, yakitori 100 % frais. Le midi, optez pour le menu bento renouvelé chaque semaine avec une salade de chou, une soupe miso, du riz blanc avec assortiment de sushi, maki, sashimi ou katsu. Un grand choix est proposé à la carte et à emporter !

BARAPOM NANTES
WWW.BARAPOM.COM

NEW

CORÉEN

DAKOO KOREAN STREET FOOD

17, rue du Bon Secours ✆ 02 72 02 15 96 - https://dakoo.fr

Ouvert du mardi au samedi midi et soir. Menus de 7,50 € à 17,90 €. Sur place, à emporter, ou livraison via Naofood

Le petit espace est minutieusement agencé et empreint d'éléments K-pop : bienvenue chez Dakoo ! La jeune Yeongun partage sa passion pour la cuisine de sa Corée natale et c'est un vrai régal ! La carte offre un choix de 3 formules, on peut y découvrir finger food, plat et boisson, le tout typiquement coréen : Mandoo (raviolis frits caramélisés), Ttekbokki, Corn dog, Bibimbap, Dakgangjong Jonsik (morceaux poulet frits avec riz) et même Japchaé, le plat de toutes les fêtes coréennes. On goûte aussi aux fameux kimchi (légumes fermentés). C'est délicieux, l'accueil est souriant, le service rapide : expérience top que l'on est tenté de renouveler ! Une référence en matière de street food coréenne.

CORÉEN

MINARI

140, boulevard Ernest Dalby ✆ 02 40 74 66 08
https://minari-nantes.business.site/

Du mer au sam : 12h-14h et 19h-21h30. Midi, plat de la semaine : 13,50 €. Le soir, grillades : 22 €.

Délicieux restaurant coréen ouvert depuis juin 2021, ici, on savoure des spécialités du Pays du matin calme. Démarrez votre mise en bouche avec les *Mandu*, ces raviolis coréens raffinés fourrés aux légumes ou à la viande. Continuez votre dégustation avec l'incontournable *bibimpap* ou le plat de la semaine. Par exemple : l'*Andong Jjimdak*. Un délicieux mélange de poulet et légumes vapeur, marinés dans une sauce à base de ganjang, le tout servi avec du riz. Clôturez en beauté avec un *Hotteok* , pancake coréen fourré au sucre, cannelle et amandes grillées. Le soir, les grillades sont mises à l'honneur. L'ensemble des tables sont équipées d'un barbecue électrique. Un vrai régal !

CUISINE ASIATIQUE

SONG

5, rue Santeuil ✆ 02 40 20 88 07
http://restaurant-song.fr/

Du mardi au samedi midi et soir. Formule midi : 18 € et 22 €. Formule soir : 42 €.

À la croisée des saveurs thailandaises, vietnamiennes, cambodgiennes et françaises, Song cuisine asiatique, autrement. Aux commandes, une cheffe de talent : Nhung Phung, qui a l'art de séduire les papilles les plus délicates. Le midi, on opte pour le menu tuk-tuk avec, par exemple, en entrée : émincé de boeuf mariné aux épices, en feuille de bétel, sauce aigre-douce. Suivi du poisson du jour avec aubergine au curry vert et riz à l'ail. Pour clôturer par un cheese cake fraise. Le soir, l'ambiance se tamise et les saveurs se bousculent. Découvrez LE fameux Tigre larme à l'œil, du bœuf Wagyu cuit à la plancha ou la palette de Song, méli-mélo de spécialités de saveurs venues d'ailleurs. Un régal !

VIETNAMIEN

DIMFONG RESTAURANT

2, rue de Santeuil
✆ 02 40 69 44 06

Du mardi au samedi midi et soir. Formule midi Vietnam 12,90 €, Japon 13,90 €. Formules Asia 19,90 €/23,90 € et carte.

© PATRICK ALBERA PHOTOGRAPHIE

© PATRICK ALBERA PHOTOGRAPHIE

Se restaurer chez Dimfong, c'est un voyage culinaire en Asie ! Un établissement familial tenu par Thi Ngoc Bé, vietnamienne. Une cheffe passionnée, épaulée par son fils. À nous le voyage des papilles. Les spécialités sont goûteuses, les cuissons faites à la commande avec de bons légumes frais. Et le soin apporté au choix des épices et du savoir-faire maison. On aime les nems au porc croustillants, les rouleaux de printemps, le Bo Bun. On se délecte avec les travers de porc grillés ou le fameux Bo Luc Lac. On aime les crevettes grillées ou à la thaï... Les amoureux de saveurs japonaises seront également comblés avec des menus à partager. L'accueil est chaleureux. À emporter aussi...

TAÏWANNAIS

BAO DAO TAIWAN FOOD

5, rue de la Clavurerie ✆ 07 83 69 39 49
www.baodao.fr

Lundi au samedi : 12h-22h. Snack : 2 € à 6 €. Bubble Tea : 5,50 €. Plats : 12,50 €. Sur place, à emporter ou en livraison.

Une très belle adresse avec l'accueil chaleureux de Yun-Chin et sa team. Ici la street food taïwanaise est mise en lumière. Goûtez aux snacks avec le poulet frit taïwanais, ou tofu frit et son kimchi. Curieux les œufs marinés au thé, croquant les légumes marinés ! On vient surtout pour goûter aux Gua Baos, de savoureux sandwichs au pain bio garnis de légumes avec du porc braisé, du porc guabao shogayaki typique ou végétarien avec le tofu. Tout est savoureux ! Les autres spécialités : les noodles sont des pâtes accompagnées de poulet, porc braisé ou légumes pour les végétariens. Les Bubble teas complètent le voyage. Le lieu est très agréable. Très bonne nouvelle, c'est ouvert en continu !

NEW

INDIEN

INDE ET VOUS BINDI

10, Rue Armand BROSSARD
✆ 02 51 72 41 01

Du mardi au samedi de 12h à 14h et de 19h à 22h45. Menus de 17,90 € à 20,90 €. Carte : 14 € environ. Vente à emporter.

Passez le pas de la nouvelle enseigne « Inde et vous Bindi » quartier Decré pour une valeur sûre de la cuisine indienne ! Restaurant spacieux et haut en couleur, Homer nous y accueille dans une ambiance chaleureuse. Adaptés à différents régimes alimentaires, les plats sont généreux et pleins de saveurs. Sur la carte on retrouve des recettes traditionnelles tels que le dahl, le poulet tandoori ou encore le palak paneer. Le cocktail Bollywood est idéal pour démarrer votre dégustation. Poursuivez avec l'assortiment de pakoras, servi avec un trio de chutneys, qui saura vous ouvrir l'appétit. Présentation soignée et minutieuse, les plats raviront aussi bien vos yeux que votre ventre !

THAÏLANDAIS

KALOUNA

10, rue des Trois-Croissants ✆ 09 72 86 87 85
Arrêt Place du Cirque (tram, bus)

Du lundi au samedi le midi et le soir. Entrées de 7 € à 10 €. Plats de 16 € à 24 €. Dessert de 6 € à 7 €.

En poussant la porte de Kalouna, on plonge dans une ambiance mêlant modernité et tradition, le regard se porte sur la jolie décoration des deux salles à l'étage. Une carte simple, mais non moins variée et efficace ! Nems aux légumes, poulet frit curry jaune, crevettes curry rouge thai, larmes du tigre, flan thaï... Avec trois déclinaisons de riz proposées en accompagnement des plats : jasmin, lao ou sauté thaï. Pour accompagner le repas : vins à l'ardoise, bières ou boissons sans alcool. Kalouna offre un cadre agréable, une cuisine savoureuse, et l'accueil y est chaleureux. Une belle adresse qui permet de profiter de la cuisine traditionnelle thaïlandaise en plein cœur de Nantes !

NEW

INDIEN

INDYA RESTO INDIEN

122, rte de Paris
SAINTE-LUCE-SUR-LOIRE
✆ 09 75 24 95 42

Ouvert du lundi au vendredi le midi ; du mardi au samedi le soir.

Une bonne nouvelle à Sainte-Luce-sur-Loire, du côté de la route de Paris. Indya, le nouveau restaurant indien est né ! Ce sont les mêmes patrons que le Curry House qui est connu et reconnu depuis des années dans le Bouffay et appréciés des gourmands. On retrouve ici le meilleur de la gastronomie indienne. Assortiment de *pakoras*, et autre *daal* ou *raita* en entrée. Les incontournables plats indiens, poulet *korma*, *tandoori*, ou *tikka masala* en passant par le bœuf ou l'agneau ou les gambas avec le Goan King Prawn. Bien sûr une belle carte végétarienne avec le *aloo mattar* ou le *palak paneer*, accompagnés des fameux *naans* au fromage. Lassi à la mangue ou la glace indienne *kulfi* raviront les gourmands.

NEW

VIETNAMIEN

SEN'S VIET NAM

7, rue Sainte Croix
✆ 02 72 60 84 72

Ouvert du mardi au samedi 12h-15h et 18h30-22h ; le vendredi et le samedi 18h30-22h30. Thé vert : 2,70 €, soupe 13,50 €.

Xin chào ! Bienvenue ! Ici on a le sens de l'accueil. Mais ne soyez pas pressé, car ici aussi on se hâte lentement ! Dans ce restaurant, on est plongé dans le vietnam et ses traditions. Les serveurs sont charmants et la cuisine tenue par Dao Nam est délicieuse. Au choix ? pâtes de riz avec le fameux Bun Cha composé de porc grillé, de pâtes de riz, de nems ou de salade ou plat de riz ! Comme l'incontournable Pha Xao, ce plat traditionnel du Nord du Vietnam à base de riz sauté avec des légumes frais de saison et ses cacahuètes concassées. Ne passez pas à côté du thé spécial Sen's ou du thé glacé au citron ou au litchi. Une douceur bien sucrée qui se marie très bien avec les plats.

INDIEN

NANDI SAVEURS DES INDES

6, rue Jean-Jacques-Rousseau ✆ 02 53 45 17 88
www.nandi-restaurant-nantes.fr

Du lundi au samedi midi et soir. Formule midi : 10,40 €/13,60 €/16,30 €. Menus de 18,90 € à 24,90 €. Vente à emporter.

Nandi, le restaurant indien de Lydie, c'est le taureau blanc que chevauche la déesse Shiva. Un restaurant qui casse les codes des habituels restaurants indiens, avec meubles et tables contemporains, et un style sobre sur les murs, avec simplement quelques mantras et photos accrochées ici et là. À l'heure du déjeuner, l'ardoise offre une belle variété de plats, entre bœuf, poulet et légumes. À la carte, des gambas tandoori, du poulet ou des crevettes korma ou encore un bœuf biryani et un crumble à la mangue ou un *gulab jamun* et sa glace au safran pour la note sucrée finale. On aime le soin apporté au dressage des assiettes. À noter : service de livraison et de commande en ligne.

NEW ARGENTIN

CALMA - EMPANADAS

39, Boulvard Gustave Roch ✆ 07 66 50 50 68
https://www.calmarestaurant.fr/
Du lun au ven 12h-14h et 19h-22h ; le dim 19h-22h. Sur place (midi), à emporter ou en livraison. Menus de 12 € à 16 €.

Si vous souhaitez découvrir des saveurs d'Amérique latine, rendez-vous chez Calma ! Charline nous accueille dans ce lieu coloré qui propose de nombreux empanadas, ces fameux petits chaussons farcis avec une préparation à base de viande, poissons ou légumes. On se délecte ainsi avec les empanadas Dinde Curry, Chili Con Soja, Chèvre Miel ou encore Bœuf Cajun. Le plus ? La recette de pâte est réalisée à partir d'huile de coco et est complètement vegan. On retrouve également une formule bistrot avec entrée, plat et dessert. Filet de mulet en gravlax en entrée, cannellonis végétariens en guise de plat pour terminer avec une délicieuse tarte au citron meringuée déstructurée. Buen provecho !

NEW BRÉSILIEN

BREIZH'ILIENNE

20, place Viarme ✆ 09 51 94 86 03
www.restaurantbreizhilienne.com
Ouvert du mercredi au samedi de 12h30 à 15h30 et de 19h30 à 23h. Dimanche sur reservation.

Un joli coin de Brésil a vu le jour à Nantes, place Viarme. Chez Breizh'ilienne, on découvre les spécialités de Neuza, cheffe brésilienne épaulée par Benoît son mari. Leur amour pour la cuisine ainsi que le plaisir de recevoir se ressentent dans ce charmant restaurant intimiste. On se régale avec une belle planche brésilienne (tapas de chaque spécialité) dite *petiscaria* à partager. Goûtez aux plats typiques comme la *feijoada* : un plat à partir de haricots noirs, viandes d'origine française, poivrons et oranges ou encore le *coxinha*. Précédé d'une salade *salpicao* et chips allumette, pour finir par un dessert comme le *pudim* brésilien ou les *brigadeiros*. En bouche, le voyage au Brésil est réel !

BRÉSILIEN

AZAÏ CAFÉ

11, rue des Halles ✆ 02 40 47 91 04
https://azai-cafe.fr/
Du mardi au samedi 10h-18h. Formules 12 € à 17,90 €. Açai bowl : 8,50 €/11,50 €. Poke bowl : 13,90 €. Toast : 12,50 €.

Dans cette jolie échoppe, Natalia, originaire du Brésil, nous fait voyager depuis 2019. Tons verts et bois clair, la déco fait un clin d'œil à l'Amazonie, d'où est issue la fameuse baie d'açai. Sous forme de bowl, la baie d'Amazonie centrale se déguste à toute heure, comme au Brésil ! Elle est connue comme booster naturel, anti-oxydant, anti-inflammatoire et autres bienfaits. La pulpe est mixée avec de la banane pour une sensation glacée plus onctueuse à laquelle on ajoute des fruits, du granola maison, des pépites de chocolat, des baies de gogi ou du pollen d'abeille. On vient également pour savourer des soupes, toasts, smoothies... Savoir-faire brésilien à tester sans modération !

BRITANNIQUE

BILLIE'S CAFÉ RESTAURANT

25, quai François Mitterrand ✆ 09 82 23 10 98
http://billies-nantes.fr/
Ouvert le mercredi de 12h à 17h30 ; du jeudi au dimanche de 10h à 17h30. Fermé tous les 1ers mercredis du mois.

Ce joli coffee shop à l'accent british tout près du tribunal judiciaire sur l'île de Nantes nous régale ! Marion a travaillé plusieurs années à Manchester, d'où ce côté anglo-saxon au charme un peu kitsch. Devant l'original comptoir en carreaux de faïence vert anglais, vous êtes invité à prendre place sur les chaises bistrot, les banquettes velours aux coussins douillets ou bien sur les fauteuils cosy pour un déjeuner, un brunch ou un café. Vous pouvez venir pour déguster de bons petits plats mi-French mi-English. Découvrez ainsi le Pulled Pork Bun ou les Œufs Bénédicte ou encore le Salmon Bagel en admirant la vue sur Loire. Les week-ends, on se laisse tenter par les brunch. *Enjoy your meal !*

NEW BRÉSILIEN

BAHIA NANTES

17, Rue Louis Blanc ✆ 09 55 35 93 00
https://bahianantes.com/
Ouvert du mardi au samedi. Déjeuner sur place ou à emporter. Épicerie brésilienne, café. Atelier culinaire dès 60 € (2h).

Bahia, c'est nouveau. Une jolie étape brésilienne à Nantes ! Dans ce lieu chaleureux, à la fois coffee shop, salon de thé et restaurant le midi, on vient déguster les goûteux *coxinhas*, des beignets à la brésilienne, des acras de morue à la portugaise ou des *tapiocas* salées ou sucrées. Des assortiments à partager ! Julia cuisinière et patronne est brésilienne (de Bahia, nord Brésil). Ici les papilles voyagent avec l'eau de coco 100 % naturelle, le café Bahia ou Bahiadeiro, et les incontournables brigadeiros 100 % maison : truffes au chocolat cacao Valrhona. Bahia, ce sont aussi des ateliers culinaires : pour réaliser des chocolats, pâte à tartiner ! Et on vient bruncher ! Accueil chaleureux.

BRITANNIQUE

LITTLE BRITAIN CAFE

75, Boulevard Auguste Peneau ✆ 06 27 38 48 52 - Tramway ligne 1 Mairie de Doulon - www.littlebritaincafe.fr
Mardi 10h-17h, mercredi 9h30-18h, jeudi et vendredi 9h30-17h30, samedi et dimanche 10h30-18h30.

Tout près du parc du Grand Blottereau, voilà *a sweet taste of England* made in Nantes par Steve et Laëtitia. Au menu, le midi, on choisit entre salads de nouilles chinoises, légumes croquants et poulet cacahuète ou les *pies*, de belles tourtes et tartes : bœuf et pommes de terre ou porc au cidre ou poulet poireaux. Pour les plus healthy, un combo avec soupe maison ou une quiche. On accompagne ce moment d'une boisson maison comme la citronnade ou le thé glacé... Et on finit sur une note anglo-gourmande choisie parmi les succulentes pâtisseries anglaises : millionnaires, le death by chocolat, le pecan pie, le pear & hazelnut, le citron vert-myrtille, cheesecakes, carrot cake ! *so cute !*

CANADIEN

COMPTOIR À POUTINE

4, rue Léon Maître ✆ 02 40 47 79 50 - Arrêt tram Bouffay ou Commerce
https://comptoirapoutine.fr
Du mar au jeu 11h30-21h30 ; ven et sam 11h30-22h. Service en continu. Menus de 8,90 € à 15,90 € (midi en semaine)

C'est un plat généreux venu tout droit du Québec : la poutine ! Dans cette friterie québécoise de l'île Feydeau, la poutine est déclinée sous toutes ses formes. La recette est simple et efficace : des frites agrémentées de fromage « couic-couic » en provenance du Finistère, de la sauce, et un accompagnement au choix (bœuf, joue de porc, merguez de bison, champignons). En dessert on choisit parmi des pâtisseries maison, certaines sans gluten. Le Comptoir, géré en famille par Anthony, Magaly et Manon, est une belle adresse pour découvrir la cuisine du Québec, et voyager dans la chaleureuse contrée le temps d'un repas !

NEW
CUISINE AFRICAINE

DJAAM NANTES

10, Rue Jean Jacques Rousseau ✆ 02 28 51 33 52
https://djaam.fr
Du lundi au vendredi de 11h30 à 15h30 et de 18h30 à 22h. Samedi de 11h30 à 15h30. Dimanche de 18h30 à 22h

« Djaam » signifie « La Paix » en wolof (dialecte sénégalais). Sophie et Julie sont les gérantes de ce restaurant, qui compte parmi les quatre de cette chaine à taille humaine. De la fresh food africaine raffinée, avec, en plats phares, les pastels et les poké bowls « yassa, mafé et thieb ». On peut ainsi composer son plat avec de la nourriture saine et des produits frais. Bœuf, poulet... mais aussi des recettes vegan et vegie sans gluten. Avec en produits stars, le fonio, cette céréale qui peut remplacer le riz ou encore l'attiéké (à base de manioc), un légume. En dessert, ne manquez pas la salade de fruits frais ou le yaourt africain « thiakry », au coco, couscous et crème de mil. Un régal.

NEW
CUISINE AFRICAINE

LA TABLE ÉBÈNE

2, rue Piron ✆ 02 40 54 10 31
www.table-ebene.fr
Ouvert du mardi au samedi le midi et le soir carte : 16 € environ. Plat végétarien à 13,90 €.

Située entre la place Graslin et la cour Cambronne, la table Ébène vous propose une cuisine occidentale aux racines africaines et ambiance Art déco. Le Fonio de Guinée, une céréale d'Afrique aux multiples bienfaits, accompagne des ballotins de volailles. La cuisine guinéenne, concoctée par l'équipe de Haraba Touré, fusionne avec la française. Risotto à la noix de Saint-Jacques, pavé de saumon ou yassa de poulet accompagné d'oignons, d'épices, cannellonis ricotta épinards. On peut aussi déguster un plat végé ! Les desserts sont dépaysants : le gâteau d'Ébène à la mangue, ananas, poires caramélisées, et son coulis de fruits exotiques. Ne loupez pas les cocktails créations sans alcool ! On voyage !

CUISINE DU MONDE

LE PARALLELE

70, rue Desaix
✆ 02 85 52 87 04
www.leparallele.fr
Ouvert tous les jours, sauf le lundi et le dimanche.

À quelques pas des Bateaux nantais, de belles pierres apparentes ont retrouvé leur éclat au Parallèle. D'abord ouverte sur le monde, la cuisine est complètement ouverte sur la salle. L'occasion de rencontrer le chef, Victor. Né en Équateur, à deux pas du parallèle zéro, c'est là qu'il apprend à aimer la cuisine et ses épices réconfortantes dans les soupes de sa grand-mère. Aujourd'hui, du ceviche de dorade, au carpaccio de betterave, en passant par les boulettes orientales, la fameuse cataplana. Il compose une ardoise maison et savoureuse. La cave regorge de vins bio et biodynamiques et accompagne vos assiettes épatantes de couleurs. En parallèle, un palais, un nez et deux jolis sourires !

CUISINE ORIENTALE

KUSADASI TURC ET GREC

6, rue Armand Brossard
✆ 02 40 12 09 67
Ouvert du lundi au samedi, midi et soir. Menu enfant : 9,50 €. Formule midi : 16,50 €. Menu Orient Express : 24 €.

Ici nous sommes chez Ahmet Calhan depuis 1994, dans ce petit coin de Turquie et de Grèce à Nantes. Les spécialités sont celles des montagnes du patron et plus précisément du Kurdistan. À nous le Tarator ou autre Tarama et les feuilles de vigne (*yaprak sarmasi*). Goûtez aux belles grillades au feu de bois avec le *kofte*, les boulettes de viande hachée d'agneau grillé. Le caviar d'aubergine au yaourt ou autre moussaka sont très demandées. De nombreuses grillades dont les assortiments, permettent de goûter un peu à tout. Le pain *pide* est fait maison, servi tiède. En dessert le *helva*, lokoum, yaourt maison au miel finiront de vous faire voyager les papilles. Belle salle à l'étage pour les groupes.

EGYPTIEN

BEAU REVE RESTO EGYPTIEN

16, rue Léon Blum
✆ 02 28 29 76 84
Du mardi au samedi midi et soir. Formules midi de 12,50 à 17 €. Formules soir de 22,90 à 27,90 €. Menu enfant : 13 €.

Beau Rêve propose une cuisine authentique, délicate et faite maison. Au Beau Rêve, Amira nous emmène dans l'Égypte des pharaons. Côté cuisine, on découvre des produits frais dans différents menus aux noms évocateurs : Isis pour les végétariens, Cléopâtre pour les vegans ou encore Sphinx et Ramses II. Les assiettes se composent de plusieurs bouchées. Des falafel aux fèves, en passant par le tehina maison ou encore le kochary : riz et lentilles. On savoure un samboussa Gebna, une Mossakaa ou du Baba ghanoug, le fameux caviar d'aubergines. Autant de spécialités égyptiennes qui font frémir nos papilles. Côté desserts, le feuilleté au miel artisanal et aux noix nous régale. Voyage garanti !

IRLANDAIS
BLACK SHELTER
Route de Paris - **CARQUEFOU** ✆ 02 40 25 22 23
www.black-shelter.fr
Ouvert du lundi au samedi à partir de midi. Menu enfant : 9,50 €. Le midi en semaine, plat du jour à 13,90 €.

Entrer au Black Shelter, c'est embarquer pour l'Irlande, son folklore, sa cuisine, sa bière et ses whiskies. On y retrouve véritablement toute l'ambiance d'un pub et restaurant irlandais, avec, en plus, la Distillery salle de concert ! Eh oui, il se passe toujours quelque chose au Black Shelter, que ce soit des concerts ou des retransmissions d'événements sportifs. À la carte, on retrouve des classiques comme le fameux Irish Angus, le Welsh Royal, le Guinness beef stew ou le fish & chips. Sans oublier, une belle sélection de burgers et de salades. Le service est rapide, le décor est agréable, les portions sont copieuses et goûteuses. On y mange bien et on y boit bien. Une belle adresse !

LIBANAIS
COMPTOIR LIBANAIS ST JO
17, rue Barbara
✆ 02 28 34 01 05
Menu 12,50 € avec 1 sandwich, 1 mezze, 1 boisson. 9,50 € menu étudiant. 7,50 € les sandwichs.

Et de deux ! Aprés le centre-ville, voici le Comptoir libanais de St Jo à l'Est de Nantes ! Venez déguster les spécialités libanaises. Cette gastronomie conviviale aux mille et une saveurs est connue du monde entier. Retrouvez cette convivialité ici avec une cuisine ouverte où s'affaire en toute transparence cette famille libanaise qui veut vous faire partager un petit bout du Liban à travers ses plats généreux et colorés à base de produits frais : comme les traditionnels mezze (houmous, caviars d'aubergine), les sandwiches avec une mention spéciale au végétarien falafel pour sa fraîcheur aromatique et son divin croustillant ! Sans oublier les baklawas !

LIBANAIS
LA MAISON DE JANY
45, rue Léon jamin
✆ 06 89 69 90 13
Du mar au sam 10h-22h. Plat : 12,90 €. Petit déj de 4,90 à 8 €. Mezzés chauds : 5,90 € ; froids : 4,90 €. Brunch : 25 €.

Chez Jany vous fait voyager en Orient grâce à ses délicieuses saveurs libanaises réalisées avec des produits frais ! Chez Jany, vous aurez le choix de délicieux mezzés chauds ou froids comme les fatayers (beignets à la viande de bœuf, poulet au curry, épinards, fromage), l'houmous, taboulé, mutabale, lebné, chankliche (salade, fromage de brebis, persil, tomates, oignons), modardara (salade de riz et lentilles parfumée)... Accompagnez votre repas du soda libanais Kazouza ou de la bière libanaise Almaza. Et pour finir, cédez au gourmand baklawa maison aux pistaches à accompagner d'un café bio, autre spécialité de la maison car Jany est barista de formation. Brunch le dimanche.

MAURICIEN
GADJAKS
9, chaussée de la Madeleine ✆ 02 40 89 63 14
www.gadjaks.fr
Lundi à vendredi de 11h30 à 14h30. À emporter le vendredi de 17h30 à 19h. Menus : de 9 € à 13 €. Terrasse.

La belle cuisine de l'île Maurice à Nantes c'est ici ! Après des années dans le graphisme, Sabina et Thomas ont ouvert ce petit restaurant qui leur ressemble afin de faire découvrir, entre autres, les gadjaks, fameuses tapas de l'île Maurice. Dans ce joli lieu ouvert en mars 2019, ils sont aux petits soins pour vous. On déguste des spécialités avec les fameux mines bouis : des nouilles bouillies à la viande, au poisson ou aux légumes. Ou bien le mine frit, nouilles sautées aux légumes au wok version poulet ou végétarienne. Ici tout est fait maison à base de produits frais et la carte change chaque semaine. Les saveurs épicées sauront ravir vos papilles. C'est sur place ou à emporter !

MEXICAIN
SALEROSA RESTO MEXICAIN
22, Quai de la Fosse
✆ 02 53 55 30 13
Ouvert du mardi au samedi le midi ; du jeudi au samedi le soir.

Voici un vrai bon restaurant mexicain qui travaille des produits frais et des saveurs authentiques ! Le chef français Vincent est épaulé de sa moitié Bérénice, mexicaine : ici on fait voyager les papilles avec une cuisine comme au Mexique ! La carte, courte, propose de copieux plats le midi, des tapas et tacos à partager le soir. Goûtez au *chillaquilles de pollo* (poulet), *totopos* (chips de maïs), baignées d'une sauce tomate verte, ou version végé « Nopales » (cactus cuisinée), ceviche de poisson, porc Pibil (échine de porc confite marinée au piment). De très bons desserts pour finir ! Et pourquoi pas goûter la tequila ou le mezcal ? La carte change régulièrement, pour notre immense plaisir !

RÉUNIONNAIS
LA CASE BOURBON
22, rue de Coulmiers ✆ 06 62 01 81 69
Tramway ligne 1 ; arrêt Moutonnerie. - www.lacasebourbon.com
Ouvert du lundi au vendredi de 11h45 à 14h. Formule midi : 10,30 €/12,50 € (plat, dessert et boisson). Vente à emporter.

Après avoir fait ses armes à Paris auprès de grands chef comme Eric Fréchon et Christian Constant, ou avoir travaillé chez Potel et Chabot, Pascal vous invite à déguster ses spécialités réunionnaises. Parmi les plats, citons le rougail de saucisse, le poulet au citron ou le massalé de porc bringelles et le cari vegan. Les gourmands rapporteront aussi chez eux bouchons, boudins, sarcives, samoussas, accras de morue et autres spécialités telles les achards de légumes. À noter aussi : le kit apéro composé d'une bouteille de planteur et 18 pièces d'accras et de samoussas. Vous pouvez manger sur place sur les mange-debout à votre disposition ou emporter chez vous pour un repas réunionnais.

BURGER

BACK BAY

11, quai Turenne ✆ 07 80 96 31 29
Arrêt Commerce ou Hôtel Dieu - www.backbay.fr
Lundi 12h-14h30 ; du mardi au samedi 12h-14h30 et 19h-21h30. Le dimanche 19h-21h30. Menus de 12,90 € à 14,50 €.

Le nom évoque un quartier de Boston où Tom, le fondateur, a vécu. Installé sur l'île Feydeau (à la place de totum), Back Bay est un lieu sympa aux notes de *diner* américain. On vient déguster un burger savoureux concocté par le chef Hugo. La carte offre plusieurs déclinaisons de buns : émincés de bœuf, pulled pork ou crevettes, également des clubs poulet, thon ou grilled cheese. À accompagner de bonnes frites maison, assaisonnées aux épices cajun ou cheddar fondu/bacon. Des menus sont à disposition midi et soir. Le restaurant dispose d'une immense terrasse. Accueil chaleureux, on se régale tout en appréciant ce p'tit coin d'USA dans le charme des vieilles pierres !

NEW BISTROT - BRASSERIE

CHEESE AND FRIENDS

15, Rue Racine ✆ 09 81 06 22 12
www.cheeseandfriends.com
Ouvert du mardi au samedi de 15h à 00h. Service en continu. Planches fromagères sur place ou à emporter.

Avis aux amateurs de bons vins et bons fromages, Cheese & Friends est là pour ravir nos papilles ! Ce bar à fromages réunit ces subtils ingrédients. On parle bien de vraies planches de fromages qualitatives, qui viennent s'accorder délicieusement aux vins. On choisit entre la locale, la brute, la voyageuse ou la douce que l'on agrémente de charcuteries si on le désire. On peut également commander du fromage au poids, c'est bien vu ! Le service est en continu, ce qui est pratique pour une dégustation avant ou après un ciné ou théâtre. Qui plus est, on peut commander à l'avance des planches à emporter. L'accueil est digne d'une belle soirée entre amis. À découvrir de toute urgence !

NEW À EMPORTER

BROTHER'S DELI

41, quai Malakoff
✆ 06 73 16 25 12
https://brothersdeli-nantes.com/
Ouvert du mercredi au lundi le midi et le soir.

Gare Sud, face au canal Saint-Félix, on se délecte des goûteux sandwichs des frères Brother's Déli. Déli comme un Delicatessen : ces petits lieux à l'américaine où il fait bon se restaurer. Simon et Pierre nous invitent à goûter la spécialité, le Brother's à base de pastrami de bœuf, pickles, oignons confits, avec du bon pain artisanal. Le OG, Le Reuben, le Turkey Club et le végé BRO GAN avec sa superbe tchatchouka et aubergines grillées. Parmi les petits « à côté », les « sides », comme cet houmous ou baba ganousch (caviar d'aubergine) à partager. On se fait plaisir avec des desserts gourmands. Sans oublier les bières artisanales angevines ainsi que limonade bio. L'accueil est charmant !

BURGER

CANAILLE STREET FOOD

6, allée d'Orléans ✆ 02 72 02 86 80
www.canaillecafe.com
Ouvert tous les jours de 15h à 2h. Pizzas : 10 €. Hot-dog : 4,50 €. Accueil des groupes. Terrasse.

Un, deux et trois canailles. Au Hangar à bananes façon café-brasserie, dans le quartier de Graslin façon bistro chic, et vers Commerce, façon bar convivial et animé ! Canaille, c'est le rendez-vous des jeunes Nantais. Alternative aux fast food franchisés, il met la street food à l'honneur. Qualité et fraîcheur des produits riment avec junk food. On profite donc de l'ambiance conviviale et cosy d'un bar, accompagné d'une pizza ou d'un hot-dog. La carte est courte mais suffisante pour se sustenter avec plaisir. Pizza jambon, chorizo ou 4 fromages ou encore hot-dog Crispy Canaille, Hot Mango ou Mexican Dog. Le service est rapide et le personnel accueillant. Un bon rapport qualité-prix !

À EMPORTER

LE CABOULOT CLUB

45, ter rue de la rue d'Auvergne
✆ 07 77 86 35 08
Du lundi au vendredi 9h-2h ; samedi de 18h à 2h. Sandwichs : 6,50 € à 7,50 €. Plats : 4,50 € à 12 €. Desserts : 3,50 €.

Un bar, des sandwichs, de la musique..., Le Caboulot, c'est un lieu où il fait bon *chiller* (prendre du bon temps au Québec), à toute heure de la journée. Que ce soit pour un sandwich sur le pouce, pour un verre au gré de ses pérégrinations sur l'île de Nantes, ou bien pour profiter de l'ambiance musicale avec les concerts : toutes les excuses sont bonnes pour faire une halte au Caboulot ! « Club et sandwich et plein de good vibes » : c'est la devise du bar, que l'on prend plaisir à vivre le temps d'une pause ! En cuisine, c'est Sab, la Rock'n'cuistot qui nous régale. Ce lieu un soupçon décalé pour notre plus grand plaisir et surtout agréable et chaleureux. On y retourne sans hésiter !

NEW À DOMICILE

LE CANARD ARGENTIN

20, rue Paul Bellamy
✆ 06 85 14 59 38
www.lecanardargentin.com
Livraison en semaine. Plat pour 4 personnes : 32 €.

Derrière ce drôle de nom se trouve Marine ! Une cheffe qui propose une cuisine pour petits et grands. De 3 mois à 100 ans ! Avec elle, plus besoin de se prendre la tête à choisir les menus, faire les courses puis cuisiner. Marine prépare des plats gourmands et réconfortants pour toute la semaine. Des recettes de grand-mère et/ou de saison. Sa créativité et sa douceur se retrouvent au cœur de l'assiette pour satisfaire nos papilles. Ce qu'elle propose, c'est une cuisine familiale. Qu'il s'agisse de repas quotidien, de dîners festifs entre amis/famille ou même goûter d'anniversaire. On choisit de se faire livrer ou elle confectionne ses bons plats chez nous. À découvrir !

À EMPORTER

COQ MONSIEUR

6, rue Beauregard ✆ 02 51 89 41 12
www.coqmonsieur.fr
Du mardi au samedi midi et soir. Carte : 9,50 € environ. Menu enfant : 8 €. Formule : 12,90 €. Dessert : 3,90 €

Envie d'un croque ? Ici aux côtés de Monsieur on trouve Mauricette (jambon, comté, béchamel, brouillade d'œuf), Georges (mozza, tomme, cheddar, ciboulette), Hugues (curé Nantais, jambon, oignons caramélisés) et d'autres déclinaisons toutes aussi appétissantes les unes que les autres. Le Coq Monsieur revisite le célèbre sandwich chaud français, et on aime ! C'est fait maison avec des produits frais, c'est encore mieux ! Le lieu est accueillant et agréable. Sur place ou à emporter, on profite des menus pour découvrir une ou plusieurs des recettes proposées. Pour l'apéro, on trouve entre autres des planches de croques à partager, astucieux ! Une bonne adresse à garder en tête.

À DOMICILE

LE CROQUE BEDAINE

21, rue Jean Jaurès ✆ 09 87 30 38 85
www.lecroquebedaine.fr/nantes
Ouvert du mar au ven midi et soir ; le sam soir. Formule midi : 9,90 € (croque+frites+salade). Croque-monsieur : 6,90 €.

Dans cette enseigne franchisée née à Strasbourg, on y croque des croque-monsieur pour s'en mettre plein la bedaine ! Le principe de cet endroit est de passer un chouette moment en bonne compagnie autour d'un plat fédérateur et de bière. Le midi, vous aurez le choix entre les divers croque-monsieur originaux (6 réguliers et 3 du mois) et 2 salades. À l'ardoise, vous pouvez découvrir des desserts qui vous feront saliver : tiramisu banane, cheesecake, brioche toastée... Le soir, venez déguster les croques en mode tapas et profiter de la happy hour. Si l'agenda s'y prête vous pourrez apprécier un match sur le grand écran et pourquoi pas une soirée blindtest musicale. Sur place ou à emporter.

SUR LE POUCE

LÀ CANTINE FERMIÈRE

10, rue de Mayence
✆ 07 69 17 76 66
Du lundi au samedi le midi. Sandwichs : 7,40 € à 8,40 €. Plat du jour : 11,50 €. Accompagnements & desserts : 4 €.

En voici une belle adresse ! Celle-ci est tenue par Pierre Michel. Sa sandwicherie haut de gamme met en avant les producteurs locaux. Chaque jour, la clientèle se presse pour déguster sandwiches chauds ou froids, plat du jour mais aussi desserts maison comme le crumble pomme, cannelle, cerise. Sandwich du jour, du mois ou intemporel, quel plat vous régalera ? Laissez-vous tenter, par exemple, par un sandwich au poulet rôti, avec tomme de Savoie, compotée d'oignons, sauce blanche, légumes croquants et salade. À moins que vous ne préfériez le végétarien avec carottes glacées au cumin, tomme de Savoie. Ici tout est frais, fait maison et dressé sous vos yeux ébahis ! On est bien « LÀ » !

NEW

PRODUITS GOURMANDS

CHEZ FRED

65, rue de la pierre - **BOUGUENAIS**
✆ 02 28 96 80 42
facebook.com/chezfred.net
Ouvert du lundi au samedi de 7h à 20h.

Fred et son équipe nous accueillent chaleureusement dans cette enseigne aux multiples facettes. Boulangerie, charcuterie, boucherie mais aussi épicerie cohabitent dans un même espace. Ici, on a la possibilité de se procurer des produits afin de se faire un repas complet, de l'apéro jusqu'au dessert. Les bons produits sont à l'honneur avec du local et du frais. Fred avait ce désir de proposer des produits d'exception autour d'une rencontre humaine tant pour les équipes que pour les clients. On entre ainsi d'abord par la partie boulangerie qui nous mène jusqu'à la boucherie-charcuterie pour finir par l'espace cave et épicerie fine. Une belle adresse pour les gourmands et épicuriens nantais !

À DOMICILE

NAOFOOD LIVRAISON A VÉLO

✆ 06 73 22 79 11
https://naofood.fr/
Ouvert toute l'année. Tous les jours. sauf le dimanche midi.

© NAOFOOD LIVRAISON A VELO

Quel succès et plaisir depuis 2019 déjà de se faire livrer par le super collectif de coursiers, : Naofood ! Cette plateforme 100 % nantaise et 100 % éthique nous livrent des repas de qualité, le tout à vélo et dans le respect du travail. Ce service éthique est celui de son créateur Guillaume Blanchet. Parmi les restaurants : L'Éthiquête, Portland, Bao Dao, Agapé, Lazzarone.. La livraison s'effectue sur 3 km autour du centre-ville. L'équipe est constituée de coursiers souriants et sympas avec un nom, visage et une mascotte : Ariel, Robin, Guillaume... Naofood, c'est aussi une démarche généreuse vers des associations : 2 % sont reversés. Sans oublier l'application NAOFOOD.

À EMPORTER

DELICATESSAINE RESTAURATION

2, Rue Sourdeac ✆ 02 40 74 33 13

www.delicatessaine.fr

Ateliers tous les mardis et jeudis après-midi. Menu du jour le midi : 14,50 € HT.

À deux pas de l'Éléphant (star nantaise au rayonnement international), se trouve depuis 2021 une adresse déjà culte auprès des locaux : Delicatessaine. Ce lieu de gourmandises magnifiquement préparées est plus qu'une pâtisserie, c'est aussi un salon de thé, où il fait bon se poser, en face des machines de l'île. Vous y trouverez, en plus des pâtisseries saines et raffinées, des soupes, des salades ou des bowls. Ce n'est pas parce que l'offre s'étoffe que le soin apporté aux plats est moindre, bien au contraire ! Un must, un lieu devenu incontournable.

SOLIDARITÉ - ENTRAIDE

LE GOÛT DES AUTRES

✆ 06 59 18 04 19

https://legoutdesautres.org/

Entreprises ou particuliers, anniversaires, mariages, séminaires... Demander un devis.

Le Goût des Autres, c'est avant tout une aventure humaine. Cette association permet l'intégration sociale et économique de familles étrangères arrivées en France via la cuisine. Ce traiteur solidaire propose ainsi plusieurs types de prestations à destination des entreprises, des collectivités locales et des particuliers. Venant d'Inde, de Géorgie, du Japon ou encore d'Arménie, une dizaine de femmes cuisinent sous l'œil bienveillant de Djida. Elles unissent leur savoir-faire et délivrent une cuisine savoureuse qui ravit nos papilles. Toutes les valeurs humaines, de partage, d'altruisme et de respect de l'autre, se retrouvent dans l'assiette. Ici, on nourrit notre ventre mais aussi notre cœur.

NEW

À EMPORTER

GÏDA KEBAB

27, Rue de la Tour d'Auvergne

✆ 09 81 99 31 60

Döner seul 8,50 €, avec frites 11 €. Avec boisson, 12,50 €.

Après un tour de manège au carrousel ou bien balade à dos d'éléphant, venez découvrir Gïda. Ce kebab artisanal tient son nom du mot turc, qui veut dire « cuisine et nourriture ». Ici tout est fait sur place. Découpage de la viande de poulet hallal, marinade, sauces, frites bio, cookie. Le nom est un clin d'œil aux origines kabyle de la grand-mère du chef ; la cuisine de Samy est à découvrir aussi tout près d'ici « aux Arrosés » : un bistrot tenus par les 4 associés des 2 établissements. Gïda est donc un kebab locavore, soucieux de l'environnement : produits frais, emballages écologiques. Un lieu atypique où l'on peut aussi bien s'arrêter pour prendre un verre et profiter d'une terrasse ombragée.

NEW

À EMPORTER

FRICOTTE

34, rue des hauts pavés

Du lun au ven : 11h30-15h. Pâtes : 5,90 €. Soupes : 4,50 €. Tartes : 4,90 €. Salades : 4,90 €/7,90€. Cookies : 2,50 €.

Céline et Théophile nous accueillent dans ce charmant restaurant. On choisit ce que l'on souhaite savourer sur l'étagère réfrigérée ou au comptoir : soupes, tartes, salades, pâtes ou sandwichs. La carte change chaque semaine et on apprécie particulièrement de découvrir plusieurs options végétariennes. D'autant plus que tout est fait maison avec des produits frais. Terminez votre repas avec un délicieux cookie choco-noisettes. Le restaurant ferme ses portes au cours de l'été 2023 afin de nous recevoir à la rentrée avec la partie salon de thé. Celui-ci pourra accueillir une trentaine de personnes et sera ouvert tout au long de la journée pour un instant douceur. Sur place ou à emporter.

À EMPORTER

GOUPIL RÔTISSERIE

71, rue Maréchal Joffre ✆ 02 28 30 97 46

https://goupilrotisserie.fr/

Lundi et mardi 10h30-14h30 ; du mercredi au dimanche 10h30-21h30. Formule Goupil : 11,90 €. Étudiante : 8,90 €.

La rue Maréchal Joffre, l'une des plus dynamiques de la ville, accueille en son sein une adresse chaleureuse : la rôtisserie Goupil. Le maître renard, vous propose de déguster du poulet rôti français de qualité. Ce dernier est sélectionné avec soin dans les terres du Sud-Ouest, pas loin de notre pays nantais, et toujours de qualité label Rouge ! Plusieurs formules et morceaux de poulets vous sont proposés, pour ainsi plaire à toute taille d'estomac. Évidemment, vous pouvez repartir avec un poulet complet, à partager (ou pas) avec vos amis ou collègues sur les bords de l'Erdre, par exemple. On aime particulièrement cette adresse qui s'adapte à toutes les bourses !

NEW

À EMPORTER

MAGMAA FOOD

15, Rue La Noue Bras de Fer

www.magmaa-nantes.fr/

Du mardi au mercredi 11h-23h. Du jeudi au samedi 11h-minuit. Dimanche 11h-17h

Le food hall a débarqué en juin 2022 dans le quartier de la Création sur l'île de Nantes ! Un lieu apprécié des touristes et des Nantais. Il abrite une dizaine de restaurateurs. À la carte ? Du bruit mais surtout du bon avec plusieurs nationalités réunies : italienne (Fornelli), coréenne (Mooa), sud-américaine (Eita), française (Beurre-Noisette, French-Tech), afghane (Padsha), anglo-saxone (Patty), méditerranéenne (Zäatar) et même nomade avec Töste, un corner éphémère. Depuis avril 2023, les cuisines tibétaines (Shayla) et jamaïcaines (Talala) ont débarqué. Du gourmand dans l'assiette avec du bio et du local. À l'instar des bières servies au bar.

À EMPORTER

MELBOURNE COFFEE

4, rue Jemmapes ✆ 02 28 44 23 07
www.melbournecoffee.fr
Ouvert du lundi au vendredi de 8h à 15h et le week-end de 10h à 14h. Fermé les week-ends des vacances. Plat du jour 9,50 €.

Ce coffee-shop australien à l'ambiance chaleureuse et conviviale est également un restaurant pour déjeuner en semaine et prendre un brunch le samedi. Les plats sont élaborés à base de produits frais à l'image du délicieux crumble de légumes d'été, ou la salade de quinoa (amandes effilées, houmous, betterave et avocat), ou le très frais tartare duo de saumon aux agrumes, ou encore le burger du vendredi au poulet ou végétarien ! Jonathan, barista de son état, vous accueille tout au long de la journée pour boire un bon café : ristretto, expresso, americano, macchiato…, ou un smoothie et grignoter un des délicieux daily sweet treats comme le red velvet, le carrot cake, le strange cake…

À EMPORTER

KER JULIETTE CREPERIE

4, place de la Bourse ✆ 09 83 86 71 36
www.kerjuliette.fr
Du lundi au vendredi midi et soir ; du samedi au dimanche de 12h à 22h. Menus à partir de 10 €.

Lancé par Juliette et son équipe, ce restaurant fait rimer tradition bretonne et nouvelles habitudes de consommation. On vous accueille au comptoir en marinière et casquette bleue (le *breizh style* !), pour manger sur place ou à emporter. À vous le Ti saucisse (la galette saucisse bien sûr !), ou le Ti Roman (saumon et purée de pommes de terre), ou on opte pour le menu Bizher, le burger breton, anagramme de Breizh, à base de pain au sarrasin, viande française, Curé nantais, oignons de Roscoff et mâche nantaise ! À noter : c'est ouvert en continu à côté du cinéma Gaumont. Et une nouvelle adresse a trouvé sa place sur la passerelle de la gare SNCF. Idéal pour les petits creux en voyage !

À EMPORTER

MORFAL

12, rue des Vieilles Douves
Arrêt Commerce ou Saint-Nicolas
Mardi et mercredi de 12h à 14h30 ; jeudi au samedi de 12h à 14h30 et de 19h à 21h30. Carte : 10,50 € environ.

C'est un petit coin de Méditerranée fraîchement installé derrière la place Royale. Dans cette « cantine du sud », on mange un pain pita garni au choix : kefta, shawarma, œuf, ou l'original au haddock. On l'accompagne volontiers par un ou plusieurs *sides* : houmous, aubergine grillée, côtelette de maïs… Une petite sélection bien appétissante, qui change selon les saisons. Pour se désaltérer ? Limonade et thé glacé bio, bières locales (en provenance de la Little Atlantique Brewery) entre autres. En cuisine ça va vite, le service est assez rapide, et à table ça dévore avec appétit. Chez Morfal on prend un bon bain de saveurs, ça ensoleille le palais et ça fait du bien !

À EMPORTER

PAWS HOT DOG

31, bis rue de la tour d'Auvergne
✆ 09 84 08 99 21
Terrasse. Privatisation

Les Paws ce sont les fameux chiens chauds, plus connus sous le nom de *hot-dogs* ! Avec leurs sandwiches réalisés 100 % maison, 100 % « LA » Loire-Atlantique, les créateurs de Paws, Vincent et Ben, ont fêté ses 6 ans en 2023. Ce snacking redonne ses lettres de noblesse au « chien chaud » revisité avec des ingrédients frais et locaux : farines bio pour les pains briochés, saucisse de porc artisanale. On fond pour le Classic dog avec pain maison, oignons frits, herbes fraîches, saucisse artisanale, ketchup, moutarde. Les 2 compères font aussi traiteur pour les événements extérieurs. La nouvelle adresse propose aussi des formules du jour avec 3 entrées, plats ou desserts au choix et des tapas !

À EMPORTER

MR ALBERT NANTES HOT DOG

centre commercial de Beaulieu ✆ 07 88 40 86 81
https://mr-albert.com
Ouvert du lundi au samedi de 10h à 21h. Menu enfant : 8,50 €. Menu à 14,90 € et 17,50 € et carte. Menu enfant : 9,90 €.

Amateur de hot-dogs de qualité, c'est ici ! Mr Albert, créateur de hot-dogs originaire de Nice, développe son activité, le succès étant au rendez-vous ! Pour notre plus grand plaisir, on le retrouve à Nantes où vous trouverez des recettes classiques de hot-dogs, mais aussi d'autres très originales (mention spéciale pour Mr Jacques Chichi ou Mr Barack). Dans votre hot-dog, vous choisissez votre saucisse : bœuf, porc, veggie ou saucisse XXL fourrée à l'emmental. Les plus gourmands se laisseront tenter par des tapas en complément. Le lieu est agréable et c'est aussi un bar et salon de thé. Service en continu !

À EMPORTER

OH MY FISH

21, rue de Strasbourg ✆ 09 83 72 12 21
www.ohmyfish.fr
Du lundi au vendredi de 11h30 à 14h30. Et le samedi midi. Vente à emporter. Livraison possible via Naofood.

C'est en mars 2021 qu'a ouvert cet espace de street-food où le poisson frais se déguste comme une gourmandise. À l'origine de ce nouveau concept, Laura et son mari Alexandre, ancien poissonnier. Choisissez la version roll ou bowl et les garnitures du moment selon la pêche du jour. Le roll est un pain brioché, toasté au beurre et fourré. Goûtez le succulent Nantais aux Saint-Jacques snackées, poireau caramélisé, mâche et curé nantais. Le bowl est une salade composée. Régalez-vous du ceviche de dorade, pamplemousse de Corse ou autres fruits selon les saisons. Et pour la touche sucrée, succombez aux desserts maison de Laura ! Fidélité récompensée par un fish roll offert au bout de 10 passages.

NEW

À EMPORTER

TARTAGE TARTE ARTISANALE

3, place Catinat ✆ 09 86 34 90 33 - https://commandes-tartage.fr/

Ouvert du lundi au vendredi de 11h à 20h ; le dimanche de 11h à 14h et de 17h à 20h. Fermé le samedi

Une envie de tarte salée ? Courez chez Tartage, les tartes à partager ! Unique à Nantes et 100 % maison et artisanales, les tartes façonnées à la main se déclinent en recette de saison ! Avec la tarte poitrine fumée poireaux, légumes du soleil, la provençale... Les portions sont goûteuses et copieuses et l'on peut se faire plaisir à la part ou en tarte entière. Les tartes se prennent à emporter avec les formules et menus du jour et c'est ouvert en continu. Côté desserts, des cookies, brownies, flan et verrine citron meringuée sont un régal sucré. Bouteilles de vins et petite épicerie complètent les partages. L'accueil est charmant et on entend du jazz... Les bords de Loire sont proches !

TRAITEUR

A TABLE TRAITEUR

9, avenue de la Vertonne - **VERTOU** ✆ 06 16 64 54 33

www.a-table-traiteur.net

Commande 48 heures à l'avance pour groupes (à partir de 10 personnes).

Chef cuisinier fort de 25 années en restauration, Didier est un passionné de gastronomie. Il propose différentes formules traiteur uniquement sur commande, pour les entreprises et particuliers. Qualité et efficacité sont au rendez-vous : le chef s'adapte à vos demandes. Au menu : belles entrées avec un choix de salades (norvégienne, italienne, fermière), plats soignés (filet mignon de porc au chorizo ou au piment d'Espelette, poulet à l'indienne, ballottine de volaille au basilic, sablé breton avec gelée basilic) et desserts gourmands (gâteau nantais et tiramisu). Les entreprises peuvent commander des plateaux repas, ainsi que des petits déjeuners et cocktails déjeunatoires et dînatoires.

NEW

LE WATTIGNIES BAR RESTO

13, Boulevard des Martyrs Nantais de la Résistance

✆ 07 88 39 72 83 - www.communile.com

Ouvert du lundi au samedi.

Ici c'est la détente assurée. La convivialité est de rigueur dans ce tiers lieu qui fait restaurant le midi et bar le soir. On peut déjeuner avec une tarte tatin aux poireaux, un colombo de porc ou une brique chèvre miel. La carte met à l'honneur les produits de saison, avec 3 plats. Le producteur de kéfir vient de Rezé, les entrepreneurs de l'association de solidarité Singa fournissent le bissap. Avec le Labo Diva et le Bar'ile, eux aussi membres de la coopérative Commun'ile, les salariés cultivent des légumes à la ferme de Corcoué-sur-Logne. Pour les amoureux du circuit court. Côté bières, c'est local et bio avec à la carte, la brasserie du Bouffay ou la brasserie solidaire La Tête Haute.

BAR À PÂTES

TUTTI PÂTES FRAICHES

73, rue du Maréchal Joffre

✆ 09 88 38 20 58

Du lundi au vendredi midi et soir ; week-end le soir. Menus de 8,50 € à 14 € (classique ou maxi). Carte : 7,50 € environ

Nouveau rue Joffre, Tutti propose des pâtes fraîches maison préparées par Siham, à emporter ou à manger sur le pouce ! La petite échoppe concocte différentes recettes de sauces : 4 fromages, saumon, poulet curry coco, veggie, bolognaise, funghi, plus une version qui change chaque semaine. Le plat est agrémenté de parmesan ou emmental, miam ! On craque pour la formule plat, dessert, boisson, combo tutti, et pour les plus téméraires, la version maxi. Pour le dessert, c'est plutôt gourmand : moelleux au chocolat, tiramisu du moment concoctés par Siham. Bon à savoir, les pâtes se déclinent en version salades fraîches. Une petite adresse sympa pour manger un bon plat de pâtes !

BAR À SOUPE

WE LOVE SOUPES

Rue Magdeleine ✆ 06 43 97 11 67

www.welovesoupes.com

Ouvert du lundi au vendredi le midi. Chèque Restaurant. Vente à emporter. Click & Collect.

Changement de cap pour Olivier Gelbart qui a ouvert, en 2021, son bar à soupes à base de produits majoritairement bio. Ce passionné de voyages et de cuisine nous invite à faire le tour du monde des saveurs. Chaque jour une nouvelle destination : *nabe* curry du Japon, *minestrone* d'Italie, *lohikeitto* de Laponie, *kimchi-jigae* de Corée, *thom kha gai* de Thaïlande. La carte nous emmène en Inde avec l'épicée Mulligatawny, en Asie centrale avec la crémeuse Persane au yaourt, au Pérou avec la divine Cusquéna, sans oublier le fameux *ramen* poulet nippon. Un vrai tourbillon pour les papilles ! Contenants et couverts recyclables pour la vente à emporter et jolie vaisselle d'Un Air de céramique sur place.

À EMPORTER

YAFEL

83, Rue Maréchal Joffre ✆ 02 55 10 47 59

www.yafel.fr

Tous les jours de 12h30 à 14h30 et de 18h30 à 22h. Pita 8,20 €. Pita + boisson : 10,20 €. Box 6 falafels : 6 €.

Agréable établissement lumineux, Yafel est dédié au falafel. Nolan et Gildas font rimer street food et qualité. Le falafel c'est une boulette de pois chiches bio savoureuse servie en salade ou en pita (pain rond) et accompagnée de frites de patates douces si vous le souhaitez ainsi que de sauces (houmous maison, guacamole, tzatziki, sauce blanche maison...). Parmi les plats : le traditionnel Yafel (falafel, houmous, mâche, tomate, oignon rouge, chou rouge...), ou le Ciao Tutti ((falafel, pesto, aubergine grillée, parmesan...). On termine avec un dessert gourmand : tiramisu spéculoos, salades de fruits, ou fromage blanc et son muesli granola nappé de caramel au beurre salé.

GASTRONOMIQUE

ANNE DE BRETAGNE

Port de la Gravette - **LA PLAINE-SUR-MER** ✆ 02 40 21 54 72
www.annedebretagne.com

*Fermé lundi et mardi. Été : fermé le midi lundi et mardi. Menus de 90 € à 170 €. Le midi : 55 €. Hôtel ****.*

Une table d'exception face à l'océan ! Ce restaurant deux fois étoilés au guide Michelin mérite amplement ces prestigieux honneurs. Le chef Mathieu Guibert propose une cuisine raffinée aux accents marins, dans un cadre sublime, face à l'océan, avec un personnel aux petits soins. Les menus se déclinent en « Une balade dans mon Pays-de-Retz », « Dégustation », « Intemporel », « Bacchus ». Aux saveurs relevées par les vins sélectionnés par Adrien Lavorel et la note finale du chef pâtissier Jérémie Bousseau. Vous aurez probablement le privilège de saluer le chef qui vient très régulièrement en salle. Une adresse iodée et incontournable pour les gourmets et gourmands, amoureux du large !

AUBERGE CHEZ PIPETTE

13, impasse Tournebride - **LA HAYE-FOUASSIÈRE**
✆ 02 40 54 80 47
www.aubergechezpipette.fr

Tous les jours midi et soir. Menu enfant : 10,90 €. Menus pour groupes. Menu également à emporter.

Situé au cœur du vignoble, Chez Pipette est une institution ! La spécialité de la maison : les grillades sur sarments de vigne. Toutes les viandes y sont déclinées, du bœuf au canard en passant par la charcuterie. En entrée, optez pour les rocamadours panés au miel avant de poursuivre avec un émincé de bœuf poêlé et sa compotée d'échalotes. Pour conclure ce repas, testez un délice d'ananas saveur combava ou encore un éclair saint-honoré coulis praliné. À noter que l'établissement dispose d'un jardin clos pour déjeuner sur la belle terrasse aux beaux jours. Nouveauté en 2020 : une fourgonnette itinérante avec son barbecue à disposition pour vos festivités (anniversaires, mariages, banquets).

AUBERGE DU VAL DE LOIRE

220, levée de la Divatte - **DIVATTE-SUR-LOIRE**
✆ 02 40 06 34 60
www.aubergeduvaldeloire.fr

De mardi à dimanche le midi, vendredi et samedi le soir. Menu midi 16 €, le soir de 29 € à 39,80 €. Plats à emporter.

Cette auberge, engagée dans les Toqués du Goût et certifiée Maître Restaurateur, est une étape de choix sur la levée de la Divatte. Si cette route en bord de Loire est pleine de charme, cette adresse l'est tout autant pour la fraîcheur de ses produits sélectionnés en fonction des saisons. Ici le Chef James Fermigier marie recettes du terroir comme les aiguillettes de canard de Bouaye sauce orange et miel de sarrasin, ou le filet de merlu de nos côtes au beurre blanc, avec des créations maison comme le punta de lomo de cochon Duroc de Batalle à la crème de truffes. Après votre repas, rien de tel qu'une balade digestive au bord de l'eau. Une adresse incontournable !

GASTRONOMIQUE

LE BEAU NID RESTAURANT

115, place Charles de Gaulle - **SUCÉ-SUR-ERDRE**
✆ 02 40 77 77 77 - www.lebeaunid.fr

Du mercredi au samedi midi et soir, et dimanche midi. Midi 20 €/2 plats ; 24 €/3 plats. Menus soir à 38 €, 46 € et 54 €.

Merveilleuse surprise en 2018 à Sucé-sur-Erdre que ce Beau Nid, clin d'œil au nom du patron, le jeune et talentueux chef Valentin Bonnissent. Au sein de son nid, il nous invite à découvrir son charmant restaurant bistronomique à l'ambiance végétalisée, aux couleurs boisées et à la cuisine exquise. Épaulé par une équipe souriante, il utilise des produits bruts qu'il transcende. Le midi, la formule est très abordable. Pour inspiration, une truite gravlax et déclinaisons de betterave et pomélo, un suprême de volaille et sa purée de pomme de terre fumée, une poire pochée et son caramel laitier. Le soir, la restauration est gastronomique en 3, 5 ou 7 temps. Coup de cœur à (re) découvrir !

NEW

BISTROT - BRASSERIE

GUINGUETTE LA HUCHETTE

La Chauvinière - **CHÂTEAU-THÉBAUD** ✆ 06 73 56 99 34
www.guinguettelahuchette.com

Ouvert le vendredi et le samedi à 12h et 22h ; le dimanche à 11h et à 18h. Planche charcuterie fromage 15,50 €.

Amoureux du Voyage dans le Vignoble, c'est ici qu'il faut venir se reposer. Jeremie Huchet, vigneron bio du vignoble nantais avait un désir, faire découvrir le muscadet et les paysages de Château-Thébaud. On apprécie la convivialité, la tranquillité des lieux et le cadre. Sous la pergola en plein cœur des vignes, à la terrasse ou dans une chaise longue de la prairie, la Huchette, bière blonde aux notes de verveine-citron se déguste avec des saucisses grillées au muscadet, mogettes et salade verte, une cuisse de poulet fermier, pommes de terre ou une salade de saison. Les vins sont en biodynamie, comme le Cru Château-Thébaud ou le Cru des Quinze Hommées. Les desserts sont faits maison.

GASTRONOMIQUE

LA MARE AUX OISEAUX

223, rue du Chef-de-l'Ile-de-Fedrun - **SAINT-JOACHIM**
✆ 02 40 88 53 01
www.mareauxoiseaux.fr

Ouvert du mercredi soir au dimanche. Menu à partir de 65 €.

Le chef Éric Guérin a fait son nid au cœur du Parc naturel régional de Brière. Une chaumière où les oiseaux chantent et les papilles dansent. Son restaurant gastronomique étoilé Michelin est un véritable cabinet de curiosités révélant sa passion pour l'ornithologie et les voyages. On commence au coin du feu ou dans le jardin, avant de s'installer à table dans un décor flamboyant et délicat. Éric Guérin imagine ses recettes comme il raconterait un souvenir de voyage. On s'évade. D'abord avec les yeux, puis au fil des saveurs d'ici et d'ailleurs. Une cuisine inventive qui fait la part belle aux produits locaux de saison. Les plus chanceux resteront dormir dans ce petit paradis hors du temps.

CUISINE EUROPÉENNE
OLIO E BURRO

24, rue des Remouleurs - **CLISSON**
✆ 02 40 54 23 85
Ouvert du mercredi au dimanche de 12h à 13h30 ; du jeudi au samedi de 19h30 à 21h. Carte : 25 € environ.

Olio e burro, huile et beurre. L'un représente l'Italie, l'autre la France, tout comme Marta et David, à l'initiative de ce beau projet gustatif ! Vous pouvez y déguster une cuisine franco-italienne riche en saveurs, et mamma mia, qu'est-ce que c'est bon ! Vous ressortirez d'ici satisfaits et repus, des envies de voyage plein la tête. Leur démarche se veut aussi responsable, locale, tout est fait maison et sans gluten. De plus, le couple vous propose aussi des produits italiens incontournables dans leur épicerie, comme le gianduja (chocolat aux noisettes) ou encore le panettone. N'attendez plus et venez vous poser dans ce petit restaurant à l'ambiance chaleureuse, vous ne le regretterez pas.

LE PÉLICAN

13, place Georges Gaudet - **GENESTON**
✆ 02 40 04 77 88
www.restaurantlepelican.fr
Du mercredi au samedi midi et soir, dimanche midi. Réservation recommandée. Menus à partir de 35 €. Formule midi 25 €.

À 15 minutes de Nantes, Olivier Guenoun, maître restaurateur et son équipe vous accueillent dans ce délicieux établissement gastronomique au look moderne. On y déguste une cuisine de marché généreuse et créative mettant en valeur les produits locaux. En entrée, le Panier croustillant thon au tartare citron-gingembre, suivi en plat de Saint-Jacques et langoustines flambées à l'armagnac et de délicieux petits légumes croquants. On se régale avec le risotto d'épeautre ou picanha de veau mille-feuille de pomme de terre sauce crémée façon Tatin. Quant à la note sucrée, on fond pour la tarte citron. Une cuisine gourmande et raffinée et un excellent rapport qualité-prix pour les gourmets !

BISTROT - BRASSERIE
AU PONT DIVIN

20, route des Ponts - **SAINT-JULIEN-DE-CONCELLES**
✆ 02 72 60 89 53
www.aupontdivin.fr
Du lun au ven le midi, jeudi au sam le soir. Midi : 2 plats 14,50 €, 3 plats 17,50 €. Week-end 27,90 €. Tapas, planches.

Après la route des Ponts à Thouaré-sur-Loire, le restaurant grill et bar à vins ouvert en 2018 par Valérie et Mathieu, est une invitation à se détendre et se régaler. Dans la cuisine ouverte, le jeune chef Tom, prépare chaque midi en semaine, des formules du jour, en mettant à l'honneur des produits locaux et l'esprit bistrot. Tartare de bœuf coupé au couteau, poissons de mer en fonction des saisons ou belles grillades au feu de bois et sauces maison. A partir du jeudi soir et en fin de semaine, la magnifique cave du bar à vins invite à trinquer, en grignotant une planche apéro. Une grande terrasse extérieure, un accueil chaleureux... Tout est fait pour passer un moment divin.

NEW
LE RESTO D'LA CALE

104, Levée de la Divatte
SAINT-JULIEN-DE-CONCELLES
✆ 02 40 54 10 19
Ouvert du lundi au vendredi de 12h à 14h ; le vendredi et le samedi de 19h30 à 1h. Menu 19,50 €, menu 5 temps, 50 €.

C'est une adresse emblématique de la Divatte où l'on passe de bons moments. Un de ces restaurants du bord de Loire que l'on apprécie de voir perdurer sous la houlette de son gérant Olivier Bonici et de son équipe. Nouveau chef, nouveau look et l'âme des lieux demeure ! Ce resto- bar a trois ambiances. Le côté bistrot offre une vue sur la Loire. Le coin cosy permet de découvrir le menu du chef en 5 temps et le dernier décor offre de belles couleurs ocre. La carte propose du ris de veau pané, de la dorade et beurre rouge... La nouvelle terrasse, de belles soirées afterwork. Une adresse pour les amoureux du vignoble nantais en quête de tranquillité et de beaux paysages des bords de Loire.

LE TIVOLI

2, avenue du général Leclerc
CLISSON
✆ 02 28 00 39 76
Ouvert du mardi au vendredi de 12h à 14h, de 19h à 21h30. Le samedi, 19h à 22h. Le dimanche 12h à 14h (sur réservation).

Voici un restaurant qui a ses fidèles ! En effet, le Tivoli vous accueille dans une salle distinguée, et vous propose des plats travaillés, délicieux et avec un bon rapport qualité-prix. On adore leur pierrade, ou encore leurs pizzas, aussi belles que goûteuses. Les desserts ne sont pas en reste, c'est là aussi, très bien présenté. On se sentirait presque coupable à croquer dans ces plats. Qui plus est, le service est agréable, on se sent tout de suite à l'aise, le lieu est plaisant. Le restaurant se situe au-dessus des bords de Sèvre, c'est idéal pour une balade digestive. Une adresse où il fait bon revenir ! Bon, nous on y retourne, nos délicieux desserts nous attendent !

VILLA SAINT GERMAIN

170, rue Alphonse Fouschard - **OUDON**
✆ 02 51 14 10 04
www.villa-st-germain.fr
Du mardi au samedi midi et soir. Menu midi : 17 €/28 €, le soir : 38 €. Menu à emporter : 23 €/30 € (48h à l'avance).

Bien caché dans un petit village de 3 600 âmes situé entre Le Cellier et Ancenis, sur la rive nord de la Loire, ce restaurant, engagé dans les Toqués du Goût, vaut vraiment le détour. Chez Marie (la cheffe) et Sébastien (au service), l'ambiance est cosy. Un lieu avec du cachet. On s'installe dans des fauteuils en velours dans la salle aux pierres de granit ou bien dans l'autre qui permet d'observer les cuisiniers à l'œuvre ! Dans l'assiette, c'est frais, parfumé et savoureux. Pas envie de cuisiner ? Réservez votre menu à emporter (à commander 48h à l'avance) ou si vous invitez des amis à l'apéro, pensez à la Box Apéro dînatoire avec 5 préparations chaudes et froides.

JE FAIS MON MARCHÉ

La ville de Nantes regorge de lieux de qualité pour s'approvisionner. Les différentes enseignes sont le reflet de la richesse du terroir de la région : des terres maraîchères fertiles, des vignobles généreux, des vaches nantaises, la célèbre mâche, des poissons iodés et d'eau douce… Jour après jour, laissez-vous séduire par les marchés nantais. Ils vous attendent pour remplir votre panier, notamment avec leurs étals de viandes et poissons frais. Les fermes urbaines offrent l'opportunité de se procurer fruits et légumes, herbes aromatiques et œufs frais directement de la ferme à l'assiette. Pour éveiller vos sens, explorez les épiceries de la ville, proposant des produits en vrac variés : céréales, légumineuses, produits d'entretien et même cosmétiques ! La qualité est au rendez-vous avec de nombreux labels qui témoignent de l'engagement des producteurs et des commerçants. Plongez ainsi dans nos rubriques spécialisées pour composer votre panier gourmand : des plaisirs sucrés aux adresses éthiques en passant par les fournisseurs de vins locaux, faire son marché est un jeu d'enfant !

VOTRE GUIDE DEVIENT

INTERACTIF

TAPEZ **PETITFUTE.APP** DANS LE NAVIGATEUR DE VOTRE SMARTPHONE.

PRENEZ UNE PHOTO DE LA PAGE DÈS QU'ELLE A CE PICTO !

EPICERIE FINE

L'ARTISANAT MONASTIQUE

15, rue Voltaire ✆ 09 67 18 95 54
www.artisanatmonastique.com/nantes.htm
Ouvert du mardi au samedi de 10h à 13h et de 15h à 18h30. Possibilité de commander en ligne.

Voici une charmante boutique émanant de l'association ATC (Aide au Travail des Cloîtres) soutenant le travail des moines. La vente des articles artisanaux sert à divers financements pour les besoins économiques des moines. Ici vous trouverez une grande diversité : épicerie fine et produits de beauté côtoient objets de déco ou d'art religieux. Parmi les articles confectionnés dans les abbayes, des liqueurs, vins, chartreuses, bières de Saint-Wandrille, confitures de Sept-Fons, miels de Sainte-Marie-du-Désert, la vaisselle de Nemours, les médailles de Saint-Pé-de-Bigorre, les bougies du Bec-Helloin, les galettes et cookies de Campeneac (56). Les bénévoles accueillants sont de très bon conseil.

EPICERIE

L'EPI DU FERMIER SCHUMAN

84, boulevard Robert Schuman ✆ 02 28 91 31 97
www.facebook.com/lepidufermier
2e adresse à Canclaux, 40 rue Alfred Riom, 44000 Nantes. 09 75 56 85 45

Après Canclaux, la boutique-marché a récemment ouvert une autre adresse non loin du rond-point de Rennes. On vient faire le plein en produits frais 7j/7, car c'est même ouvert le dimanche ! Luchiano, épaulé de Romain, nous accueille avec le sourire. On trouve du vrac et aussi un joli rayon primeur bio ! Sébastien le chef cuisinier nous concocte des plats du jour à emporter avec les produits du marché. Belles tartes salées, mais aussi sublimes douceurs pâtissières ! On trouve ici de bons breuvages et tout ce qu'il faut pour l'apéro ! La très cool radio numérique « patate douce » nous accompagne lors de nos emplettes. À découvrir sans tarder pour garnir joliment son panier et avoir la patate !

EPICERIE

LA FERME GOURMANDE

10, Chemin des Enfas - **CARQUEFOU** ✆ 02 40 49 83 61
www.lafermegourmande.net
Ouvert du mardi au vendredi de 9h30 à 13h et de 14h30 à 19h ; le samedi de 9h30 à 18h.

Cette ferme gourmande régale les Carquefoliens et Nantais avides de bons produits ! Le maraîcher Alexis Chauvelon et son équipe nous proposent leurs récoltes en vente directe mais aussi d'autres produits fermiers. Situé entre l'enclos des poules et des chèvres et les serres maraîchères, ce bâtiment en bois abrite un magasin avec des produits fermiers de qualité en direct des producteurs, locaux et régionaux. Les fruits et légumes sont cultivés en agriculture raisonnée. Outre les primeurs, on fait le plein avec un rayon crèmerie et une épicerie foisonnante : café, thé, miel, confiture maison, compote, cookies, épices, soupes, légumineuses, vinaigre, cidre et pains. À découvrir sans tarder.

EPICERIE

BATTOS EPICERIE FINE

15, rue des Hauts-Pavés ✆ 02 51 72 22 52
www.restaurantbattos.com
Epicerie : lun, mar 11h-16h. Du mer au ven 11h-20h. Restaurant : Du lun au ven 12h-13h30. Du mer au ven 19h30-21h

Battos, c'est le projet monté par 2 amies de lycée hôtelier : Lucie Colombatto, en salle, et Gladys Battault, aux fourneaux. Les Battos, surnom qui leur a été attribué lors de leur adolescence, est devenu une évidence quand il a fallu choisir un nom pour ce lieu, où régal est le maître mot ! Le restaurant, ouvert début janvier 2022, agrémente l'espace épicerie, petit, cosy, mais avant tout très bien achalandé ! Pickles parfumés, vinaigres aux fruits, bières aux multiples saveurs, gressins gourmands et autres très bons produits vous attendent pour enjoliver vos assiettes ! Les Battos ont testé toute leur marchandise avant de vous la proposer à la vente. Confiance est aussi le maître mot !

EPICERIE

THE GOOD LIFE

17, rue Mercœur
✆ 02 51 72 40 35
www.thegoodlife-nantes.fr
Ouvert du mardi au samedi de 9h à 19h.

Début 2022, Myriam a donné vie à The Good Life avec une idée claire en tête : le commerce plaisir. Dans cette belle épicerie fine à la déco chaleureuse et colorée, on se sent bien. Une parenthèse s'ouvre alors, et on découvre avec envie les produits proposés : tisanes, biscuits, chocolats, tartinables, spiritueux, épices... Une sélection raffinée que Myriam prend plaisir à expliquer. On découvre des produits de qualité, on se laisse volontiers tenter, on y trouve de jolies idées de cadeaux. Le lieu fait également coffee shop : on peut y savourer un café, ou un délicieux Chaï Latte, accompagné d'une douceur sucrée. Un agréable moment chez The Good Life, qui porte bien son nom !

EPICERIE

HISTOIRES D'APÉRO

6, boulevard Robert Schuman ✆ 09 52 73 64 74
www.histoiresdapero.fr/
Ouvert mardi et mercredi 10h30-13h30 et 15h-19h30 ; jeudi et vendredi 10h30-13h30 et 15h-20h ; samedi 10h30-20h.

Un apéro improvisé ? Une soirée originale ? Envie de qualité sans courir plusieurs magasins pour trouver votre bonheur ? Voici l'endroit dont vous aviez toujours rêvé ! Et ce rêve enfin accompli était également celui de Véronique et Sylviane, les deux femmes en reconversion derrière ce projet qui satisfait leur quête de contact et de partage. Leur épicerie fine qui a ouvert tout près du rond-point de Rennes à l'aube de l'été 2020 est donc spécialisée dans les produits apéritifs. Fromage, charcuterie, tartinables, biscuits, vins de petits producteurs, bières locales et jus de fruits haut de gamme vous y attendent. Commandez vos planches apéro et vos box en ligne ou sur place et régalez-vous !

EPICERIE

IMAGINE EPICERIE

12, rue Gresset
✆ 02 40 34 06 11
Ouvert du mercredi au vendredi 10h-11h30 et 17h30-19 ; le samedi 16h-19h ;

Imagine est bien plus qu'un restaurant, et ce depuis l'automne 2020. En effet, la cheffe Anne-Lise Genouël a ouvert un espace cave/épicerie, et une chose est sûre, elle sait nous transmettre sa passion des bons produits ! Vous y trouverez des vins de vignerons (plus d'une centaine de références !), des spiritueux originaux, ainsi que des bocaux maison. Des épices sont aussi disponibles pour relever vos plats et les faire gagner en intensité. Vos papilles vous remercieront, c'est sûr. Idéal donc pour prolonger l'excellente expérience gustative chez vous ! Même si on est toujours ravi de pouvoir retourner manger au restaurant, où de nouvelles recettes étonnantes et créatives nous attendent !

EPICERIE

LE LIEU JAUNE

2, allée Susan Brownell Anthony
✆ 06 31 55 94 27
https://lelieujaune.business.site
Ouvert du mardi au samedi de 11h à 14h et de 17h à 22h.

Bienvenue dans ce petit coin de mer ou d'Atlantique en plein cœur de l'île de Nantes, non loin de notre éléphant. William, un Breton amoureux de la belle pêche et autres produits de la mer, a décidé d'ouvrir un lieu à lui, pas n'importe lequel : le lieu jaune ! Oui, c'est le nom d'un poisson, et pour cause, ici tout tourne autour de la mer. À la fois épicerie spécialisée dédiée aux produits de la mer (produits de fumoirs, tartare d'algues, huîtres, plats préparés artisanaux, conserves, cidre, bière, chips de sarrasin...), c'est aussi un restaurant ponctuel, bar à huîtres et traiteur évènementiel, lieu d'exposition pour les artistes de l'île de Nantes. Un lieu proche qui sent bon les embruns !

EPICERIE

LES PETITES CAGETTES

69, rue de Bel Air ✆ 09 71 46 33 96
www.lespetitescagettes.fr
Ouvert du lundi au jeudi de 10h à 13h30 et de 15h30 à 19h ; le vendredi et le samedi de 10h à 13h30 et de 15h30 à 19h30.

En voilà une jolie et belle épicerie de quartier ! Martin et Enzo nous invitent à garnir nos cagettes avec leurs belles trouvailles, toujours composées de produits frais, locaux et en bonne partie bio. En plus de la boutique, le lieu dispose d'une offre primeur fruits et légumes de saison, d'un banc avec crèmerie et fromagerie et d'une cave avec des vins de Loire, de France ou encore de bonnes bières locales. Chaque jour, on retrouve un service de petite restauration à emporter ou déguster sur place. Sandwichs, burger, salade ou plat du jour. La playlist d'Enzo (artiste par ailleurs) et la bonne humeur des compères nous donnent envie de revenir faire le plein de vitalité !

TRAITEUR

ILORE

5, Rue Guépin
✆ 02 40 48 51 82
ilore.eatbu.com/?lang=fr
Ouvert du mardi au samedi de 8h30 à 19h. Menu : De 19,90 € à 28 €. Sur place ou à emporter. Livraison possible.

LORE c'est l'anagramme de la Loire, le fleuve qui traverse la ville de Nantes et qui réunit Hélène et Guillaume. Attachés au terroir et aux produits de qualité, ils associent ici leur savoir-faire pour un service traiteur fait maison ! Salé ou sucré, apéritif ou dessert, sur place ou à emporter tout au long de la journée, on se régale d'une cuisine traditionnelle faite maison avec des produits locaux de saison. Que ce soit pour vos apéritifs dînatoires, pour le snacking, pour vos entrées ou pour les plats préparés, on se régale ! Enfin les pâtisseries maison ne sont pas en reste comme en témoigne le Paris-Plougastel ou Pavlova fruits rouges. Sur place ou à emporter.

EPICERIE

FUMAGE ARTISANAL D'ARZON

4, RUE CASSINI ✆ 02 40 80 73 72 - www.fumage-arzon.fr
Ouvert du mardi au samedi de 9h à 12h30 et de 15h à 18h30 ; le dimanche de 9h à 12h30.

© FUMAGE ARZON

Patrick Chauchard est un producteur de saumon fumé, frais, sauvage. Ici, tout est dédié à ce poisson. Le saumon est salé à la main au sel de Guérande et le fumage est artisanal, il se fait au bois de hêtre dans la plus pure tradition. En tranches, en filet entier ou demi-filet, en darnes ou en pavé, il n'y a plus qu'à le déguster ! Fumage d'Arzon, c'est aussi des conserves, caviar d'Aquitaine ou tartare d'algues, des produits traiteurs, foie gras de canard ou rillettes fraîches de maquereau (médaillées d'argent du concours des produits régionaux 2022) et une épicerie fine où l'on peut savourer des œufs de saumon sauvage d'Alaska, des œufs de truite de Bretagne ou du sel marin aux herbes.

FROMAGERIE - CRÈMERIE

LA CRÈMERIE SCHUMAN

113, Boulevard schuman ✆ 02 53 97 06 43

Ouvert du mardi au jeudi 9h30-12h30 et 15h30-19h30 ; le vendredi 9-12h30 et 15h30-19h30, le samedi 9h-13h et 15h30-19h30

Installée boulevard Schuman, voici une jolie Crèmerie. Cette fromagerie et crèmerie réserve de belles et bonnes surprises, pour sûr, elle ravit nos papilles ! Des quantités de fromages tous aussi appétissants les uns que les autres disposés sous nos yeux ébahis : pâte dure, cœur tendre, croûte fleurie, cendré..., il y en a pour tous les goûts et le choix est cornélien ! Pourquoi pas un peu de celui-ci, un petit morceau de celui-là ? Gabin saura vous apporter ses précieux conseils. Si vous cherchez un petit vin pour accompagner vos emplettes, vous y trouverez de bonnes bouteilles notamment de Loire, mais aussi un coin épicerie fine, et de la charcuterie ! Le nécessaire pour un bel apéro !

NEW

FROMAGERIE - CRÈMERIE

CREMERIE - CAVE ASIL

5, rue du lieutenant mouillie - **SAINT-HERBLAIN**

✆ 09 52 38 39 10

Ouvert le mardi de 10h à 13h et de 15h à 19h ; du mercredi au samedi de 8h30 à 13h et de 15h à 19h.

Lisa et Frédéric nous accueillent dans leur crémerie, fromagerie et cave à Saint-Herblain. Asil, ou Lisa à l'envers, est la terre d'accueil pour leurs produits de caractère. Ils ont à coeur de proposer des produits artisanaux et locaux et travaillent ainsi avec une dizaine de producteurs du département. Chez Asil, vous pouvez retrouver une gamme d'une centaine de fromages, la plupart fermier ou lait cru. Pour accompagner ces mets, demandez leurs conseils ou laissez-vous tenter par les bières consignées de la Brasserie Nautile ou Philmore, les spiritueux CoqLicorne, les liqueurs produites à Valette ou les rhums de Fontanel. N'hésitez pas à passer les voir et devenir des consomm'acteurs !

FROMAGERIE - CRÈMERIE

LE BAR AUX FROMAGES

61, rue Charles Lecour - **VERTOU**

✆ 09 81 76 79 16

www.lebaraux fromages.fr

Ouvert du mardi au samedi.

Depuis janvier 2021 Frédéric a enfin réalisé son rêve : la création d'une crèmerie en plein Vertou. Une équipe l'a rejoint dans cette aventure. C'est dans ce joli lieu avec passion et enthousiasme que tous deux vous conseillent pour des fromages classiques ou moins connus comme le shropshire ou encore le crémeux bourgogne à base de brillat-savarin et de truffe. Les becs sucrés se régaleront des yaourts Bordier ou bien des fameux riz au lait d'Éclats de riz. Une sélection de vins, bières, rhums arrangés, cidres et jus de fruits est proposée pour accompagner votre choix. Mais également des œufs bio, saucissonnerie et épicerie fine. Pensez aux plateaux de fromages pour les entreprises. Goûteux !

NEW

FROMAGERIE - CRÈMERIE

FROMAGERIE DAGNAT

Rue Talensac

✆ 02 40 82 39 15

Ouvert du mardi au vendredi de 7h à 13h ; le week-end de 7h à 13h30.

La fromagerie Dagnat, c'est plus de 20 ans d'existence dont deux au marché de Talensac. Elle est implantée à La Baule, Pornic et Noirmoutier. Célia, responsable du point de vente et Édouard le gérant, sont affineurs. Et ils savent travailler le fromage. On trouve chez eux une belle sélection française avec tous les AOP et une gamme régionale dont le Curé nantais et fromages vendéens. La spécialité star faite maison ? L'Herbillette, une tome de chèvre affinée à la fromagerie, lavée au muscadet et tapissée d'herbes. Ne manquez pas la belle gamme de chèvres et de beurres. Pour les fêtes, vous pouvez commander votre plateau. Dagnat, une maison-maître qui compte dans l'art de la fromagerie !

FROMAGERIE - CRÈMERIE

LAITERIE GILBERT

79, boulevard de la Prairie au Duc

✆ 06 60 72 05 11 - Chronobus C5

www.laiterie-gilbert.fr

Ouvert du mardi au samedi de 9h30 à 13h et de 15h à 19h30.

Dans le quartier de la Prairie au Duc, les habitants sont ravis de pouvoir compter depuis 2019 sur la Laiterie Gilbert pour se ravitailler en fromage, charcuterie, épicerie fine et crèmerie. À sa tête, Geoffroy Denaud, Parisien en reconversion. Ce passionné de fromage passait ses vacances chez les fermiers dans les alpages. Ce sont les valeurs de l'entreprise, respect de l'environnement et démarche équitable, qui l'ont décidé à ouvrir cette franchise. Venez découvrir une grande variété de fromages. Composez votre plateau raclette en mixant charcuterie et fromage à choisir parmi une dizaine de parfums. Geoffroy a pensé à tout, même aux bouteilles de vin pour accompagner votre dégustation !

FROMAGERIE - CRÈMERIE

MAISON FROMETON

21, rue des Carmes ✆ 02 28 29 62 73

www.maisonfrometon.fr

Le lundi 15h30-19h30 ; du mardi au jeudi 9h30-14h et 15h-19h30 ; vendredi et samedi de 9h30 à 19h30.

C'est dans une petite boutique que se niche cette nouvelle fromagerie encline à la mignonnerie. Amélie, ancienne journaliste en reconversion, vous y fait partager sa passion des fromages, de préférence au lait cru et fermiers, qu'elle choisit avec soin directement auprès de petits producteurs d'un peu partout en France. Vous y trouverez tout plein d'idées pour régaler vos convives pour l'apéro, les fins de repas y compris les raclettes… on peut même vous préparer les plateaux de fromage prédécoupé. Laissez-vous tenter par un saint-félicien, du brie croquant ou du gorgonzola à la cuillère. Et si vous êtes sucré/salé, risquez-vous à l'Etivaz avec la pâte de cerise/chocolat/piment d'Espelette !

© TIPHAINE MICHENEAU PHOTOS NANTES

© TIPHAINE MICHENEAU PHOTOS NANTES

FROMAGERIE - CRÈMERIE

FROMAGERIE BEILLEVAIRE

Rue de Talensac ✆ 02 40 20 43 51
www.fromagerie-beillevaire.com

Du mardi au dimanche de 7h à 13h. Y compris jours fériés. Livraison à domicile ou par octocourses (livraison à velo)

C'est au milieu du marché que se trouve le superbe stand de Pascal Beillevaire. Producteur fromager crémier depuis 34 ans à Machecoul, il fabrique beurres, crèmes, fromages blancs, yaourts, desserts lactés (mousse au chocolat, riz au lait, crémet nantais, grand suisse…) et pains d'épices de très grande qualité. Ici, Ludovic et son équipe régalent pas moins de 100 000 clients par an. Parmi les fromages proposés : Machecoulais, Pont d'Yeu, Grands Causses, livarot et de nombreuses autres appellations pour tous les goûts et budgets. Chaque semaine des spécialités sont préparées sur place : truffade, aligot, tartiflette en tous genres, croziflette, chevriflette, chtififlette... quelle régalade !

© TIPHAINE MICHENEAU PHOTOS NANTES

© TIPHAINE MICHENEAU PHOTOS NANTES

© TIPHAINE MICHENEAU PHOTOS NANTES

FROMAGERIE - CRÈMERIE

COIN FROMAGES

14, Rue du Cens - **SAUTRON**

✆ 02 28 43 55 01

Ouvert mardi, mercredi, jeudi de 9h-13h et de 15h-19h, le vendredi et samedi 9h-13h et de 15h-19h30 ; dimanche 9h-12h30.

Au cœur de Sautron, Jessica a installé sa fromagerie, crèmerie et épicerie fine : Coin Fromages. Parmi la sélection exigeante de fromages, les meules de Snowdonia Welsh Cheddar aux saveurs différentes : Picckle Power, Black Bomber, le brie de Meaux, le brie de Melun, le mont-d'or, le comté 14 mois, l'emmental de Haute-Savoie, Le Fumaison, le livarot fermier, le beaufort d'été fruité... Dans l'épicerie, on retrouve des produits de grande qualité comme la moutarde de Meaux, des yaourts, crème fraîche, fromage blanc, lait, beurre de Flore d'érable. Mais également le miel et les confitures de fruits de Hédène ou encore les pots de L'Épicurien (confit de mangues au poivre de Penja...).

TRAITEUR

LE CELLIER

66, rue du Maréchal Joffre

✆ 06 48 11 43 36 - Foch-Cathédrale (Bus et Busway)

Ouvert du mardi au samedi de 10h à 20h ; le dimanche de 10h à 15h.

Ce nom évoque un lieu d'une autre époque, une pièce discrète qui pourtant regorge de provisions et de pépites cachées : vins, conserves, bocaux... on y passerait volontiers tout un temps dans le cellier ! Installé depuis début septembre 2021, Le Cellier d'Adélie et Olivier fait office d'épicerie, cave à vins et traiteur. Des plats, terrines, et autres douceurs sont concoctés en cuisine. Également des conserves, des pickles : un choix de denrées appétissant ! Le dimanche, on y propose le traditionnel poulet, servis avec frites/pommes dauphines. Pour le déjeuner à emporter ou déguster sur le pouce sur le comptoir de la vitrine, pour un plein de denrées, on file faire un tour au Cellier !

FROMAGERIE - CRÈMERIE

FROMAGES A GOGO

77, rue de Gutenberg

✆ 09 50 20 59 85

Ouvert du mardi au samedi de 9h30 à 13h et de 15h30 à 19h30.

Le nom est clair : ici, c'est Fromages à Gogo ! Les aficionados du frometon trouveront en ce lieu un petit paradis, en plein cœur du quartier de Chantenay. Comme un bonheur ne vient jamais seul, la boutique propose également de la charcuterie, du vin, des tartinables. De quoi préparer de bons gueuletons ! Le jeune fromager Gautier a ouvert les portes de son échoppe fin 2021 et y propose une belle sélection de fromages fermiers et artisanaux, difficile de faire un choix... On peut si besoin se laisser aider et tenter par les plateaux dégustation ou apéro, pratiques et goûteux. Une belle fromagerie qui apporte encore un peu plus de saveurs au quartier, de quoi en faire tout un fromage !

NEW

FROMAGERIE - CRÈMERIE

TOME DE COUËRON

1, Route de la Montagne - **COUËRON**

✆ 02 40 38 04 55

www.tomedecoueron.com

Ouvert du lundi au samedi de 8h30 à 13h.

Le célèbre fromage « La Tome de Couëron » a été créé en 1994 par Jean-Paul Rivière. En cette fin d'année, son héritage est transmis et repris par Delphine et Alexis. Dans leur atelier de Couëron, ils fabriquent et affinent pendant un mois ce fromage artisanal au lait cru de vache, salé au sel de Guérande. Le lait provient chaque matin d'une ferme locale pour un produit authentique. Ils proposent aux amateurs de fromages une déclinaison d'une 10ne de parfums : tome nature, muscadet, bruschetta, ail des ours, poivre, bière, cumin... Il y en a pour tous les goûts ! Vous trouverez la Tome de Couëron en vente directe à l'atelier ainsi que dans les rayons fromage des magasins autour de Nantes.

NEW

FROMAGERIE - CRÈMERIE

RACINES CAVE A FROMAGES

23, bis rue Racine ✆ 02 40 73 08 24

Ouvert du mardi au samedi de 10h à 13h30 et de 15h30 à 19h30.

Mathieu, crémier-fromager, et Nicolas, paysan-fromager à la ferme de Bois Joubert, dans le Marais de Brière, ont ouvert leur boutique en 2022 dans le quartier Copernic. En vitrine de Racines, les passants peuvent contempler une gamme de fromages s'affinant dans leur cave : tommes de brebis basque, abondance fermier, gouda mayennais, Ronde des Marais, Sort-Palud... Des pépites fromagères au lait cru bio de races locales, livrées en direct des fermes. On y trouve également du Gwell, spécialité laitière bretonne ainsi que le bruccio corse, en saison. Mathieu et Nicolas transmettent leur passion et conseils avisés pour le choix des vins et cidres. De belles trouvailles également côté épicerie.

POISSONS - FRUITS DE MER

FIALA MAREE POISSONNERIE

1, Rue du Nil - **SAINT-HERBLAIN**

✆ 06 62 40 42 87

Ouvert du mardi au samedi de 9h à 13h ; le vendredi et le samedi de 16h à 19h.

Fiala Marée, c'est une belle poissonnerie installée dans le quartier vibrant des Thébaudières. Derrière la façade noire, on plonge dans une part d'océan. Guillaume Fial et Cindy, son épouse, sont à la tête de ce joli établissement à la devanture chic avec sa belle façade noire. Le jeune poissonnier connaît et son métier et ses produits, lui qui a fait ses armes durant des années, sur les marchés de l'Ouest. Dans la Poissonnerie Fiala, vous ne trouverez pas de poissons importés, ni de poissons issus de l'élevage. Les produits d'une grande fraîcheur proviennent de la criée de Lorient et du Min de Nantes. À nous les rougets, lottes, coquilles Saint-Jacques, huîtres, moules, encornets,...

POISSONS - FRUITS DE MER

ATELIER DE MAZEROLLES

Rue Talensac ✆ 06 59 14 57 43
www.atelier-de-mazerolles.fr
Du mercredi au dimanche de 8h30 à 13h30. Click & collect (site Internet).

Des produits frais, locaux et responsables : c'est toute la qualité et le savoir-faire que l'on découvre chez Pierre Hoflack, l'artisan fumeur de l'Atelier de Mazerolles. Classé Natura 2000 pour la richesse de sa biodiversité, le domaine est situé à 20 minutes de Nantes. Dans le marais, chasse et pêche sont réglementées et les pratiques sont écologiques. On retrouve ces saveurs dans tous leurs états sur les étals du célèbre marché nantais : poissons fumés à froid et à chaud, œufs de poisson et autres caviars. Goûtez, si vous ne le connaissez pas encore, le fameux burger nantais. Le saumon fumé s'associe à un tarama d'écrevisses, de piment d'Espelette ou de truffe blanche. Explosion de saveurs !

POISSONS - FRUITS DE MER

MAISON CHAUCHARD NANTES

4, rue Cassini
✆ 02 40 80 73 72
www.fumage-arzon.fr
Ouvert du mardi au samedi de 9h30 à 13h30 et de 15h à 19h30.

Fort de près de 30 ans d'expérience, Patrick Chauchard poursuit à Nantes une aventure qui ravit les Nantais. Le saumon frais arrive d'Écosse en qualité Label rouge, fumé au hêtre vert et au sel de Guérande. Tranché à la main, mis sous-vide en filets entiers, en darnes ou en pavés. À nous aussi les conserves de poissons, sardines à l'huile, morgates ou seiche, thon germon et rillettes de poisson fumé. On retrouve tous ses produits de qualité sur la boutique en ligne. Expédition en France métropolitaine en colis isotherme, avec réception le lendemain. Entrer dans la Maison Chauchard, c'est pénétrer dans le monde de la gastronomie de la mer pour en déguster toutes les saveurs. Accueil souriant.

POISSONS - FRUITS DE MER

POISCAILLE

www.poiscaille.fr
Pour commander votre panier : https://poiscaille.fr/

Vous êtes un amateur de poisson, mais vous ne parvenez pas à en trouver du bon et bien frais ? Vous n'avez pas non plus la foi d'aller le pêcher vous-même (ce qui est tout à fait compréhensible) ? Ne cherchez pas plus loin, il existe une solution : Poiscaille ! C'est un réseau qui met en relation des pêcheurs passionnés et les consommateurs, le tout en respectant une charte stricte : des poissons français, pêchés en mer (et pas en élevage), 48h seulement sépare la prise de son arrivée dans votre assiette, et ce tout en rémunérant tous les employés de la chaîne au juste prix. Car il est désormais possible de consommer du poisson sans culpabiliser. Merci Poiscaille !

POISSONS - FRUITS DE MER

PETIT LIEU POISSONNERIE

4, Place Saint-Félix ✆ 02 55 54 11 74
www.le-petit-lieu.fr
Ouvert du mardi au samedi de 8h à 13h et de 15h30 à 19h30 ; le dimanche de 8h30 à 13h.

À Saint-Félix, le Petit Lieu, c'est la poissonnerie de Pierre et Paul. Ils nous accueillent avec le sourire. À nous les beaux étals où scintillent les poissons et autres crustacés de la pêche du jour en provenance de nos côtes bretonnes et côtes vendéennes. Un vivier où les enfants vont scruter les crabes, araignées de mer ou homards bretons (selon arrivage), cela fait toujours sensation ! Un panneau extérieur annonce « la pêche du jour » avec du bar de ligne, merlu, maigre ou merlan avec une pêche traditionnelle dans le respect des fonds marins : Pierre et Paul lèvent les filets, transforment également les poissons façon traiteur (fish and chips..) et apéros de poissons. Belle continuité !

POISSONS - FRUITS DE MER

IVAN GARBER POISSONNIER

Place Talensac
✆ 06 48 07 32 95 - Porte 5
Du mardi au dimanche de 7h à 13h.

Ivan Garber a pris ses marques. Qui dit jeune génération, dit nouveautés ! Nouvelles envies de régaler les amoureux de poissons. Ivan propose notamment le poisson dit « ikejime » (bar, lieu jaune). C'est une méthode d'abattage japonaise, avec un « endormissement » rapide du poisson (ou enlève le sensibilisation nerveuse) avant de le travailler. Goût, qualité et conservation du produit sont sublimés. Ivan se fournit à différentes criées : Saint-Gilles-Croix-de-Vie, les Sables, Royan. Son idée ? Faire redécouvrir les mille et un plaisirs de manger du poisson, principalement du local et faire goûter des variétés parfois méconnues du grand public. Poissons à cuire ou crus pour tous les goûts...

POISSONS - FRUITS DE MER

LA PETITE POISSONNERIE NANTAISE

103bis, Rue Général Buat
✆ 02 40 74 29 63
Du mardi au jeudi de 9h à 13h ; vendredi et samedi de 9h à 13h et de 16h à 19h. Plateaux de fruits de mer sur commande.

Repris en 2021 par Guillaume et Cindy de Fiala Marée (Saint-Herblain), cette poissonnerie offre au quartier Saint-Donatien un air iodé. Ici les poissons viennent des criées de la Turballe mais aussi du Croisic pour les crustacés. Des produits frais, locaux, et de qualité ! Dans le respect de la saisonnalité. L'étalage de la Petite Poissonnerie propose un large choix de produits : sole, raie, grondins, moules, bigorneaux. Mais aussi quelques délicieux plats préparés : brandade de morue, lasagnes de thon, crabe farcis, soupes de poissons, tartinables.

EPICERIE

SAVEURS & POTAGER

11, rue d'Erlon
✆ 02 40 66 20 40
https://saveursetpotager.fr/
Ouvert du mardi au samedi de 9h à 13h30 et de 15h à 19h.

Chez Saveurs & Potager se mêlent fruits, légumes et maints produits côté épicerie et produits frais. Que l'on soit à la recherche d'une douceur en particulier ou simplement là par curiosité, l'espace a de quoi ravir n'importe quel visiteur. Vin, spiritueux, bocaux, épices, huiles, confitures, fromages... Des produits pour la maison, ou bien pour offrir ! Déjà installée depuis 27 ans à Saint-Nazaire et Guérande, l'enseigne sélectionne ses produits avec soin en fonction de la qualité et de l'origine. L'espace primeur est réapprovisionné quotidiennement, on peut y trouver des fruits et légumes atypiques selon la saison. Un accueil chaleureux et des bons conseils en prime !

NEW
EPICERIE

NOUS ANTI-GASPI

7, Rue Mercoeur ✆ 02 28 44 01 27
www.nousantigaspi.com
Ouvert du lundi au samedi de 9h30 à 19h30 ; le dimanche de 9h30 à 12h30.

Nous anti-gaspi Mercoeur est le 2e point de vente de Nantes avec celui de la rue Pitre Chevalier. Une enseigne née à Rennes en 2018. Stéphane et son équipe d'épiciers héroïques sauvent 60 tonnes de produits du gaspillage chaque mois ! Légumes moches mais toujours bons, truite fumée labellisée mais trop petite, brioche vendéenne un peu trop cuite, courez-y pour les sauver, tous. Ici, on vend de tout : du frais, des biscottes, du fromage, des chutes de jambon, du chocolat, des produits ménagers... Des invendus en passant par les dates de consommation courte, on valorise un max. Nous anti-gaspi fait du bien au porte-monnaie (en moyenne, les produits sont vendus 20 % moins cher) et à la planète !

POISSONS - FRUITS DE MER

POISSONNERIE MOREAU

rue Talensac
✆ 02 51 82 05 19
Du mardi au dimanche de 7h à 14h ; nocturne le jeudi de 16h à 20h. Fermé le dimanche matin en juillet et en août.

Jordy et Samantha font partie des poissonniers-star du marché. Bon nombre de restaurateurs viennent ici s'approvisionner des merveilles pêchées la nuit au Croisic, à La Turballe, aux Sables, à Saint-Gilles ou au large de l'île d'Yeu, sans oublier les langoustines du Guilvinec. Que du beau, du frais et un accueil chaleureux. La poissonnerie prépare le poisson sur place le plus minutieusement possible tout en vous donnant de précieux conseils. Sur demande, il est possible de faire cuire vos crustacés la veille pour le lendemain ou de commander un plateau de fruits de mer (48h à l'avance). À noter également les préparations : terrine saumon petit pois basilic, thon fumé... On se régale !

BOUCHERIE

BOUCHERIE VINCENT TOUZET

Rue de Talensac ✆ 02 40 20 04 16 - Porte 7
www.boucherie-touzet.fr
Ouvert du mercredi au dimanche de 7h30 à 13h, porte 7. Livraison à domicile ou click & collect sur Ollca.com.

Après une reconversion réussie, Vincent Touzet s'est installé sur le marché de Talensac. Sa boucherie se distingue par son savoir-faire unique et les produits qu'elle propose. Sa volonté est de nous proposer des produits frais et de qualité en nous ramenant à l'essentiel. Ici on achète les carcasses brutes pour les détailler avec soin de façon authentique comme autrefois. Découvrez les viandes garanties Label Rouge : bœuf Blonde d'Aquitaine, veau du Périgord, porc noir de Bigorre, dinde bio ou agneau de lait. Goûtez aux délicieuses spécialités bouchères : tartare au couteau, tête de veau, côte de bœuf affinée, rôti de bœuf beurre d'escargot ou roquefort. Il fait aussi traiteur et des kebabs.

POISSONS - FRUITS DE MER

POISSONNERIE THIERRY CORBINEAU

Rue Talensac
✆ 02 40 08 06 69
Ouvert du mardi au dimanche de 7h à 14h ; nocturne le jeudi de 16h à 20h.

Installée dans le bas du marché de Talensac, cette poissonnerie propose, au gré des saisons, un bel étal qui dévoile ses arrivages quotidiens en provenance directe des criées du Croisic et de La Turballe. On y trouve 100 % fraîche toute la richesse de la pêche de nos côtes : baudroies, saint-pierre, bars, lieus jaunes, dorades, thon, maquereaux, rougets, carrelets, cabillauds, soles, raies, saumons bio, encornets, crevettes vivantes, langoustines, tourteaux, étrilles ou homards. Le conseil du professionnel en plus pour faire le bon choix ou trouver la bonne recette.

EPICERIE

OLIVIERS & CO NANTES

2, place du Pilori ✆ 02 40 48 57 21
www.oliviers-co.com
Ouvert du lundi au samedi 10h-19h. Livraison offerte dès 40 € d'achat sur Nantes, dès 70 € dans les communes alentour.

Cette enseigne installée place du Pilori depuis 2018 existe depuis plus de 25 ans ! Dans celle-ci on retrouve une sélection de grands crus d'huile d'olive millésimés et des produits d'épicerie méditerranéens bons et sains pour cuisiner au quotidien. Les huiles sont proposées en bouteille ou dans d'élégants coffrets cadeaux. Elles sont toutes tracées. Du nom des olives utilisées à la date de la récolte en passant par l'histoire du producteur, on sait ce que l'on déguste : françaises, italiennes, croates, portugaises, espagnoles, grecques... On vient aussi pour les tapenades, les sauces et les accessoires. Quant à ceux qui ont la main verte, laissez-vous tenter par des oliviers en pot !

BOUCHERIE

LES BOTTES - BOUCHERIE

2, rue Saint Léonard
✆ 02 52 20 13 86
Ouvert du mardi au samedi de 9h30 à 20h ; le dimanche de 9h30 à 13h. Seconde boutique rue Racine.

Par cette allusion, voici un joli clin d'œil de Côme et Guillaume à la campagne et au terroir. Ici on a choisi de promouvoir la viande en circuits courts, de valoriser le travail des éleveurs de la région avec des viandes de races rustiques élevées en plein air pour la plupart à moins de 200 km de Nantes. Consommer de la viande de manière responsable, c'est aussi permettre de préserver la biodiversité agricole, le patrimoine de nos terroirs et les savoir-faire traditionnels. Ces bouchers proposent des viandes excellentes : saucissons, grillons, jambons, rillettes de Vendée, poulet fermier, brochettes, steaks... Une bien belle adresse ! Et une 2e a ouvert ses portes en 2021 rue Racine !

CAFÉ - THÉ - TISANE

COMPTOIR NANTHÉ DU CAFÉ

6, Rue guepin
✆ 09 83 00 32 72
Ouvert le mardi de 12h à 19h ; du mercredi au samedi de 10h30 à 14h et de 15h à 19h.

Rémi, Maître Artisan certifié par le Collège Culinaire de France 2023, donne ses meilleurs conseils pour préparer et déguster du café de qualité. Une grande partie de la torréfaction est faite sur place, gage de fraîcheur comme en témoignent les délicieuses effluves à notre entrée. Cafés, thés, tisanes ou chocolat Bean to bar. Que ce soit en version vrac ou emballés, on retrouve une sélection de produits bio mais aussi des dosettes dont la sélection des produits est soignée. Terres de Cafés, issue d'une production éco-responsable, mais aussi café éthiopien bio, mexicain ou Nicaragua. Craquez pour le chocolat chaud aux fèves de cacao de Haïti. À offrir ou déguster sur place ou à emporter.

VOLAILLER

VOLAILLER DELANOË

Rue de Talensac ✆ 02 40 35 46 43
www.volailler-delanoe.fr
Ouvert du mardi au dimanche de 7h30 à 13h à Talensac ; jeudi à Zola.

Spécialiste de la volaille depuis 10 ans, Richard est aussi un pédagogue qui aime expliquer comment cuisiner ses produits pour en sublimer les saveurs, en proposant notamment des recettes sur son site internet. Ici, les volailles ont toutes un Label rouge. Le pigeon au sang, le pigeon de Mesquer, c'est-à-dire non saigné, est à l'honneur sur les tables des plus grands restaurateurs. Vous trouverez ici, votre bonheur dans le grand choix de brochettes, rôtis, poulets noirs, jaunes, fermiers, bios, de Bresse, coquelets, paupiettes, pavés au fromage, boudins de volaille, rôtis de pintade à la choucroute, magrets, chapons, foie gras… Régalez-vous du rôti de dinde au chorizo et aux champignons !

CAFÉ

ESTELLE LÉON TORREFACTEUR

1, bis rue Gustave Eiffel
SAINTE-LUCE-SUR-LOIRE
✆ 06 81 66 69 17
www.ele-cafesdespecialite.fr
Sur RV pour les ateliers. Boutique ouverte à Sainte-Luce-sur-Loire, proche CIFAM.

Élé c'est le savoureux projet au parfum de café d'Estelle Léon, torréfactrice et œnologue de cafés. La sélection exigeante nous fait découvrir les crus guatémaltèques corsés, persistants, les arômes minéraux du Salvador, ou les succulents cafés d'altitude, fiers et aromatiques, d'Éthiopie et bien d'autres... Élé, c'est aussi une large gamme de matériels et accessoires pour préparer, conserver et déguster votre café. Élé, c'est enfin deux ateliers : le premier de dégustation « Découverte des méthodes douces », et le second autour des arômes « Le nez du café et du cupping ».

CAFÉ - THÉ - TISANE

CIME CAFÉ TORREFACTEUR

20, rue des Hauts pavés ✆ 06 40 17 04 57
www.cime-cafe.fr
Ouvert du mardi au samedi de 10h à 18h30. Atelier torréfaction : 70 €.

Cime c'est le projet élevé d'Esther, Gregory. Premier torréfacteur artisanal de café de spécialité à Nantes, ils sélectionne les grains des arabicas avec une exigence de qualité, de fraîcheur et de respect de l'environnement. Des sacs de café vert en provenance du Rwanda, de Bolivie, du Panama, du Honduras, d'Éthiopie, du Salvador sont prêts à ce que le torréfacteur Giesen opère : le grain de café gagne en volume, perd son humidité, dégage ses arômes. La traçabilité est transparente du producteur à votre tasse. Les cafés vendus en grains ou moulus sont accompagnés d'une fiche d'identité, avec profil et origine. Ateliers de dégustation. Une 2de adresse a ouvert 4, rue Santeuil en août 2023.

CHARCUTERIE

LA JAMBONNERIE NANTAISE

Rue de Talensac ✆ 06 08 21 52 53
www.lajambonnerienantaise.fr
Ouvert du mardi au dimanche de 8h à 13h. Sous les halles, dans la partie basse du marché.

Depuis plus de 30 ans à Talensac, Rachel nous régale ! Ici, toute la France et bien plus est représentée, avec une prédilection pour les charcuteries corses et espagnoles, figatellu et saucissons de sanglier. L'Auvergne aussi a ses saucissons, que l'on découvre avec délice, tout comme la charcuterie catalane qui offre de belles possibilités en matière de chorizo et de jambons Serrano et Iberico. L'Italie n'est pas en reste avec le jambon de Parme. Charcuterie de tous pays et de toutes chairs : porc, sanglier, canard, âne... L'endroit idéal pour se concocter un plateau de dégustation avec les conseils de la patronne ! Un joli rayon fromages est à découvrir avec en spécialité, la raclette !

EPICERIE FINE

NATURE DE CHÊNE

41, rue de François René de Chateaubriand - **CARQUEFOU**
✆ 02 28 22 90 51
http://naturedechene.fr/

Ouvert du lundi au jeudi de 9h à 13h30 et de 15h à 19h30 ; le vendredi et le samedi, 9h à 19h30 ; le dimanche 9h-12h30.

Quelle agréable surprise de découvrir ce magasin tout beau ! Après avoir mûri ce joli projet pendant deux ans, Manuel et Xavier, primeurs de métier, ont ouvert, début octobre 2019, ces 300 m² entièrement dédiés aux produits locaux et biologiques. Et pour ce faire, ils travaillent en direct avec une centaine de producteurs. Autant dire que vous y trouverez sûrement votre bonheur : fruits et légumes, épicerie, produits frais, viande, cave à vin, bières et rhums arrangés, pains artisanaux... Nature de chêne propose des produits issus du réemploi : filtres à café, serviettes hygiéniques lavables... quelle chouette initiative zéro déchet ! Et c'est ouvert tous les jours.

VOLAILLER

LA FERME DU LIMEUR

Le Limeur - **LA CHAPELLE-SUR-ERDRE** ✆ 02 40 80 75 48
www.fermedulimeur.fr

Ouvert le mercredi et le vendredi de 10h à 13h et de 17h à 19h ; le samedi de 10h à 13h.

Pour favoriser les circuits courts et la vente directe, rendez-vous à La Ferme du Limeur ! Là-bas, on se procure des poulets et pintades prêts à rôtir, et bien sûr des œufs. Vous trouverez également carottes, concombres, aubergines, choux, salades etc. Tout est ici cultivé dans le respect de l'agriculture biologique. Le magasin dispose de nombreux autres produits fermiers, comme des produits laitiers bio. Notamment des fromages de plusieurs fermes comme celle de l'Isle, des Coquelicots ou de la Blanchetière. On y retrouve aussi le miel bio de Virgile Mazery du Plessé. Quant aux enfants, lors de votre passage, ils se réjouiront du petit zoo fermier qui compte cochons nains, moutons et poules.

FRUITS - LÉGUMES

FERME DE LA CHASSELOIRE

Chemin de l'Ouchetien - **SAINT-HERBLAIN**
✆ 02 28 03 19 28 - A 2 minutes d'Atlantis. - www.les-fermes.fr

Du lundi au jeudi de 9h15 à 13h et de 14h30 à 18h30 ; vendredi et samedi de 9h15 à 18h30.

À Saint-Herblain, la ferme de la Chasseloire nous accueille dans son écrin de verdure. On vient faire ses courses dans un environnement dépaysant à la campagne. À nous les paniers gourmands avec une large sélection de fruits (pommes, poires, fraises...) et de légumes de saison. Au rayon de la Ferme, on trouve aussi de la crèmerie, charcuterie, miels, confitures, friandises, jus de fruits, œufs, tous locaux. Aux beaux jours, les fraises du potager sont à l'honneur et d'autres produits de saison. Les enfants découvrent les animaux : vaches, poney, cochons, âne, biquette. En octobre, c'est sur le 2e site de la Chebuette à Saint-Julien-de-Concelles que l'on cueille pommes bio et kiwis bio !

FRUITS - LÉGUMES

VERGERS DE BELLEVUE

81, promenade de Bellevue - **SAINTE-LUCE-SUR-LOIRE**
✆ 02 40 25 62 25

Ouvert le lundi, le mercredi, le vendredi et le samedi de 9h à 12h et de 14h à 19h ; le mardi et le jeudi de 14h à 19h.

Dans la périphérie de l'agglomération nantaise, à deux pas de la Loire, Philippe est un passionné de fruits et légumes. Il les cultive en agriculture raisonnée au rythme des saisons. Aux vergers de Bellevue, vous trouverez toute l'année des pommes, poires et kiwis pour la partie fruits ; les légumes, quant à eux, varient en fonction de la saison. Ainsi, chaque automne, Philippe propose des tomates, des aubergines, poivrons, carottes, navets. Les radis et les salades viennent de chez un producteur voisin. Vous trouverez aussi des produits transformés et faits maison tels que des jus, du miel... Un éleveur vient un mercredi sur deux l'après-midi vendre ses œufs, ses volailles ou du porc.

CUEILLETTE

FERME DE LA CHEBUETTE

5, route Maître Jean - **SAINT-JULIEN-DE-CONCELLES**
✆ 02 40 92 00 70

Ouvert du lundi au samedi de 9h30 à 12h30 et de 14h30 à 18h30. Ferme pédagogique. Boutique.

Au sein de la ferme la Chebuette, on se dépayse à la campagne et sur les bords de Loire. On fait le plein de fruits et légumes de saison avec le plaisir d'acheter en circuit court ! L'été, fraises, framboises, tomates, concombres, haricots, rhubarbes, sont à l'honneur. En automne, à nous les pommes bio : Gala, Elstar, Granny, Golden. Puis c'est le tour des kiwis bio. Dans la belle boutique, on trouve également une jolie sélection de produits gourmands locaux et régionaux avec la crémerie, charcuterie, miels, confitures, friandises, boissons, vins. Et plein d'idée cadeaux ! Pendant que les enfants admirent les animaux. En octobre, à nous la cueillette des kiwis et pommes bio dans les champs !

FRUITS - LÉGUMES

PSY'ACTIV LÉGUMES BIOS

lieu dite Les Briords - **CARQUEFOU** ✆ 02 49 09 79 56
www.psyactiv.fr

Lundi de 13h30 à 17h ; mardi au vendredi 9h15 à 12h30 et13h30 à 17h ; samedi de 9h15 à 12h30. Samedi du 2/05 au 31/10.

À Psy' Activ, on « cultive la différence ». Ici, on produit des légumes et des fruits bio. On trouve aussi des plantes, des fleurs, pour agrémenter maisons et jardins. La différence, c'est que les maraîchers et les horticulteurs sont tous des patients de l'établissement hospitalier des Briords. Dans le cadre de leur parcours de soins et réadaptation, ils bêchent, plantent, récoltent dans les champs et sous les serres, encadrés par une équipe pluridisciplinaire. On peut y acheter leur production au sein du magasin et même – d'avril à octobre – cueillir soi-même des fraises. Par ailleurs, le site dispose d'un restaurant de réadaptation professionnelle Terre Happy avec les légumes du jardin !

© TIPHAINE MICHENEAU PHOTOS NANTES

FRUITS - LÉGUMES

FERME FRUITIÈRE HAUTIÈRE

1, chemin des Hespérides - **LA CHAPELLE-SUR-ERDRE** ✆ 02 40 72 83 53 - A l'angle des chemins de l'Evardière et de la Hautière.
www.fermefruitierelahautiere.com
Du mardi au vendredi 9h-12h30 et 14h30-19h.
Le samedi de 9h à 19h.

Dans le beau magasin de 250 m² de la Ferme Fruitière de la Hautière, on trouve des fruits et légumes cultivés en pleine terre, avec le vrai bon goût du terroir ! Alexandre, Benoît et leur équipe les transforment aussi en confitures, potages, sorbets, coulis et jus de fruits, dont certains médaillés. 3 variétés de fraises ont été créées ici, dont la Capella au goût raffiné utilisée par des chefs et pâtissiers locaux, à déguster chez nous pour notre plus grand bonheur. On trouve également des produits frais de petits producteurs locaux (viande, pain, crèmerie) ainsi que des plaisirs gourmands, pain d'épices... Des corbeilles de fruits et légumes sur mesure sont d'excellentes idées de cadeaux !

© FERME FRUITIÈRE DE LA HAUTIÈRE

© FERME FRUITIÈRE DE LA HAUTIÈRE

© FERME FRUITIÈRE DE LA HAUTIÈRE

MARCHÉS - HALLES

MARCHÉ BOTTIÈRE CHÉNAIE

Place du Commandant Jacques-Yves Cousteau
✆ 02 40 41 90 00 - Chronobus 7 - arrêt Cousteau / Tramway Ligne 1 - arrêt Souillarderie.
https://metropole.nantes.fr/marches
Ouvert le mercredi de 16h à 20h.

Ce marché nantais qui se déroule en soirée accueille une trentaine de commerçants non sédentaires. En plein cœur de l'éco-quartier Bottière-Chénaie, il apporte une belle dynamique à ce quartier en évolution permanente. On y trouve tout le nécessaire pour remplir son panier : primeurs, légumes et fruits bio, charcutier, poissonnier, volailler, fromager, un boucher halal, un rôtisseur, un traiteur asiatique, un crêpier, un vendeur de pizzas, un pâtissier oriental, des cannelés bordelais, la Brioche Bonnin, du vin bio, du miel bio... Et même des vendeurs de chaussures, de confection ou encore, une herboristerie. Un lieu convivial où l'on est sûr de trouver de bons produits.

MARCHÉS - HALLES

MARCHÉ DE TOUTES-AIDES

Place Victor Basch
✆ 02 40 41 90 00
https://metropole.nantes.fr/marches
Ouvert le mercredi de 8h à 13h.

Tous les mercredis matin, au pied de la magnifique église Notre-Dame-de-Toutes-Aides, se tient ce marché familial à l'ambiance de village. C'est l'endroit idéal pour faire ses provisions toutes fraîches avec une quinzaine de commerçants qui prennent le temps de papoter et de vous faire déguster leurs produits de qualité : des fruits, des légumes, des primeurs, des crêpes et des galettes des pizzas, du fromage, de la crèmerie, de la charcuterie, des poissons mais aussi des produits bio. Vous y trouverez également des fleurs et des articles textiles, mais encore des chaussures et autres accessoires de mode, pour votre plus grand plaisir ! À découvrir absolument.

MARCHÉS - HALLES

MARCHÉ D'INTÉRÊT NATIONAL

71, boulevard Alfred Nobel - **REZÉ**
✆ 02 51 72 90 50
www.minnantes.com/
Ouvert du lundi au samedi de 4h30 à 20h.

Installé depuis 1969 sur l'île de Nantes, le M.I.N. (deuxième plus grand marché de grossistes alimentaires au niveau national après Rungis) a déménagé à Rezé fin février 2019, sur 65 ha. Avec 100 entreprises et plus de 2 000 emplois, ce centre commercial de gros fait partie de l'histoire de Nantes. Réservé aux professionnels, le M.I.N. fait la part belle aux fruits et légumes régionaux. C'est aussi l'une des premières places françaises pour la transformation et la commercialisation de la banane. Les fleurs et les plantes y transitent également en grande partie.

MARCHÉS

MARCHÉ DE TRENTEMOULT

Quai Surcouf - **REZÉ**
✆ 02 40 84 43 00
Ouvert le samedi de 8h30 à 13h dont tous les samedis fériés exceptés ceux de Noël et du Jour de l'an.

Ce tout petit marché 100 % bio promeut depuis plusieurs années les produits fermiers bio et artisanaux. On retrouve bien sûr des producteurs de fruits et de légumes, mais aussi des bouchers, charcutiers, poissonniers, producteurs de fromage de vache et de chèvre, boulangers, des crêpes, des galettes, etc. Ce petit marché à l'ambiance bon enfant est installé sur le parking-relais du port de Trentemoult, à l'entrée d'un village « carte postale » aux jolies maisons colorées et ses bords de Loire. On y vient à pied ou à vélo en longeant le fleuve ou bien en Navibus si l'on habite sur l'autre rive. Et profitant d'une halte au Café du Port voisin, on prend le temps de flâner, un samedi matin.

MARCHÉS - HALLES

MARCHÉ DE TALENSAC

rue Talensac ✆ 02 40 20 59 98 - Parking Viarme et Talensac. Chronobus C2, C6. Tramway ligne 2, arrêt 50-Otages/Talensac. Bus 4, 12, 23. - www.marche-talensac.fr
Du mardi au vendredi de 8h à 13h, le week-end de 8h à 13h30. Ouvert les jours fériés.

L'inégalable marché couvert nantais de Talensac a plus de 85 ans ! Toujours ce dynamisme et cette effervescence palpables dans les allées de cet emblématique marché ! C'est une vraie grande famille qui compte près de 200 professionnels de Nantes et environs, certains présents depuis des générations. Parmi les clients, des habitants voisins et des gens venant de plus loin pour choisir fruits et légumes, viandes bouchères, volailles labellisées, poissons, épicerie, boulangerie, fromages, chocolats, vins de Loire ! L'ambiance est unique. On vient pour la fraîcheur des produits et la passion des commerçants. Fin de semaine, les fleurs et vannerie sont à voir. Le bonheur est toujours au marché !

MARCHÉS - HALLES

MARCHÉ PETITE HOLLANDE

Quai de la Fosse
✆ 02 40 41 94 18 - Arrêt Commerce ou Médiathèque
https://metropole.nantes.fr/marches
Ouvert le samedi de 8h à 13h.

Un des plus grands marchés de la ville, avec ses quelque 300 commerçants, envahit chaque samedi matin la place de la Petite-Hollande ! Mixité, convivialité et prix modérés résument l'intérêt du célèbre marché populaire de Nantes. En plein air, ça fourmille, farfouille, marchande, ici il y a de la vie ! On y trouve de tout, à moindre coût, des produits du terroir bien sûr, du pain, des fromages, des produits bio, ainsi que des fruits et légumes, de la viande, des épices et aromates, des traiteurs, des vêtements, de la maroquinerie, des accessoires… C'est le coin des bonnes affaires tout en couleurs et en saveurs, idéal pour les petites bourses et pour ceux qui fuient les marchés aseptisés !

PAINS - GÂTEAUX - CHOCOLATS

LE BOULANGER DE SAINT JO

2, rue Barbara
✆ 02 40 30 32 69
Ouvert le lundi, le mardi, le jeudi et le vendredi de 6h30 à 20h ; le samedi et le dimanche de 7h à 19h.

C'est d'abord pour LA fameuse Bagatelle Label rouge, que l'on vient au sein de cette boulangerie toute neuve rue Barbara. Celle de St JO. Sylvain Pasquier, le boulanger appartient aux 150 boulangers en France à disposer de cette baguette artisanale. Sylvain élabore aussi d'autres pains spéciaux, comme la tourte de meule de 2 kg, le pain au sarrasin et les nouveaux pains bio (épeautre, complet, norvégien...). Côté viennoiserie, goûtez le croissant maison, les brioches au levain, le kouign-amann ! Nouvelle gamme de pâtisseries avec l'éclair au Gianduja, les tartes. Le midi, un large choix de sandwichs et snacking et autre burger feront des adeptes. Idéal pour un pique-nique au bord de l'Erdre.

PAINS - GÂTEAUX - CHOCOLATS

AU P'TIT PAIN NANTAIS

26, rue Jean Jaurès
✆ 09 83 77 80 75
Ouvert du lundi au vendredi de 7h à 19h30 ; le samedi de 7h à 13h30.

Voici une jolie boulangerie traditionnelle ouverte en 2015 par Anthony et Stéphanie Ferré avec du beau et bon pain réalisé sur place dans le fournil. La baguette tradition, la rustique, les pains spéciaux Tradigrains et les déclinaisons : pavé tradition, boules et campagnes sont faits avec du blé et des farines 100 % bretons (Meunerie Guénégo). Goûtez la Campagne ou la Nantaise à la meule, avec la farine écrasée à l'ancienne ! Mention spéciale pour la brioche vendéenne et les viennoiseries pur beurre, pains au chocolat, croissants et madeleines. Les gâteaux bretons au caramel au beurre salé et le gâteau nantais au rhum sont délicieux. Formules sandwiches et produits traiteurs pour déjeuner.

PAINS - GÂTEAUX - CHOCOLATS

L'AUTRE BOULANGERIE CASSINI

4, rue Cassini ✆ 02 28 01 45 33
www.lautre-boulangerie.fr/
Ouvert du mardi au samedi de 7h30 à 19h30 ; le dimanche de 7h30 à 13h.

Ouverte en 2017, L'Autre Boulangerie est le domaine d'Adeline et son mari Sylvain Jégou : un labo ouvert sur la boutique, des étagères arborant bouteilles de jus de fruits bio et petits sachets de gâteaux secs, un frigo avec sandwichs et salades maison à l'heure du déjeuner. L'Autre Boulangerie, c'est enfin des viennoiseries, de la pâtisserie et de nombreux pains : petit pain de 3, le Poolish, le pain complet, la Déjeunette ou la Ficelle. L'accueil est plus que charmant et quel plaisir de passer le dimanche matin venir y chercher ses croissants ou sa brioche toute chaude !

CHOCOLATIER

CHOCOLATERIE COUTANT

5, rue Copernic
✆ 02 40 73 04 52
www.chocolaterie-coutant.com
Ouvert du mardi au samedi à partir de 9h et jusqu´à 19h30.

© COUTANT CHOCOLATIER NANTES

Bientôt 50 ans pour la Maison chocolatier Coutant ! Chaque mois, la boutique, tenue par Véronique et Laurent Carretero et leur équipe, se métamorphose au gré des saisons, fêtes, et de l'actualité. Ici de nombreuses créations : les Muscadettes nantaises (ganache à l'eau-de-vie de muscadet) et les subtiles macarons. Le fondant Coutant, un gâteau au chocolat enrobé de chocolat avec éclats d'amande (divin). Goûtez aux fameuses couronnes Anne de Bretagne créées par M. Coutant (70 % de cacao, raisins, amandes, noisettes). Découvrez les ganaches Origine avec l'arrivée des crus de l'Ouganda et la Papouasie et des cacaos équitables ! Sans oublier le gâteau nantais et les nounours à la guimauve.

NEW

BOULANGERIE

BOULANGERIE LA FOURMI

1, chaussee de la madeleine
✆ 09 66 64 69 43
Du lundi au vendredi de 7h à 19h. Pains complets à partir de 2,90 €, sandwichs jambon beurre à partir de 4,75 €.

C'est au début du XXe siècle qu'est né le café La Fourmi, chaussée de la Madeleine à Nantes, à côté du pont de la Belle Croix et du quai de la Maison Rouge. En l'an 2023, La Fourmi renaît pour donner naissance à cette boulangerie avec des pains à base de levain et de farines aux blés anciens : Datell, Rouge du Roc et Carré de Crête. Pascal et Olivier, associés et amoureux de l'histoire de Nantes se sont connus dans une minoterie (Bourseau) avant de se lancer dans l'aventure de cette boulangerie traditionnelle. On y trouve des pains burger, ciabattas au curry, pains aux fruits et d'excellents sandwichs. Les produits de saison sont privilégiés. Les pains spéciaux sont bio. À déguster !

BOULANGERIE

BACKT BOULANGERIE

7 bis, rue du Général Buat
✆ 02 40 49 03 17
Rond-point de Paris
Du lundi au samedi de 6h30 à 19h30. Boulangerie et coffee shop.

En lieu et place de À la Boule Nantaise, c'est un savoureux mélange des cultures ! En plus de l'amour du bon pain, des spécialités norvégiennes, et d'une gamme de pains bio, l'établissement est aussi un coffee-shop ! Côté pains, ils sont concoctés avec du levain naturel (liquide) que l'on retrouve dans les baguettes tradition, brioches, croissants, pains spéciaux. Côté viennoiseries, en plus des grands classiques, venez goûter au *Kanellbolle,* la viennoiserie norvégienne à la cannelle ! Mention spéciale pour la brioche tressée grand-mère (une cousine proche de la Vendéenne) si savoureuse ! Maintenant que vous savez (presque) tout, nul doute que vous allez y venir et revenir. Back to Backt !

CHOCOLATIER

BRUNO CACAO CHOCOLATIER

114, rue des Hauts-Pavés ✆ 02 40 40 17 33
Tramway ligne 3, arrêt Félix-Faure. - www.bruno-cacao.fr
Ouvert du lundi au samedi de 9h à 19h. Ouvert les dimanches de fête.

Un quart de siècle ! Depuis 25 ans, Bruno Guillard, artisan chocolatier à Nantes, nous fait profiter de son talent et de sa créativité incroyable. Le succès, c'est surtout la fidélité de sa clientèle qui est heureuse du savoir-faire de notre chocolatier. Il faut dire que Bruno a des atouts : une sélection exigeante des matières premières avec les meilleures fèves de cacao permettant un travail artisanal, traditionnel. Chaque année, il propose des nouveautés mûrement travaillées. Bruno vient de lancer les Civelles en chocolat au praliné vanillé et les cabosses nantaises au praliné feuilleté, à découvrir sans tarder. En 2023, la belle maison artisanale a fêté ses 25 ans, pas une ride en vue !

PAINS - GÂTEAUX - CHOCOLATS

BOULANGERIE CHEZ FLO

215, route de Vannes - **SAINT-HERBLAIN**
✆ 02 40 94 77 95
Ouvert du lundi au samedi de 6h à 19h (à partir de 7h le lundi et le samedi).

Un vrai artisan 100 % maison, s'est installé route de Vannes. Il n'est pas si facile de trouver de vrais boulangers dans la zone.... Ici, courez-y pour admirer et goûter les bons pains, pâtisseries, sandwiches et autres douceurs réalisées par Florian alias Flo, et son équipe. Ici du bon pain pétri sur place, complet, épeautre, graines, des boules tradition ou graines, des baguettes. On craque pour les tartes maison, framboise passion, amandine, tarte au citron meringuée ou flan. On se délecte avec les éclairs chocolat noisette, vanille, pistache ! Les viennoiseries sont sublimes. Coup de cœur pour les madeleines régressives. Bien sûr, sandwichs, quiches, pizzas pour se régaler. C'est top !

NEW

PAINS - GÂTEAUX - CHOCOLATS

LE FOURNIL D'ERWAN

2, rue Cornulier ✆ 02 40 48 03 76
Ouvert du lundi au vendredi de 7h à 19h.

Située juste à côté de la gare, cette boulangerie artisanale est ouverte dès le point du jour pour vous proposer un petit déjeuner gourmand. Sa large gamme de pains, faits maison comme la baguette de graines de courges est fabriquée avec de la farine Label Rouge. Les viennoiseries pur beurre, pâtisseries et autres douceurs sucrées comme le chocolat n'attendent que vous. Erwan Le Bechennec, 25 ans de boulangerie a son actif et son équipe de 3 personnes conçoivent aussi des gâteaux pour des évènements. À l'heure du déjeuner on vient pour les copieux sandwichs, pizzas, paninis, croque-monsieur ou hot-dogs. On peut même les déguster le long du canal Saint-Felix situé à deux pas.

PAINS - GÂTEAUX - CHOCOLATS

DESLANDES BOULANGERIE

10, rue de la Ville en Pierre ✆ 02 40 49 73 87
Bus n° 12 - arrêt Toutes Aides ; Tram Ligne 1 - arrêt Boulevard de Doulon ou Hôpital Bellier.
Ouvert du lundi au samedi de 6h à 19h30 ; autre adresse : 27, route de Sainte-Luce

La boulangerie-pâtisserie de Jacques Deslandes associe savoir faire et créativité ! On vient déguster la baguette Tradition cuite tout au long de la journée. C'est la bonne adresse pour les pains spéciaux : ciabatta, figues, noix. Goûtez au *Stollen* mais aussi aux pains complets, céréales ou bûcheron. On trouve ici grand et petit épeautres, mais aussi du pain énergétique, aux fruits, le Kamut... vous trouverez votre bonheur ! Présentes aussi les pâtisseries raffinées avec le Craquelet et ses 3 chocolats ou le Croquant. Goûtez aux macarons, mendiants, florentins, réductions et mignardises. Le midi, les bons sandwiches sont là ! Les viennoiseries sont très réussies.

NEW

CAFÉ - THÉ - TISANE

FIKA PATISSERIE

28, Place Viarme
✆ 02 28 44 64 75
Formule déjeuner 14,50 € (un choix salé, une pâtisserie, une boisson).

Et si vous preniez le temps pour une pause-café suédoise place Viarme ? Sophie, Mathieu, Victorine, 3 amis diplômés de l'école hôtelière Nicolas Appert se sont lancés dans l'aventure de Fika. 100 % fait maison, les pâtisseries sont conçues selon les saisons. On craque pour la brioche cœur framboise, le pavlova citron, la tarte choco sarrasin, la brioche suédoise à la cannelle « Kanelbullar ». Chocolats chauds, bières artisanales, jus de fruits ou thé glacé viennent sublimer le choix de boissons. Une pâtisserie-salon de thé à la décoration fine et soignée. De belles propositions salées sont disponibles pour le déjeuner : foccacia saumon avocat, tarte à la tomate... Terrasse et accueil au top.

CHOCOLATIER

CAPKAO CHOCOLATIER

3, rue Suffren ✆ 02 28 00 79 21

https://capkao.fr/

Du mardi au samedi 10h-19h30. Dimanche 9h-13h. Cours pâtisserie et chocolat.

Capkao met le cap sur le cacao ! A son bord le pâtissier Nicolas Riveau et le chocolatier Anthony Bourdilat. Dans leur boutique-labo, on découvre Capkao et sa gamme variée : tablettes de chocolat, pâte à tartiner, beketés (petits bonbons chocolatés au maïs...) pralinés et ganaches : le Souvenir d'enfance (ganache yaourt à la vanille confit framboise), l'Original (praliné sésame noir gingembre frais), le Breton (praliné sarrasin). Pour la pâtisserie, on se régale de millefeuilles, flan à la vanille, pavlova, cakes aux noms évocateurs ! En nouveauté, l'atelier Capkao propose des cours de pâtisserie et créations autour du chocolat avec les deux chefs pâtissiers.

CHOCOLATIER

DEBOTTÉ CHOCOLATIER

9, rue de la Fosse ✆ 02 40 48 23 19

www.debotte.fr

Ouvert le lundi de 14h à 19h ; du mardi au samedi de 9h à 19h. Salon de thé rue Crébillon et rue de Budapest.

Cette institution nantaise de 3 générations, est incontournable. Le magasin quai de la Fosse émerveille par ses boiseries, lustres, frises, balances classées au patrimoine national. Gérald, chocolatier, son frère Josselin pâtissier, préservent les secrets paternels de ces chocolats forts et raffinés. Parmi les spécialités maison : le Mascaron, un rocher de chocolat noir fourré d'un feuilleté craquant de chocolat praliné et au lait, (figures mythologiques éloignant les mauvais esprits) En 2022 nouveau ! la tarte au Mascaron est née : sablé breton, Mascaron aux noisettes (Piémont), ganache au chocolat noir et plaquette de chocolat noir ! Vacherin maison, et autres douceurs à découvrir !

PÂTISSERIE

DELICATESSAINE PATISSIER

2, Rue Sourdéac

✆ 02 40 74 33 13

www.delicatessaine.fr

Du mardi au samedi de 9h30 à 19h. Site web marchand click & collect. Personnalisation anniversaire. Terrasse.

© DELICATAISSAINE NANTES

Courez découvrir cette pâtisserie d'exception ! Sabrina et Grégory Lejeune, pâtissier, font la part belle aux pâtisseries créatives, saines, naturelles. Leurs spécialités : le flan au sésame noir, les viennoiseries ! Les créations pâtissières sont moins sucrées et digestes, grâce aux sucres naturels, sans additifs ni colorants artificiels, aux farines françaises bio, non hybridées et à des farines sans gluten. Goûtez au Déli'grey (sablé à la noisette, agrumes, mousse au thé, biscuit moelleux à la noisette et aux agrumes, confit bergamote). Délicatessaine, c'est aussi un salon de thé et des ateliers pour apprendre à pâtisser ! Et on peut même y déjeuner le midi ! Situé proche des Machines.

PÂTISSERIE

FONDANT BAULOIS TALENSAC

Marché de Talensac ✆ 06 98 09 40 02

www.mokatea.fr

Gluten-free friendly. Ouvert du mardi au dimanche et les jours fériés de 8h à 13h

Depuis 2003, Mokatea la boutique de Patrick Albera est une institution sur le marché de Talensac. Parée des couleurs turquoise et blanc du fameux Fondant baulois, il les propose à la vente : un gâteau de voyage, spécialité au chocolat et sa note au caramel beurre salé. Ses déclinaisons : café, menthe, orange, framboise et sans gluten. On trouve aussi le Gâteau Nantais, le gâteau de voyage au rhum. Passionné de chocolat, Patrick propose près de 90 tablettes différentes de qualité : Alain Chartier, Cluizel, Bonnat et Venchi. Accompagnez ces douceurs de boissons de qualité comme un thé Compagnie and Co ou un café moulu ! Vous trouverez un très grand choix de chocolats fins sur son nouveau site.

PÂTISSERIE

ESTHÈTE PÂTISSIER

1, bis rue Mercoeur

✆ 02 55 10 11 92

www.esthete-nantes.com/

Ouvert du mardi au samedi de 9h30 à 19h.

Depuis son ouverture en 2019, l'engouement pour cette pâtisserie fine ne cesse de se propager. La clientèle qui se presse derrière son alléchante vitrine en a fait une valeur sûre. Julien Merceron, chef pâtissier issu du Ritz, et Gérard Porte, artisan fleuriste, y cultivent l'art et le beau. Ici tout éveille les sens : les jolis gâteaux titillent les pupilles, chatouillent les narines et ravissent les papilles. On découvre avec envie les nouveautés 2023 comme le gâteau Mathilda, à l'abricot et aux amandes ou la tarte aux fraises basilic. Quel plaisir d'assister en direct à l'élaboration de ces merveilles à travers les vitres du laboratoire d'où émanent de délicieuses odeurs caramélisées !

PAINS - GÂTEAUX - CHOCOLATS

FRÉDÉRIC BRANGEON

13, rue Martin Luther King - **LA CHAPELLE-SUR-ERDRE**
✆ 02 40 72 00 20 - Autre adresse : Erdre active, 3 rue de Flandre, 02 28 30 08 26 - www.frederic-brangeon.fr
Ouvert du mardi au samedi 6h30-19h30 ; dimanche et fériés 6h30-13h30. Autre boutique ouverte lundi fermée dimanche.

Artisan de caractère et de passion, Frédéric Brangeon a hérité dès son plus jeune âge de cet amour pour le métier de boulanger artisan. Pour les ingrédients, ce maître boulanger fait le choix du bon et du local. On retrouve une large variété de pains spéciaux ; mais aussi des viennoiseries et des délicieuses pâtisseries maison : comme le gâteau nantais, ainsi que les gourmandises à offrir : tablettes de chocolat, coffret de macarons, pâte à tartiner, mendiants pour les fêtes. Pour la pause déjeuner, la boulangerie propose de nombreux et savoureux sandwichs, wraps, quiches, pizzas et salades. Et pour l'apéro, on craque pour les pains-surprise, fougasses, préfous et autres réductions salées.

BOULANGERIE

BOULANGERIE LA BASTILLE

20, rue de la bastille - 44000 Nantes (France)
✆ 02 28 49 13 46
Ouvert du lundi au vendredi de 7h à 13h30 et de 15h à 19h30 ; le samedi de 7h à 13h.

Bonne nouvelle pour les habitants du quartier Bastille. Une nouvelle boulangerie a ouvert en Octobre 2023 : la « boulangerie de la Bastille ». Ce sont Elsa et Antoine qui nous accueillent avec le sourire. Ici, on travaille d'une façon 100 % artisanale. Entendez : tout est fait Maison. On vient pour la belle gamme de pains Bios dont le pavé d'arthur, mais aussi pour les autres pains traditionnels dont la baguette tradition. Avec des farines issues de filières courtes et agriéthiques ! Les viennoiseries sont gourmandes 100 % pur beurre et les pâtisseries fines nous font de l'œil (tarte meringuée, chocolat valrhona) On va prendre l'assaut de la Bastille : cela sera pour le talent des ces artisans.

NEW

BOULANGERIE

MAISON ANTOINE

53, boulevard Boulay Paty ✆ 02 40 76 60 82 - Tramway ligne 3 - arrêt Alexandre Vincent - Sainte-Thérèse
Nouveaux horaires, boulangerie ouverte du lundi au samedi en continu.

À côté de l'église Sainte-Thérèse, Antoine Robineau nous invite à découvrir sa belle boulangerie ! La Maison Antoine ! Ici on vient se délecter de bons pains traditionnels. À nous la baguette tradi cuite tout au long de la journée. Aussi les pains spéciaux avec de la farine bio écrasée sur meule de pierre. La tourte de seigle, l'épeautre, le pain de campagne aux graines, au sarrasin ! Les farines sont 100 % françaises. Découvrez les tartelettes aux fruits, viennoiseries et brioches au levain. On aime aussi le gâteau Nantais 1 ou 4 parts, le gâteau angevin, panettone, fouace et les focaccia. Et les gâteaux secs à offrir. Nouveau les Tartinatables (chocolat ou caramel) vont faire des heureux.

NEW

BOULANGERIE

JOLUS BOULANGERIE

458, bis route de Saint-Joseph
✆ 02 40 30 17 32
Ouvert du lundi au vendredi 7h-19h30 ; le samedi de 7h à 13h. Cookie 2,20 €, pain cacao 2,50 €, P'tit goûter 0,50 €.

Mickaël Huet, médaillé pour sa galette et sa baguette tradition, patron boulanger de l'Autre Boulangerie de Sainte-Luce-sur-Loire, a ouvert Jolus en septembre 2021 dans le quartier Saint-Joseph-de-Porterie. Cette boulangerie artisanale est ouverte dès le point du jour pour vous proposer une large gamme de pains, tourtes de meules, campagnes avec de la farine 100 % bio « Les farines d'Émile ». Les viennoiseries pur beurre, pâtisseries et autres douceurs sucrées comme les cookies n'attendent que vous. Début mai, les tartes aux fraises arrivent. Le pain cacao et le P'tit Goûter avec leurs pépites de chocolat et leur blé doré sont tout aussi délicieux. On a envie d'en manger au moins dix !

BOULANGERIE

MAISON JUHEL

90, boulevard Robert Schuman
✆ 02 40 76 59 70
Du mercredi au vendredi de 6h30 à 19h30 ; le samedi et dimanche de 7h à 19h30.

© MAISON JUHEL

L'inspiration, la créativité du pâtissier chocolatier boulanger Fabien Juhel est divine ! Fabien a gagné des concours nationaux pour ses galettes des rois et médaillé d'or au concours national 2021 (pour le gâteau nantais, concours départemental 2022). Ses voyages et rencontres l'ont inspiré. On se presse pour savourer ses pains (bio, meule), pâtisseries raffinées 100 % maison : saint-honoré, paris-brest, Royal chocolat. Fabien a pâtissé pour de prestigieuses adresses, pour Arnaud Larher, un MOF ! Macarons, glaces, viennoiseries, pâte à tartiner aux éclats de praliné à l'ancienne ! Nouveauté : le gâteau de voyage tout chocolat « l'Octroi de Nantes » au gianduja et noisettes (Piémont) : un délice !

MES PLAISIRS SUCRÉS

NEW

BOULANGERIE

MATA BOULANGERIE

6, rue de Rieux
✆ 09 70 66 95 83
Ouvert du lundi au vendredi de 8h à 19h.

Reconversion professionnelle réussie pour Charles Henri Mata ! Ancien cadre dans la finance, il a eu envie de redonner du sens à son travail et d'être proche des gens. Formé aux quatre coins de la France à la vraie boulangerie paysanne et traditionnelle, et à l'art du levain naturel, dans cette boulangerie, on trouve des pains traditionnels, au levain et bio. À nous le pain ciabatta à l'huile d'olive, les pains aux fruits (abricot, pruneaux, noisettes) ou encore le petit épeautre. Pour réduire l'apport au gluten, on choisit les pains à la farine de sarrasin. On craque pour la baguette tradition au levain, la brioche à la fleur d'oranger, les roulés à la cannelle ou encore ses sandwichs !

BIO

MAISON ARLOT CHENG

36, rue La Noue Bras de Fer ✆ 02 28 21 28 07
www.maisonarlotcheng.com
Ouvert du mardi au samedi : 8h-19h30. Restaurant en semaine (cuisine du marché). Samedi brunch (assiettes à partager).

Il y avait peu de boulangeries dans ce coin de l'île de Nantes. Pour le plus grand bonheur des amoureux du bon pain, La Maison Boulangerie a vu le jour en 2019. C'est dans ce cadre lumineux et brut que se démènent Pierre-Antoine Arlot, diplômé artisan boulanger bio à l'école internationale de boulangerie, Chin-Jy Cheng et leur équipe. À La Maison, le pain est artisanal, bio, au levain et réalisé sur farine de meule en fermentation lente. En vitrine, les pains sont beaux et les mies délicates. Sur place, les cafés se dégustent, travaillés dans les règles de l'art. Au cœur du quartier de la création, les gourmandises inspirées de traditions internationales vous donneront de l'inspiration !

NEW

PATISSIER CHOCOLATIER

JEREMY PERRAULT

19, place de l'Europe
44450 Saint-Julien-de-Concelles (France)
✆ 02 40 05 89 80 - www.jeremyperrault.fr
jeremyperrault@orange.fr

Jeremy Perrault est un jeune pâtissier, talentueux mais aussi chocolatier, et maitrisant aussi la belle viennoiserie ! Bienvenu dans sa belle boutique à St Julien de Concelles. Faites un détour pour découvrir les sublimes créations de cet artisan. Un cap pâtissier à 15 ans, et de fil en aiguille de belles expériences (chez Vincent Guerlais et aux Relais Dessert) Puis en Janvier 2022, Jérémy ouvre sa boutique. A nous les éclairs aux chocolats, l'entremet chocolat caramel, les macarons, le gâteau nantais, les madeleines : tout est artisanal ! La gamme de chocolat aux parfums délicats, les tablettes grands cru. Les mendiants et autre douceurs. On attend avec impatience les nounours et coffrets.

BOULANGERIE

LA PETITE BOULANGERIE

1, place Saint-Félix ✆ 02 40 74 36 38
Tram ligne 2 - arrêt Saint-Félix. - www.lapetiteboulangerie.fr
Ouvert lundi, mardi, jeudi au samedi 6h45-19h30, 18h30 le samedi ; dimanche 6h45-13h. Du mercredi au dimanche à Talensac.

Franck Dépériers, Meilleur Ouvrier de France, est un véritable passionné animé par le désir de donner du plaisir à ses clients et transmettre son savoir-faire à son équipe. Les farines utilisées sont sans additif mais avec du levain naturel et bio. Parmi les produits phare : la boule bio, le torchon (avec différentes farines), la fournée du marché (baguette au levain), le pain de campagne ou les abricotines et seiglitons, de petits pains de seigle garnis aux raisins. Laissez-vous surprendre par le gâteau nantais parfaitement rhumé, la délicieuse tarte au miel et mirabelles, les pâtés aux prunes ou les croissants feuilletés ! Ne passez pas à côté des bûches de Noël et des galettes des rois !

PÂTISSERIE

LITTLE BRITAIN CAFE

75, Boulevard Auguste Peneau ✆ 06 27 38 48 52 - Tramway ligne 1 Mairie de Doulon - www.littlebritaincafe.fr
Mardi 10h-17h, mercredi 9h30-18h, jeudi et vendredi 9h30-17h30. Le week-end 10h30-19h.

C'est un charmant morceau d'Angleterre qui a pris place près du parc du Grand Blottereau, *a sweet taste of England* diront nos amis anglais. Steve est anglais et Laëtitia, son épouse qui officie en salle, a vécu longtemps en Angleterre où elle a glané les recettes de sa belle-mère. Aujourd'hui, ils réalisent nombre de succulentes pâtisseries typiquement anglaises : millionnaires, le death by chocolat, le pecan pie, le pear and hazelnut, tarte au citron meringuée, cheesecakes,, scones, carrot cake… Pour vos réceptions, vous pourrez aussi faire appel à leur service traiteur. Enfin, on fait le plein de beaux produits dans l'épicerie fine : confitures bio, cafés torréfié et service souriant !

NEW

SANDWICHERIE

PAINPRENELLE BOULANGERIE

149, route de Sainte Luce ✆ 02 40 68 88 81
Ouvert du lundi au vendredi de 6h30 à 19h30 ; le samedi de 7h à 18h. Formules de 6,20 € à 11,40 €.

Clément et sa compagne Aurore ont rouvert les portes de Pain'prenelle en décembre 2022 ! Cette boulangerie affirme son caractère au travers d'une ligne de vente en faïence verte mais surtout, un arbre majestueux qui traverse la boutique. Au-delà du plaisir visuel que nous procure cette enseigne lumineuse, on s'y procure de délicieux pains, des sandwichs, des viennoiseries ou encore des pâtisseries. Laissez-vous donc tenter par des produits phares tels que : la baguette Prenelle, le pain norvégien volkenbroot, le pain quinoa, un fondant au chocolat, un paris-brest fleur de sel ou encore un savoureux croissant aux amandes. Le midi, une formule permet de se sustenter à prix tout doux !

BOULANGERIE

LES DÉLICES DE THOUARÉ

3, rue des Ponts - **THOUARÉ-SUR-LOIRE**
✆ 02 40 77 35 06
lesdelicesdethouare.jimdo.com
Du mardi au samedi de 6h30-20h, dimanche 6h30-19h.

Sur les bords la Loire, juste avant le pont, arrêtez-vous aux Délices de Thouaré chez des artisans passionnés. Qualité, gourmandise et partage sont assurés par Julien et Aurélie Fourage et leur équipe. Ça sent bon le pain tout chaud sorti du four. Goûtez aux spécialités, tout est maison : baguette thouaréenne, Tradition, Tradigraine, pains aux fruits ou bio. Les viennoiseries sont 100 % pur beurre AOP. Les brioches sont reines (30 à 100 pers.) Goûtez au tourton ou autres chouquettes, paille framboise, tortillon : que du plaisir ! Les entremets : le Thouaréen, le Granité, le Royal au chocolat sont succulents et ici les pièces montées sont personnalisées. Avis aux cyclistes de la Loire à vélo !

NEW

PÂTISSERIE

LA PETITE PATISSERIE STE LUCE

43, rue Jean Moulin - **SAINTE-LUCE-SUR-LOIRE**
✆ 06 01 40 61 84 - https://petitepatisserie.fr/
Ouvert du mardi au samedi de 8h à 19h ; le dimanche de 8h à 12h

De New York où il a été primé par le *New York Times*, en passant par Londres et Vienne, Matthieu Simon développe désormais son savoir-faire à Sainte-Luce. Accompagné par sa femme Amandine, le chef prépare ses créations maison avec des produits bio de saison : saint-honoré chocolat, tropézienne, certaines recettes révèlent un zeste d'originalité : tarte citron avocat basilic, tarte poire café noix Timut. Humilité et créativité caractérisent le couple qui souhaite que leur petite pâtisserie soit authentique et chaleureuse, remplie de savoureuses douceurs. Un véritable délice !

CHOCOLATIER

OLIVIER GRIMAULT

46, rue de la Haussière - **LES SORINIÈRES** ✆ 02 40 34 61 92
www.creatchoc.fr
Ouvert du mardi au samedi de 10h à 12h30 et de 14h30 à 19h.

Olivier Grimault, maître artisan, c'est un chocolatier créateur comme on les adore ! C'est aux Sorinières que vous profiterez d'un immense moment de plaisir gustatif ! Ici, 100 % de recettes artisanales et des créations chocolatières d'une grande finesse au pur beurre de cacao ! On voyage avec du cacao en provenance du Venezuela, Vietnam, Ghana...Goûtez aux nouveautés : Manabi 72,5 % le Cameroun 71% et 100 % grands crus ! Goûtez la spécialité le Maen Hir un assemblage de fèves de cacao. Craquez pour les pâtes à tartiner maison, le fondant au chocolat le Soriniérois, les bouchées chocolatées, les glaces artisanales et tartes glacées, verrines. Pensez aussi à privatiser le food truck glacier !

NEW

PAINS - GÂTEAUX - CHOCOLATS

OLDU BOULANGER

36, rue Pierre Yvernogeau ✆ 02 51 83 90 54
https://www.oldu-boulangerie.fr/
Ouvert du lundi au vendredi de 7h30 à 19h30 ; le samedi de 7h30 à 13h30.

La boulangerie Oldü a ouvert en septembre 2022 dans le quartier du Cens sous la baguette de Ludo. Il a reçu le 2e prix 2023 pour sa galette frangipane au concours de la meilleure galette des rois de Loire-Atlantique. Et ses croissants ont reçu le 1er prix de la Fédération des artisans boulangers. Le Petit Oldü, un pain tradition, se réinvente tous les jours de la semaine. Un clin d'œil est fait à l'aïeul avec la tourte de papi Marcel. Les pâtisseries sont gourmandes, avec une diversité d'éclairs et de financiers fingers : chocolat-noisette, caramel ou framboise-mangue-passion, speculoos. Côté farine, le pain tradition est fabriqué à la Label Rouge, pour les autres pains, c'est farine bio.

PÂTISSERIE

MAISON GRIMAUD

4, rue Vauban
✆ 09 86 67 56 23
www.maisongrimaud.fr
Du mar au ven et dim 11h-19h, le sam 11h-20h. Dim brunch. Formules midi de 16,90 € à 17,90 €. Bowls de 11,90 € à 13,90 €

© MAISON GRIMAUD NANTES

Dans cet établissement créé par Sébastien Grimaud, jeune et talentueux pâtissier, on vient se délecter de créations maisons autour du chou. Le midi, on découvre un beau choix de gougères revisitées, accompagnées de crudités ou soupe. Des généreux bowls sont également à découvrir, en version végétarienne, à la truite ou au jambon de Serrano. Pour les « becs » sucrés, ils trouvent leur bonheur dans la longue panoplie de choux garnis de crème mais aussi chouquettes, pâtisseries telles que des paris-brest, saint-honoré ou Fleur de sel. Cet établissement aux multiples facettes nous régale. Le midi, on déjeune, en journée, c'est un salon de thé. Quant aux dimanches, c'est brunch !

BOULANGERIE

MA BOULANGERIE VERTOU

84, bis Rue Charles Lecour - **VERTOU** ✆ 02 40 34 23 67

Ouvert lundi, mardi et vendredi 6h30-13h30 et 14h30-18h30 ; samedi 6h30-13h15 et 15h-18h30 ; dimanche de 7h à 13h.

« Le Pain des Vendanges est arrivé », peut-on lire sur la devanture. Ici, tout inspire à la curiosité, en commençant par les éclairs « surprise » et originaux ! 12 sortes d'éclairs différents, poire-gingembre, confiture de lait-brownies, cacahuète-chocolat au lait, pain d'épices.... Les Frissons Citron, les Double Choc, qui se savourent en pâtisserie grâce au talent de Delphine. Les chocolats de Pâques, les glaces maison offertes à la rentrée aux écoliers. Ma Boulangerie, c'est 10 ans d'artisanat mêlés de petites attentions. À l'instar du saint-honoré coco-mangue-passion. Qui œuvre ? L'apprentie boulangère Léa, Sandra au magasin... toute une équipe aux petits soins pour vous donner du bon pain.

CHOCOLATIER

STÉPHANE PASCO PATISSIER

16bis, rue de Mayence ✆ 02 40 89 79 78

www.stephanepasco.com

Ouvert du mardi au vendredi 10h30-13h30 et 15h30-19h ; samedi 10h-13h15 et 15h-19h ; dimanche 10h-13h.

Après avoir ouvert avec succès leur pâtisserie chocolaterie à Vertou, le Chef pâtissier Stéphane Pasco, aidé de sa sœur Isabelle dans cette belle aventure, ont installé en 2019 une boutique à Nantes. Ils ont créé un écrin à bijoux : un cadre noir où se révèlent les couleurs de délicieux gâteaux, de savoureux cakes, de jolis macarons aux reflets pastel et acidulés, sans oublier de succulents chocolats et des glaces artisanales. L'expression « quand l'art se déguste » prend ici tout son sens. Stéphane travaille la pâtisserie tel un art plastique. Et comme dans une galerie d'art, il expose ses créations. On peut admirer sa dernière œuvre tout en chocolat dans la vitrine... On en mangerait !

CONFISERIE - DRAGÉES

LES RIGOLETTES NANTAISES

18, rue de Verdun

✆ 02 40 48 00 39 - Quartier Decre

www.les-rigolettes-nantaises.com

Ouvert du lundi au samedi de 10h à 19h.

Inspiré par l'opéra *Rigoletto*, le confiseur nantais Charles Bohu avait baptisé son chat Rigolette en hommage au bouffon. Le félin a donné son nom aux friandises inventées en 1902, composées d'une fine coque de sucre cuite à la vapeur fourrée à la pulpe de fruit puis givrée. Les 5 parfums d'origine sont toujours là (citron, mandarine, framboise, cassis et ananas), complétés par ceux aux fleurs (coquelicot, violette, rose, hibiscus), aux fruits de saison (figue, raisin), ou encore caramel beurre salé ou praliné. On trouve aussi une gamme de douceurs régionales : les Berlingots, Ducs de Bretagne, pavés nantais et produits Lu. Et toujours le P'tit Rigolo au chocolat fondant, caramel au beurre salé !

NEW PÂTISSERIE

LES TRIPLETTES DE NANTES

4, bis rue Emile Masson ✆ 02 28 49 76 01

www.lestriplettesdenantes.fr

Du mercredi au vendredi de 10h à 18h. Resto le midi. Salon de thé café en journée. Le week-end 10h30-14h30. Brunch.

Vous connaissez le célèbre trio des Triplettes de Belleville ? Ici, pas de dessin animé mais un super lieu « 3 en 1 » avec un trio à la barre : Nina, véritable pâtissière de métier ; Marion, la barista et Laurianne, la gestionnaire. L'endroit est une superbe cantine à base de produits frais le midi. Il fait également café, bar et même salon de thé ! Elles servent aussi un brunch les samedi et dimanche pour profiter pleinement du lieu. Près de la Cité des congrès, les clients trouveront leur bonheur, avec les pâtisseries du moment, la carte du marché omnivore ou végétarienne sans oublier l'épicerie gourmande. Décidément ces Triplettes ont bien plus de trois cordes à leur arc !

PÂTISSERIE

ROSEMARY PATISSERIE

7, rue des hauts pavés ✆ 02 40 84 05 09

www.rosemary-patisserie.fr

Ouvert du mercredi au samedi de 9h30 à 19h ; le dimanche de 9h à 17h. Salon de thé. Epicerie fine.

A 2 pas de la place Viarme se tient le salon de thé de 2 sœurs. Margaux, cheffe pâtissière formée chez Anne Sophie Pic, elle nous étonne par sa créativité et ses sublimes entremets et pâtisseries fines. Epaulée par Marion, qui assure l'accueil, la vente et la tenue du salon de thé. Tout est 100 % artisanal et les douceurs sont souvent sublimées d'herbes aromatiques et d'épices. A nous les sublimes dégustations avec le Rosemary's, la tarte au citron et romarin « genèse » du lieu. Laissez-vous tenter par le Pavé (trompe l'œil) et ses différentes textures chocolatées. Craquez pour les pâtes à tartiner, biscuits fins, mendiants, tablettes de l'épicerie à emporter.

CHOCOLATIER

VINCENT GUERLAIS GARE

27, boulevard de Stalingrad

www.vincentguerlais.com

Ouvert du lundi au samedi de 6h à 19h ; le dimanche de 8h30 à 18h30. Livraison possible.

Voici sur la nouvelle mezzanine de la Gare inaugurée fin novembre 2020, la 6e boutique de Vincent Guerlais, artisan chocolatier qu'on ne présente plus ! Quel plaisir de pouvoir se procurer ses délicieuses pâtisseries et ses savoureux chocolats en admirant la vue imprenable sur l'emblématique tour Lu ! Avant ou après votre voyage en train, viennoiseries et créations spéciales vous attendent pour le petit déjeuner ou le goûter, à compléter par un café, thé ou jus de fruits. Tentez par exemple le Bostock, brioche moelleuse à la crème d'amandes avec un nectar de fraise sengana d'Alain Milliat et laissez-vous embarquer au Brésil avec une tablette de chocolat Pure Origine dans son étui exotique.

© LA TRINITAINE

PÂTISSERIE

LA TRINITAINE NANTES

4, place Saint-Pierre - 44000 Nantes (France)
Face à la cathédrale de Nantes ✆ 02 40 20 33 36
www.latrinitaine.com/nos-boutiques-en-france/la-trinitaine-nantes.html/ - service-client@latrinitaine.com

Ouvert du lundi au samedi de 10h à 19h30. Le dimanche ouvert en haute saison (avril à septembre) et fermé en basse saison.

Cette boutique est le paradis des gourmands et des amoureux de la Bretagne. On y trouve une large variété de spécialités bretonnes, dans de belles boîtes colorées peintes signées B.Morinay. A nous les galettes bretonnes, palets, kouign-amann, sablés, madeleines, confiseries, berlingots nantais, crème de Salidou, coucougnettes (amandes grillées) niniches (sucettes). Côté salé, vous trouverez un large choix de conserves et préparations (thon, sardines) mais également soupes de poissons, produits de la Belle Iloise ou sel de Guérande, des chips au sarrasin, Crousti Breizh, ou du caramel au sarrasin... Goûtez aux nouveaux Trinibeurre : chocolat, vanille ou framboise. L'accueil ici est charmant.

© LA TRINITAINE

© LA TRINITAINE

© LA TRINITAINE

BIO

BIOCOOP LES HAMEAUX BIO

19, avenue du Marché Commun
✆ 02 52 59 58 46

Du lundi au samedi 10h-20h. Boucherie 10h-20h. Boulangerie 7h30-15h et 16h-19h (jeudi 7h30-14h). Restaurant 11h30-14h.

Depuis 2017, les Hameaux Bio Biocoop Nantes, distributeur de produits bio de qualité propose du vrac avec des pâtes et des céréales (pâtes semi-complètes, au petit épeautre, riz rond de Camargue, riz long, semoule de couscous...) ; des graines (courge, lin, sésame, quinoa...), des légumes secs (haricots blancs, lentilles, lentilles corail) ; des fruits et légumes de La Ferme à Cueillir de Carquefou, d'Agari Breizh (Moustoir Remungol 35), des kiwis de Michel Hulin, des pommes bio des Jardins de Brière (Missillac) ; de l'épicerie, de la boucherie, des produits fromagers, du frais, une cave bien fournie... On y trouve aussi un resto biologique, une boulangerie et une boucherie bio.

BIO

ÉCLATS DE RIZ

4, rue Auguste Garnier ✆ 02 85 52 44 52
www.eclatsderiz.com

Mercredi 12h à 19h30 CHU de Nantes, vendredi 8h à 13h Marché de Talensac, samedi et dimanche 8h à 13h Marché de Vertou.

À bord de son triporteur BeeOne bleu, Yann nous invite depuis 2018 à retrouver le goût de notre enfance. Cet ancien de la Maison Pradier a changé de cap en se consacrant au dessert le plus emblématique, le riz au lait. Mais pas n'importe lequel ! Il mise en effet sur la qualité : moins sucré, certifié bio, avec du lait des environs de Savenay, des produits naturels et de saison. Car sa particularité est d'offrir une gamme de 120 parfums différents : du classique vanille Bourbon de Madagascar au plus original mandarine jasmin. Une attention toute particulière est accordée au respect de l'environnement : les circuits courts sont privilégiés et les contenants sont compostables et biodégradables.

BIO

CHLOROPHYLLE SAINTE LUCE

13, rue Denis Papin - **SAINTE-LUCE-SUR-LOIRE**
✆ 02 52 20 10 00
https://www.chlorophylle-coop.com/

Ouvert du lundi au samedi de 9h à 19h30.

L'enseigne de magasins bio nantaise créée en 1985 est présente à travers 7 magasins sur Nantes et son agglomération. Ouvert en 2017, celui de Sainte-Luce est aéré et spacieux, les allées sont larges et vous retrouvez facilement les rayons : boucherie, charcuterie, fromagerie, pains et viennoiseries, fruits et légumes, boissons et vin, également un rayon sans gluten, de l'épicerie vrac, des compléments alimentaires, cosmétiques, hygiène et entretien. Si vous le souhaitez vous pouvez adhérer à la coopérative et vous serez ainsi bénéficiaire d'une réduction de 10 % à chaque passage en caisse. Consommer bio, écoresponsable et équitable, tel est le credo de Chlorophylle, le poumon de la planète !

BIO

PANIERS BIO SOLIDAIRES

✆ 06 07 78 08 63
www.lespaniersbiosolidaires.fr

Un panier comprend 5 à 7 variétés de légumes bio (et fruits ou aromates) et recettes : 15,15 €.

Né en 2010 d'une initiative de l'association de producteurs Bio Loire Océan, et de 2 structures d'insertion sociale et professionnelle, le Jardin de Cocagne de Carquefou 44 et l'Aspire 49. Ce projet met en valeur les productions locales, biologiques des acteurs du secteur agricole en favorisant la réinsertion professionnelle. Récupérez votre panier dans l'un des 230 points relais disponibles sur Nantes, l'agglomération et la Loire-Atlantique mais aussi autour d' Angers, le 72, le 53 le 85 ! La livraison s'effectue le mercredi, le jeudi ou le vendredi selon les points relais. Chaque semaine le panier contient 5 à 7 portions de légumes et de fruits et des recettes.

BIO

LES COTEAUX NANTAIS

3, place Pierre Desfossé - **VERTOU** ✆ 0240752381
www.coteaux-nantais.com

Magasin ouvert du mardi au samedi à Vertou.

Producteur français de pommes et poires bio, la société existe depuis 1943, en bio depuis 1970. Des premiers cidres bruts et demi-secs dans les années 1980, la famille s'est agrandie avec la fabrication d'un cidre doux issu de pommes à couteau. 96 ha de vergers sont cultivés autour de Nantes et les produits bio (cidre, vinaigre, jus, purée, compote) ont reçu de nombreuses distinctions avec l'obtention au Concours général agricole en 2016 de la médaille d'argent pour l'Apibul fruits de la passion et de la médaille d'or pour la confiture de mirabelles et en 2017 de la médaille de bronze pour la confiture de framboises. En 2021, la marmelade d'orange et la purée pommes pêches ont été distinguées.

NEW BIO

SAUVE TON BIO

https://sauvetonbio.fr/

Paniers à 7,50 € au lieu de 15 €. Plusieurs lieux de retrait.

Vous voulez manger bio pour pas cher et en plus sauver des fruits et légumes ? Eh bien sachez que c'est possible ! Le Nantais Antoine Rubalec a mis en place « Sauve ton bio », qui vous permet de consommer de bons aliments à moitié prix, et ce tout en rémunérant les agriculteurs de façon juste. Pour vous procurer des produits qui ne correspondent pas aux normes, rien de plus simple : allez sur le site ou sur l'application pour repérer les différents lieux de retrait et ainsi participer à la réduction du gaspillage alimentaire ! Bananes, courgettes, pastèques trouveront forcément une place dans vos assiettes ! Un bon plan qui valorise les invendus des producteurs bio : futé !

NEW

EPICERIE EN VRAC

ATELIER DU BOCAL NANTES

13, Rue du marché commun ✆ 02 40 97 34 17
www.latelierdubocal.com
Ouvert du mardi au vendredi de 10h à 13h et de 15h à 19h ; le samedi de 10h à 13h.

Julie et Jean-Baptiste tiennent les rênes de l'Atelier du Bocal depuis fin 2022. Ici, tout est consigné, que ce soit en boutique ou en drive. Les produits sont déjà mis en bocaux, ce qui fait gagner du temps pour ses courses. Il n'y a plus qu'à ramener les contenants. La consigne est gratuite. L'enseigne vend aux particuliers et aux professionnels. 900 références en boutiques, 1 300 pour le vrac. Protections périodiques en tissu, épicerie salée, sucrée, boissons et softs, droguerie, produits d'entretien, d'hygiène, ménagers, cosmétiques, crèmerie, fruits et légumes et accessoires, on trouve de tout. La livraison à vélo se fait dans Nantes avec les Coursiers Nantais. Un drive zéro-déchet !

NEW

EPICERIE EN VRAC

JOLY COQUELICOT EPICERIE

35, route de Carquefou ✆ 09 87 71 61 70
jolycoquelicot.mescoursesdrive.fr
Ouvert du mardi au samedi de 9h30 à 19h30.

Aude et ses 2 associés ont créé une jolie épicerie dans le quartier de la beaujoire. On aime cette boutique à vocation 100 % éco responsable. On trouve du vrac : on consomme uniquement selon ses besoins, au poids. Des produits en circuits courts. Notamment des fermes avoisinantes, des produits bios, des glaces artisanales bretonnes et plein de bonnes idées salées et sucrées pour l'apéritif (granola salé) mais aussi des plats locaux cuisinés. C'est la nouvelle adresse du quartier pour les céréales, légumineuses, cosmétiques recyclables ! À noter, le vendredi matin, on peut trouver crêpes et galettes artisanales. Les coquelicots poussent sur des terres saines et bio. Cette épicerie aussi !

EPICERIE EN VRAC

COLÉGRAM MARCHÉ DURABLE

31, rue Félix Faure
REZÉ
✆ 02 28 91 86 37
Ouvert du mardi au samedi de 10h à 19h.

Colégram, c'est un marché durable installé depuis 2019 dans le quartier Pont Rousseau, porté par Lucie, Estelle, Élise. Les trois jeunes femmes partagent les mêmes valeurs écoresponsables, à savoir préserver notre planète, notre santé et le travail local. Elles prônent donc le bio, les circuits courts et le zéro-déchet. Leur boutique offre un espace lumineux et aéré pour proposer en vrac et sans emballage tous les produits du quotidien. Apportez vos contenants et faites votre choix. Cette épicerie éthique soutient les artisans et producteurs locaux engagés. Vous voulez du bio, du bon et de saison, suivez le picassement du pic vert et pic et pic et Colégram !

EPICERIE EN VRAC

PILE POIDS ÉPICERIE JUSTE

118 bis, rue du Général Buat
✆ 06 64 44 30 03
Ouvert le mardi de 10h à 13h et de 15h à 19h ; du mercredi au samedi de 9h30 à 13h et de 15h à 19h.

Lise a créé Pile Poids, un joli commerce de proximité proposant du vrac pour reprendre la main sur notre consommation, réduire l'empreinte carbone (moins d'emballages) et mettre en valeur le travail des producteurs locaux. Pile Poids propose de nombreuses références avec une majorité de producteurs nantais, ou basés en Pays de La Loire et Bretagne. Du bio, du local et du consigné parmi les denrées alimentaires sèches, les produits d'hygiène et d'entretien et les accessoires utiles ! Une épicerie juste avec l'environnement, les producteurs et juste en bas de chez nous !

EPICERIE EN VRAC

L'ÉPICERIE ÉQUITABLE

12, allée de la Bouscarle de Cetti
✆ 02 28 49 71 92 - Gare Sud
http://nantes.epicerie-equitable.com
Ouvert du lundi au samedi de 10h à 19h30.

À cette belle adresse, la souriante Chloé nous accueille au sein de son épicerie équitable, militante et rayonnante ! On fait le plein de fruits et légumes de saison, de légumineuses, riz, lentilles, sarrasin, céréales, muesli, et produits d'entretien. À nous les soupes, moutardes, sauces cuisinées en bocaux, épices, thés, fromages et crèmerie. Le lieu propose aussi une restauration le midi avec un menu et carte courte : sandwich du jour, salade ou la soupe du jour ! Sublimes aussi les pâtisseries maison ! On profite de ces gourmandises au sein de la terrasse extérieure ou grande salle à l'étage. Au choix donc : c'est sur place ou à emporter en sortant de la gare Sud à 3 minutes à pied !

EPICERIE EN VRAC

LA PETITE MARCHANDE

11, boulevard des Anglais ✆ 09 77 06 10 88
https://la-petite-marchande.bio/
Ouvert le lundi de 15h à 19h ; du mardi au samedi de 10h à 13h et de 15h à 19h.

Bienvenue dans cette nouvelle épicerie en vrac du quartier du rond-point Vannes. Le concept est toujours aussi séduisant : valorisation des producteurs locaux, circuit court, lutte anti-gaspi et qualité des produits bio ! Ici on fait le plein dans son panier gourmand ! Unique à Nantes, on trouve ici un rayon dédié aux cosmétiques naturelles dont le vrac pour les huiles essentielles, les hydrolats, mais aussi des savons à la coupe... De belles idées cadeaux ! Bien sûr ici des gourmandises : chocolat, biscuits, bonbons. Le lieu se distingue par la qualité des conseils, que l'on apprécie particulièrement, ainsi que par ses nouveautés et son orientation vers le zéro déchet !

NEW

EPICERIE EN VRAC

NATURALIS EPICERIE BIO

7, Place des Tonneliers ✆ 02 40 25 13 46
www.epicerie-naturalis.fr
Ouvert du lundi au vendredi de 9h30 à 19h30, le samedi de 8h30 à 18h30.

Les gérants de cette jolie épicerie bio et salon de thé du quartier de Saint-Joseph-de-Porterie, Thomas Lefebvre et sa compagne népalaise Chukki Lefebvre ont l'art de dénicher les produits locaux. Vergers de la Ferme en cidrerie, boulangerie Panisfaire et Brasserie de L'Olifant de Grandchamp-les-Fontaines, crèmes glacées et sorbets de Sucé-sur-Erdre, pour les saveurs locales, les parfums exotiques sont aussi très présents. Grâce à la cuisine de Chukki, on peut déguster des nouilles de riz blanc au poivre de Timur. Vrac, fruits, légumes frais..., on trouve de tout dans l'épicerie, y compris des produits bio, à prix bas. Naturalis est aussi engagé dans la lutte contre le gaspillage alimentaire.

EPICERIE

ÉPICERIE LE LIEU-DIT

78, route de Vannes
✆ 02 40 76 96 88
Ouvert du lundi au vendredi de 10h à 15h et de 16h30 à 19h ; le samedi de 9h30 à 13h30.

Le Lieu-dit est un lieu à nul autre pareil à Nantes : en effet, il fait à la fois restaurant, hôtel et épicerie ! C'est de l'épicerie que nous parlerons ici, car il y en a des choses à dire ! Déjà, les produits choisis sont délicieux, choisis avec soin. C'est idéal pour découvrir toutes les richesses de la région, votre estomac en sera ravi. De plus, un service de sandwicherie est ouvert tous les midis, pour régaler les plus pressés d'entre vous. Pour ceux qui ont plus de temps devant eux, n'hésitez pas à faire un détour par le restaurant ! Vous pouvez aussi repartir avec des planches apéritifs gourmandes, ou d'excellents alcools, comme le nihonshu, véritable saké japonais ! À vos papilles !

CUEILLETTE

LE POTAGER DE ST JULIEN

8, route Félix Praud - **SAINT-JULIEN-DE-CONCELLES**
✆ 02 40 86 32 83
St-Julien : retrait paniers/vente adhérents mercredi 10h30-12h30, vendredi 16h-19h. Bouguenais : vendredi 12h-17h30.

Le Potager de Saint Julien est un chantier d'insertion de la Fondation d'Auteuil qui fait du bien à la planète. Il permet à une quinzaine de salariés d'accéder à une activité par le travail en maraîchage bio et de préparer via un accompagnement socio-professionnel, un accès vers l'emploi durable. Chaque jour, l'équipe prépare les sols, plante, sème, cultive et prend soin de 60 variétés de fruits et légumes, récoltes qui sont toutes proposées à la vente sous forme de paniers frais et de saison à des adhérents consom'acteurs et à des clients professionnels sur commande. Deux sites de production et de retraits de paniers, l'un à Bouguenais-Les Couëts, l'autre à Saint-Julien-de-Concelles.

EPICERIE

IN EXTREMISS

22, rue des Hauts Pavés
✆ 06 61 24 15 87
Le lundi de 11h à 13h45 et de 15h à 20h ; du mardi au vendredi de 10h à 13h45 et de 15h à 20h ; le samedi de 10h à 20h.

Julie et Hélène souhaitaient donner du sens à leur travail, et ont donc créé une enseigne représentant au mieux leurs valeurs, et c'est un pari réussi avec leur épicerie In Extremiss ! Elles sauvent les articles écartés des circuits de grande distribution car leur date est courte ou dépassée, alors qu'ils sont toujours consommables. Elles les proposent à prix réduit. Ce faisant, en achetant chez elles, vous contribuez à réduire le gaspillage tout en faisant des économies ! Cette boutique vertueuse propose un large choix de produits alimentaires et ménagers. L'épicerie sert aussi de point relais pour l'association Sauve ton bio, qui fournit fruits et légumes. Rendez-vous rue des Haut-Pavés !

EPICERIE

LA BOUTIQUE DES ÉLEVEURS

18, rue Descartes ✆ 02 28 49 14 45
https://laboutiquedeseleveurs.fr/
Ouvert du lundi au vendredi de 10h à 20h ; le samedi de 9h30 à 20h ; le dimanche de 9h à 13h.

La Boutique des éleveurs a pris place dans un bel espace lumineux idéal pour tous les beaux produits que proposent Fabrice Cadio et Geoffroy Pourtout. Il nous font partager le savoir-faire d'une centaine de partenaires producteurs et éleveurs. Dans les rayons, 2 000 références de produits : de jolis fruits et légumes, des œufs, du lait, des fromages : saint-nectaire, camembert..., une belle offre d'épicerie salée et sucrée, des jus de fruits et sirops de la ferme de la Hautière, de nombreuses références de viandes (faux-filet, brochettes, foie de veau...), poulet rôti, et charcuteries... Et au sous-sol, un espace permet d'accueillir quelques clients dans la cave à vin. Une belle boutique !

NEW

EPICERIE

NOUS ANTI-GASPI

7, Rue Mercoeur ✆ 02 28 44 01 27
www.nousantigaspi.com
Ouvert du lundi au samedi de 9h30 à 19h30 ; le dimanche de 9h30 à 12h30.

Nous anti-gaspi Mercoeur est le 2e point de vente de Nantes avec celui de la rue Pitre Chevalier. Une enseigne née à Rennes en 2018. Stéphane et son équipe d'épiciers héroïques sauvent 60 tonnes de produits du gaspillage chaque mois ! Légumes moches mais toujours bons, truite fumée labellisée mais trop petite, brioche vendéenne un peu trop cuite, courez-y pour les sauver, tous. Ici, on vend de tout : du frais, des biscottes, du fromage, des chutes de jambon, du chocolat, des produits ménagers... Des invendus en passant par les dates de consommation courte, on valorise un max. Nous anti-gaspi fait du bien au porte-monnaie (en moyenne, les produits sont vendus 20 % moins cher) et à la planète !

FROMAGERIE - CRÈMERIE

LA LAITERIE NANTAISE

5, allée Assia Djebar
✆ 06 85 55 06 69
www.laiterienantaise.fr
Ouvert du mardi au samedi de 10h à 19h.

C'est une première à Nantes ! Depuis juillet 2021, la Laiterie Nantaise a ouvert ses portes sur l'île de Nantes. De délicieux et divers produits réalisés à base de lait issu d'une production bio de Loire-Atlantique (une ferme à Bouvron !) : fromages frais, yaourts, mozzarella et burrata, ricotta... en somme de quoi ravir un grand nombre de gourmands ! Ce projet audacieux est porté par Esther et Benjamin. Tous deux ont suivi une année de formation pour acquérir ce précieux savoir-faire, qu'ils partagent désormais avec nous. Ils ont à cœur de sélectionner le meilleur lait possible, certifié Lait de Foin. Des produits laitiers nantais qu'il est bon d'aller découvrir !

FRUITS - LÉGUMES

FERME DU BOIS DES ANSES

chemin du bois des Anses ✆ 06 50 82 87 62 - Chronobus 7, arrêt Bois des Anses - www.fermeduboisdesanses.fr
Ouvert le mercredi et le vendredi de 16h30 à 19h30.

Quel plaisir d'aller chercher ses légumes, fruits, aromates 100 % bio directement à la ferme ! Laura a repris la ferme du Bois des Anses dans le quartier Doulon-Gohards. Cette jeune femme s'épanouit dans sa ferme avec cette conviction : celle de nous « nourrir » à son tour. Ici la production est certifiée bio. La petite structure permet des produits de qualité. À nous les légumes de saison, choux variés, cucurbitacées, brocolis, tomates multicolores... Chaque mercredi et vendredi, faites un saut pour du frais goûteux et sain ! Bandes enherbées et fleuries sont un paradis pour la biodiversité. Miel, œufs complètent la vente. Sans oublier la cueillette de fruits rouges !

GLACIER

BLANC GLACÉ

Le Blanc Verger - **SUCÉ-SUR-ERDRE** ✆ 06 89 32 49 98
https://www.le-blanc-glace.fr/
Vente à la ferme le jeudi de 17h à 19h. Présents sur des marchés et autres points de vente (voir site Internet).

À la ferme du Blanc Verger, on trouve des vaches Prim'Holstein et Gersienne. Ces dernières coulent des jours heureux, entourées de Guillaume et Virginie, qui veillent à leur bien-être, en pratiquant une agriculture raisonnée. Leurs valeurs se retrouvent jusqu'à la confection de leurs glaces. Ce projet, mené avec passion par Virginie, nous régale ! Rien n'est laissé au hasard : le lait, la crème et le beurre viennent directement de la ferme. Quant aux autres ingrédients, comme les fraises, les pommes, les œufs, ils sont tous sélectionnés avec soin, tous bio, locaux, et de qualité. Pour trouver où vous fournir avec le fruit de leur travail, rendez-vous sur leur site ! Et bonne dégustation !

MODE

OLOW

1, rue saint denis ✆ 02 28 44 07 86
olow.fr
Ouvert du mardi au vendredi de 11h à 19h ; le samedi de 12h à 19h.

Olow est une marque créée en 2006 par Valentin Porcher et Mathieu Sorosina. Leur objectif ? Proposer des vêtements de qualité avec un caractère éthique. L'intégralité de leur production est localisée au Portugal dans des usines familiales. La boutique nantaise se compose tel un espace libre, ouvert à la déambulation et aux touches graphiques. Tournée vers la lumière et chaleureuse, on découvre une table de présentation en carreaux de céramique, mettant en valeur les produits Olow. Côté design, chaque collection est une invitation artistique et humaine. Aux côtés de peintres, tatoueurs, graphistes, illustrateurs ou même photographes. Olow conçoit des vêtements pour sublimer nos personnalités !

MODE

WEARTH LAB

13, rue du chateau
✆ 02 40 75 76 67
wearthlab.fr
Ouvert le lundi de 12h à 19h ; du mardi au samedi de 11h à 19h.

Grégory et Delphine nous accueillent dans ce magasin écoresponsable élégant et épuré. Ici, c'est la qualité qui prime sur la quantité. Une trentaine de créateurs et créatrices sélectionnés avec soin sont exposés. En effet, ce laboratoire de découvertes garantit, à la manière d'un label, de fournir des articles avec une démarche sincère dans leurs moyens de production. Des marques locales, des produits recyclés ou up-cyclés et bien d'autres critères permettent de s'habiller responsable. Wearth Lab relève le pari de proposer une mode de proximité, écoresponsable, éthique, durable et belle, avec brio ! Un accueil chaleureux et des belles valeurs véhiculées. Foncez les découvrir !

PRODUCTEUR

L'ALOUETTE RIT FERME

20, boulevard de la Louëtrie
Ouvert le mardi et le vendredi de 16h30 à 19h.

Nouveau en 2022 du côté du vieux Doulon à Nantes ! Les fermes urbaines se développent pour le plaisir gourmand et le bien manger des Nantais, ici quartier est de la ville. Le mardi et le vendredi entre 16h30 et 19h on peut aller faire le plein de légumes et fruits de saison bio dans cette ferme. En attendant la construction de la boutique en dur, on peut déjà profiter des conseils de Simon et Clément, les agriculteurs « urbains » à notre service. L'Alouette Rit est un clin d'œil au nom de la rue de la Louëtrie : nul doute que le sourire va ravir les visages des habitants du coin, tant l'accueil est sympathique. S'« allouer » les produits de ces circuits courts, c'est possible, et c'est bon !

EQUITABLE

ORIGINE BOUTIK

1, rue Charcot
BASSE-GOULAINE
✆ 09 81 13 22 36
Du lundi au samedi de 10h à 19h.

OrigineBoutik, c'est une véritable caverne de trésors qui répond aux règles du bon goût, de la qualité et à l'éco-responsabilité, que ce soit la déco : petits mobiliers, fauteuils, vases..., les fleurs séchées, les fragrances avec les bougies et parfums, les gourdes de Qwetch, ou les Incroyables Cocottes... Les amoureux du bien-être et de l'élégance ne sont pas en reste avec les savons, les trousses de toilette, les cosmétiques naturels, les sacs à main en cuir. Pour les plus jeunes ? Les jouets et peluches de Moulin Roty, les bolides de Vilac, les marques Liliputiens, Janod, Djeco... OrigineBoutik, c'est original et plein de bonnes idées tendance qui font plaisir ! Idéal pour faire un cadeau.

CUEILLETTE

FONDATION D'AUTEUIL 44

rue de la Loire - **BOUGUENAIS**
✆ 02 40 86 32 83
Retrait paniers mercredi et/ou vendredi selon lieu. Panier duo 12 €. Panier Tribu 16 €. Ouvert toute l'année.

Le Potager de Saint Julien de la Fondation d'Auteuil est un chantier d'insertion permettant à une quinzaine de salariés l'accès à une activité professionnelle par le travail en maraîchage biologique et un accès à l'emploi durable. C'est faire du bien à la planète et à l'humain. Au quotidien, l'équipe du chantier prépare les sols, plante, sème, cultive et prend soin de 60 variétés de fruits et légumes proposés à la vente en paniers frais et de saison, chaque semaine à des adhérents consom'acteurs et des professionnels sur commande (biocoop, restaurant traditionnel et collectif). 2 sites de production et de retrait de paniers : l'un à Bouguenais-Les Couëts, l'autre à Saint-Julien-de-Concelles.

PRODUCTEUR

FERME DE LA RANJONNIÈRE

Chemin de la Ranjonnière - **BOUGUENAIS**
✆ 02 28 00 15 25
Ouvert le mardi, le mercredi et le vendredi de 10h à 19h ; le samedi de 9h à 12h30.

Le site de la Ranjonnière comprend une ferme pédagogique (La Clé des champs), un restaurant (Du Coq à l'âne) ainsi qu'un magasin de vente directe de produits fermiers (Terroirs 44, association regroupant 50 professionnels adeptes des circuits courts), où l'on trouve une large gamme de produits locaux issus d'une quarantaine de fermes des alentours. Des produits respectueux de la charte d'agriculture paysanne et labellisés bio pour une bonne partie. Légumes, fruits, viandes (bœuf, veau, agneau, lapin, volaille), charcuterie, plats préparés, fromages, produits laitiers, vins, bières, jus, miel, confitures, céréales, légumes secs, café, thé, biscuits, pain... Le choix est vaste !

NEW

TRAITEUR

SIMONE & CO TRAITEUR

✆ 06 10 99 30 75
https://www.simoneandco.fr
Renseignements et devis via le site Internet. Livraisons particuliers et professionnels.

C'est un concept ingénieux, écologique et gourmand que Clémence a mis en place à travers Simone & Co. Ce traiteur responsable s'est construit sur une idée : agir pour la planète. En achetant les invendus des artisans et producteurs locaux, l'entreprise lutte contre le gaspillage alimentaire, véritable fléau environnemental. Produits déclassés car inesthétiques ou mal calibrés, excédentaires : quel dommage quand on sait qu'ils sont tout aussi qualitatifs et savoureux que les autres. Avec sa cheffe Marie-Agathe, elles conçoivent ainsi des petits-déjeuners, déjeuners, apéritifs et cocktails anti-gaspi ! Le chemin de la poubelle leur était destiné... les voilà revalorisés grâce à Simone & Co !

EPICERIE EN VRAC

Ô BOCAL ÉPICERIE

10bis, allée des Tanneurs
obocal.com
Ouvert du mardi au vendredi de 10h à 19h30 ; le samedi de 9h30 à 19h.

Située dans le centre-ville de Nantes, la boutique a pris place en 2020 dans ce nouveau lieu dédié à l'épicerie, le rayon droguerie demeurant rue de l'Hôtel de Ville. Ici, on apporte des bocaux vides (ou on utilise ceux à disposition) que l'on remplit d'aliments bio (farine, sucre, riz, pâtes, graines, légumineuses, biscuits, fruits secs...). En prenant soin de les peser au préalable pour ne payer que le contenu. Les bouteilles en verre ainsi que les *tote bags* en tissu sont autorisés. On trouve aussi des fruits, légumes et du fromage provenant de producteurs locaux. Johanna et son équipe vous accueillent dans leur boutique à la déco sobre. On craque pour les sacs à vrac estampillés Ô Bocal.

SUPÉRETTE

SCOPELI

20, Rue de l'Abbé Grégoire - **REZÉ** ✆ 06 28 51 25 71
www.scopeli.fr
Ouvert du mardi au vendredi de 9h à 19h30 ; le samedi de 9h à 15h.

Ce supermarché n'est pas comme les autres. Ici, c'est priorité aux producteurs locaux, circuits courts et produits de saison. Pour une agriculture durable favorable aux paysans et respectueuse de l'environnement. Les membres de Scopeli sont coopératifs. Ils aident 3 heures par semaine et s'y tiennent. 300 fournisseurs, 2/3 sont des producteurs de circuit court, 3 000 produits à prix justes... Fruits et légumes, boucherie, crèmerie, épicerie, boissons, soins du corps, produits d'entretien, d'hygiène... sont proposés souvent en vrac. Le but ? Offrir une alimentation saine à un grand nombre de personnes. Scopeli anime aussi des ateliers : réparation de vélos, valorisation des produits de cuisine...

CAVE À BIÈRES

LES BIÈRES ÉTONNANTES

25, rue René Coty - **SAINTE-LUCE-SUR-LOIRE**
https://lesbieresetonnantes.fr
Du mardi au vendredi de 10h30 à 14h et de 15h à 19h ; samedi de 9h30 à 14h et de 15h à 19h.

Envie d'une bonne bière 100 % artisanale, 100 % fraîche, tout droit sortie de la cave à bières ou du « frigo de Tonio » ? Envie de faire le plein de bières artisanales pour l'apéro entre amis ou des idées cadeaux à offrir avec les beaux coffrets ? C'est ici ! aux Bières étonnantes, dans le bourg de Sainte-Luce qu'il faut s'arrêter. C'est tout nouveau ! Venez découvrir la cave à bière d'Antonio ! Ici on trouve des bières à partager, des cannettes 100 % locales du coin (coin), des kits de brassage et autres idées apéro. Bubar, Nao, Nautile, Muette, Trompe-souris, Aerofab sont quelques-unes des références à découvrir. Conseils avisés par notre passionné de houblon et accueil charmant !

NEW CAVISTE

CAVISTE PINARD

1, Place Paul Emile Ladmirault ✆ 09 88 53 72 35
www.lespinards.fr
Ouvert du mardi au vendredi de 10h30 à 14h et de 15h à 19h30 ; le samedi de 10h à 20h.

C'est avec une dose d'humour mais surtout beaucoup de professionnalisme que Valentin nous accueille dans sa cave à vin. Tombé amoureux de la viticulture en Afrique du Sud, il se spécialise en vins naturels, biodynamie, vins nature pour des petits domaines ainsi que coup de cœur de régions françaises. C'est avec plaisir qu'il nous conseille des pépites comme un côtes-du-rhône du domaine Richaud, un cairanne ou un vin de Loire. Chez Pinard, culture et convivialité sont de mise. On se laisse tenter par les soirées dégustation à l'aveugle, entre amis ou collègues. En plus du vin, du pâté en croûte artisanal, des saucissons de Pornichet ainsi qu'une gamme de spiritueux et bières sont proposés.

NEW CAVISTE

BOUTIQUE 1842 CAVISTE

11, rue du Printemps - **ORVAULT**
✆ 02 28 07 46 75
chateauguipiere.com
Du mardi au jeudi de 10h30 à 13h, 15h à 19h30. Vendredi, 10h30 à 13h30, 15h à 19h30. Samedi, 10h à 13h et de 14h à 19h30

Vous êtes amateur du bon muscadet produit depuis 1842 au château de La Guipière à Vallet, mais vous n'avez pas forcément le temps de vous rendre dans le vignoble pour vous en procurer ? La cave 1842 vient tout juste de déménager à Orvault, au Cardo ! Elle accueille toutes leurs productions, que ce soit la Cuvée de la Tour ou encore le gros plant l'Écailler ou le bon Cru Goulaine. Au choix, une quarantaine de gins, une centaine de whiskys et de rhums... Vous ne savez pas lequel choisir ? Nicolas Le Goff, le sommelier (qui a déjà travaillé chez Ducasse et à la Cave de l'Inattendu), saura répondre à toutes vos questions. Il existe une seconde boutique à La Baule.

CAVISTE

BRAS DE FER BAR CAVE

20, boulevard de la Prairie au Duc ✆ 06 32 23 11 42
www.brasdefernantes.com
Ouvert du mardi au samedi de 15h à 2h. Cave à emporter de 15h à 22h.

Un nouveau caviste a fait son apparition à Nantes, au nom pour le moins musclé : le Bras de Fer ! Tenue par 3 associés, expert en vin ou œnologue, leur cave fait la part belle à la quantité, mais surtout à la qualité. 95 % de vins naturels à déguster sur place ou à emporter. Ils produisent aussi leur vin : les raisins sont récoltés dans le vignoble nantais ou angevin et ensuite vinifié chez leur partenaire l'Agronaute. La salle est aussi très agréable, avec sa mezzanine et sa super cour extérieure, idéale pour flâner en été. N'oublions pas non plus leur super programmation (concerts, expo, DJ sets) et leurs produits du terroir, comme le pain de Painbar et du jambon vendéen. Un régal !

CAVISTE

LA CAVE PARALLELE

30, mail des Chantiers
✆ 02 28 44 59 15
www.lacaveparallele.fr
Du mardi au vendredi de 10h30 à 13h ; le samedi de 10h à 20h ; le dimanche de 15h à 18h30. Bières, à partir de 2,70 €.

© LA CAVE PARALLELE NANTES

Vous voulez épatez la famille, les amis avec des boissons à 0 degré d'alcool ? Au pied de la Grue Jaune, suivez les conseils de Jérôme. Avec 350 références de boissons, il est incollable sur les rosés sans alcool révélant toute la richesse et l'élégance d'un vin traditionnel ou sur les pétillants, bières et softs. Pour tout comprendre du vin sans alcool, il organise des ateliers pour faire découvrir toute la diversité de sa gamme. Que ce soit pour réduire sa consommation d'alcool, ou juste changer ses habitudes, ou parce qu'on en a pas envie, on trouvera des boissons alternatives de qualité. On se régale aussi grâce à l'épicerie artisanale (terrines) pour compléter l'apéro. Accueil au top.

CAVISTE

CHEZ MANU - BAR À VINS

8, rue Armand Brossard
✆ 06 75 01 21 65
Ouvert du mardi au samedi de 18h à 2h.

Chez Manu, c'est, depuis 2017, un bar à vins, un sommelier et une cave. Autrefois chef sommelier de Bernard Loiseau à Saulieu, Manu maîtrise le sujet. Côté cave à vins donc, Manu se fera un plaisir de répondre à vos besoins et vos questions. Val de Loire, Alsace, Bourgogne, vallée du Rhône, Sud-Ouest, Bordeaux ou champagne, les références sont nombreuses et la gamme de prix très large. Installé sur la terrasse à l'abri des voitures, au comptoir, dans une alcôve ou la salle du fond, le lieu est idéal pour un apéro dînatoire accompagné de planches de charcuteries et fromages. Manu propose également, sur réservation, des cours de sommellerie. Histoire d'avoir les clés pour devenir incollable !

CAVISTE

LA CAVE DE LONGCHAMP

72, rue Georges-Lafont ✆ 02 40 59 13 14 - Tram ligne 3, direction Marcel Paul. Arrêts Longchamp ou Beauséjour.
www.cave-de-longchamp.com
Ouvert du mardi au vendredi de 10h à 12h30 et de 15h à 19h ; le samedi de 9h30 à 12h30 et de 14h à 19h.

Depuis 1982, Dominique et son équipe ont tissé des liens étroits avec des vignerons de toute la France et même de l'étranger. La cave, réputée dans la région nantaise, compte de nombreux habitués. Cavistes et sommeliers, passionnés du vin et de son univers, mettent l'accent sur la sélection des vins de terroir. Ils vous conseillent et vous font découvrir aussi bien des grands crus que d'excellentes bouteilles à des prix raisonnables, sans oublier une sélection de whiskies, de rhums et spiritueux, de produits salés et sucrés, de verrines de la mer, de chocolats, d'huiles. Les entreprises et les professionnels peuvent aussi réserver une séance privée de dégustation.

CAVISTE

UN PAVÉ DANS LA VIGNE

46, rue des Hauts Pavés ✆ 02 53 45 55 75
www.unpavedanslavigne.fr
Cave : mardi, jeudi, vendredi 11h-20h. Le samedi 9h-15h. Restaurant : du lundi au vendredi le midi, le vendredi soir.

Au bout des Hauts-Pavés, courez découvrir cette pépite pour une pause à la fois gourmande et œnologique : un resto/cave à vins tenu par Barbara, caviste, et son mari Rémi, chef cuisinier. Le midi on se régale avec ses formules gourmandes : croustillant d'agneau, araignée de veau, poulpes grillés : tout est succulent ! Le « bon manger », c'est aussi une carte de spécialités du chef : foie gras du chef, gravlax de saumon, ris de veau. Les gourmands goûteront les desserts du chef comme ces petits choux tout chocolat. La Cave est le coin pour déguster des planches afterwork et découvrir les bons vins du quotidien, festifs, ou des vigneronnes, vins recommandés par la passionnée Barbara. Sublime !

DOMAINE

HENRI POIRON ET FILS

Domaine des Quatres routes - **MAISDON-SUR-SÈVRE**
✆ 02 40 54 60 58 - www.poironhenri.com
Ouvert du mardi au vendredi de 9h30 à 12h30 et de 14h à 18h ; le samedi de 9h30 à 12h30 et après-midi sur rendez-vous.

Découvrez le Domaine viticole Poiron & Fils, au cœur du Vignoble nantais, perpétuant une tradition viticole depuis le début des années 1800, avec Éric Poiron, représentant la 8e génération du Vignoble ! Situé à Maisdon-sur-Sèvre, entre la Sèvre et la Maine, le domaine propose l'incontournable muscadet sèvre-et-maine-sur-lie et deux crus : Goulaine et Monnières-Saint-Fiacre, aux notes fruitées ! On trouve aussi du Chardonnay, du Sauvignon des vins rouges et rosés. Un grand soin est prodigué pour une viticulture raisonnée dans le respect de l'environnement. Éric et son équipe vous accueillent toute l'année. Visite du vignoble possible avec le chai, cave à barriques et dégustations !

DOMAINE

CHÂTEAU DE CHASSELOIR

Chasseloir - **SAINT-FIACRE-SUR-MAINE** ✆ 02 40 54 81 15
www.chereau-carre.fr
Ouvert du lundi au vendredi de 9h à 17h. Le week-end sur rendez-vous.

Depuis 1953, la famille Chéreau-Carré met son savoir-faire et son amour du vin au service des 133 hectares de vignes sur 4 domaines viticoles, gérés par Bernard et Louise Chéreau (père et fille). Couronnés en 2020, par le doublé prix Clémence Lefeuvre et La Pipette d'or ! Les muscadets élevés sur un terroir de schiste séduisent par leur finesse et leur puissance authentique. Comte Leloup de la cuvée des ceps centenaires, Château de Chasseloir vinifié en fûts de chêne neufs aux arômes exceptionnels, ou cuvée Chasseloir 2014... On retrouve ces bouteilles de qualité sur les meilleures tables et à l'international. La maison produit aussi chardonnay et sauvignon. Un site accessible toute l'année.

NEW

DOMAINE

DOMAINE DES TROIS TOITS

47, rue des Cornuelles - **VERTOU** ✆ 02 40 34 03 55
https://lestroistoits.com/
Ouvert du lundi au vendredi de 17h à 19h. Le samedi matin de 9h30 à 12h30. Visite du chai sur réservation.

Le domaine situé dans la métropole de Nantes, à Vertou, existe depuis la nuit des temps. Vincent Barbier et Cécile Perraud, qui l'ont repris travaillent leurs vignes passionnément. En bio depuis 5 ans et en pratique de la biodynamie, ils ont dans leur ADN l'agronomie. Dans leurs rangs, ils plantent du seigle qui fournit l'azote aux ceps et évite le désherbage. Il en résulte un paillage naturel et de bons vins : muscadets, gros plants, vins de France déclinés dans les gammes : Domaine, Jules Verne, Bulles et Raisins. La vallée de la Sèvre leur offre un cru communal, La Haye-Fouassière. Les Trois Toits fait référence à l'architecture du bâtiment aux trois charpentes et en pierres de schiste.

© LITTLE ATLANTIQUE BREWERY NANTES

© LITTLE ATLANTIQUE BREWERY NANTES

MICRO-BRASSERIE

LITTLE ATLANTIQUE BREWERY

23, boulevard de Chantenay - Chronobus C1 ou Navibus N2 - arrêt Bas-Chantenay
www.little-atlantique-brewery.fr

Du lun au mer 12h-00h, du jeu au sam 12h-2h, dim 12h-00h. Plat 13 €. Formules 15 €/18 €. Visite sur réservation 16 €.

Au cœur des Docks de Chantenay, ce lieu impressionnant a été conçu à partir du bâtiment historique d'une ancienne huilerie de 1852. Les murs de pierres et briques bordés de belles baies vitrées dévoilent une structure en bois et métal apportant chaleur et modernité. La vue est imprenable sur la Loire et Trentemoult. Ouvert tous les jours, ce bar-restaurant et brasserie est vite devenu un nouveau lieu de vie ! Vous pouvez y déguster, face aux cuves, des bières fraîches signées par deux maîtres brasseurs et réalisées sur place. Visite guidée des ateliers brassicoles à faire !

© LITTLE ATLANTIQUE BREWERY NANTES

© LITTLE ATLANTIQUE BREWERY NANTES

© LITTLE ATLANTIQUE BREWERY NANTES

DOMAINE

DOMAINE DE PORT JEAN

54, route de Port-Jean - **CARQUEFOU** ✆ 06 62 43 94 64
www.domaine-de-port-jean.com
Ouvert du lundi au vendredi de 9h à 12h30 et de 14h à 18h30 ; samedi de 10h à 12h30. Marchés et salons (voir site)

Le Domaine de Port-Jean, sur les bords de l'Erdre, existe depuis 90 ans. Daniel et Cyrille, père et fils, produisent du muscadet-coteaux-de-la-Loire, notamment l'excellent Cru Champtoceaux. Une célèbre revue dit que « sa salinité est souvent recherchée et permet des accords intéressants ». On produit aussi du gamay (rosé, rouge), du cabernet (rouge, rosé demi-sec) et du malvoisie. Une de leur fierté : la Folie de l'Erdre, produite avec une méthode de vinification traditionnelle. Chaque année, le dernier week-end de novembre, un marché de Noël est organisé au sein de l'exploitation, regroupant une trentaine de producteurs locaux ainsi que des artisans. Un autre rendez-vous a lieu en mars.

VINS - ALCOOL

DISTILOIRE SPIRITUEUX

7 A, rue du Port Garnier ✆ 06 32 95 33 58
www.distiloire.com
Produits disponibles dans des points de vente en Loire-Atlantique et sur Nantes et agglomération. Voir site Internet.

Benoît Chaigneau, maître de chai, est le fondateur de Distiloire, né en 2017. Le producteur de spiritueux élabore ses Gin1924, Pastis Meskad et Vermouth Douce Folie avec des vins locaux. À partir de plantes cultivées en agriculture biologique, issues pour certaines du terroir local, l'alchimie se produit pour donner naissance à des alcools authentiques, dont la saveur est loin de celle des breuvages industriels. Désormais certifié bio, cet artisan passionné a remporté deux prix au Concours général agricole Paris 2020 : médaille d'or pour le Gin 1924 et médaille d'argent pour le Pastis Meskad. Dernière création en date : le Spiced Rhum 5.5. À découvrir pour faire plaisir, ou pour le plaisir !

NEW

CAVES - MAISONS DES VINS

L'ENQUIQUILLEUR

144, rue général buat
✆ 09 87 01 33 00
Mar et mer 10h-13h30 et 15h30-20h ; jeu et ven 10h-13h30 et 15h30-22h ; sam 10h-13h30 et 15h30-21h ; dim 11h-13h30.

Stéphane ou l'enquiquilleur est un véritable passionné. Surnommé ainsi par ses amis il y a quelques années, ce sobriquet lui vient de son engouement et enthousiasme à indiquer quel vin ou lieu choisir afin de procéder à une bonne dégustation. Il nous accueille et nous conseille ainsi dans une ambiance décontractée. Ici, on retrouve principalement des vins nature, propres et vivants. Il est surtout attaché aux vignerons et artisans sans chimie et sans fioritures. Une fois par mois, des soirées sont organisées pour favoriser le lien et l'échange avec ses clients. Dégustation d'huîtres et vins, apéro œnologie, accords mets et vins ou même théâtre d'impro. Chacun trouve son bonheur !

DOMAINE

DOMAINE LUNEAU PAPIN

3, La Grange - **LE LANDREAU** ✆ 02 40 06 45 27
www.domaineluneaupapin.com
Du lundi au vendredi de 9h30 à 12h30 et de 14h30 à 17h30. Le samedi sur rendez-vous. Appeler pour prévenir de sa visite.

Tradition et modernité pour ce domaine repris par le fils, Pierre-Marie Luneau, rejoint par sa femme, Marie. Un domaine familial en mono-cépage unique, le Melon de Bourgogne. Connu des spécialistes pour la qualité exceptionnelle de ses muscadets, vendangés à la main et vinifiés sur lies. La robe d'or pâle, la minéralité subtile et l'élégance de ses cuvées, parmi lesquelles le cru communal Goulaine Excelsior ou le L d'Or, font de ce cépage unique un incontournable du vignoble local. Les propriétaires tiennent aussi à rendre leurs vins accessibles, en proposant des vins tels que le Froggy Wine, un vin à ouvrir « entre amis » ou le Vera Cruz et sa superbe étiquette inspirée de Mondrian.

DOMAINE

LES FRERES COUILLAUD

La Grande Ragotière - **LA REGRIPPIÈRE** ✆ 02 40 33 60 56
www.freres-couillaud.com
Ouvert du lundi au vendredi de 9h30 à 12h30 et de 14h à 18h ; le samedi de 10h à 13h. boutique en ligne.

À moins d'une demi-heure de Nantes, le Château de la Ragotière est situé au cœur du vignoble nantais. C'est dans leur belle chapelle du XIVe siècle que vous êtes invités à déguster les cuvées du domaine. Issus d'une famille vigneronne depuis sept générations, Amélie et Vincent élaborent des muscadets, des chardonnays et des sauvignons tout en finesse. Ils ont également eu la brillante idée de rapporter des cépages d'autres régions et de les planter en Loire. Laissez-vous surprendre par leur riesling, leur viognier ou encore leur petit manseng. À noter que le domaine est en conversion bio depuis 2019. De belles découvertes à réaliser dans un lieu chargé d'histoire !

DOMAINE

VIGNOBLES GÜNTHER-CHÉREAU

Le Coing - **SAINT-FIACRE-SUR-MAINE** ✆ 02 40 54 85 24
www.vgc.fr
Ouvert de 10h à 18h d'avril à octobre, du lundi au samedi. De janvier à mars, du lundi au vendredi, de 10h à 18h.

Le travail de Véronique Günther-Chéreau et de sa fille Aurore est raisonné, respectueux de la nature et tend vers une approche biologique. Sur 75 ha, le château développe une viticulture durable. Sa gamme de vins ? les 4 crus communaux Château-Thébaud, La Haye-Fouassière, Gorges et Monnières Saint-Fiacre, muscadets de terroir avec plusieurs années d'élevage sur lie ; les Perles fines, méthode traditionnelle aux arômes délicats ; le muscadet élevé en fûts de chêne neufs aux arômes beurrés et fruités. Venez profiter de moments d'échanges autour de leurs vins toute l'année !

JE SORS JE ME CULTIVE

Nantes est une ville dynamique et éclectique où l'art et la culture se rencontrent sans cesse afin de faire vibrer votre quotidien. Émerveillez-vous pendant le festival Hip Opsession. Vibrez lors des Folles Journées. Laissez-vous captiver par les Heures d'été ou les Rendez-vous de l'Erdre. Que vous soyez attiré par les spectacles au théâtre Graslin ou à la Cité des Congrès, les éclats de rire à la Compagnie du Café Théâtre, ou les concerts à Stéréolux, Décadanse ou au Pannonica, Nantes offre une scène culturelle foisonnante. Imprégnez-vous de l'atmosphère chaleureuse de la ville en flânant dans les rues à la rencontre de charmantes boutiques ou en sirotant un verre en terrasse. La convivialité et l'esprit festif de Nantes se révèlent à travers des événements tels que la fête de la Musique et le festival Culture Bar-Bars, qui investissent chaque année la cité des Ducs. Le *Petit Futé* vous propose une sélection avec de nombreux événements, idées de sortie, expositions, musées, etc. Pour vous tenir informé de l'actualité bouillonnante de la ville, les médias locaux sont à votre disposition.

BAR - CAFÉ

ALAÏA CAFE BOUTIQUE

4, rue de Budapest

Ouvert du mardi au samedi de 9h30 à 18h30. Terrasse. Plats à partir de 10 €. Petit déjeuner.

On vient dans ce joli café-boutique déguster un café de spécialité sélectionné avec soin et respectueux de l'environnement. On retrouve ici une sélection de trois origines de café, trois continents et trois profils différents selon la saisonnalité (Colombie, Indonésie, Éthiopie, Pérou...). À la carte, des café filtre, cappuccino, V60, espresso ; du thé bio, des jus maison... Mais également une offre sucrée faite maison : carrot cakes, cookies, brownies, et pour les pauses déjeuner : le velouté épinard, pommes de terre et granola salé, ou la salade pâtes Orzo, carottes rôties, noix de pécan, brocciu et œuf bio. Côté boutique, on retrouve du vrac pour les cafés, thés, infusions, chocolats.

NEW

COFFEE SHOP ET SALON DE THÉ

BOËMA CAFÉ

3, Rue des Halles ✆ 06 07 25 37 26

www.boemacafe.fr

Ouvert du mardi au vendredi de 11h30 à 18h. Le samedi de 11h à 19h.

Un nuage de douceur dans un cocon de gourmandises. Pour une pause douceur sucrée, c'est à Boëma qu'il faut penser. On y déguste une délicieuse pâte à cookies crue sans œuf, à base de farine de blé cuite. Chocolat blanc, noix de pécan, caramel au beurre salé ou beurre de cacahuètes, certaines sont sans gluten et veganes. Elles sont agrémentées de bonbons, barres chocolatées ou autres mignardises. Une nouvelle pâte à cookie est proposée chaque mois. Le café de spécialité est haut de gamme, comme les chocolats chauds. Le blanc chaï est à base de chocolat blanc et de thé chaï, une boisson chaude originaire d'Inde. Le midi, le choix des toasts salés respecte le changement des saisons.

COFFEE SHOP ET SALON DE THÉ

L'ALCHIMISTERIE

6, rue Cacault

✆ 02 51 17 73 29

Ouvert mardi de 10h à 18h30, mercredi de 10h à 20h, du jeudi au samedi de 10h à 22h15.

L'Alchimisterie, un nom qui résonne comme une invitation au voyage, à la découverte, aux sens sollicités... par le thé ! Maëlyss nous propose un lieu où le thé est à l'honneur. Plus qu'une boisson que nous avons pour habitude de consommer chaude, il est ici incorporé subtilement dans les plats proposés, à la manière d'une épice. De l'entrée au dessert, en passant par les boissons, le thé s'invite dans notre assiette, y apporte une note inédite. Ce sont ses voyages à travers l'Asie et l'Australie qui ont inspiré Maëlyss, et qui lui ont donné l'envie de nous faire découvrir ces saveurs originales... Une belle adresse, pour l'heure du thé, et toute la journée !

COFFEE SHOP ET SALON DE THÉ

BLOSSOM CAFE

4, rue Copernic

✆ 06 65 31 40 29

Ouvert du mardi au samedi, 11h-19h. Plats salés de 10,50 € à 15 €. Service continu.

Ce joli salon de thé de Nastasia propose des cafés de spécialité, de la restauration et la vente de tout le nécessaire à la préparation du thé et du café de haute qualité. On se régale d'une cuisine de saison et de mets réalisés avec des produits éco-responsables. Par exemples, de succulents paninis, salades bowls, des burgers gourmets végétariens au Curé Nantais... Côté sucré, on craque pour le carrot cake, le fondant au chocolat, les cookies ou le pudding de chia vegan.. La carte des cafés, pumpkin spice, latte machiotto aromatisé ou le thé latte à la rose fera le bonheur des amateurs ! On trouve aussi des bières artisanales comme la Tête de Mule. Ce salon de thé est aussi très familial.

COFFEE SHOP ET SALON DE THÉ

ATOMIC'S CAFÉ

6, cours Olivier de Clisson

✆ 02 49 09 32 44

Du lundi au samedi de 14h à 2h, dimanche de 15h à 2h.

Florian, Édouard et Julien nous accueillent dans leur base secrète. L'Atomic's, c'est un bar où l'on vient déguster une bière ou un cocktail en soirée, un thé en journée, dans l'une des 3 salles du lieu à la déco largement inspirée de l'univers de Jules Verne qui serait né à proximité. La déco justement est la fois industrielle et onirique, atypique et artistique : table en fer suspendue, luminaires qui nous font voyager ou encore urinoirs pour le moins originaux. L'Atomic's, c'est également une bibliothèque mettant à disposition près de 2 000 comics, que l'on peut lire et relire en s'installant confortablement dans l'un des fauteuils club en cuir de la salle du fond.

COFFEE SHOP ET SALON DE THÉ

CANYON CAFÉ FLEURS

8, Rue de l'Hôtel de Ville

✆ 02 40 48 23 41

Ouvert du mardi au samedi 11h-18h. Sandwich et toast à partir de 11 €. Cakes à partir de 3 €. Cafés à partir de 2 €.

Canyon est le premier café-fleurs nantais. Créé par Julia et Simon pour se régaler les sens avec des plats, des pâtisseries mais aussi des fleurs, le lieu propose une restauration aux accents américains, revisitée avec des produits locaux et de saison. On y savoure un grilled cheese, le club de la semaine, ou bien une salade, puis un granola maison au yaourt végétal coco, ou même un trio de pancakes salé ou sucré. À déguster avec un lait coloré comme l'étonnant Raw cacao (pâte fraîche de cacao cru), ou un black latte au sésame noir et charbon. Canyon c'est également le lieu pour vous offrir un bouquet champêtre composé de jolies fleurs de saison. Un lieu agréable et atypique !

COFFEE SHOP ET SALON DE THÉ

CLAPTON CAFÉ ET ATELIERS

1 bis, rue Camille Berruyer ✆ 06 13 19 46 36
www.clapton-nantes.com
Ouvert le lundi de 11h à 18h ; du mardi au vendredi de 8h45 à 18h.

Inspirée par ses quelques années vécues à Londres, Claire a voulu créer dans le quartier Delorme un espace convivial, vivant, où la devise « Manger, Siroter, Créer » est possible à toute heure de la journée. En plus de la partie restaurant, le Clapton Café est un coffee shop dans lequel on peut venir participer à un des ateliers que l'espace organise le samedi : broderie, couture, linogravure...Dans une ambiance cosy et friendly, on profite de cette parenthèse, on l'accompagne d'une boisson et/ou d'une douceur sucrée que propose la maison. Pour les plus studieux, il est possible de s'installer au café pour travailler. Toutes les excuses sont bonnes pour pousser la porte du Clapton !

COFFEE SHOP ET SALON DE THÉ

CHOC-HOLA

11, rue Saint-Léonard ✆ 02 51 17 70 53
www.choc-hola.com
Ouvert du mardi au vendredi de 10h à 13h et de 14h à 19h ; le samedi de 10h à 19h. Boutique.

Marion et Ivan ont ouvert cette jolie petite boutique pensée pour les amoureux du cacao. Imaginez : des fèves de cacao importées d'une coopérative de la province du Chiapas au Mexique (sans intermédiaire, dans le respect du commerce équitable) broyées et torréfiées sous vos yeux avant de former tablettes, coulis, glaces, breuvages chauds et froids... Sans conservateurs ni beurre de cacao... Les boissons comme les tablettes peuvent être aromatisées à de nombreux parfums : piment, cannelle, gingembre, noisettes concassées... Parmi nos coups de cœur : la fabrication de chocolat. On peut fabriquer sa tablette depuis la fève de cacao ou simplement partir à la découverte des origines du cacao !

COFFEE SHOP ET SALON DE THÉ

CURIEUX COFFEE SHOP

3, allée Jean-Bart
Tramway, arrêt Commerce.
Du mardi au samedi : 9h-18h. Cake sucré ou salé : 3,50 €. Boissons dès 1,80 €.

Sur les 50-Otages, le Curieux est un coffee shop, havre de créativité et de qualité. Tata Claire et Angèle prodiguent le 100 % home made. Des cakes salés et sucrés (vegan), changent quotidiennement. Un délice ces cookies décadents au beurre de cacahuètes, pépites chocolat noir, ou l'Hebdo, biscuit chocolat et sarrasin, fleur de sel. Les sablés aux noisettes sont à tomber ! Ces créations vegans gourmandes, s'accompagnent d'une superbe proposition de boissons « curieuses » (Butterfly latte, Dirty Chaï, London's Fog). Et bien sûr les basiques avec l'expresso pure origine de Cime, le chaï latte maison, le mocha. Accueil chaleureux et décalé de passionnées : à découvrir !

COFFEE SHOP ET SALON DE THÉ

DELICATESSAINE PATISSIER

2, Rue Sourdéac ✆ 02 40 74 33 13
www.delicatessaine.fr
Ouvert du mardi au samedi de 10h à 19h. Site web marchand click & collect. Personnalisation anniversaire.

Sur l'île de Nantes, cette « pâtisserie naturelle » d'exception est celle de Sabrina et son mari pâtissier Grégory Lejeune. Ce lieu fait la part belle aux pâtisseries créatives, saines, naturelles. Le goût est bien là avec les poires pochées au jus d'hibiscus Déli'biscus (pâte sucrée, diplomate vanille bio), le cercle de spiruline posé sur le chou vanille bio et chocolat blanc. Les créations sont moins sucrées : il s'agit exclusivement de sucres naturels, sans additifs ni colorants artificiels, avec des farines françaises bio, des farines non hybridées et des farines sans gluten. Délicatessaine, c'est aussi un salon de thé et des ateliers pour apprendre à pâtisser léger, à découvrir vite !

COFFEE SHOP ET SALON DE THÉ

NEW

BAHIA COFFEE SHOP

17, rue louis blanc
✆ 09 55 35 93 00
Ouvert du mardi au jeudi à partir de 10h, le vendredi à partir de 9h30 et le samedi à partir de 9h. Brunch le samedi.

© BAHIA NANTES

Bahia, c'est une jolie étape brésilienne à Nantes ! Au sein de ce lieu chaleureux, à la fois coffee shop, salon de thé et restaurant le midi, on vient déguster sur place ou emporter : les goûteuses *coxinhas*, des beignets à la brésilienne, des acras de morue à la portugaise ou des *tapiocas* salées ou sucrées. Julia, la gérante a de la famille à Bahia (nord du Brésil). Les boissons nous font voyager, comme l'eau de coco 100 % naturelle, le café Bahia ou Bahiadeiro, avec des incontournables brigadeiros maison, des truffes au chocolat au cacao Valrhona. Bahia, c'est aussi des ateliers culinaires : fabrique de chocolats, pâte à tartiner ou pastéis de nata ! En plus on peut bruncher ici !

COFFEE SHOP ET SALON DE THÉ
DEBOTTÉ CRÉBILLON

15, rue Crébillon ✆ 02 40 69 03 33
www.debotte.fr
Ouvert le lundi de 10h30 à 19h ; du mardi au samedi de 8h30 à 19h ; le dimanche de 8h30 à 13h30 et de 15h30 à 19h.

Cette enseigne bien connue des Nantais est une référence dans les domaines de la pâtisserie, des glaces, du chocolat, de la torréfaction et aussi en tant que salon de thé. Le succès est désormais à ce point établi que l'on dénombre plusieurs magasins Debotté à Nantes. On trouve là des produits de haute qualité ; qu'il s'agisse d'excellents rochers de chocolat ou de macarons qui ne le sont pas moins, des frangipanes d'un autre monde, du gâteau nantais où le rhum n'est pas galvaudé. Bref, s'essayer à inventorier l'ensemble des succulents produits proposés relèverait de la gageure. Une maison dans laquelle la tradition est préservée avec une production artisanale de qualité de père en fils.

NEW

COFFEE SHOP ET SALON DE THÉ
MOUSSE CAFÉ-LAVERIE

44, Boulevard Gustave Roch
✆ 02 51 83 57 29
Café-cantine : ouvert du lundi au vendredi de 9h30 à 19h. Laverie : 7j/7 de 8h à 20h30. Plats : 9 €. Desserts : 3-4 €.

Comme son nom l'indique, Mousse Café Laverie est un lieu où cohabitent une laverie ainsi qu'un espace de restauration et salon de thé. Tiphaine nous accueille dans cet espace élégant où le son des machines nous berce subtilement. Pendant que votre linge tourne, ou par pure gourmandise, vous pouvez choisir de manger ou vous désaltérer. À l'heure du déjeuner, vous trouverez sur l'ardoise les suggestions du jour. Tartes, soupes, bowls, tartines ou encore pâtes, tous préparés maison à partir de produits frais. Quant aux douceurs sucrées, elles sont disponibles tout au long de la journée. Sur place ou à emporter. La polyvalence de ce lieu fait tout son charme.

COFFEE SHOP ET SALON DE THÉ
ESTHÈTE PÂTISSIER

1, bis rue Mercoeur ✆ 02 55 10 11 92
www.esthete-nantes.com/
Ouvert du mardi au samedi de 9h30 à 19h ; le dimanche de 9h à 13h.

Cette pâtisserie fine porte bien son nom. Julien Merceron, chef pâtissier issu du Ritz et Gérard Porte, artisan fleuriste, y cultivent l'art et le beau. Ici tout éveille vos sens : les jolis gâteaux titillent l'œil, chatouillent les narines et ravissent les papilles.On découvre avec envie les nouveautés 2023 comme le gâteau Mathilda à l'abricot et aux amandes ou la tarte aux fraises basilic. Côté salon de thé, une musique suave caresse vos oreilles et le velours des canapés grenat et bleu canard, mêlé au bois naturel des tables, appelle à la douceur. Pour notre plus grand plaisir, les fabuleux bouquets invitent la nature dans ce palais de la gourmandise. L'endroit idéal pour le tea time !

COFFEE SHOP ET SALON DE THÉ
LA PASSAGÈRE

Passage Pommeraye ✆ 02 40 89 50 50 - A mi-hauteur dans le passage, sous les escaliers.
https://www.lapassagere-nantes.fr/
Du mar au dim 10h30-19h. Privatisable. Brunch les dimanches 28 €. Petit déjeuner : 9,90 €. Formule du midi : 11 €.

Si vous aimez les salons de thés raffinés, vous aimerez La Passagère. Dans cet espace délicat aux fauteuils cosy, vous pouvez venir déguster un bon chocolat chaud infusé au thé ou vous laissez tenter par l'un des nombreux thés de leurs sélections. Les amateurs sont servis entre thé noir fumé, rooibos, thé rouge-noir, thé blanc ou vert. Nos papilles s'interrogent à la simple lecture de ces derniers : Cupidon, Étoile des neige ou Sacre du printemps. À ne pas manquer : les pâtisseries ! Vous les trouverez présentées dans une vitrine tels de magnifiques joyaux : une tarte citron à la crème de yuzu, un non moins fameux gâteau nantais, un finger chocolat praline... Une bulle de délicatesse !

COFFEE SHOP ET SALON DE THÉ
MAISON GRIMAUD

4, rue Vauban
✆ 09 86 67 56 23
www.maisongrimaud.fr
Du mar au ven et dim 11h à 19h, le sam 11h à 20h. Dim brunch. Formules midi de 16,90 € à 17,90 €. Bowls de 11,90 € à 13,90 €

Entrez dans cette maison contemporaine qui redonne ses lettres de noblesse au chou sous de multiples formes : salé, sucré ou encore garni. Sébastien Grimaud, pâtissier talentueux, nous fait découvrir cette pâtisserie culte, aux côtés d'autres créations autour de la pâte à choux. Au menu : chou à vanille de Tahiti, caramel beurre salé, framboise, mont-blanc, rocher coco, tiramisu café, citron meringué... Paris-Brest, Fleur de Sel, saint-honoré, accompagnés de boissons chaudes ou fraîches. Pour déjeuner, goûtez aux gougères revisitées : végétarienne, au poulet au caramel ou à la Coppa avec salades ou soupe/gaspacho de saison. Des créations sublimes !

COFFEE SHOP ET SALON DE THÉ
SUGAR BLUE CAFÉ

4, rue de l'Arche-Sèche
✆ 09 83 24 19 24
www.sugarbluecafe.fr
Ouvert du mardi au vendredi de 9h à 15h ; le samedi de 9h à 18h.

Envie de retrouver l'ambiance cosy d'un coffee shop anglo-saxon ? C'est au Sugar Blue Café qu'il faut venir vous ressourcer pour une petite ou grande pause gourmande, ou continuer à travailler grâce au wifi gratuit. Ici la devise est : « All you need is good coffee and fresh food » ! Le café y est fraîchement torréfié par un Meilleur Torréfacteur Breton, et le choix est grand : de l'espresso au café filtre, du Macchiato au chocolat chaud (blanc, lait, noir), avec une belle sélection de thés bio. Pour les petites douceurs qui l'accompagnent, les produits sont de qualité et locaux. Mais aussi jus de fruits frais et smoothie de la semaine. De délicieux brunchs le 1er dimanche du mois !

BAR À COCKTAIL

LE 19 : 33

8, rue Voltaire
✆ 06 02 15 99 70
Ouvert le mardi et le mercredi de 18h à 0h ; du jeudi au samedi de 18h à 2h

Embarquez à bord de ce bar à cocktails quartier Graslin. Gaëlle-Anne, à l'accueil, et Martin, au bar, vous reçoivent dans ce lieu aux allures de wagon rétro au nom évocateur de la prohibition. Prenez place sur les banquettes velours ocre à destination de nouvelles contrées : Sazerac de Nouvelle-Orléans, Mai Tai de Polynésie et autres choix dépaysants. Leurs saveurs, tout comme leurs noms, vous font voyager divinement à travers les spiritueux du monde entier, exotisme garanti. L'endroit idéal en afterwork pour siroter en grignotant une plancha ou autres délicieuses tapenades. Originalité proposée par la maison : les cocktails embouteillés joliment estampillés 19 : 33 à déguster chez vous !

BAR - CAFÉ

ADOPTHÉ BAR À CHIENS

71, boulevard Dalby ✆ 07 83 62 10 25
Ouvert du mardi au samedi de 11h30 à 18h30.

C'est une première à Nantes, et elle était attendue par tous les amoureux des canidés ! Après Lille et Montpellier, c'est dans la cité des ducs qu'ouvre un café chien. À la tête du projet, Leïla, une jeune auto-entrepreneuse passionnée et engagée. En plus de servir des boissons et des plats snacking et vegan, vous pouvez rencontrer des chiens adorables à l'adoption ! En lien avec l'association 1 000 Moustaches, la jeune femme promeut une adoption responsable. Grâce à l'ambiance détendue du café, vous découvrez le chien sous un autre jour, ce contact favorise l'adoption. Leïla souhaite responsabiliser les gens et elle a bien raison. On lui souhaite le meilleur dans ce très beau projet !

NEW

BAR - CAFÉ

L'ALÉA

32, rue Deshoulières
Du mar au jeu 8h-22h30 ; ven 8h-00h30 ; sam 14h-00h30 ; dim 14h-22h30. Midi : de 8,50 à 14 €. Cocktails : 6 € environ.

L'Aléa est un bar à manger tenu par Jimmy et Antoine. Le midi, Antoine s'attelle en cuisine pour proposer tarte végétarienne aux légumes de saison, plat mijoté ou encore plat de la semaine. On apprécie la qualité des produits et on savoure ces mets à prix tout doux. Le soir, ces deux amis font vivre le quartier. Ils proposent ponctuellement des événements comme des DJ Set et surtout, ils disposent d'une alléchante carte de boissons. À l'Aléa, ils fabriquent leurs propres sirops et liqueurs, réalisent des cocktails originaux et ont des bières locales ou régionales. C'est avec grand plaisir que l'on partage des moments conviviaux à leurs côtés. À découvrir !

NEW

BAR - CAFÉ

LA CAVE PARALLELE BAR

30, mail des Chantiers ✆ 02 28 44 59 15
www.lacaveparallele.fr
Du mardi au vendredi : 10h30-13h et 15h30-20h. Samedi : 10h-20h. Dimanche : 15h-18h30

Jérôme vous reçoit dans son monde parallèle, une cave 0 degré d'alcool au pied de la Grue Jaune. Il fallait y penser. Avec 350 références de boissons, impossible de passer outre les mocktails, le rumcito (rhum, gingembre, citron vert) vaut le détour mais pas que. Les softs sont tout aussi pétillants et les bières, toujours sans alcool (une belle alternative), regorgent de saveurs. Tout comme les vins désalcoolisés ou les jus de cépage aromatisés. À manger, le midi ou le soir, c'est charcuterie, crackers et tartinades à l'houmous ou au légumes bio. Mais on peut aussi se régaler dans la boutique épicerie artisanale. À l'affiche, saucissons, tartinades, terrines de viande, légumes et poissons.

BAR - CAFÉ

THE BICYCLE CLUB

57, quai de la fosse
✆ 06 95 41 20 13
https://thebicycleclub.fr
Ouvert lun de 14h à 19h30 ; du mar au ven de 9h30 à 13h30 et de 14h30 à 19h30 ; le sam de 9h30 à 12h et de 13h30 à 19h.

© BICYCLE CLUB CAFE

Kévin nous accueille dans son charmant café-vélo à deux pas de la Loire. Après avoir travaillé dans l'aéronautique, ce Nantais passionné de deux-roues a eu le désir de promouvoir l'utilisation du vélo dans les déplacements du quotidien afin de limiter son impact environnemental. Réparation, entretien ou vente de vélos et accessoires sont proposés dans ce lieu chaleureux. Le petit plus ? Lorsque l'on vient faire réparer son vélo, le café est offert. On s'installe donc paisiblement dans l'espace café pour patienter. Laissez-vous transporter par l'ambiance si singulière de ce lieu. L'accueil, l'écoute, la qualité et le partage en font un joli coup de cœur !

ET SI ON PRENAIT UN VERRE ?

NEW

BAR À VIN

CHEZ LES GARÇONS

16, Rue Jean Jacques Rousseau

Ouvert du lundi au dimanche.

Chez les Garçons, c'est quatre amis associés dont Paul Pouezat, designer d'intérieur. Il a décoré les murs d'un bleu nuit et les luminaires se tamisent pour une ambiance intimiste en soirée. Dans ce lieu cosy, on s'abreuve de vins, une vingtaine de références au total, du cocktail du mois, de champagne, whisky ou autres liqueurs. Côté grignotage, c'est un joli trio de tapenades, une belle part de brie truffé, des pickles super bons pour l'apéro ou encore de la charcuterie du Pays Basque qui vous attendent. Côté sardines, on se délecte des poissons de la conserverie fine « La Perle des Dieux » située dans le passage Pommeraye. Un bar à visiter idéalement en soirée, en amoureux ou entre amis.

BAR - CAFÉ

CHEZ PESTE ET CHIPIE

16, boulevard Joliot Curie ✆ 06 16 23 62 93 - Saint-Jacques.
https://www.facebook.com/lachipeste

Ouvert du mardi au vendredi de 10h à 21h30 ; le samedi de 10h à 22h.

Karoline, c'est la responsable sémillante de ce café boutique épicerie fine atypique à deux pas de Pirmil. Ici, on vient s'affaler dans les canapés pour déguster un délicieux jus de raisin, ou déjeuner en terrasse le midi. Salades, gratins ou plat du jour, c'est comme à la maison. Côté boutique, c'est l'occasion de dénicher de la déco, des vinyles, une fringue ou un bijou de créateur. À l'heure de l'apéro, le bar à bières et à vins, les rhums arrangés et autres breuvages nous invitent à boire local et en musique. Un concert n'est jamais loin ! Les paniers de fruits et légumes, laitages et autres produits locaux c'est encore ici ! De beaux moments de partage à prévoir Chez Peste et Chipie.

NEW

MUSIQUE - SPECTACLE

LA CHAUMIERE

59, Bd Gustave Roch

Ouvert du lundi au mercredi 12h-14h ; du jeudi au dimanche 12h-14h et à partir de 17h. Pizzas. Jeudi : menu 15 € et 25 €.

La Chaumière, ancien hôtel situé à côté du futur hôpital a été réenchanté en avril 2023, par Nicolas Bernadeau et Enzo Merand. Surfant dans les pas des Écuries Mellinet, c'est la nouvelle friche artistique et culturelle. Ouverte tous les jours, elle imbrique restauration et culture. Le jeudi, c'est barbecue. Avec un programme qui swingue : salsa, performances dragqueens, artistes de passage comme Pacon Tyson mais aussi des soirées jeux, DJ Sets, des expositions, des animations pour les enfants, des jeux et une résidence d'artistes avec 4 chambres qui leur sont dédiées au premier étage. Un programme éclectique à l'image du festival Gallia de musique électronique (fin mai). Faites-y un saut !

MUSIQUE - SPECTACLE

LE ZYGO BAR

35, rue des Olivettes ✆ 02 51 83 51 34
zygobar.canalblog.com

Ouvert du mardi au samedi de 18h-2h. Début des concerts à 21h. Concerts en prix libre. Terrasse.

Dans le très agréable quartier des Olivettes, le Zygo Bar est un café concert haut en couleur. Il se passe toujours un petit quelque chose en ce lieu à la programmation dense. Sur scène, on retrouve aussi bien jazz manouche, blues, rap, rock, folk, reggae, que slam. On découvre également des cours de salsa, flamenco, des expositions, des soirées jeux ou encore magie. Le lieu fourmille d'actualités culturelles et artistiques. À la carte : des vins de producteurs locaux, des bières de qualité à la pression ou encore le shooter maison la Zygonnette servis dans des petits flacons comme une potion magique au bon goût de Baileys rehaussé par d'autres ingrédients gardés secrets.

NEW

MUSIQUE - SPECTACLE

DÉCADANSE

1, boulevard henri orrion
✆ 02 85 52 84 67

Ouvert le mercredi et le jeudi de 18h à 00h ; le vendredi et le samedi de 18h à 2h.

Changement de cap artistique pour la Scène Michelet, ancien temple du métal nantais. L'association Big City Life reprend les rênes afin d'animer ce lieu incontournable des nuits nantaises pendant 3 ans. Haut en couleur, cet établissement nous accueille au travers ses nombreux espaces. Salle de concert à l'étage, bar, espace de vie ou encore terrasse. Tous les mois, une soirée métal est proposé. Cependant, au programme principal : danse, soirées électro et performances d'arts visuels. On découvre ainsi divers événements autour d'un verre et de planches apéros. Kermesse, vide-dressing, concerts, vernissages ou même championnat de beatbox. Il y en a pour tous les goûts !

BAR - CAFÉ

VIN TE FAIRE BOIRE

83, route de Sainte-Luce ✆ 07 68 98 82 51 - Arrêt Desmoulins (bus ligne 11), arrêt Landreau (tram ligne 1)

Mardi-mercredi 15h-21h, jeudi 15h-22h, vendredi 11h-14h et 15h-23h, samedi 10h-15h et 16h-23h ; dimanche 9h30-13h30.

C'était un bar PMU depuis de nombreuses années, c'est désormais une « cave, bar à breuvages et lieu vivant ». Antoine et Manon ont repris les rênes de cet établissement emblématique et repensé le lieu pour en faire un espace cave et bar. De belles références proposées, essentiellement des vins biodynamiques et bières artisanales. Si l'on a du mal à se décider, on peut faire confiance aux conseils avisés d'Antoine ! Pour se poser, boire un verre et prendre l'apéro avec les tartinables... Le bar dispose de trois espaces, dont une petite cour avec toit verrière. L'ambiance est chaleureuse et agréable, on s'y sent bien. Vin te faire boire : l'invitation est claire, et on y court sans hésiter !

NEW

BAR - CAFÉ

SIDRAS BAR NANTES

34, Mail des Chantiers ✆ 07 68 17 58 16
www.sidras.fr
Ouverture à partir de 17h30 du lundi au vendredi. Le samedi et le dimanche à partir de 15h. Fermeture à 23h.

Ici, aux abords de la Grue Jaune sur la ligne verte du Voyage à Nantes, on déguste tous les cidres. Du bon vieux cidre normand, aux cidres polonais, suédois, lettonien ou encore catalan, il y en a pour tous les goûts et tous les pays. La ville de Nantes compte peu de cave à cidres. Sidras a une soixante de références, proposées en bouteilles et joue sur les cocktails. On y déguste aussi de la bière locale, des brasseries Nautile et AERoFAB ou encore du muscadet de Loire. Les tartinades, fournies, sont à petits prix. La cave met aussi à l'honneur le calvados et prévoit de conjuguer cette eau-de-vie avec les plaisirs d'aujourd'hui. Repas sur place. Vente à emporter. Soirées à thème.

BAR À COCKTAIL

QUAI WEST BAR AFTERWORKS

30, quai fernand crouand ✆ 06 38 22 14 85 - Au rez-de-chaussée (niveau Loire) - https://www.quai-west.fr/
Du mardi au samedi 17h-2h. Voir site web pour horaires selon saison. Privatisation, séminaires possible, soirées.

Embarquez sur la barge pour un instant plein de douceurs au Quai West. Ce bar lieu de restauration pour les afterworks, dispose d'une situation idéale pour profiter d'une expérience gustative unique. Choisissez d'où vous désirez admirer la vue : en salle ou en terrasse ! Laissez-vous tenter par un verre ou la délicieuse cuisine sous forme de plateaux généreux. Une cuisine pleine de sensibilité et respectueuse du rythme des saisons. Choisissez le Plateau West pour son Gua Bao porchetta et conchiglionis mousse de petit pois chorizo grillé ou le Plateau Quai avec gravlax de dorade et piquillos farcis. Privatisation possible. Musique, cocktails ou mocktails, bières, vins avec vue sur la Loire !

BAR - CAFÉ

POUM POUM T'CHAK

19, rue du Château
Ouvert du mardi au samedi, de 17h à 2h ; le dimanche, de 15h à minuit.

Poum Poum T'chak ! Rien qu'en lisant ce nom on entend déjà une batterie, prête à réchauffer votre cœur en ces temps troublés. Aurélien Collin, le gérant, a profité des confinements pour rénover son bar, et ainsi pousser son projet encore plus loin : celui de proposer un lieu privilégié pour laisser musiciens et humoristes s'exprimer en toute liberté. Il y propose une sélection éclectique : jazz un mardi par mois, jam funk, manouche, rock, musique classique un dimanche par mois, des concerts de rock, de métal, personne n'est laissé de côté ! Profitez d'un bon son tout en dégustant une bonne boisson et c'est parti pour une excellente soirée dont vous vous souviendrez encore longtemps !

BAR - CAFÉ

OHM.TOWN BAR AFTERWORK

16-17, Rue Jules Launey ✆ 02 85 52 87 24
https://ohm-town.fr/
Horaires à consulter sur https://ohm-town.fr. Ouvert 7j/7.

© OHM TOWH LOUIS BOURDOIS

© OHM TOWH LOUIS BOURDOIS

OHM c'est l'unité de mesure de la résistance électrique ! OHM.Town est un nouveau lieu de vie et de partage dans le Bas-Chantenay ! À la fois scène musicale éclectique, restaurant, bar et afterwork, brunch, sans oublier un terrain de jeu pluridisciplinaire et ouvert à tous. Chaque visiteur est libre de proposer des projets pour faire de ce lieu « son lieu » avec un esprit de projets participatifs pour la mutualisation des bonnes idées. Outre les super cocktails, bières locales et softs, on profite d'une cuisine créative à base de produits frais. Le soir, les mets offrent des saveurs « à partager » ou en formule dîner. Brunch les dimanches de 11h à 15h, avec une sélection musicale gourmande.

CINÉMA

CINÉMA BONNE GARDE

20, rue Frère Louis ✆ 02 51 83 66 71 - Tramway ligne 2 et 3 (arrêt : Pirmil), Busway ligne 4 (arrêt : Bonne-Garde)
cinemalebonnegarde.com

Entrée : 5,50 €. Tarif réduit : 5 €. Moins de 25 ans : 4,50 €. Carte Blanche : 3 €. Abonnement : 45 € (carte 10 séances).

Créé en 1928, ce cinéma associatif du quartier Saint-Jacques fonctionne toujours en grande partie grâce à une équipe de bénévoles. Classé d'Art et d'Essai depuis 1983, il offre une capacité d'environ 350 places (accessible aux personnes à mobilité réduite). La programmation mêle nouveautés et films plus anciens. Des séances sont proposées pour les sourds et les malentendants. Le Bonne-Garde est labellisé « Jeune Public », la part belle est faite aux enfants : Ciné p'tits mômes, Ciné Goûters, ou Festi'Mômes. Des temps sont aussi organisés pour les seniors : « *des émotions à partager avec enfants, petits-enfants et aussi entre amis* ». Un chouette ciné de quartier !

CINÉMA

LE CINEMATOGRAPHE

12 bis, rue des Carmélites ✆ 02 40 47 94 80 - Quartier du château des Ducs et de la cathédrale. Bus lignes 11, 12, C1, C6, Lucioles : arrêt Saint-Pierre. - www.lecinematographe.com

Tous les jours. Entrée 3 €/5 €. Ciné-concert 6,50 €. Abonnement 10 entrées 35 €. Abonnement enfant 5 entrées 12,50 €.

Proche du château des ducs, le Cinématographe est le plus vieux cinéma de Nantes : on y projette des films depuis 1908. Installé dans l'ancienne chapelle des Carmélites, c'est le charme à l'état pur : une seule salle avec murs en pierres apparentes, fauteuils à l'ancienne et grands rideaux rouges. Ses *aficionados* lui sont fidèles ! Côté programmation, il s'est spécialisé dans les films dits classiques d'hier et d'aujourd'hui, ainsi que dans les films d'art et d'essai. Le cinéma propose également des créneaux spécifiques pour jeunes publics. On profite de ce lieu chargé d'histoire(s) avant son déménagement prévu début 2026, dans un programme neuf proche du cours des 50-Otages.

CINÉMA

CINÉMA PATHÉ ATLANTIS

8, allée de la Pérouse - **SAINT-HERBLAIN** ✆ 02 40 92 92 15
www.cinemasgaumontpathe.com

Tous les jours et les jours fériés. De 7,50 € à 13,60 € (selon formules ou achat à l'unité). Carte de fidélité.

Le Pathé Atlantis est le plus grand cinéma de l'agglomération nantaise avec ses 14 salles et ses 2916 fauteuils. Près du périphérique (porte d'Ar Mor) et du tramway, il est situé au cœur du pôle Atlantis. Côté programmation : tous les films du moment et les représentations de la Comédie Française. Celles du Métropolitain Opera de New York sont diffusées au Gaumont Nantes. Le Pathé Atlantis, c'est aussi une technologie dernier cri : image numérique 4K, son Dolby Atmos, fauteuils dynamiques D-BOX. Côté tarif, profitez des ventes flash pour les séances du mardi. Découvrez les abonnements offrant un accès illimité à plus de cent cinémas : Cinépass moins de 26 ans, Cinepass Solo ou Cinépass Duo.

CINÉMA

CINÉVILLE

Rue Marie-Curie - **SAINT-SÉBASTIEN-SUR-LOIRE** ✆ 08 92 70 21 31 - Porte de Saint-Sébastien, sortie 46. - www.cineville.fr

Tous les jours. Entrée 8 €. Réduit 4 €. Voir les autres tarifs sur le site.

Un multiplexe à grande échelle avec 9 salles, dont 3 équipées en 4K et en HFR. Au programme, des films grand public, des avant-premières en présence des réalisateurs, des concerts filmés dont les représentations de l'Opéra national de Paris. Les plus petits ne sont pas oubliés avec un cycle Ciné Bambino qui leur est spécialement dédié. Toutes les salles peuvent être louées pour des séances privées ou des événements d'entreprises. Enfin, les diverses formules d'abonnement sont valables dans tous les cinémas du réseau pour s'immerger dans le 7e art. Tous les équipements sont accessibles aux personnes à mobilité réduite, et une boucle magnétique est prévue pour les personnes malentendantes.

CINÉMA

CINÉMA SAINT-PAUL

38, rue Julien Douillard - **REZÉ** ✆ 02 40 75 41 91
cinemasaintpaul.asso.fr

Tous les jours. Entrée : 5,80 €. Carte d'abonnement 10 places non nominative : 45 €. Tarif réduit : 4,80 €.

Ce cinéma est le seul cinéma de Rezé et il est associatif. Datant de 1936, il a le charme désuet d'autrefois et dispose d'une unique salle de plus de 400 places dotée de larges fauteuils rouges et de grands rideaux rouges de part et d'autre de l'écran. Chaque séance débute par un court-métrage suivi d'un entracte durant lequel une ouvreuse vend des bonbons. Ambiance familiale et détendue garantie ! Côté programmation : nouveautés, séances Ciné Minos pour les enfants, soirées Ciné Thèmes pour les grands et un cycle Les Grands Classiques. Chaque 1er dimanche du mois, une vente d'affiches de cinéma est organisée. A noter également en mai : le festival du court-métrage, Montre-moi ton court !

CINÉMA

LE CONCORDE

79, boulevard de l'Egalité ✆ 02 40 46 25 29 - Tram ligne 1 arrêt Égalité, bus lignes 10 et 11 arrêt Convention - www.leconcorde.fr

Entrée : 6 €. Moins de 14 ans : 4 €. Moins de 26 ans : 5 €. Carnet d'abonnement 10 places : 48 € (non nominatif).

S'il fut à ses débuts en 1916 un dancing de quartier, le Concorde est aujourd'hui une institution des quartiers Zola et Chantenay, que Fanny et Sylvain Clochard font vivre 365 jours par an. Avec ses 4 salles, ce joli cinéma de quartier, classé « art et essai », est tenu par des passionnés qui nous offrent à (re) voir des films récemment sortis ou plus anciens, des films cultes, des séances jeune public. Un seul point commun : la qualité ! Il n'est pas rare qu'un documentaire soit projeté (parfois en avant-première) et suivi d'un débat avec sa (son) réalisatrice (teur). Plus de 100 ans que le Concorde nous raconte des histoires. Le cinéma va s'agrandir d'ici 2027 pour notre plus grand bonheur !

© CHOEUR DE L'ONPL - ©SÉBASTIEN GAUDARD

CONCERT

ONPL ORCHESTRE

7, rue de Valmy ✆ 02 51 25 29 29
https://onpl.fr
Jusqu'à -50 % selon abonnement. Place : 8 €/37 €. -25 ans : 3 € le soir du concert. Pauses-concert : 6 €. Voir site web.

En 2023, Sascha Goetzel a attaqué sa deuxième année en tant que directeur musical avec un joli programme. On écoutera le chœur de l'ONPL dans les *Requiems* de Mozart et de Verdi. On assistera au concert d'ouverture avec le violoniste Nemanja Radulovic, aux romantiques avec la pianiste Marie-Ange Nguci, on revisitera le *Requiem* de Mozart avec Pierre-Henri Dutron... À nous le concert famille *Bazar Circus,* les touches de couleurs françaises, *Les Quatre Saisons* de Vivaldi comme vous ne les avez jamais vues et entendues avec le violoniste Gilles Apap et la compagnie Gandini Juggling, les ciné-concerts. Profitez des Pauses-concert les midis (45 min). Chacun vibrera au son de la musique de l'ONPL !

© SASCHA GOETZEL © SÉBASTIEN GAUDARD

© L'EMPEREUR - LEIF OVE ANDSNES, PIANO © HELGE HANSEN.JPG

© ONPL 5 - ©SÉBASTIEN GAUDARD

TOUT UN SPECTACLE !

CINÉMA

KATORZA

3, rue Corneille ✆ 02 51 84 90 60 - - En tramway : lignes 1, 2, 3 - arrêt Commerce, Médiathèque (T1).- En bus : ligne 11, arrêt Graslin – ligne 54 arrêt Saint-Nicolas.- En voiture : parking Graslin (528 places) - https://www.katorza.fr

Ouvert tous les jours. Entrée : 9,30 €, tarifs réduits de 4 à 7,30 €, le mardi : 5,60 €.

Ce cinéma de plus de 100 ans est une véritable institution pour les Nantais. À quelques mètres de la place Graslin, avec ses 6 écrans, il propose une programmation assez pointue privilégiant le cinéma d'art, d'essai et de recherche, le cinéma européen et étranger en V.O. sous-titrée, les animations, les festivals, les rencontres, les rétrospectives, les débats ou des avant-premières et même une « absurde séance » tout au long de l'année ! Et une nuit fantastique une à trois fois par an. Et pour les plus jeunes, le Katorza propose des Goûters de l'écran : un film suivi d'un goûter. Une chouette façon de passer intelligemment un mercredi après-midi et d'initier les plus jeunes au septième art.

CINÉMA

PATHE NANTES

12, place du Commerce ✆ 08 92 69 66 96

7j/7 et jours fériés. De 7,50 € à 13,60 € selon formules ou à l'unité. Infos sur www.cinemaspathe.com.

En plein cœur de Nantes, 12 salles accueillent presque 2 000 personnes et plus de 450 séances hebdomadaires. A l'affiche, tous les films du moment en VF, VOST, et 3D. Le Gaumont diffuse aussi des opéras, des pièces de théâtre... Le cinéma organise des avant-premières en présence de l'équipe du film, des projections de classiques du cinéma... Il programme des séances sous-titrées pour les spectateurs sourds et malentendants jeudi et samedi. Demandez en caisse la carte de fidélité : activée sur le Net, elle donne accès à des réductions, des invitations aux avant-premières... Découvrez les abonnements à volonté avec accès illimité à plus de 100 cinémas : Cinépass - de 26 ans, Cinépass solo...

SPECTACLE

CCNN DE NANTES

23, rue Noire Nantes

✆ 02 40 93 30 97

www.ccnnantes.fr/fr

Toute la programmation sur www.ccnnantes.fr

Dirigé par la chorégraphe italienne, Ambra Senatore, le CCNN est lieu dédié à la création chorégraphique. C'est un espace vivant et vibrant dans lequel toutes et tous peuvent trouver une place : artistes bien sûr, mais aussi habitant·e·s, amateurs, partenaires du territoire nantais. Lieu porteur de créativité au service des chorégraphes et des danseur·euse·s, le CCNN est aussi un espace de frottement entre les esthétiques et de rencontre avec les spectateur·rice·s. Un terrain de jeu et de découverte où chaque danseur·euse professionnel·le ou amateur, enfant ou adulte, trouve matière à se mettre en mouvement. Rendez-vous sur le site ccnnantes.fr pour entrer dans la danse.

THÉÂTRE

LA CIE DU CAFÉ-THÉÂTRE

6, rue des Carmélites ✆ 02 40 89 65 01 - Entrée côté rue de Strasbourg (sous le porche, à côté du Café du Cinéma)

www.nantes-spectacles.com

Billetterie : du mardi au samedi 14h-21h. Bar : du mardi au samedi 18h30-00h. Cours : du lundi au jeudi 18h30-23h.

Passez le porche de la Compagnie du Café-Théâtre, installez-vous et profitez du spectacle ! Vous comprendrez pourquoi, depuis plus de 20 ans, c'est un incontournable de la scène humoristique nantaise. Dans ce lieu atypique et chaleureux, on y rit, on y boit un coup, on y joue. La capacité des 2 salles offre des spectacles intimistes, la proximité avec la scène rend le moment agréablement convivial. Le Bar Chez Marius nous invite à sa table, pour prendre un verre ou grignoter, on peut y croiser les artistes après leur show. Pour ceux qui souhaitent monter sur les planches, la compagnie propose des cours et ateliers, dans la joie et la bonne humeur ! Un lieu à découvrir ou redécouvrir !

JAZZ

LE PANNONICA

9, rue Basse Porte ✆ 02 51 72 10 10 - Tramway ligne 2, arrêt Cinquante-Otages. - www.pannonica.com

Billetterie ouverte mardi à vendredi de 14h à 18h30. Carte « Petit Chat Fidèle » : 20 €. Free Pass : 150 €

Depuis sa création en 1994, le Pannonica a acquis une belle réputation chez les amateurs de jazz et de musiques improvisées. Situé sous la salle Paul Fort à Talensac, il accueille chaque saison des artistes variés de la région et d'ailleurs. On se sent bien dans cet espace convivial et intimiste (140 places) où souffle l'esprit d'ouverture propre aux aventuriers du jazz. Attention, ici, pas de jazz dit « de répertoire », mais du jazz nourrit de différents styles musicaux, comme du hip-hop ou encore du rock. Le lieu organise également des spectacles pour le jeune public, des vernissages d'expositions, des concerts chez l'habitant et ouvre régulièrement sa scène, l'occasion de faire un bœuf.

NEW

CAFÉ-THÉÂTRE

CITÉ MUSIC HALL NANTES

9, boulevard Vinvent Gâche ✆ 02 40 05 11 87

https://semaphore-nantes.fr

Excellente nouvelle : la Cité du Music-Hall a débarqué à Nantes et pris son envol au sein de la salle Sémaphore sur l'île de Nantes. Une salle de 282 places, entièrement rénovée avec ses fauteuils bleus confortables et de beaux effets pour sublimer les spectacles. Rare en France, ce lieu à taille humaine est entièrement dévoué au music-hall. On aime la proximité entre le public et les artistes et on passe un bon moment. À la fois comédiens, danseurs, chanteurs parfois acrobates, on se réjouit de découvrir la Revue de la Cloche et la programmation diversifiée de la Cité du Music-Hall. Une excellente nouvelle pour valoriser, préserver et accompagner des artistes talentueux et c'est à Nantes !

INTERVIEW

AMBRA SENATORE
CHORÉGRAPHE DU CCNN

Quel est votre parcours ?

J'ai commencé la danse jeune, du classique puis moderne jazz. Mon parcours s'inscrit dans l'histoire du théâtre et du spectacle vivant en Italie. Je toujours voulu être chorégraphe, j'ai commencé les solos. J'ai aussi enseigné l'histoire de la danse à l'université, mais l'appel de la scène était trop fort. Ce qui me rend fière, c'est d'accompagner une équipe passionnée, vivante. D'avoir des projets accessibles et qui s'ouvrent à la ville.

Que souhaitez-vous au CCNN pour les 30 prochaines années ?

J'aimerais que le CCNN reste un lieu ouvert, où se croise de nombreuses personnes, issues de pratiques, d'histoires différentes. La danse est un moment de partage, elle rassemble, permet de connaitre l'autre. Ce qui m'enchante c'est la rencontre et la découverte de l'autre. La beauté de l'imprévue. C'est une chance de pouvoir transformer ses désirs en spectacle. On peut se tromper, rêver. Il y a un pouvoir du corps qui est fascinant. Le corps libère. La danse libère aussi par le jeu.

Quelles situations vous inspirent dans vos créations ?

Je m'inspire de la vie de tous les jours, des relations entre les êtres et ce qui les entoure. Mon inspiration, ce sont les relations humaines et la nature, les arbres. Et pour les promenades, c'est l'histoire et les lieux. A Nantes, tout particulièrement les chantiers navals et les archives départementales.

A propos des créations pour Débord de Loire 2023 : La partita intimiste, les ateliers réveils dansés, les ateliers parents enfants, qu'est-ce qui vous motive sur ce type de projets ?

Avoir carte blanche pour l'édition 2023 a été un moment fantastique. L'histoire de Nantes est liée à sa longue activité de construction navale. J'ai créé avec d'autres danseurs et des anciens ouvriers des chantiers (avant leur fermeture en 1997), un moment unique de rencontre, de passion. L'amour pour leur travail est très profond. Il est resté intacte. Et le public est curieux de ce lieu. Il est entré en relation, c'est la force de la danse. C'est vraiment un projet qui me tenait à cœur et je remercie tous les danseurs et danseuses qui y ont participé avec moi. J'aime aborder des messages avec le public sur la différence d'origine, la poésie, l'égalité de genre…

> LE CENTRE CHORÉGRAPHIQUE NATIONAL DE NANTES

23, rue Noire Nantes - 44000 Nantes
✆ 02 40 93 30 97
www.ccnnantes.fr

© BASTIEN CAPELA

© LAURENT PHILIPPE

© BASTIEN CAPELA

TOUT UN SPECTACLE !

NEW

MUSIQUE - SPECTACLE

MICRO BARRR

61, quai de la fosse
www.billetweb.fr/pro/microcomedyclub
Ouvert du mardi au samedi de 17h à 2h. Terrasse estivale.

Juxtaposé au Micro Comedy Club, le Micro Barrr est là pour s'occuper de nous désaltérer et nous ravitailler. Lieu chaleureux, on apprécie la belle mezzanine privatisable et la terrasse estivale. À la carte, le choix des boissons est varié. Bières, vins, soft mais surtout cocktails et mocktails à prix doux. On aime les associations du Moolz (ananas, pomme, basilic et gingembre) ou encore le Lendemain (orange, citron vert, eau gazeuse et sucre). Pour grignoter et accompagner le tout, laissez-vous tenter par des planches, les saucissons ou la délicieuse terrine vegan. Puis, si le cœur vous en dit, vous pourrez même consommer votre verre au Comedy Club pour une bonne tranche de rire !

THÉÂTRE

LE LIEU UNIQUE

2, rue de la Biscuiterie ✆ 02 40 12 14 34
www.lelieuunique.com
Du mardi au samedi de 12h à 19h. Pour l'accueil public et billetterie. Entrée : 12 € à 24 €.

En bordure du canal Saint-Félix, l'ancienne biscuiterie Lu s'est métamorphosée en centre d'art atypique - le Lieu Unique - le 1er janvier 2000. Cet espace artistique pluridisciplinaire doté d'une salle de spectacle, d'un lieu d'exposition modulable et d'ateliers dans les étages, explore arts plastiques, théâtre, danse, cirque, musique, littérature, philosophie, architecture, arts gustatifs...et propose près d'une quarantaine de spectacles, 200 jours d'expositions, des festivals et près d'une cinquantaine de conférences. Le tout en proposant un ensemble de services : bar, restaurant, librairie, hammam, boutique d'objets insolites et créatifs, visite de la Tour Lu. Un endroit à (re) découvrir !

THÉÂTRE

ESPACE CULTUREL CAPELLIA

Chemin de Roche-Blanche - **LA CHAPELLE-SUR-ERDRE**
✆ 02 40 72 97 58
www.capellia.fr
Ouvert le mardi, le jeudi et le vendredi de 14h à 18h ; le mercredi de 9h30 à 12h30 et de 14h à 18h. De 5 € à 27 €.

Depuis 30 ans, l'espace culturel accueille de 500 à 1 000 personnes par représentation soit plus de 9 000 personnes par an. Concert, théâtre, danse, cirque. Il y en a pour tous les âges et tous les goûts ! Cette salle de spectacle participe aussi à des festivals d'envergure : les Rendez-vous de l'Erdre ; Celtomania, Jazz en phase le parcours, Hip Opsession, Saperlipuppet (en avril 2024), le plus important festival de marionnettes et d'objets manipulés de Loire-Atlantique. La programmation 2023/2024 est à découvrir sur le site. En parallèle, Capellia organise des ateliers et stages (théâtre, danse contemporaine, hip-hop, comédie musicale), animés par les artistes invités, ouverts à tous.

THÉÂTRE

ONYX - LA CARRIERE

1, Place Océane - **SAINT-HERBLAIN** ✆ 02 28 25 25 00
Tramway ligne 1, arrêt Schœlcher. - theatreonyx.fr
Du lundi au vendredi 12h30-18h. Vente 1h avant la représentation. Formule d'abonnement à partir de 3 spectacles.

Un gros cube noir mystérieusement posé au cœur du pôle Atlantis, impossible de passer devant l'Onyx-La Carrière sans remarquer cette scène culturelle publique herblinoise. Axé arts de la danse et du cirque, ce lieu soutient la création artistique contemporaine en proposant une programmation riche et éclectique ! Il met l'accent sur la musique, le théâtre, le spectacle jeune public. L'Onyx-La Carrière, c'est aussi une salle qui vit hors ses murs avec le festival jazz Jours de fête. Il prend ses quartiers au Parc de la Bégraisière. Pour la saison 2023-2024, vous pourrez vivre une véritable Nuit du Cirque ou allier spectacles et dégustations de vin lors du rendez-vous Vin Du 20.

THÉÂTRE

LA FABRIQUE À IMPROS

14, rue de l'Arche Sèche - En vélo : station Bicloo Place du Cirque. En tram : arrêts Bretagne T3/Place du Cirque T2. En bus : arrêt Place du Cirque C1/C2/C6/11/23. En voiture : parking Bretagne, accès rue Mercœur - www.lafabriqueaimpros.com
Horaires d'ouverture : variables en fonction de la programmation. Tarifs : de 7€ à 13€.

Située entre la place Royale et la place du Cirque, la Fabrique à Impros est un lieu culturel et artistique dédié à la pratique de l'improvisation. Le petit théâtre a ouvert ses portes en 2019 pour rassembler les compagnies d'improvisation et faciliter l'accès à cette discipline. Il a un bar et une salle de spectacles où se jouent des créations novatrices jouées par des troupes nantaises. Le lieu est mis à disposition des entreprises le temps d'un séminaire ou d'un spectacle. Le Théâtre anime des stages et ateliers pour enfants, ados et adultes de tous niveaux et fait beaucoup d'interventions. La compagnie organise de grands événements à Nantes et ses alentours. Un maître mot : le plaisir !

THÉÂTRE

PIANO'CKTAIL

Rue Ginsheim-Gustavsburg - **BOUGUENAIS** ✆ 02 40 65 05 25 - Tram ligne 3 - arrêt Neustrie, puis bus 36, 78 ou 88 - arrêt Piano'cktail. - www.pianocktail-bouguenais.fr
Abonnement en ligne. Tarifs : de 8 € à 26 €. La billetterie : du lundi au vendredi de 14h à 17h30.

La riche programmation du Piano'cktail à Bouguenais explore le spectacle vivant : théâtre, musique, danse, arts du cirque, marionnettes, conférences-débats... à l'image de la saison 2022/2023 qui aura vu passer Stefano di Battista (saxophoniste), Madeleine Peyroux (jazz), Les Fauves (jonglage), Tanguy Pastureau (humour), Queen Blood (danse)... Le lieu met également à l'honneur les spectacles jeunesse et famille puisqu'une bonne partie de sa programmation est accessible aux plus jeunes, avec des mercredis réservés aux plus petits. À la fois diffuseur et coproducteur, le Piano'cktail soutient la création et l'émergence des jeunes compagnies et les compagnies régionales. Consultez le programme !

THÉÂTRE

LE TERRAIN NEUTRE THEATRE

11, allée de la Maison-Rouge ✆ 02 40 12 12 28
www.tntheatre.com

Du mardi au vendredi 10h-12h et 14h-23h ; samedi 15h-00h. Spectacles 6 € à 13 €. Abonnement 3 mois : 65 €, 6 mois : 125 €

Depuis 1998, le TNT a été créé et pensé par des comédiens en espace de créations et de rencontres pour tous les publics. Venir ici, c'est découvrir le melting-pot culturel régional avec le théâtre, le cirque, la musique, la danse, l'humour, la poésie, les contes et lectures... sans oublier les expositions ! Cette scène pluridisciplinaire dédiée à l'émergence artistique accueille plus de 500 représentations et plus de 20 000 spectateurs chaque année. Et de nombreux ateliers théâtre ouverts aux adultes (comédie musicale, théâtre contemporain, théâtre en langue espagnole...).

THÉÂTRE

THÉÂTRE LIGÉRIA

80, rue de la Loire - **SAINTE-LUCE-SUR-LOIRE** ✆ 02 40 68 16 36
sainte-luce-loire.com

Ouvert du lundi au vendredi de 13h30 à 17h30. Tarifs : de 6 € à 30 €. Diverses formules d'abonnement.

Ce théâtre de l'agglomération nantaise rayonne de dynamisme et attire de nombreux artistes. Après avoir ouvert en 2001, il a trouvé son public qui lui voue une indéfectible fidélité, à la hauteur de la programmation proposée. Parmi les spectacles proposés pour la saison 2023-2024, satire politique, hommage à Jacques Prévert avec Yolande Moreau, musique baroque et danse hip hop, musiques de film avec l'Orchestre national des Pays de Loire... Le Théâtre sortira de ses murs pour s'ouvrir avec des rendez-vous en plein air et gratuits, dans différents lieux de Sainte-Luce. Il accueille aussi des assemblées générales, réunions, colloques, vins d'honneur, mariages, spectacles, fêtes de famille…

THÉÂTRE

THEATRE DE LA FLEURIAYE

30, boulevard Ampère - **CARQUEFOU** ✆ 02 28 22 24 24
www.carquefou.fr

Nombreux abonnements.

La Fleuriaye propose une programmation éclectique : théâtre, humour, danse, arts du cirque, chanson, musique, ballets, spectacles jeune public... La saison 2023-2024 s'annonce nomade car le théâtre est en travaux. Il accueillera des artistes dans différents lieux Carquefoliens (école de musique, lycée, médiathèque, école, église) et à la Cité des Congrès de Nantes. Dont *Donne-moi la main* (chorégraphie), *Au non du père*, d'Ahmed Madani, *Jeu* d'Anthony Diaz, *la Délicatesse* de Thierry Surace, *Les Dodos* de la compagnie le P'tit Cirk, *Gravité* de Preljocaj ! On retrouvera Les Heures Heureuses certains dimanches après-midi. Le théâtre organise actions et rencontres. Un bel espace culturel pour tous !

THÉÂTRE

THÉÂTRE POCHE GRASLIN

5, rue Lekain ✆ 02 40 47 34 44 - Parking Graslin juste en face, arrêt bus Copernic ou Delorme - www.theatredepochegraslin.fr

Cours : lundi à mercredi. Représentations : jeudi à samedi, 19h et 21h. Résas du mardi au samedi 14h-18h ou par mail.

Depuis 2013, Agnès et Philippe Birsel sont aux commandes de ce petit théâtre de 100 places. Ils proposent une belle programmation dans une petite salle aux fauteuils rouges confortables qui offre une vraie proximité avec les acteurs. Du jeudi au dimanche, on retrouve du théâtre sous toutes ses formes : classique, moderne, comédie, de l'humour et aussi de la musique autour du jazz, du gospel... Si l'on souhaite s'essayer aux planches, des cours de théâtre sont proposés, pour les adultes et pour les plus jeunes. Des stages pour enfants sont également dispensés pendant les vacances scolaires. À deux pas du théâtre Graslin, voici un petit théâtre de poche à l'ambiance intimiste et chaleureuse !

THÉÂTRE

THEATRE FRANCINE VASSE

18, rue Colbert ✆ 09 81 94 77 43 - Chronobus 1, Chronobus 3, bus 11 et 23 ; arrêt Edit-de-Nantes. Chronobus 6, bus 26 et 54 ; arrêt Harouys. - www.leslaboratoiresvivants.com

Nombreuses activités en accès gratuit ou à 10 €. Billetterie est en ligne sur www.leslaboratoiresvivants.com

Les Laboratoires Vivants, c'est le nouveau projet pour cet équipement municipal de 348 places à Nantes. Nouvelle direction pour le Théâtre Francine Vasse avec Yvann Alexandre à bord. Ce projet généreux est celui de tous : professionnels, jeune public et amateurs. Du théâtre oui ! mais aussi de la danse, écritures contemporaines, et surtout des rencontres nombreuses et audacieuses avec des prix doux ! Les créations sont privilégiées, dans ce lieu de fabrique et de transmission. Le dispositif « Êtres en création » offre aux habitants, y compris débutants, la découverte gratuite des univers artistiques et des pratiques au contact des artistes. Un théâtre traversant, traversé et humain !

THÉÂTRE

THÉÂTRE RUE DE BELLEVILLE

19, rue de Belleville
✆ 02 40 69 62 20
www.tpn44.fr

Du mardi au samedi. De 14 € à 22 €.

Ce théâtre a été pensé comme un lieu d'échanges et de convivialité avec les structures en bois clair, le mobilier chiné et le bar. La salle de spectacle intimiste a tout d'une grande avec ses fauteuils d'orchestre et son grand plateau. La programmation met en scène des textes contemporains et classiques qui parlent de la nature humaine. À noter pour 2023-2024 : La nuit du théâtre et Knock en septembre, *Les Reprisettes*, *J'ai perdu mon mari*, une comédie québécoise, *Ta rage n'aura pas de fin*, Matthieu Bouchet... N'oubliez pas de retrouver les comédiens au bar du théâtre !

TOUT UN SPECTACLE !

CONCERT

LA BOUCHE D'AIR

9, rue Basse-Porte ✆ 02 51 72 10 10 - Bus lignes 12, 32 ou 52, arrêt Talensac. Tramway ligne 2, arrêt Cinquante-Otages ; ligne 3, arrêt Viarme-Talensac. - www.labouchedair.com

Horaires billetterie : du mardi au jeudi 10h30-12h30 (téléphone) ; du mardi au vendredi de 14h à 18h (sur place).

Tout près du Marché Talensac, La Bouche d'air est une salle à taille humaine et à la programmation riche et variée. La saison 2022-2023 fut à la hauteur de son anniversaire (40 ans !) et de sa mise à l'honneur des musiques actuelles avec les concerts de Cali, La Grande Sophie, les Fouteurs de joie, Fred Pellerin, Marcia Hugelin.... Avec des apéros-concerts organisés par la salle ! Régulièrement, des actions culturelles sont proposées pour sensibiliser les nouveaux publics. L'accompagnement dans l'acte de création fait également partie des missions de la Bouche d'Air qui accueille plusieurs artistes en résidence. Une salle chaleureuse et intimiste. La programmation 2023-2024 est à découvrir !

CONCERT

LA CITE DES CONGRÈS DE NANTES

5, rue de Valmy ✆ 02 51 88 20 00

www.lacite-nantes.fr

Tarifs et horaires en fonction des divers événements. Un hôtel 3 étoiles de 105 chambres est intégré à la structure.

La Cité des Congrès de Nantes est le premier centre de congrès du Grand Ouest. Accueillant des congrès et des salons pour un public de 300 à 3 000 personnes ce haut lieu de la vie économique nantaise affiche aussi une programmation culturelle : l'humour, le théâtre, la danse contemporaine ou traditionnelle, la variété, la chanson classique, l'opérette,... Sans oublier les festivals comme la Folle Journée, les Utopiales, ou Atlantide qui ont fait la renommée de la ville. Pour faciliter l'achat des billets, le site Internet propose un accès aux billetteries en ligne.

CONCERT

STEREOLUX

4, Boulevard Léon Bureau ✆ 02 40 43 20 43

www.stereolux.org

La Clef Verte. Ouvert du lundi au vendredi de 13h à 18h30. Billeterie ouverte 30 min avant le spectacle.

Installé sous les nefs, le Stéréolux est un haut lieu de la vie culturelle nantaise. Composé de deux salles, la plus grande baptisée « Maxi » (jusqu'à 1 200 personnes) et la seconde « Micro » (400 personnes), l'endroit accueille tout au long de l'année des concerts, mais aussi des expositions, des spectacles pour enfants, des artistes en résidence, des installations, des ateliers, des projections, des conférences... Parmi les temps forts, on retiendra le festival Scopitone (cultures électroniques et arts numériques) en septembre, le festival des Inrockuptibles en novembre. Quelques exemples de la saison 2023-2024 à venir : Izia, Hoshi, Pierre de Maere, Ko Ko Mo, IAM, Niska, Yuzmv...

CONCERT

THEATRE GRASLIN

Place Graslin ✆ 02 40 69 77 18 - Bus arrêts Copernic ou Saint-Nicolas, tram arrêt Commerce. - www.angers-nantes-opera.com

Billetterie mardi-samedi 13h30-18h. De 4 € à 69 €. Pass 20 € offrant avantages. -30 ans : 50 % réduction.

Construit au XVIIIe siècle par l'architecte Mathurin de Crucy, c'est un emblème de la ville. Le somptueux théâtre Graslin propose les spectacles d'Angers Nantes Opéra, une programmation autour d'opéras, danse et concerts. La saison 2023-2024 accueillera l'opéra *Béatrice et Bénédict* (Hector Berlioz), le Retour d'Ulysse dans sa patrie (Claudio Monteverdi), des concerts du conservatoire « Romantisme... à la française », *Cosa Rara* mais aussi en famille, *Si tous les gars du monde*... À Noël, c'est le concert du chœuroratorio qui nous enchantera. Pour les voix du monde, Les Mélismes des Steppes de Mongolie et le Canzoniere Grecanico Salentino fait voyager en Italie. De beaux spectacles à découvrir !

CONCERT

LA SOUFFLERIE - L'AUDITORIUM

2, avenue de Bretagne - **REZÉ**

✆ 02 51 70 78 00

www.lasoufflerie.org

Ouvert du mardi au vendredi de 13h30 à 18h30.

En béton, enveloppée de bois acajou, il a la forme de caisse de résonance de violon. Dessiné par Rudy Ricciotti, l'Auditorium possède des qualités acoustiques naturelles. Il accueille près de 300 personnes à l'occasion de concerts, musiques du monde, théâtre ou danse. Il est géré par la Soufflerie, qui dispose de 3 lieux de diffusion : l'Auditorium, la Barakason, et le théâtre municipal. Au programme pour l'année 2023 : le piano de Célimène Daudet, les chorégraphies de Cédric Cherdel, les sonneurs de cornemuse d'Erwan Keravec... Programme 2024 à découvrir en ligne !

CONCERT

ZENITH NANTES METROPOLE

Boulevard du Zénith - **SAINT-HERBLAIN** ✆ 02 40 92 99 50

www.zenith-nantesmetropole.com

www.zenith-nantesmetropole.com

Depuis 2006, c'est la grande salle de Nantes Métropole. Le Zénith assure une belle qualité sonore, des espaces publics et scéniques modulables, une scénographie extérieure les soirs de spectacle grâce à sa façade la plus haute fonctionnant comme un écran géant : autant d'atouts indéniables pour ce lieu qui peut accueillir jusqu'à 9 000 spectateurs. Le Zénith de Nantes Métropole, qui est un des plus grands de France, a été conçu par les architectes Chaix et Morel, et accueille de grandes tournées nationales et internationales, il s'adapte à toutes sortes de spectacles : concert, cirque, danse, comédie, ciné-concert, one man show... Une belle programmation à découvrir sur le site de la salle.

COURS DE CUISINE

APERIO EXPÉRIENCE

11, rue de la Clavurerie ✆ 02 40 47 57 06 - Tram : Commerce, Bretagne, Place du CirqueChronoBus : C1, C2, C3, C6Parking : Commerce, Decré, Graslin - aperio.games

Entre 59 € et 75 € par personne l'expérience de 45 minutes. Aperio saveurs et une boisson comprise.

Connu pour ses cours de cuisine, le restaurant Sapio réinvente l'apéro en « Aperio ». C'est le tout nouveau concept du passionné Jérôme Bourgeois : une expérience culinaire à partager. Au cœur de Nantes, on s'installe par petits groupes pour réveiller ses sens et ses papilles. Une heure pour prendre conscience de la palette de goûts qui s'offre à nous en répondant à des questions précises découvrant les saveurs à l'aveugle, préparées et métamorphosées par le chef Adrien. Amer, acide, salé, sucré... au-delà de ce loisir surprenant, cet éveil des sens est une véritable prise de conscience sur le bien manger et le choix des produits et des saveurs. Une expérience ludique et conviviale.

COURS DE CUISINE

INSTITUT ÉDOUARD NIGNON

8, boulevard Paul-Langevin ✆ 06 27 81 02 66
www.institut-nignon.com

Adhésion : 30 €. Déjeuners culinaro-culturels : 35 € par personne (repas, vins et conférence compris).

L'institut Édouard Nignon a pour objectif de faire connaître ce Nantais. Apprenti de cuisine à 9 ans, il s'est retrouvé chef très jeune, entre autres des restaurants Lapérouse et Marivaux, avant un tour du monde de la gastronomie et de l'écriture culinaire. Au début, cette association proposait des cours de cuisine au grand public. Désormais, leurs actions se centrent sur la promotion de la littérature autour de la gastronomie avec le décernement d'un prix littéraire culinaire et prix Nignon culinaire, la présence sur des salons ou encore l'organisation des « déjeuners culinaro-culturels ». Ces derniers permettent de découvrir un nouveau lieu et thème avec un conférencier différent.

COURS DE CUISINE

L'ATELIER CAPKAO

3, rue suffren ✆ 02 28 00 79 21
www.capkao.fr

Cours de 2h30. 90 €. Atelier chocolat ou cours de pâtisserie. Bons cadeaux à offrir.

Avis aux gourmands et gourmandes ! Capkao Nantes innove avec ses ateliers et cours de pâtisserie et chocolaterie. Sous la houlette d'Anthony Bourdillat, le chocolatier, et de son acolyte Nicolas Riveau, le talentueux pâtissier nantais, on peut désormais réserver des cours. Ouverts aux entreprises comme aux particuliers, au sein d'un petit groupe de 3 à 8 personnes, on s'installe au sein du nouvel atelier Capkao rue Ruffren (même adresse que la chocolaterie). Comptez 2h30 de cours. On apprendra à faire des cœurs Marguerite, à réaliser des choux à l'envers ou autres mignardises comme le fraisier, le tout entouré de professionnels passionnés ! Et bien sûr on repart avec sa création !

COURS DE DANSE

LE CCNN NANTES

23, rue Noire
✆ 02 40 93 30 97
http://ccnnantes.fr/fr

Du lundi au vendredi de 9h30 à 13h et de 14h à 17h30.

Faire découvrir la diversité de la création, faire naître des émotions, enrichir un vocabulaire, développer une sensibilité, aiguiser le sens de la critique. Le Centre Chorégraphique National de Nantes (CCNN) invite toute l'année enfants, ados, adultes à expérimenter la danse dans tous ses états : invitation à des sorties de résidence, des temps de travail (*Les curieux jeudis*), danse dans la ville, formes participatives, festivals rassembleurs (*Trajectoires, Primavera*), journées thématiques et studieuses, ateliers de pratique (*A pieds joints, Explorations dansées, Entraînement du lundi*). Impossible de résister à ces appels des pieds : il y en a pour tous les âges, pour tous les goûts !

COURS DE CUISINE

LA CITÉ DU GOÛT ET DES SAVEURS

5, allée des Liards - **SAINTE-LUCE-SUR-LOIRE**
✆ 02 51 13 83 82
https://citedugout-paysdelaloire.fr/

Voir site web. Ateliers : de 46 € à 66 € par personne.

Acteurs incontournables pour la formation des métiers de bouche, les CIFAM de Nantes et Saint-Nazaire ouvrent leurs portes au grand public et aux entreprises par le biais de la Cité du goût et des saveurs. L'idée est de transmettre les secrets et le savoir-faire des grands chefs de la région à tous les publics intéressés à travers des thématiques créatives. Différentes formules sont possibles : ateliers de groupes personnalisés, idéal pour des cadeaux clients ou pour renforcer la cohésion d'équipe, le bon cadeau « atelier culinaire », et bien sûr l'inscription individuelle.

HOBBIES

ÉLÉ CAFÉS DE SPÉCIALITÉ

1, bis rue Gustave Eiffel - **SAINTE-LUCE-SUR-LOIRE**
✆ 06 81 66 69 17 - www.ele-cafesdespecialite.fr

Du mardi au samedi 9h-18h sur RV, samedi 9h-13h30. 2 ateliers, 2 heures. A partir de 60 €/pers. 6 personnes par atelier.

Élé c'est le savoureux projet au parfum de café d'Estelle Léon, torréfactrice et œnologue de cafés qui propose des cafés d'exception. La sélection exigeante nous fait découvrir les crus guatémaltèques corsés, persistants ou les arômes minéraux du Salvador et bien d'autres comme le doux Klem Pica Pau du Brésil, El Carmelo de Colombie ou bien les succulents cafés d'altitude, fiers et aromatiques, d'Éthiopie. Élé c'est aussi une large gamme de matériels et accessoires pour préparer, conserver et déguster votre café. Élé c'est enfin deux ateliers : le premier de dégustation « Découverte des méthodes douces », et le second atelier autour des arômes « Le nez du café et du cupping ».

JEUX DE SOCIÉTÉ
LE BUS DÉ'TOURNÉ
SAINTE-LUCE-SUR-LOIRE ✆ 06 61 56 97 21
https://www.lebusdetourne.fr/
Mercredi et dimanche Couëron, jeudi Les Couëts, vendredi Rezé (Ragon), samedi Le Pellerin (bac) et La Montagne

Un concept pour le moins incongru : celui d'installer un bar à jeux nomade dans un véritable bus anglais ! Anaïs et Clément ont entamé la tournée du Bus Dé'tourné en juillet 2021, vieux bus en provenance d'outre-Manche qu'ils ont rénové, et qui sillonne depuis la région nantaise. À bord, pas moins de 150 jeux de société sont à disposition : de quoi passer une belle soirée ludique auprès de ses amis, famille, collègues ! Vous pouvez accompagner votre verre par une tartine, planche apéritive, dessert, le tout réalisé 100 % maison avec des produits locaux de saison. Le Pellerin, Bouguenais, Rezé, La Montagne, Couëron : on guette ses escales au cours de la semaine et on fonce profiter du Bus !

MUSIQUE
COMME À LA RADIO
30, rue Jean Jaurès ✆ 09 50 05 43 02 - 2e adresse Comme à la radio, 14 rue Marceau.
Rue J.-Jaurès n° 18 : du lun au sam 10h30-19h. Au n° 30 : du mer au sam 14h-19h. Marché de Sainte-Croix du jeu au sam.

Comme à la radio, ce sont deux boutiques spécialisées. L'une dans l'achat, vente de disques vinyles et autres CD avec l'accueil bienveillant de Clément et Sébastien : disquaires passionnés et infatigables collecteurs de vinyles collector (du rock des années 1960 au hip-hop des années 1990 en passant par la funk, la soul, le reggae...). Pour cela, rendez-vous au 18 rue Jean-Jaurès à Nantes. Et la 2e adresse est au 30 rue Jean-Jaurès. Comme à la maison HIFI est spécialisée dans la vente de matériel Hi-Fi d'occasion avec les conseils avisés et experts de Jean. Dans « Comme à la radio » se côtoient forcément en bonne entente, vinyles et CD d'occasion, platines, amplis à lampe et autres enceintes !

LOISIR CRÉATIF
ARCAM GLASS
29, Rue de la Maladrie - **VERTOU** ✆ 02 40 95 01 89
https://arcamglass.com/index.html
Sur réservation, le week-end de 8h30 à 12h30 et de 13h30 à 17h30. 150 €/personne. 5 à 6 personnes. A partir de 15 ans.

Dans la zone de la Vertonne, Arcam Glass est l'atelier de création de Simon. Mais c'est également le lieu où on peut être initié aux techniques du soufflage du verre. Lors de la présentation de l'atelier on découvre l'ensemble des éléments, les différentes techniques et l'outillage nécessaire à la fabrication du verre. Puis on passe à la réalisation ! Avec le premier cueillage du verre. Dans un premier temps on obtient une goutte de verre avant d'incruster la couleur. Puis, on répète les gestes du souffleur. On repart émerveillé et ravi avec une goutte, un presse-papier d'une couleur et d'un verre unique, ou un tout autre chef-d'œuvre réalisé grâce à Simon, Anaïs et Thomas.

NEW
POTERIE - CÉRAMIQUE
ATELIER FAB CERAMIQUE
rue du Moulin des Landes - **SAINTE-LUCE-SUR-LOIRE**
✆ 06 63 96 45 82 - atelierfablab-ceramique.fr
Cours de modelage à partir de 50 €, tourage à partir de 65 €, cours parents/enfants 65 €.

Fabienne Labeyrie a été dessinatrice dans le monde textile. Passionnée de céramique, elle propose des cours de modelage et de tourage, ainsi que des cours pour parents enfants (de 5 à 12 ans). Sa matière fétiche ? Le grès ou grès céram, un matériau céramique très résistant. De la céramique utile et décorative. Ayant à cœur de mettre en lumière son travail et sa passion, elle expose au marché de la céramique à Nantes au mois de mai, au Shop bolobolo en plein cœur de Nantes (rue Armand Brossard) toujours pendant le mois du muguet, à Vannes en juillet avec CrealOuest et en duo avec l'atelier Shibumi tenu par Caroline, une artisane également passionnée de céramique, située à la Regrippière.

LOISIR CRÉATIF
CWTCH ATELIER CERAMIQUE
24, rue Armand Brossard ✆ 02 72 02 28 23
cwtch-ateliërceramique.fr
Du mardi au samedi 10h30-12h30 et 14h-18h. Permanences mercredi et samedi 14h-16h. Ateliers à partir de 9 €/2 heures.

Cwtch, ça se prononce « coutch » et ça signifie câlin en gallois. C'est le premier mot que Marion a appris au Pays de Galles d'où elle a rapporté le concept de peinture sur faïence. Nombreux y sont les parents qui peignent eux-mêmes des mugs ou assiettes estampillés par l'empreinte du pied ou de la menotte de bébé. Pinceaux sur les tables, espace ludique pour les plus petits, et plus de 300 modèles en faïence sur les étagères, on choisit son bol, son assiette, son dessous de plat, son bibelot qui sera son œuvre. Anniversaire, naissance..., on trouve toujours une belle raison de s'offrir un atelier d'art créatif. À noter également les kits à emporter pour peindre les faïences à la maison.

POTERIE - CÉRAMIQUE
ATELIER PERNETTE
2, rue Desaix ✆ 06 76 22 32 65
www.ceramique-historique.com
Ouvert du mardi au samedi de 10h à 13h et de 15h à 19h. Atelier 2h de formation : 50 €.

Passionnée par l'archéologie et la céramique, Pernette Betrancourt met à l'honneur la céramique dans son atelier. On trouve de très belles pièces originales comme l'assiette à pied de style japonais en grès émaillé, la théière et le gobelet en grès émaillé, le vase en grès et porcelaine au papyrus, le plat à tarte à la vanité, le médaillon en faïence... C'est également le lieu pour vous initier à la poterie et à la céramique auprès de Pernette, fabriquer votre plat à motif, découvrir le graffitage, et d'autres techniques. Apprenez à travailler la terre comme à la période néolithique et antique. Enfin, une fois votre objet cuit vous pourrez le récupérer environ un mois après sa création.

BOUQUINISTE

LA BOUQUINERIE DU CENTRE

12, rue des Vieilles Douves
✆ 02 40 35 54 22
Ouvert du lundi au vendredi de 9h30 à 18h45 ; le samedi de 10h à 19h.

Les bouquineurs et bouquineuses connaissent bien cette adresse et ses bonnes affaires. Tous les types de livres d'occasion y sont représentés : poches, BD, policiers, livres d'art, cuisine, développement personnel… On peut aussi se procurer des magazines en très bon état. Les livres pour la jeunesse de toutes catégories sont bien représentés. Des idées cadeaux sont dans l'air avec certains ouvrages d'art, des encyclopédies spécialisées, ou encore certains ouvrages provenant de soldes d'éditeurs, neufs donc ! N'hésitez pas si vous souhaitez vous séparer de certains de vos bouquins, ici on vous les rachète avec paiement en espèces, chèques ou en bons d'achat. Une bonne adresse Futé !

JEUNESSE

LES ENFANTS TERRIBLES

17, rue de Verdun
✆ 02 51 82 02 15
Ouvert du mardi au samedi de 10h à 19h.

Les Enfants Terribles, c'est LA librairie jeunesse nantaise. On y trouve de nombreuses références pour les enfants jusqu'à 15 ans sous forme d'albums, de romans ou de bandes dessinées. Les Enfants Terribles, c'est aussi une très large sélection de jeux de société, de jouets éducatifs, de marionnettes... Et bien sûr, comme toute librairie indépendante qui se respecte, Les Enfants Terribles organise très régulièrement des spectacles, des goûters, des expos, des rencontres et des dédicaces avec les auteurs et les illustrateurs de livres jeunesse (à suivre sur leurs réseaux sociaux). On aime la qualité de l'accueil et l'engagement des libraires passionnés et passionnants. Un lieu incontournable !

LIBRAIRIE

ESPACE CULTUREL LECLERC ATLANTIS

Boulevard Salvador Allende
SAINT-HERBLAIN
✆ 02 40 92 09 10
Ouvert du lundi au samedi de 9h à 21h.

Voici le 1er hypermarché culturel multimédia en région. Sur 2 niveaux, il propose une large sélection de livres (plus de 90 000 références), DVD, CD et jeux vidéo ainsi que TV, chaînes hi-fi et appareils de vidéo, micro-informatique et téléphonie, le tout dans un espace aéré et moderne, près du parking à étages. Vous pourrez ainsi assouvir votre soif de culture, mais aussi réserver vos billets à l'un des 4 000 concerts et spectacles référencés chaque jour en France et en Europe, faire développer vos photos et suivre l'actualité culturelle avec le magazine offert. Pratique !

LIBRAIRIE

ESPACE CULTUREL OCÉANE REZÉ

10, rond-point de la Corbinerie - **REZÉ**
✆ 02 51 11 51 11
www.e-leclerc.com/oceane-reze
Ouvert du lundi au samedi de 9h à 20h30.

Dans le sud de Nantes, à Rezé, la galerie commerciale Océane invite les curieux à faire une halte à l'espace culturel Leclerc. La librairie se veut aussi bien généraliste que spécialisée avec les romans, la fiction, la littérature, les guides de voyages ! Des rencontres dédicaces régulières sont organisées avec des auteurs nationaux et locaux. Les animations sont indiquées sur l'agenda de Facebook avec des temps forts tout au long de l'année. Et bien sûr les incontournables sorties littéraires. De plus, musique, CD, DVD, jeux… répondent présent dans ce temple de la culture.

LIBRAIRIE

ESPACE CULTUREL ORVAULT

1, rue de la Conraie - **ORVAULT**
✆ 02 40 40 40 90
www.e.leclerc/mag/e-leclerc-orvault
Du lundi au samedi de 9h à 20h30.

Dans l'espace culturel Leclerc d'Orvault, au nord-ouest de Nantes, on trouve de tout ! Côté littérature, des œuvres classiques, de la littérature contemporaine, des BD, des beaux livres, des livres de cuisine en passant par les ouvrages jeunesse ou encore périscolaires... Vous pourrez vous adonner au plaisir de la lecture avec un grand écrivain ou une grande écrivaine ! Et bien sûr si vous comptez voyager, des guides pour découvrir des villes ou des pays. En regardant bien, vous pourrez vous procurer le dernier *Petit Futé* pour préparer au mieux votre séjour ! Un large choix qui saura satisfaire tout le monde ! Avec également en vente, des DVD et du matériel informatique.

LIBRAIRIE

ESPACE CULTUREL PARIDIS

14, route de Paris
✆ 02 40 18 65 65
Ouvert du lundi au samedi de 9h à 20h45.

L'espace culturel E. Leclerc reprend à sa manière la philosophie de l'enseigne et propose dans ce large magasin un vaste choix en livres, CD et DVD, allant des incontournables aux succès du moment, tout en offrant la possibilité de se procurer des ouvrages de petits éditeurs ou des productions de labels indépendants. C'est aussi une billetterie. Des libraires professionnels (issus des filières Métiers du Livre) vous conseillent avec un savoir et une disponibilité très appréciables. Des signatures et lectures sont parfois organisées. Une adresse pratique, pour faire ses emplettes culturelles après avoir fait le plein pour remplir le frigo ! À noter : un espace manga.

BD

LA FLIBUSTE

6, Allée Suzanne Brownell
✆ 07 64 76 24 67
www.barlibrairielaflibuste.fr
Ouvert du mardi au samedi de 17h à 22h.

Découvrez un bar-librairie où éponger votre soif et dénicher des BD et livres jeunesse d'édition indépendante avec La Flibuste ! Ce lieu met en avant une production indépendante nantaise. De même, il se développe en librairie de quartier et propose un service de commande, tous genres confondus ! L'ambiance bar contribue à rendre cet endroit encore plus sympathique. Ils s'approvisionnent principalement auprès des commerçants du quartier et favorisent produits locaux, circuit court, bio ou haute valeur environnementale. Régulièrement, des événements viennent animer cet espace. Que ce soit des séances de dédicaces, des lectures-concerts, des soirées tarot ou même des apéros dessinatoires.

LIVRES ANCIENS

LIBRAIRIE ANCIENNE RICHARD

6, rue de l'Hôtel de Ville
✆ 09 53 98 36 93
www.librairie-richard.com
Ouvert du lundi au samedi de 9h à 12h et de 14h à 18h30.

Libraires durant 20 ans à Colmar, Christian et Irène se sont installés à Nantes. Dans cet écrin, professionnalisme rime avec écoute. On y trouve livres anciens et modernes, de collections, d'érudition, curiosités et classiques. Cet espace rare est LE lieu dédié aux livres anciens, d'occasion, aux gravures, lithographies, cartes géographiques anciennes... Parmi les pépites : des ouvrages de la fin du XVIe siècle, de belles reliures, des livres de gastronomie, de beaux livres pour enfants. Après expertise, la librairie rachète vos ouvrages à l'unité ou bibliothèques entières.

LIBRAIRIE

FNAC

Place du Commerce
✆ 08 25 02 00 20
www.fnac.com
Ouvert du lundi au samedi de 10h à 19h30.

Dans l'ancien Palais de la Bourse dessiné par l'architecte Mathurin Crucy, la Fnac de Nantes s'étend sur 3 niveaux. Un espace multimédia, la billetterie, le click and collect, le SAV, la téléphonie, la photo et l'électroménager au RDC ; un 1er étage accueille le son, la vidéo et les jeux pour les plus jeunes et la littérature jeunesse, et le second dédié à la lecture : littératures française et étrangère, scolaire, mangas, BD... Dans le salon, découvrez les œuvres, les conférences, les rencontres d'artistes de la programmation Fnac. À noter : à la gare SNCF, une nouvelle adresse vous accueille pour des produits nomades et de voyage : téléphonie, accessoires, micro-informatique, son.

LIBRAIRIE

LA LIBRAIRIE BOUTIQUE DU CHÂTEAU DUCS DE BRETAGNE

4, place Marc Elder ✆ 02 51 17 49 56
www.chateau-nantes.fr
Ouvert de 10h à 18h, fermée le lundi. Ouverture exceptionnelle lors des Nocturnes.

Cette librairie installée dans une ancienne salle de corps de garde propose de multiples ouvrages reprenant les thèmes des salles d'exposition du musée : l'histoire d'Anne de Bretagne, la traite négrière, l'édit de Nantes, l'industrie, le surréalisme, un rayon jeunesse... Mais aussi un large éventail d'objets originaux présentant Nantes et son identité : aquarelles d'Eric Cabanas, petits carnets du château, jeton de la Révolution française « Vivre libre ou mourir », berlingots nantais, pour les plus jeunes : la petite hermine ou le fantôme du château en peluche...

VOYAGE

LA GÉOTHÈQUE

14, rue Racine
✆ 02 40 74 50 36
Ouvert le lundi de 14h à 19h ; du mardi au samedi de 10h à 19h.

La Géothèque propose quelques milliers d'ouvrages de cartographie, des guides et bien sûr de la littérature de voyage. On trouve aussi dans ce haut lieu « des ailleurs » des expos photos, des tableaux, des séances de dédicaces et des rencontres avec des auteurs/voyageurs, ainsi que des objets insolites. Une bonne adresse pour tous les amoureux des voyages traditionnels et des lieux insolites. On fait confiance aux coups de cœur très sûrs de l'équipe. Pour notre plus grand plaisir, leur tour du monde littéraire nous font voyager à travers tous les continents. Sans oublier les expositions de dessins, de carnets de voyages, de photographies... Et l'indispensable guide Petit Futé !

LIBRAIRIE

LIBRAIRIE COIFFARD

7, rue de la Fosse
✆ 02 40 48 16 19
https://www.librairiecoiffard.fr/
Ouvert le lundi de 14h à 19h ; du mardi au samedi de 10h à 19h.

Depuis 1919, cette très belle librairie à la devanture au bois sombre est une adresse incontournable pour tous les lecteurs nantais. Avec ses bibliothèques en bois, agrémentées d'échelles, cette charmante librairie a conservé son authenticité et son cachet élégant. Amateur de littérature adulte ou jeunesse, passionné d'art ou de sciences humaines, spécialiste en architecture, en graphisme ou en design, collectionneur de BD... vous trouverez ici votre bonheur. Avec 86 985 références en stock, des conseils de lecture pointus, des rencontres d'auteurs, des séances de dédicaces, le prix du roman Coiffard dont le vote se déroule en mai-juin, c'est le lieu indispensable pour les amoureux du livre.

LIBRAIRIE

LIBRAIRIE DURANCE

4, allée d'Orléans ✆ 02 40 48 68 79 - Tramway ligne 2, arrêt Commerce - www.librairiedurance.fr

Ouvert le lundi de 14h à 19h, du mardi au samedi de 10h à 19h. Tarifs étudiants. Livraison et expédition des commandes.

Située au centre de la ville, cette librairie nantaise plus que centenaire et toujours indépendante avec son équipe de libraires aux bons conseils se répartit sur 4 niveaux. Dans les nombreux rayons, pas moins de 60 000 références vous attendent : littérature, cultures et loisirs, jeunesse, apprentissages, pédagogie, sciences, techniques, livres juridiques et professionnels, sciences humaines, ouvrages universitaires, arts et histoire. La Durance est à l'initiative de nombreux événements culturels : les petits déjeuners littéraires pour découvrir les coups de cœur de vos libraires, les samedis philo, les expositions, les animations au rayon jeunesse, les dédicaces et rencontres d'auteurs.

CULTURE - BIBLIOTHÈQUE

MÉDIATHÈQUE JACQUES DEMY

15, Rue de l'Héronnière ✆ 02 40 41 95 95
https://bm.nantes.fr

Ouvert le lundi de 14h à 19h ; mardi de 12h à 20h ; mercredi et samedi de 10h à 19h ; jeudi et vendredi de 12h à 19h.

Ouverte en 1985 quai de la Fosse, la Médiathèque Jacques Demy est devenue le cœur de réseau des bibliothèques nantaises. C'est elle qui coordonne les actions en faveur du livre et de la lecture publique. Elle accueille ses usagers sur 10 000 m², réunissant plus de 430 000 documents au total. On trouve dans ses allées un fonds classique (livres, revues, BD jeunesse et adulte), un fonds numérique (CD, DVD, livres audio), mais également un fonds ancien avec des documents précieux consultables sur rendez-vous. La saison culturelle y est rythmée par des lectures, rencontres, ateliers créatifs et les temps forts nationaux. Un haut lieu culturel plébiscité par les Nantais, petits et grands !

NEW

LIBRAIRIE

LIBRAIRIE LA PETITE GARE

Rue de la Gare - **REZÉ** ✆ 02 49 62 85 50
www.lapetitegarereze.com

Ouvert du mardi au samedi de 10h à 19h.

Le lieu a ouvert dans l'enceinte de la gare de Pont-Rousseau à Rezé. Cette charmante librairie de 60 m² généraliste, indépendante et de proximité vous aide à prendre le départ de la lecture. Blanche, noire, française ou étrangère… De la littérature pour tous les âges. En passant par la jeunesse, les sciences sociales et les bandes dessinées ! Carole et Nolwenn ont réalisé leurs rêves et partagent leurs envies, conseils et coups de cœur. Elles proposent des ateliers d'écritures, des ateliers créatifs... À l'étage, un espace de travail partagé fait office de coworking. Cette jolie librairie donne vie à l'ancienne gare et une âme particulière à ce tiers lieu autour du livre et de la culture.

ASSOCIATION CULTURELLE

LES ROMANCIERS NANTAIS

49, Rue de la Contrie
✆ 02 40 36 15 06
https://lesromanciersnantais.com

Les amateurs de littérature connaissent bien l'association Les Romanciers nantais regroupant une trentaine d'auteurs de la région nantaise publiés par des éditeurs reconnus (Actes Sud, Coiffard, Coop Breizh, d'Orbestier, Durand-Peyroles, Flammarion, Gallimard, Joca Seria, Krakoen, l'Atalante, le Petit Pavé, Parigramme, Siloë). Rendez-vous sur le site pour suivre les événements (les rencontres, les signatures de romanciers, les concours d'écriture) et découvrir les auteurs au travers de leurs œuvres individuelles ou collectives comme le 7e recueil collectif de nouvelles, *Magie Loire*, où la Loire prend vie. Ou encore le 8e recueil, *Écrits Vins de Nantes* où l'on s'abreuve du vignoble nantais.

LIBRAIRIE

LIBRAIRIE LES LUCETTES

6, rue Jean Moulin - **SAINTE-LUCE-SUR-LOIRE**
✆ 02 28 16 43 77

Du mardi au samedi de 9h30-13h et 14h30-19h, sauf mercredi, ouverture à 10h.

C'est à Sainte-Luce-sur-Loire que vous trouverez cette sympathique librairie généraliste et indépendante, membre de l'Alip. Stéphanie nous y accueille avec sa passion des livres ! Avec enthousiasme, les Lucettes partagent leurs coups de cœur, prennent le temps du conseil parmi les nombreuses références avec un espace réservé aussi à la papeterie. Au programme des rencontres d'auteurs, d'illustrateurs, des dédicaces et des lectures. Les enfants et adolescents ont un espace dédié, avec un coin lecture pour les plus jeunes où sont proposés des ateliers ludiques et des animations au milieu du large panel de livres et de jeux. Un livre dans le panier à vélo si proche de la Loire ? Une idée non ?

LIBRAIRIE

LA VIE DEVANT SOI

76, rue du Maréchal-Joffre
✆ 02 49 44 28 55
www.librairie-laviedevantsoi.fr

Ouvert du mardi au samedi de 10h à 19h.

Charlotte Desmousseaux, la jeune et talentueuse créatrice de cette librairie propice aux rencontres a souhaité créer un lieu de proximité, vivant et bouillonnant comme la rue Joffre ; un lieu de culture, de partage, de rencontres, de lectures et de signatures... Et le résultat est particulièrement réussi. Nul doute que vous y trouverez des ouvrages inspirants : littérature française et étrangère, voyages et tourisme, vie pratique, sciences humaines, essais et actualités, BD, arts, livres jeunesse en français et en anglais... Mais aussi des jeux et des jouets, et du *made in Nantes*. Des évènements y sont régulièrement organisés pour rassembler les habitants du quartier. Une belle adresse !

RADIO

ALTERNANTES FM

12, Avenue de l'Angevinière - **SAINT-HERBLAIN**
✆ 02 40 93 26 62
www.alternantesfm.net
Fréquence : 98.1FM.

Créée en 1987 par un collectif d'associations et de passionnés partageant le même projet, la station a pour but d'offrir aux acteurs exclus ou ignorés des médias dominants, des espaces de paroles afin de prolonger leurs actions. À vocation locale, Alternantes s'appuie en grande partie sur une programmation d'artistes locaux et régionaux. La radio propose également de nombreux points sur l'actualité en diffusant les journaux de RFI. Alternantes FM fonctionne grâce à l'aide quotidienne de bénévoles qui permettent la réalisation de nombreuses émissions. Alternantes, c'est aussi 2 salariés, Emmanuel Raphalen et Michel Sourget. Rendez-vous sur leur site pour écouter le direct et les podcasts.

RADIO

FRANCE BLEU LOIRE OCÉAN

2 bis, quai François-Mitterrand ✆ 02 40 73 60 00
www.francebleu.fr
Fréquence : 101.8. Facebook, Twitter. Application à télécharger gratuitement.

France Bleu Loire Océan est la première radio généraliste de proximité en Loire-Atlantique et en Vendée. La radio de Radio France c'est l'actualité qui va du coin de la rue au bout du monde. Reconnue pour son service exclusif d'info trafic, les ondes publiques connectées à la région mettent en valeur chaque jour les fiertés locales. Elle vous invite à des dizaines de concerts, spectacles en Loire-Atlantique comme en Vendée. Le pouvoir d'achat, les sorties, les canaris, la solidarité, l'écologie, la musique, le cinéma, les bons plans, la cuisine, c'est la radio des circuits courts au quotidien. Sur l'appli gratuite « ICI » retrouvez tout France Bleu Loire Océan, en direct et en podcast.

RADIO

CHÉRIE FM

1, rue Victor-Hugo - **REZÉ**
✆ 02 40 32 49 32
www.cheriefm.fr
Fréquence : 106.2FM.

Chérie FM, c'est la radio de la pop love music ! Née en 1987, Chérie FM est une radio très écoutée par les amoureux de la variété française. La programmation variée met à l'honneur les hits du moment et les tubes des années 1990. De 16h à 20h, Chérie FM Régions propose à ses auditeurs des points sur l'actualité nantaise avec Noam Sitri. Des rendez-vous météo et trafic tous les quarts d'heure de 6h à 9h. Et pour les matinaux, des points sur l'actualité toutes les demi-heures de 6h à 9h. Chérie FM, c'est également des jeux et des cadeaux à gagner tout au long de la journée, une webradio et des applis. Tous les jours en direct de Nantes, écoutez l'info et la musique la plus variée de Chérie !

RADIO

RTL2 NANTES

6, rue du Calvaire
✆ 02 72 25 31 60
www.rtl2.fr
RTL2 Nantes : 97.7FM.

RTL2, c'est le son pop-rock à Nantes sur 97.7 FM. Tous les matins, de 6h30 à 9h, on y retrouve l'actualité nantaise, la météo et l'info trafic avec Anthony Boutin en direct de Nantes de 7h à 9h chaque demi-heure. De 12h à 16h, faites le plein de bons plans, de cadeaux et de son pop-rock non-stop, avec Ilias ! RTL2 a su s'implanter localement comme une jolie référence en matière de musique pop-rock. Son site Internet permet d'être informé de toute l'actualité culturelle de la région nantaise (cinéma, dates de concerts, événements sportifs), d'écouter les chroniques locales en replay et de gagner de nombreux cadeaux (cinéma, places de spectacles, bons d'achat auprès de magasins partenaires)

RADIO

FUN RADIO ATLANTIQUE

6, rue du Calvaire
✆ 02 72 25 31 71
http://nantes.funradio.fr
Nantes : 103.4 FM / Saint-Nazaire : 103.6 FM.

Fort d'un positionnement musical unique qui propose un son apprécié par tous les adeptes de l'électro, Fun Radio propose en Loire-Atlantique un programme local intensif. On retrouvera toutes les demi-heures de 6h à 9h, les flashs infos locaux en direct de Nantes et toutes les heures des chroniques (météo, bons plans). Côté programmation, la radio attire des auditeurs jeunes de 15-25 ans avec une sélection de musiques actuelles (nationales et internationales). Côté émissions, réveillez-vous du bon pied avec Bruno sur Fun Radio de 6h a midi pour la plus longue matinale de France avec du rire et des cadeaux, et dès 19h retrouvez l'équipe de Cartman sur Fun Radio !

RADIO

HIT WEST

2, quai François-Mitterrand
✆ 02 40 89 01 23
www.hitwest.com
Fréquence : 100.9 FM.

Depuis 20 ans, Hit West, c'est l'actualité de l'Ouest, les émissions musicales, Le Réveil de L'West ! avec Pierre, Julien et Mélissa, L'After West avec Baptiste, Katell et Simon – il y en a pour tous les goûts sur Hit West ! Le ton est jeune et la musique aussi : des tubes musicaux du moment an allant jusqu'aux années 1970 et 1980. Envie de partir en live ? La hit radio organise des concerts gratuits et ouvre les portes des grands festivals de l'Ouest à suivre en direct chaque été ! L'antenne propose régulièrement des points sur l'actualité nantaise et sur la circulation. De nombreux jeux organisés permettent de gagner de nombreux cadeaux : places de concerts, smartphones, voyages, etc.

le son FeelGood
house-electro
FG.
DJ radio
écoutez 25 radios electro
sur le player FG.
fm/dab+
l'appliFG.
radioFG.com

RADIO

RADIO NOVA NANTES

www.nova.fr/les-frequences

Fréquence : 87.8FM.

Le Grand Mix, Nova Lova, Un Nova Jour se Lève... Du soir au matin, Radio Nova séduit des milliers d'auditeurs chaque jour avec sa programmation originale, qui défriche tous les univers musicaux. Depuis 1981, Radio Nova est libre, curieuse et créative. Et même à 42 ans, elle reste une radio musicale de référence, média musical d'avant-garde, révélant de nombreux talents musicaux aussi bien dans la world music que dans l'électro en passant par le hip-hop ou le rock. Et avec des événements comme « Les Nuits Zébrées » ou sa présence sur les festivals de l'été, la radio parisienne ne joue pas les snobs et navigue dans toute la France à la rencontre de ses auditeurs et des talents en devenir.

RADIO

RADIO JET FM

11, rue de Dijon - **SAINT-HERBLAIN**

✆ 02 28 25 23 90

www.jetfm.asso.fr

Fréquence : 91.2FM.

Radio associative créée en 1986, Jet FM est située à Saint-Herblain dans le centre socioculturel de La Bernardière. Avec son équipe de salariés et une soixantaine de bénévoles, Jet FM s'inscrit dans une démarche de découverte musicale, défense des jeunes talents, éducation aux médias et création radiophonique. Chaque jour, des responsables d'associations, de structures culturelles, des militants associatifs, des artistes émergents ou confirmés sont invités pour valoriser et mettre en perspective leur action. La programmation musicale est éclectique et ouverte à toutes les mouvances. Jet FM est une actrice du monde associatif, un pôle de réflexion et un partenaire pour nombre de structures.

WEB

NEW

TOKSON STUDIO

13 rue Hector Berlioz

SAINTE-LUCE-SUR-LOIRE

✆ 06 82 28 88 11

https://www.toksonstudio.com/

© TOKSON STUDIO

Christophe Artous, nantais depuis de longues années, a longtemps travaillé pour Radio France. Il a démarré son activité de podcasteur en décembre 2020. Du podcast « corporate » pour les entreprises (le podcast booste la communication interne), pour les marques ou les agences de communication, au podcast « grand public », comme l'assiette nantaise qui met en lumière les acteurs de la food de la région, en passant par FC Nantes Story qui raconte les exploits des figures du club de foot nantais, Christophe innove sans cesse. Avec de longs formats pouvant aller jusqu'à 15 minutes, à contre-pied des formats TV ou vidéo, bien plus courts. La réalisation de votre podcast du projet à sa diffusion !

RADIO

EURADIO

19, rue Jeanne-d'Arc

✆ 02 40 20 92 55

www.euradionantes.eu

Fréquence : 101.3FM.

Cette radio s'inscrit dans la construction d'une conscience citoyenne européenne aux cultures, aux initiatives et aux sensibilités diverses. Euradio développe une plateforme d'informations européennes diffusées sur le web et sur les ondes d'une radio locale hertzienne. Elle fait dialoguer l'actualité des territoires avec celle de nos voisins européens pour mieux parler de ce qui se passe en Europe aujourd'hui et demain, en faisant la part belle aux initiatives locales. Sa mission : explorer les multiples composantes (culturelles, politiques...) des réalités locales. Depuis 2007, la radio-école a déjà formé 300 jeunes au journalisme européen. Elle émet dans 17 villes françaises et à Bruxelles.

WEB

WWW.LOIRE-ATLANTIQUE.FR

3, quai Ceineray

✆ 02 40 99 10 00

www.loire-atlantique.fr

Magazine bimestriel. Également en ligne sur le site Internet.

Constituée de 207 communes, 31 cantons et compte 1 429 272 habitants, la Loire-Atlantique, c'est 6 809 km² de superficie, 20 000 km de routes, 63 gares, un aéroport international... Le site Web, outil ergonomique et fonctionnel, propose un ensemble de services : s'abonner à *Lila Scolaire*, faire une demande de logement social, consulter les offres d'emploi, remplir des formulaires administratifs, trouver une assistante maternelle... Le site permet également de télécharger *Loire-Atlantique*, le magazine du département édité à 715 000 exemplaires et distribué 5 fois par an aux foyers de Loire-Atlantique.. Un site Web qui fera de chaque ligérien un acteur de son département. Indispensable !

TÉLÉVISION

NANTES & VOUS MEDIA

✆ 06 51 31 43 14
www.ntvmedia.fr/ntv-nantes

Journaliste, éditeur, animateur, Éric Fauguet incarne avec talent et polyvalence la web télévision locale ! L'homme de terrain est sur tous les fronts passionnants qui rythment l'actualité de notre cité des ducs et de la région. Une émission de proximité diffusée sur le web visant à valoriser les producteurs locaux et les acteurs dynamiques de Nantes. En collaboration avec France Bleu Loire Océan et GNI-GHR Grand Ouest, les tournages ont lieu partout où il se passe des choses ! Épaulé par Gabriel, Jérémy et Vianey, caméramans et monteurs et ses chroniqueurs, il nous embarque sur des thématiques passionnantes. Les thèmes sont gourmands, humains, économiques, culturels touristiques et musicaux.

RADIO

RADIO ATLANTIS 107 FM

2, allée Antonio Vivaldi - **SAINT-HERBLAIN**
✆ 06 65 10 76 43
www.radioatlantis.fr
Fréquence : 107 FM.

Depuis 2001, radio ATLANTIS s'est engagée sur l'emploi, la formation et le développement économique local. Ces thématiques sont complétées par les rendez-vous infos, sports, pronostics hippiques, programmes ciné et agenda culturel. Sa programmation à destination des 18/60 ans mêle des artistes pop, rock, dance et français. Les nuits sont 100 % électro. Couvrant un bassin de population de 400 000 habitants, elle est écoutée dans le Nord 44 et le Sud 35 sur le 107 FM, ce qui en fait la radio de liaison entre Nantes et Rennes. Depuis 2019 elle couvre Nantes et son agglomération en DAB (Radio Numérique Terrestre) sans oublier l'écoute Internet sur tous supports.

RADIO

SUN

19, rue Jeanne-d'Arc ✆ 02 40 13 32 13
93 FM, canal 88 du bouquet radio de la freebox.
www.lesonunique.com
Fréquence : 93FM.

SUN, radio locale associative, diffuse sur le 93.0. Un slogan qui sonne en acronyme : *Le son unique à Nantes*, une couleur musicale qui offre une place importante aux titres des années 1980 et 1990 ainsi qu'à la musique actuelle. L'équipe de SUN est très présente sur l'actualité de la Métropole avec ses flashs infos de proximité, son point circulation, ses actualités culturelles et sportives et ses émissions et chroniques autour de thématiques diverses : initiatives locales, scène nantaise, emploi ou environnement. SUN se veut un moyen d'information et d'expression ouvert à tous, une source d'information alternative aux grands médias et une offre de programmes à la forte implication locale.

WEB

WWW.NANTES.FR

2, rue de l'Hôtel-de-Ville
✆ 02 40 41 90 00
https://metropole.nantes.fr/
Pour toutes infos sur la ville de Nantes, consultez www.nantes.fr.

Les nombreuses rubriques de www.nantes.fr vous informent en temps réel sur la vie nantaise et celle de son agglomération. La culture, le patrimoine géographique et historique, les loisirs (marchés, piscines, parcs, jardins), le développement durable, le sport, le logement, les structures d'aide à la vie familiale et quotidienne pour tous les publics concernés, les formalités administratives, les sorties à Nantes et autour de Nantes : cinéma, spectacles, concerts, événements sportifs. Sans oublier des informations très pratiques (travaux en ville, menus des cantines scolaires...). Le site Internet permet enfin un certain nombre de E-démarches. Simplifiez-vous la vie, consultez www.nantes.fr !

S'INFORMER

NANTES MÉTROPOLE (LE JOURNAL DE)

2, cours du Champ-de-Mars
✆ 02 40 99 48 48
www.nantesmetropole.fr
Magazine gratuit.

Nantes Métropole c'est le bimestriel édité par la Communauté urbaine, imprimé en 335 600 exemplaires en 2023 est diffusé dans les boîtes aux lettres de Nantes et des 24 communes de l'agglomération nantaise. Il présente au grand public une information pédagogique et rigoureuse sur les grands thèmes de la métropole et les projets de l'agglomération. Au sommaire : l'actualité économique, politique et sociale de la métropole et de ses acteurs, sous forme d'articles, interviews, portraits, dossiers, ainsi qu'un agenda culturel. Le journal est également accessible en ligne.

TÉLÉVISION

FRANCE 3 PAYS DE LOIRE

2, rue Gaëtan Rondeau
✆ 02 40 99 44 44

Chaîne généraliste française de service public à vocation régionale, France 3 Pays de la Loire vous permet de rester connecté à l'actualité locale. À ne pas manquer la sympathique matinale tous les jours du lundi au vendredi avec l'émission 9h50 le matin, présentée par Alicia Fall et son équipe de chroniqueurs qui reçoivent des invités et présentent le meilleur de l'actualité nantaise et régionale. Mais aussi les émissions *Enquêtes de régions Pays de La Loire*, des documentaires : *le Littoral*, l'émission *Plein Ouest* avec la découverte de notre territoire ou le magazine de découverte *Les Chemins de Nathalie*, mais aussi le *JT local 19/20* du lundi au vendredi. Un ancrage régional indispensable !

TÉLÉVISION

TÉLÉNANTES L'INFO EN LOIRE-ATLANTIQUE

41, boulevard de la Prairie-au-duc ✆ 02 51 86 77 77
www.telenantes.com
TNT : canal 31. BOX Orange, SFR, Bouygues, Free, Numéricable : canal 30.

Chaîne de télévision locale basée à Nantes, Télénantes traite l'actualité de la ville, de sa métropole et de la Loire-Atlantique. La grille des programmes se renouvelle chaque année avec toujours des flashs info, la météo, les infos trafic, les sorties, les dates à retenir, les découvertes. Le journaliste Stéphane Pajot dans *Nantes à la carte* raconte la ville avec une carte postale ancienne ; dans *L'immobilier, on en parle*, Vincent Perrocheau traite d'immobilier. Les amateurs de sports sont gâtés avec Nantes Foot, Jour de match et Émission Spéciale Sport.

QUOTIDIEN

PRESSE OCÉAN

2, quai François Mitterrand ✆ 02 40 44 24 00
www.presseocean.fr
1,20 € en semaine, 1,35 € le samedi (avec supplément TV) et 1,25 € le dimanche.

Il soufflera ses 80 bougies en 2024 ! Le quotidien *Presse Océan* est considéré comme le quotidien historique des Nantais. Un format tabloïd pour ce journal complet qui publie chaque jour deux éditions dans le département : l'une à Nantes et l'autre à Saint-Nazaire. La ligne éditoriale de ce quotidien incontournable est avant tout l'information de proximité : le meilleur moyen pour découvrir l'actualité culturelle, politique ou sportive de l'agglomération. Les journalistes de *Presse O'*, ce sont des femmes et des hommes de terrain, ayant une forte implantation locale afin de traiter au mieux de la vie de la cité. *Presse Océan*, c'est aussi une appli pour smartphone et un site Internet.

QUOTIDIEN

OUEST-FRANCE

2, quai François-Mitterrand ✆ 02 99 32 60 00
www.ouest-france.fr
Abonnement : 02 99 32 66 66 lun au ven 8h/18h et le sam 8h/12h30. Plusieurs offres possibles, papier et/ou numérique.

Ouest-France est le premier quotidien régional français depuis 1975 et le premier quotidien francophone au monde avec près de 700 000 journaux imprimés quotidiennement du lundi au samedi, 53 éditions locales papier différentes ainsi que 2 éditions numériques : l'édition du soir et l'édition France. Et aussi le *Dimanche Ouest-France*. *Ouest France*, compte 1 568 collaborateurs dont 615 journalistes, 2 400 correspondants et près de 16 000 partenaires de la distribution ; c'est aussi 58 rédactions dans les 12 départements en Bretagne, Normandie et Pays-de-la-Loire, ainsi qu'à Paris pour tout suivre sur l'actualité nantaise, la métropole, les informations régionales, nationales et internationales

JE PRENDS SOIN DE MOI

Il existe de nombreuses façons de prendre soin de soi : faire du sport, passer des moments de qualités avec ses proches, bien manger, aller en nature ou encore (s') offrir des cadeaux. En trois mots : Se faire plaisir ! Le *Petit Futé* a sélectionné avec soin des adresses idéales pour vous ressourcer et vous accorder un savoureux moment, rien qu'à vous. Que ce soit le temps d'un soin en institut de beauté, lors d'une virée shopping auprès de créateurs indépendants ou en dorlotant vos bambins, vous trouverez chaussure à votre pied ! Au sens figuré ou au sens propre. Laissez-vous ainsi tenter par des nouveaux vêtements, une paire de lunettes, un changement de coupe de cheveux et pourquoi pas, un projet tatouage, permanent ou éphémère. Pour celles et ceux qui s'apprêtent à célébrer une union, une sélection d'adresse est présente pour vous guider pas à pas dans l'organisation de cet heureux événement. Vous l'aurez compris, dans cette rubrique, on prend soin de son corps et de son esprit. Cette rubrique mérite d'être explorée !

VOTRE GUIDE DEVIENT
INTERACTIF

TAPEZ **PETITFUTE.APP** DANS LE NAVIGATEUR DE VOTRE SMARTPHONE.

PRENEZ UNE PHOTO DE LA PAGE DÈS QU'ELLE A CE PICTO !

ACCESSOIRES

CHAPEAUX BEA

2, place de l'Ecluse
✆ 02 40 48 16 32
www.chapeaubea.fr/
Ouvert du mardi au samedi de 10h30 à 18h45.

© CHAPEAU BÉA S KESRAOUI

© CHAPEAU BÉA S KESRAOUI

Qui a dit que le chapeau était démodé ? Quand l'on constate le choix et la variété disponibles dans cette boutique, on revoit tout de suite sa vision des choses ! Des créations faites main aux chapeaux plus classiques en passant par la casquette ou le bob du petit dernier, vous y trouverez forcément le couvre-chef qui vous conviendra ! Et pour vous mesdames, un chapeau pour un mariage, surtout si on est la mère d'un des futurs mariés, c'est l'accessoire indispensable pour une touche de chic absolu ! Vous trouverez aussi quelques pochettes et étoles pour l'été ainsi que gants et autres accessoires d'hiver. Créations sur mesure.

PRÊT-À-PORTER

ATELIER MÛ

39, rue des Hauts Pavés ✆ 06 69 17 33 89
Tramway ligne 3 - arrêt Viarme ou Poitou.
Ouvert du mardi au samedi de 10h à 19h. Ateliers adultes et enfants toute l'année sur réservation

Mû, c'est un atelier de couture et une boutique de créateurs, qui a la singularité de donner une seconde vie à des pièces de textile qui en ont déjà eu une, parfois bien remplie... De l'*upcycling* pour les plus pointus ! Chez Mû, on retrouve également des créateurs éco-responsables qui viennent y présenter leurs pièces. Trois stylistes partagent le lieu de travail pour y concevoir leurs collections. Des ateliers sont régulièrement organisés pour petits et grands, afin de s'initier ou s'autonomiser à la couture. On réserve à la carte ou se procurer une carte d'abonnement. Quel que soit notre niveau, Mû est un espace où règnent convivialité et créativité, en toute simplicité !

CHAUSSURES

AUX PIEDS DES ANGES

3, rue de Verdun ✆ 02 49 88 42 45
www.aux-pieds-des-anges.com
Ouvert le lundi de 14h à 19h sauf juillet et août ; du mardi au samedi de 10h30 à 13h30 et 15h à 19h ; fermé le dimanche

À côté de la cathédrale, voici la boutique de Séverine, véritable « paradis pour vos pieds ». On y trouve un choix infini pour homme, femme, enfant, pour tous les goûts, tous les âges et tous les pieds, ainsi que de nombreux accessoires 100 % français (chaussettes, foulards, sacs, maroquinerie). Différentes marques sont représentées à travers la pantoufle, l'espadrille, la charentaise, la sandale, la bottine, la chaussure et la basket. Les pointures vont du 35 au 48 pour les adultes et du 16 au 35 pour les enfants. Cette boutique est la garantie de bonnes chaussures d'intérieur et d'extérieur pour toute la famille. Les modèles sont ravissants et confortables. Courez *Aux pieds des anges* !

PRÊT-À-PORTER

L'ATELIER PICKTO RECYCLO

23, boulevard de Chantenay ✆ 06 15 14 75 73
Ouvert du mardi au samedi de 12h à 19h, le dimanche de 14h à 18h.

Nanou et Rosie ont leur show room sur les Docks de Chantenay au bord de la Loire ! Des sacs, accessoires, bijoux, casquettes sont confectionnés dans des matériaux issus du réemploi. On y trouve entre autres jolies choses, des bateaux gonflables, des matelas, des rideaux, des duvets, des toiles de transat, des chambres à air, des tapis de pique-nique, des rideaux de douche, du papier peint pour embellir votre maison, des nappes des années 1970, des rideaux de caravane... Un show-room aux mille couleurs et cosmopolite. L'atelier ouvert au public propose une jolie gamme de sacs et besaces issus du réemploi en partenariat avec des recycleries. De belles idées colorées à « picker » sans modération !

ACCESSOIRES

LA BOUTIQUE TRIBÜ

4, rue de l'Hôtel de Ville
✆ 02 55 09 09 76
http://laboutiquetribu.blogspot.com
Ouvert du mardi au samedi de 11h à 19h.

L'association Tribü est un collectif constitué d'une trentaine d'artisans créateurs, régionaux et même nationaux. On y vient pour se faire plaisir, trouver des idées cadeaux pour nos proches autour de la mode et de la création textile, mais également d'autres univers, parmi lesquels bijoux, illustration, céramique, décoration, jeux pour enfants et aussi des cosmétiques naturels faits maison. Une véritable caverne d'Ali Baba ! Chaque réalisation est une pièce unique, originale et forcément belle ! Dans cette joyeuse Tribü, on se délecte de tant de créativité ! De quoi satisfaire toutes les curiosités et tous les budgets en prenant le temps de découvrir la variété des créations.

MODE

CHYPETTE BOUTIQUE NANTES

3, place du Pilori ✆ 06 77 42 41 93
Ouvert du mardi au samedi de 10h30 à 19h.

Les boutiques Chypette, ce sont 2 boutiques à Nantes. La 1re, rue des Chapeliers et la 2e, une boutique « sister » qui fête ses un an déjà, place du Pilori ! 2 nouvelles boutiques ont ouvert à La Baule ! Ce concept store est celui de Kevin et Benjamin, épaulés par leurs supers conseiller(e)s toujours souriants pour nous faire beaux et belles. On trouve des bijoux de créatrices, des bijoux fantaisie et de l'ancien, boucles d'oreilles originales, chaînes de corps, bracelets et autres plaisirs du quotidien avec des vêtements, des accessoires et déco. Un exemple ? Les boucles d'oreilles à clip en acétate de cellulose : une matière noble obtenue à partir d'extrait de fleur de coton.

NEW

SHOPPING

CHYPETTE SISTER LA BAULE

142, avenue du Général de Gaulle - **LA BAULE-ESCOUBLAC**
La 2e boutique de La Baule est au 116 avenue du Général de Gaulle. 2 boutiques à Nantes

Bien connus des heureux Nantais, le concept store des Chypette a ouvert deux nouvelles boutiques à La Baule ! Ce qui fait 4 points de vente désormais sur le 44. Le succès des Chypette tient à la qualité, originalité et choix des produits mais aussi des excellents conseils et sourires de la sympathique team ! Sur la côte, en plus des bijoux de la Chypette 1, pour la « sister », quelle joie de trouver des produits pour la plage : maillots de bain français, paniers de plage, chaînes pour le corps (bijoux). Pour la boutique Chypette de La Baule 1, on trouve des chaussures, cadres, ex-votos et idées cadeaux avec des pépites sur 100 m^2 ! La 2e boutique est au 116 avenue du Général de Gaulle.

PRÊT-À-PORTER

MOUSQUETON

18, Passage Pommeraye
✆ 02 40 74 17 58
http://mousqueton.eu/
Ouvert du lundi au samedi de 10h à 19h.

© MOUSQUETON

© MOUSQUETON

C'est au pied des marches de l'emblématique Passage Pommeraye que l'on trouve Mousqueton. Cette année, cette jolie boutique spécialisée dans les vêtements inspirés de l'esprit marin, fête ses 20 ans ! On craque pour l'authentique vareuse Cachou ou l'imprimé. On aime les marinières, les chaussettes mais aussi les cabans et cirés. Très élégants et très colorés, ces créations iodées insufflent un nouvel esprit sur la mode marine. Si bien qu'on embarque volontiers dans l'univers de la boutique où ceintures et autres accessoires satisfont petits et grands. On apprécie le style et la qualité des collections où les matières authentiques et les lignes contemporaines à des prix abordables.

OPTIQUE

LES LUNETTES DE CAMILLE

18, boulevard Guist'Hau
✆ 02 40 20 58 34
https://leslunettesdecamillenantes.fr
Ouvert le lundi de 14h à 19h ; du mardi au samedi de 9h30 à 12h30 et de 14h à 19h.

© PATRICK ALBERA PHOTOGRAPHIE POUR LUNETTES DE CAMILLE

© PATRICK ALBERA PHOTOGRAPHIE POUR LUNETTES DE CAMILLE

Chez Camille et Benjamin, véritables professionnels de l'optique, on entre dans une boutique lumineuse et indépendante. On trouve ici des lunettes aux modèles originaux avec un très bon rapport qualité-prix. On aime l'accueil et les conseils prodigués. À vous les créations du moment : Marc Jacobs, Paul & Joe, François Pinton, Etnia Barcelona, Traction, Production ou Minima, 100 % titane, ou les Markus, sans aucune vis, alliant élégance et performance. Un rayon est dédié aux enfants avec Minima, Little Paul & Joe, Okki, ou encore Le petit Prince. Point fort : diplômés en contactologie, les patrons assurent l'adaptation des lentilles. Un magasin sympa avec une équipe jeune et souriante !

OPTIQUE

L'ATELIER DE L'OPTIQUE

86, rue des Hauts-Pavés ✆ 02 40 94 38 91
www.latelierdeloptique.com
Ouvert du lundi au vendredi de 8h30 à 19h ; le samedi de 9h à 13h et de 14h30 à 17h. 3 fois sans frais. American Express

Dans cette boutique à l'ambiance industrielle, design et colorée, vous êtes accueilli par une galerie de portraits accueillant l'exposition des montures. L'équipe, à l'écoute, vous conseille et vous propose une sélection correspondant au mieux à vos envies, vos besoins et vos contraintes. Les collections sont renouvelées régulièrement, offrant des variétés de modèles entre simplicité et créativité dans un large éventail de marques et de prix. Pour cela, Aude, la patronne, marche aux coups de cœur ! À noter : la possibilité de tester votre vue ou encore d'emprunter une monture pour l'essayer à la maison. Vous y trouverez également un large choix de lentilles, solaires et modèles pour enfant.

OPTIQUE

NAONED CHANTENAY

Place Jean Macé ✆ 02 28 06 60 52
https://naonedeyewear.bzh/
Ouvert du mardi au vendredi de 10h à 13h et de 15h à 19h et le samedi de 10h à 17h.

Ouverte fin 2019, voici la nouvelle boutique de Jean-Philippe Douis. Située à Chantenay, vous ne pouvez pas manquer la devanture vitrée de cet écrin dédié aux lunettes locales. Cet opticien designer expérimenté, connu pour sa boutique Lunettes etc., a créé sa propre marque Naoned Eyewear. Cet amoureux de la Nantes bretonne privilégie les circuits courts et fait ainsi fabriquer à 200 m du magasin la plupart de ses montures. Venez découvrir ses créations modernes et écologiques en acétate de cellulose aux mille et une formes et couleurs ! Laurine, jeune opticienne créateur, vous conseillera avec enthousiasme. Et pour 1 paire de lunettes achetée, on vous offrira les verres sur 1 autre monture.

OPTIQUE

OPTIQUE GOURAUD

26, rue Général-Buat ✆ 02 40 93 02 41
Ligne C1 - arrêt Chalâtres - www.gouraud.com
Du mardi au vendredi de 9h à 12h30 et de 14h à 19h ; le samedi de 9h à 12h30 et de 14h à 18h. Sur rendez-vous le midi.

Installé depuis 1978 à Nantes, Richard Gouraud, opticien passionné, vous accueille dans sa jolie boutique. Vous y trouverez pas moins de 2 500 montures, d'origine française ou européenne, qui assurent un choix original à tous les tarifs et pour tous les styles. Ainsi vous pourrez découvrir de très belles créations, pas nécessairement onéreuses, de marques françaises moins connues du grand public comme Cogan, Volte Face, Caroline Abrahm, Face à Face, Noego ou bien encore Lafont. En matière de lentilles, là encore vous aurez un éventail de choix : souples ou rigides, traditionnelles ou jetables. Un savoir-faire et une expertise que vous apprécierez sans nul doute. Allez-y les yeux fermés !

OPTIQUE

LUNETTES DE LOUISETTE

17, rue de la Pérouse ✆ 09 83 82 54 62
www.leslunettesdelouisette.fr
Ouvert du mardi au samedi de 10h à 19h. Avec ou sans rendez-vous.

L'idée de Louisette est séduisante, dans l'air du temps : valoriser le savoir-faire de l'optique lunetterie français. Elle est partie à la rencontre d'artisans lunetiers et verriers afin de proposer à sa clientèle des lunettes *made in France* à un prix le plus juste possible. Des verres origine France, un assemblage nantais : ici le local, c'est primordial ! Un choix de plus de 1 300 montures, de quoi trouver son bonheur. Après avoir travaillé uniquement sur rendez-vous, Louisette s'est installée près de la place Royale, accompagnée de son équipe de passionnées, elle vous accueille désormais dans son atelier sans rendez-vous ! Bon à savoir : possibilité de rendez-vous à domicile, pratique !

OPTIQUE

LE COLLECTIF DES LUNETIERS

12, Rue Barbara
✆ 02 40 49 14 47
Ouvert le lundi de 14h à 19h ; du mardi au samedi de 9h30 à 13h et de 14h30 à 19h.

Quel plaisir de se faire conseiller par Estelle au sein du Collectif des Lunetiers. Une boutique lumineuse, accueillante, pour le plaisir des habitants de l'est de Nantes. On profite de l'expertise d'Estelle grâce à son expérience de visagiste ! Très utile pour nous aider à choisir nos montures. Ici, on trouve des marques de lunettes à tous les prix, avec de la qualité et un grand choix de marques créateurs ! On nous conseille avec passion. Un rayon optique pour nos enfants, mais aussi les solaires, les sportives, tout y est ! Examen de vue et accueil !

FEMME

MLLE À NANTES

20, rue Contrescarpe
✆ 09 50 22 31 83
www.mlle.a.nantes.com
Ouvert du mardi au samedi de 11h à 19h.

Mlle à Nantes choisit avec soin des pépites de créateurs pour les femmes. Vêtements, chaussures, accessoires sont autant de coups de cœur singuliers, beaux et tendance que l'on découvre, guidée par les conseils délicats d'Isabelle. Parmi la sélection de qualité présentée : des ponchos et capelines en cachemire de Gênes, des robes stylées et confortables, des pièces originales d'Emin et Paul... Côté chaussures, des modèles audacieux de Chie Mihara : vintage, sobres ou originaux... Pour les accessoires, de jolis sacs en cuir italien, des sacs, des bijoux fantaisie et élégants de créateurs... Plus qu'une boutique, Melle à Nantes est un hommage à la féminité qui souffle en chaque femme !

OPTIQUE

OPTIQUE LE PROVOST

6, rue de Budapest
✆ 02 40 48 63 65
www.optiqueleprovost.com
Ouvert le lundi de 14h à 19h ; du mardi au samedi de 9h à 12h30 et de 13h30 à 19h.

© OPTIQUE LE PROVOST NANTES

© OPTIQUE LE PROVOST NANTES

Depuis 59 ans, Alain Le Provost est au service de notre santé visuelle dans un cadre moderne, lumineux, spacieux proche de la tour de Bretagne. Une boutique indépendante toujours visionnaire quelle que soit l'époque ! Il est entouré de deux autres opticiens : Quiterie et Yannick à notre service. À noter que le montage des équipements est réalisé au sein même du magasin. Pour votre confort, l'équipe a choisi de travailler avec les verres Essilor. Côté montures, on trouve Face à Face, Isabel Marant, Lindberg, Cartier, Prada, Cazal et « Bref » : une nouvelle collection eco-responsable. Sans oublier la possibilité de vous équiper sans reste à charge avec la réforme 100 % SANTÉ.

MODE

AU VIDE GRENIER NANTES

Avenue des lions - **SAINT-HERBLAIN**
✆ 02 28 26 46 83
www.auvidegrenier.fr
Ouvert du lundi au samedi de 9h30 à 19h30.

Début 2022, un vide-grenier permanent a ouvert ses portes à Saint-Herblain. Le principe est simple : on loue un ou plusieurs stands selon le temps voulu : 1 semaine, 15 jours ou 3 semaines et l'on y expose nos objets personnels. L'enseigne fournit 50 étiquettes gratuitement et les employés du vide-greniers s'occupent de la vente de nos affaires. À la fin du contrat de location, on vient récupérer ses gains avec une déduction commission de 40 % conservée par l'enseigne. Un espace sous vitrine sécurisé est disponible également pour des objets de valeurs (bijoux, téléphones, etc.). L'équipe de Quentin est à l'écoute et les conseils professionnels pour nous aider à optimiser nos ventes.

NEW FEMME

MOIRA BOUTIQUE ETHIQUE

2, rue des Deux Ponts
✆ 06 59 66 33 53
www.moiranantes.com
Ouvert du mardi au samedi de 10h30 à 13h30 et de 14h à 19h.

Parce que la mode et le prêt-à-porter ont trop longtemps marqué une empreinte carbone discutable pour la planète, la mode éco-responsable arrive enfin doucement mais sûrement à Nantes ! Caroline incarne ce renouveau avec une boutique lumineuse proposant une mode éthique pour sublimer les dames ! Des robes, tuniques, top, jeans qui allient confort, beauté et production locale et responsable. À nous les marques françaises : Parisienne et alors, Bizance et les Jeans Lila Polar délavés au laser (et non pas à l'eau !). Se rajoutent sacs, bijoux... On aime la douceur de l'accueil et les conseils de Caroline qui nous invite dans ce bel univers éco-responsable. Grande cabine d'essayage de surcroît...

DÉPÔT-VENTE

CHARLOTTE & CIE HT PAVÉS

14, Place viarme
✆ 02 72 02 80 27 - Tram ligne 3 arret viarme talensac
www.charlotteetcie.com
Ouvert du mardi au samedi de 10h à 12h30 et de 14h à 18h30.

C'est LE magasin de seconde main proposant tout l'univers pour les enfants de 0 à 12 ans ! C'est le premier magasin de Charlotte situé place Viarme. Des milliers d'articles rigoureusement sélectionnés, joliment présentés avec un réassort quotidien. Prêt-à-porter, jeux, livres et rayon puériculture : tout y est ! Des produits comme neufs à prix mini ! Charlotte nous conseille et assure des articles répondant aux normes en vigueur. Des vêtements pour futures mamans sont également proposés. Astucieux : possibilité de louer du matériel pour un usage occasionnel. La camionnette « Chacha mobil » peut nous livrer à la maison (région nantaise) : pratique ! Une adresse utile.

LAINE

PELOTE ET BERGAMOTE

43, rue Léon Jamin ✆ 09 86 33 90 45
www.pelotebergamote.com
Ouvert du mardi au samedi de 10h30 à 18h30, le mercredi de 14h à 18h30.

Derrière la devanture jaune soleil, Célia vous accueille depuis 2020 dans sa jolie boutique. Après une carrière dans l'informatique, la trentenaire a opéré une reconversion pour se lancer avec enthousiasme dans sa passion pour la laine. On aime ce lieu lumineux où le blanc met en valeur les pelotes aux splendides couleurs et ce dégradé d'écheveaux suspendus. Ici, on trouve de la laine essentiellement en fibres naturelles (shetland, mérinos, alpaga, mohair, soie, coton), des accessoires autour des arts du fil et tout le nécessaire pour le tricot et le crochet. Célia propose aussi des ateliers pour vous perfectionner comme cet atelier « point brioche » bicolore, plébiscité par la clientèle.

MAROQUINERIE

MAÏ BAEG

18, rue Saint Léonard ✆ 06 25 16 42 82
www.maibaeg.com
Ouvert du vendredi au samedi 12h-19h. Le reste du temps sur rendez-vous.

Chez Maï Baeg (prononcez My Bag), vous trouverez des sacs en cuir originaux, créés sur place, en séries limitées, à l'audace colorée et aux motifs insolents. Dans cette maroquinerie artisanale le design s'affirme par des lignes courbes et des coloris traditionnels réchauffés de pointes de couleurs. Le mariage des cuirs se fait par des jeux de textures, de graphismes et de teintes. Et c'est très réussi. Nathalie Charraudeau, la créatrice, dessine de nombreuses collections : pour homme avec la besace Célestin, un magnifique sac A4, sobre et raffiné mais toujours unique ; pour femme comme le sac rétro Julia résolument vintage ou bien également de jolis étuis à lunettes. Regardez l'e-shop !

NEW DÉPÔT-VENTE

SECONDE MANCHE

38, rue des hauts pavés
✆ 02 51 82 49 76
https://secondemanche.com/
Ouvert du mardi au samedi de 10h30 à 13h30 et de 14h30 à 19h.

Seconde Manche est une boutique aux multiples facettes. Créé par Lucie Brunet, ce lieu de partage convivial s'articule autour du réemploi, de l'upcycling et de la création artisanale et artistique. On retrouve ainsi une partie dépôt-vente de vêtements, décoration et petit mobilier qui cohabite avec les créations artisanales et artistiques de plusieurs créateurs. Ponctuellement, des ateliers pour customiser, réparer, faire soi-même ou encore upcycler sont organisés. Seconde manche, c'est aussi des résidences de créateurs et d'artisans (dans l'atelier de l'arrière-boutique) qui mettent à l'honneur leurs créations. Ce lieu incarne de belles valeurs alors on y fonce sans hésiter !

COSMÉTIQUES

L'ART DU BAIN

7, Boulevard de la Fraternité ✆ 09 73 58 45 91
www.artdubain.fr

Ouvert du mardi au samedi de 10h à 13h et de 15h à 19h. Livraison possible (offerte à partir de 65 €).

L'Art du Bain a été créé par Elsa et Youssef, duo de créateurs qui s'inspirent de voyages pour créer et façonner leur univers du bain. On visite les ruelles de Marrakech, les steppes mongoles, les parcs japonais grâce aux différentes collections : les savons Mauresques inspirés de la riche nature du Maghreb ou bien les savons Bengali au beurre de mangue de l'Inde ou les savons Sento au lait d'ânesse. L'Art du Bain propose également des vrais savons faux gels douche, des Moon Shampoings à base d'argile, des huiles pour s'hydrater après le bain, des foutas, des porte-savons. Les savons sont fabriqués en France. L'Art du Bain, c'est une belle adresse pour réinventer les rituels du bain.

COSMÉTIQUES

MA KIBELL

3, rue de la Barillerie
✆ 09 51 47 07 63
www.makibell.com/

Ouvert du mardi au samedi de 10h30 à 13h et de 14h45 à 19h.

En passant rue de la Barillerie, vous avez sûrement remarqué cette enseigne bretonne arborant ses cosmétiques naturels colorés depuis fin 2020. Tenue par Didier, la boutique Ma Kibell, autrement dit « ma baignoire » en breton, vous propose tous les produits autour de la salle de bains pour un moment bien-être : gels douche, parfums d'ambiance, shampoings, huiles de massage, sels de bain, laits corps... Leur particularité est d'être fabriqués de manière artisanale à partir de matières premières locales majoritairement bio dans l'atelier situé près de Saint-Brieuc. Nul doute que vous fondrez pour le gel douche caramel au beurre salé ou pour le lait de corps au jasmin !

COSMÉTIQUES

LULU & GUITE

11, rue de la Lionnière - **COUËRON** ✆ 06 18 46 32 43
www.luluetguite.fr/

Commande sur site internet et via le réseau de producteurs Made in Couëron. Produits disponibles dans les épiceries bio.

Lulu & Guite, la marque de cosmétiques naturels créée par Olga Lastennet, propose des savons et des cosmétiques 100 % naturels réalisés à partir d'ingrédients végétaux bio, tels que des huiles végétales vierges, des beurres bruts non raffinés, des huiles essentielles complètes et cosmétiques solides et rechargeables. Les savons sont réalisés avec la méthode de saponification à froid afin de préserver toutes les qualités des ingrédients et les huiles essentielles apportent le parfum ainsi que leurs propriétés respectives. Olga élabore des dentifrices, shampoings, baumes à lèvres, gels d'aloé vera, démaquillants, oléo-sérums solides avec des huiles végétales gélifiées et des masques visage.

COIFFEUR

LES BEAUX BAUMES

8, rue Marivaux ✆ 09 81 39 20 00
www.lesbeauxbaumes.com

Lundi 10h-18h ; du mardi au vendredi 9h-20h ; samedi 9h-17h. Rendez-vous par téléphone et sur Planity.

Passez la porte de cet espace beauté et plaisir situé à deux pas de la place Graslin et découvrez-y l'ambiance douce et feutrée. Après 20 ans de salon de coiffure, Isabelle créée en 2014 ce havre de bien-être pour femmes et hommes. Caché dans un appartement cossu, on vient ici pour se refaire une beauté et se passer un peu de baume au cœur. Et toute l'équipe est aux petits soins. Côté coiffure, seul dans une pièce cosy, petit café, massages et soins pour cheveux comme le soin Tokio. « On est là pour vous chouchouter ! ». Laissez-vous enivrer par l'odeur délicate des produits Davines, Olaplex et Tokio, dans le respect du cheveu et de l'environnement. Et profitez de ce moment, rien qu'à vous.

COIFFURE

L'EXCUSE SALON COIFFURE

6, rue Léon Maître
✆ 02 28 08 17 08

Ouvert du mardi au vendredi de 10h à 20h et le samedi de 10h à 17h.

En face du carré Feydeau, un joli pas de porte a pointé son nez en 2019 sous les immeubles penchés. L'Excuse est avant tout un salon de coiffure. Le lieu baigne dans une lumière chaleureuse parmi les objets d'art et d'artisanat. Dans ce cabinet de curiosités, véritable galerie d'art, Mathieu se plaît à réunir ses passions, « l'art, la création et le contact humain ». Vous pouvez confier votre chevelure sans crainte à ses mains expertes. Et comme il n'y a pas d'excuse pour s'engager : le salon s'associe aux Coiffeurs Justes, pour le recyclage des cheveux. Car le saviez-vous ? En très bons absorbants naturels d'hydrocarbures, vos cheveux ont un rôle incomparable dans le nettoyage des océans !

NEW

COIFFURE

PAGAILLE

8, Rue Voltaire
✆ 06 46 35 00 03

De 10h à 19h les mardi, jeudi et vendredi, de 10h à 18h le mercredi et de 10h à 17h30 le samedi

Vous ne savez pas où emmener votre enfant se faire coiffer ? Pagaille est le lieu idoine pour l'accueil des familles. Lise et Bastien ont ouvert leur salon de coiffeur pour enfants à Nantes. La bonne idée ! La carte de ce coffee-shop coiffeur a de quoi vous faire patienter. Thé, café, de bons cookies, de jolis marbrés choco, des madeleines... Pagaille travaille avec Marie, pâtissière adepte des circuits courts et produits locaux, Main noire ou encore Théine, maison de thé bio nantaise. Et pour les produits agrocosmétiques, les partenaires sont là encore engagés comme la marque Oway. Des jeux, coloriages et livres sont à disposition des enfants. Le lieu assure la détente et les rencontres !

COSMÉTIQUES

MUZZÜ

5, rue de Budapest ✆ 09 81 23 26 90

https://www.muzzu.fr

Ouvert le lun 14h-19h ; mar au sam 10h-19h. Flacons consignés : 2,50 €.

Depuis 2020, cette enseigne se dédie au vrac de liquides cosmétiques et ménagers, naturels ou bio, majoritairement made in France. Derrière cette idée lumineuse, Lucile et Lisa, deux jeunes Vendéennes, sensibilisées à l'environnement qui ont décidé de se lancer dans ce projet commun de retour aux racines, ou *muzzü* dans une langue africaine. Dans cet espace clair et bien agencé, on trouve des produits cosmétiques pour le corps et les cheveux (savon, shampooing, après-shampooing, hydrolat, huile végétale) ainsi que des produits d'entretien (lessive, liquide vaisselle, nettoyant vitres, sol, etc.). Vous pouvez apporter vos contenants ou bien des flacons en verre consignés vous seront proposés.

PIERCING - TATOUAGE

LE PIMENT TATTOO SHOP

27, rue Châteaubriand

Ouvert du mardi au samedi de 10h à 12h. Prendre rendez-vous par mail.

Ce salon de tatouage à la devanture pourpre recèle de véritables trésors. Vous trouverez une équipe de tatoueuses et tatoueurs talentueux, aux styles affirmés qui n'appartiennent qu'à eux ! Kristel, Rou Bignol, Tronchmoute, Leny Lo, Tancarville et Joe Tonté. Certains travaillent dans le milieu de l'illustration, vous proposant ainsi des pièces uniques ! Enthousiastes, c'est avec plaisir que vous pourrez échanger avec eux sur votre projet. La bienveillance est de mise, le choix des encres réfléchi, et n'importe quel membre du tattoo shop prendra du temps pour vous, vous offrant ainsi un moment à part, une vraie bulle hors de l'espace-temps. Un vrai plaisir que de se faire tatouer !

NEW

PARFUMERIE

FRAGRANCE PASSION NANTES

10, rue des trois croissants ✆ 06 22 60 35 69

https://www.fragrancepassion.fr/

Ouvert du lundi au samedi de 11h à 19h.

Cette enseigne est une alternative à la parfumerie de masse avec des parfums d'auteurs où l'artisanat, la créativité et les matières premières de qualité sont au cœur de la conception. N'hésitez pas à passer le pas afin de découvrir une sélection de créateurs d'exception aux essences distinguées et atypiques. Cette parfumerie nous invite à monter en gamme et trouver des parfums qui nous correspondent. On retrouve notamment à la vente des auteurs tels que Tom Ford, Parfums de Marly ou encore Sora Dora, la marque de Quentin Dorado, le fondateur. Marque proposant un joli clin d'œil à l'un des membres de son équipe et source d'inspiration : Kamel Oud. Un joli voyage olfactif en perspective !

PIERCING - TATOUAGE

LA ROSE À GEORGETTE

66, Rue du Maréchal Joffre

✆ 07 80 96 49 11

https://laroseageorgette.fr/

Ouvert du mardi au samedi de 11h à 19h

Dans leur studio-shop de la rue Joffre, La Rose à Georgette, c'est un salon de tatouage unique. On vient ici pour se faire dessiner des tatouages éphémères A l'encre naturelle de jagua, un fruit tropical d'Amazonie, pour un résultat naturel, durant 10 jours à 2 semaines, sans allergie. On choisit nos motifs personnalisés et l'encre revêt sur la peau de belles couleurs marines. Officient Laure Delcourt et Nicolas Gremaud, 2 associés illustrateurs et graphistes. Nicolas excelle aussi dans les tatouages permanents. Le côté éphémère peut faire office de test ! Le bar à tattoos mobile, est LA super idée pour de événementiel. Des super tatous qui nous embellissent, selon notre humeur.

PARFUMERIE

PASSAGE 31

Passage Pommeraye

✆ 02 40 20 58 59

https://passage31.com/

Ouvert du mardi au samedi de 10h30 à 19h.

Au cœur du passage Pommeraye se niche ce lieu où les amoureux de parfums rares dénichent des fragrances d'exception. La sélection des marques est mûrement réfléchie par Anne-Marie et Claire, qui vous accueillent avec la plus grande attention. Les bougies Diptyques ou encore Trudon, Manufacture royale créée au XVIIe siècle, côtoient les produits exceptionnels de Santa Maria Novella. De vrais trésors ! Que dire en effet de marques aussi prestigieuses que Frédéric Malle, Annick Goutal, Acqua di Parma, Comme des Garçons... Passage 31, c'est aussi une bijouterie pas comme les autres, des accessoires de mode, de la maroquinerie, sans oublier l'art de la table et la céramique Astier de Villatte.

MASSAGE - RELAXATION

MOON INSTITUT DE BEAUTE

16, rue du Pitre Chevalier ✆ 02 40 29 07 07

Bus C6 ou tram ligne 2 - www.moon-nantes.fr

Du mardi au samedi de 10h à 19h. Soins corps et massages de 40 € à 140 €. Soins visage de 20 € à 129 €. Sur RV. Mixte.

L'institut de bien-être Moon vous convie à une expérience immersive dédiée à la relaxation et au ressourcement. Imaginé par la talentueuse professionnelle Justine, ce havre accueillant propose une gamme variée de soins corporels et faciaux, ainsi que des rituels empreints d'évasion à travers le globe : massage suédois, californien, Lomi-Lomi... À vivre en solitaire ou en duo grâce à la cabine dédiée. L'éventail de prestations inclut également des épilations, pour une beauté naturelle préservée, avec les marques sélectionnées Sentéales et Origine Spa. Chez Moon, la promesse d'une expérience hors du commun demeure, invitant chacun et chacune à se perdre dans les étoiles !

© CABINET CLAUDIA COIFFURE

© CABINET CLAUDIA COIFFURE 2

COIFFURE

LE CABINET DE CLAUDIA

53, rue du Maréchal Joffre ✆ 06 80 10 38 90

Du lundi au samedi sur RV. Coupe femme dès 35 €. A domicile sur demande et sur RV (1 à 2 semaines à l'avance)

Venir se faire coiffer chez Claudia, c'est un vrai moment de partage, de lâcher-prise. Dans ce salon peu conventionnel, Claudia met les gens à leur aise, épaulé d'un bouddha veillant sur nous. Après diagnostic de notre chevelure, échanges d'idées, notre coiffeuse s'affaire à nous rendre belles avec des techniques et gestes précis et le fruit d'une expertise de maître artisan. Elle aime son métier, cela se sent ! Avec un humanisme communicant. Une sincère écoute, des sourires et de la zen attitude ! Ici on pratique des tarifs raisonnables ! De plus, Claudia maîtrise les coiffures créations (cérémonie, mariage). On aime toujours autant être coiffée dans l'intimité de ce « petit » salon nantais.

© PATRICK ALBERA PHOTOGRAPHIE NANTES

BIJOUX - HORLOGERIE

ATELIER DEVERSON BIJOUX

19, rue des Hauts-pavés ✆ 06 43 50 17 04
www.atelierdeverson.com
Le mardi, le jeudi et le vendredi de 10h à 19h ; le samedi de 10h à 19h.

Le désir de créer des bijoux au sein de son atelier boutique, afin de partager son savoir-faire est ce qui anime le travail de Virginie Deverson. Notre artisan allie force et finesse, technique, créativité, délicatesse et sensualité. Maniant triboulet et chalumeau, tel un peintre son pinceau, elle crée devant nous bagues, bracelets, colliers et boucles d'oreilles où se mêlent l'or, l'argent, le bronze, l'ébène, la nacre et les pierres précieuses, semi-précieuses comme les tourmalines. Ses bijoux à l'esthétique réussie indiquent une technique maîtrisée et délicate. Virginie fait aussi du sur-mesure et crée selon vos projets ou vos idées. Ainsi on s'offre un bout de son âme dans un bijou !

SITE DE DÉCOUVERTE

COUTELLERIE NANTAISE

ORVAULT
Sur RV à l'atelier.

Thomas Bourdon, jeune Nantais passionné de couteaux, revient dans sa ville d'origine après une formation entre Thiers et Laguiole, villes de coutellerie par excellence. Il a à cœur de vous proposer des lames sur mesure et de qualité. Ces beaux objets d'artisanat sont garantis à vie, tout comme leur entretien ! En plus de la création de pièces de coutellerie artisanales, Thomas assure l'affûtage et la maintenance de tous types de couteaux, ainsi que la restauration de pièces anciennes. Du Made In Nantes ! Mais le jeune coutelier ne veut pas s'arrêter là, car de belles idées, il en a plein, comme ouvrir un atelier-boutique à Nantes, avec pour ambition de transmettre sa passion. On a hâte !

NEW

BIJOUX - HORLOGERIE

ATELIER STONETO

6, rue de la Marine - **PORNIC**
✆ 07 54 36 37 28
https://www.atelier-stoneto.com/
Catalogue en ligne. Possibilité sur-mesure.

Animée par la passion et la volonté de sensibiliser sur les modes de consommation du bijou, Ilana Vasseur a façonné son Atelier Stoneto à son image. Cette joaillerie raisonnée propose des pièces réalisées à partir d'or recyclé et de pierres éthiques, et cela n'affecte en rien la qualité des produits ! Au contraire, de par leurs provenances et les démarches respectueuses dans lesquelles ils s'inscrivent, ces bijoux n'en sont que plus précieux ! Ilana propose des pièces sur sa boutique en ligne, et répond aussi à la demande de création sur mesure. Il est possible de découvrir sa collection sur Internet et dans la boutique de Pornic. Un savoir-faire et un engagement en or !

BIJOUTERIE

GRIFFON JOAILLIERS

8, rue du Roi Albert ✆ 02 40 47 84 87
www.bijouteriegriffon.com
Lundi 14h-18h ; du mardi au jeudi 8h-12h et 14h-18h. Vendredi 8h-12h et 14h-17h. Samedi matin sur rendez-vous.

Depuis quatre générations, la famille Griffon est liée à la création joaillière. Depuis 2012, Raphaël a repris le flambeau transmis par Christian Griffon, son père. La passion et le savoir-faire soufflent dans cet atelier qui a vu son équipe s'étoffer. Spécialiste de la création, du sertissage, de la transformation et de la réparation de bijoux neufs ou anciens, la bijouterie Griffon sublime les matières qu'elle travaille à l'aide de méthodes ancestrales et de technologies de pointe. Les spécialités originales de l'atelier sont la taille de pierres, le travail du platine et la fonte à cire perdue. La Bijouterie Griffon c'est également des bijoux d'exception à la vente : bagues, parures...

BIJOUTERIE

BIJOUTERIE BOUCHET

9, rue Paul-Bellamy
✆ 02 40 35 41 69
https://bijouteriebouchet.fr/
Ouvert du mardi au samedi de 9h30 à 18h.

Fille et petite-fille de bijoutiers présents depuis plus de 60 ans à Nantes, Amandine Bouchet propose des beaux bijoux d'un style classique et vintage. La bijouterie est spécialisée dans la vente et la réparation de bijoux anciens et contemporains d'occasion. La jeune femme et son équipe de professionnels réparent et créent de réelles merveilles à l'image de la parure en or, rubis et émeraudes, ou de la bague en platine sertie de diamants autour d'un saphir ou encore ce très joli bracelet en or jaune 18 carats gravé et repercé à la main... Elle propose également la fabrication de bijoux. La boutique propose aussi un service de dépôt-vente. Le lieu idéal pour trouver la perle précieuse !

BIJOUX - HORLOGERIE

FABRICE LÉTANG JOAILLIER

23, rue de Verdun
✆ 02 40 47 14 50
Ouvert du mardi au samedi de 10h à 12h30 et de 14h30 à 19h.

Dans cette charmante boutique du centre historique de Nantes, travaille discrètement Fabrice Létang. Un créateur et une entreprise familiale de mère en fils. Fabrice, artisan bijoutier, défend avec passion ce métier ancestral, qui nécessite talent et précision d'orfèvre. Il fabrique des bijoux sur mesure, travaillant matières nobles, métaux précieux et belles pierres. Selon vos besoins, Fabrice peut réaliser une alliance, un tour de cou, un cadeau pour la fête des Mères, Noël ou autre occasion de faire plaisir. Il propose également de transformer vos bijoux pour en faire de nouveaux. Il crée des bijoux précieux traditionnels mais aussi des plus fantaisie. Envie d'un conseil, allez le voir !

BIJOUX - HORLOGERIE

MAGGY HOLY GEMS BIJOUX

7, rue Copernic
✆ 06 79 85 82 68
https://shinsae.sumup.link/
Ouvert du mardi au vendredi 12h à 19h le samedi 11h-19h

Passé la porte du numéro 7 de la rue Copernic, les planètes s'alignent. Ici, tout est aménagé dans l'art du Feng Shui et la boutique est tout en beauté. De retour du Sri Lanka où elle travaille avec des familles de négociants, des artisans locaux, Magali consacre des jours entiers à sélectionner les pierres que vous porterez. A la recherche de la qualité et du coup de cœur, l'énergie et le pouvoir des pierres lui parlent et la fascinent. Cristal de roche, labradorite, mais aussi des pierres plus rares comme opale, quartz rose et rubis étoilé, pyrite dodécaèdre...De la pierre brute au bijou délicat, c'est un véritable voyage sensoriel que de choisir la lithothérapie en entrant ici.

BIJOUX - HORLOGERIE

MAUPAS SEHIKYAN JOAILLER

36, rue du Général de Gaulle - **SAINT-SÉBASTIEN-SUR-LOIRE**
✆ 06 99 45 39 74 - www.maupas-sehikyan.com
Du mardi au vendredi de 10h30 à 12h30 et de 14h à 18h ; le samedi de 9h30 à 12h30. Et sur rendez-vous.

Ce joaillier du sud de Nantes répare tous vos bijoux en or, en platine ou en argent avec un savoir-faire traditionnel. Olivier a été formé à la création et à la réparation de bijoux par son père. Il est diplômé de la Haute École de Joaillerie de la rue du Louvre à Paris. Il a notamment exercé place Vendôme. Il conseille sur le design et la matière et propose des bijoux personnalisés ou qui peuvent être gravés. Grâce à des compétences spécifiques de création en métaux précieux : soudure, découpe, polissage et façonnage. Des modèles complexes et élégants sur mesure. Il fait également revivre vos bijoux anciens en les transformant. Dans cette bijouterie, tout n'est que luxe, calme et volupté !

BIJOUTERIE

ORIKAL JOAILLIERIE

3, rue Mercoeur ✆ 02 53 97 32 27
https://annor.business.site/
Ouvert le lundi de 14h à 18h ; du mercredi au vendredi de 9h30 à 12h30 et de 14h à 18h ; le samedi de 10h30 à 18h

Depuis plus de 20 ans, Eric, artisan bijoutier joailler, est reconnu pour son expertise et sa créativité. Il vient de déménager sa boutique rue Mercœur, face à la Tour de Bretagne. Annor devient Orikal avec le duo de choc, composé d'Eric et de désormais Suzanne Reinach qui l'a rejoint. Les deux amis nous reçoivent dans leur écrin ! Pour toujours plus de créations avec des bijoux personnalisés selon nos envies. Aussi les réparations ! Des bijoux de créateurs pour le plaisir d'offrir en passant par des bijoux d'exception avec des pierres précieuses et joaillerie. Des bijoux « libres » qui incarnent notre personnalité. Les conseils sont professionnels. De beau travail.

BIJOUX - HORLOGERIE

BIJOUX POIRON JOAILLIER

77, boulevard Victor Hugo ✆ 02 40 48 60 26
TRAM 2 et 3 / Ligne de bus 52 et 42 - arrêt Mangin
www.lecreusetdelacreation.com
Ouvert du mardi au samedi de 10h à 12h30 et de 14h à 18h30. (Le samedi sur rendez-vous).

© BERANGER POIRON JOAILLIER CRÉATEUR

© BERANGER POIRON JOAILLIER CRÉATEUR

Découvrez la bijouterie de Béranger Poiron, un atelier de création aux méthodes anciennes. Création, réparation et transformation de bijoux. Ce maître artisan travaille avec passion sur son établi, on peut d'ailleurs le voir à l'œuvre à l'entrée de la boutique. Ici, il crée vos bijoux pour obtenir des pièces uniques. Parmi ses créations : une collection de bijoux templiers à l'esthétique médiévale se démarque. Il réalise aussi des commandes spéciales, comme la couronne de Louis le Pieux, fils de Charlemagne. Il vise à démocratiser la profession, montrant que l'art de la bijouterie n'est pas réservé à une élite. Il propose des stages et est formateur à l'école de bijouterie de Pouzauges.

FANTAISIE

BYBLOS

15, passage Pommeraye
✆ 02 40 73 99 78
Lundi de 14h30 à 18h, mardi à samedi de 10h à 19h.

Située dans le passage Pommeraye, Byblos permet de faire un tour du monde des bijoux sans bouger. Des créations sélectionnées avec passion et soin. Vous pourrez ainsi y découvrir des bijoux en or ou en argent, voire en bronze, ornés de pierres incroyables, de toutes les formes et toutes les couleurs, mais aussi de diamants ou de perles de culture de Tahiti. On aime les créations Harpo, de belles turquoises amérindiennes, des créations françaises minimalistes ou encore les bijoux UNO de 50, créations espagnoles en étain plaqué argent alliant métal et cuir. Ici, c'est aussi le temple du verre soufflé, des lampes et des objets de déco. L'embarras du choix et l'accueil est très agréable !

CADEAUX

CHÈQUE CADEAU NANTES

16, quai Ernest Renaud
✆ 02 40 44 62 43
www.pleincentre.net
Chèque cadeau d'une valeur de 10 €.

Un anniversaire à fêter, une invitation chez des amis, une récompense pour vos équipes ? Pour être sûr de LA bonne idée-cadeau, la solution est toute trouvée : offrez le centre-ville de Nantes ! Le Chèque Cadeau Centre-Ville de Nantes permet d'offrir le montant que l'on souhaite sous forme d'une pochette cadeau valable 1 an. Il peut être dépensé dans plus de 300 commerces du centre-ville de Nantes ! Dans la liste : bars, restaurants, salons de beauté et de coiffure, boutiques de prêt-à-porter, de bijoux, de décoration, loisirs, librairies, théâtre... Pour acheter vos Chèques Cadeaux, c'est simple : rendez-vous dans l'un des sept points de vente indiqués sur le site ou directement en ligne.

NEW

FUMEURS

LA CIVETTE DU PALAIS

1, Rue Alphonse Gautte, ✆ 02 40 20 02 42
https://www.lacivettedupalais.com
Ouvert du lundi au jeudi de 8h30 à 19h30 ; le vendredi de 8h30 à 20h ; le samedi de 9h à 20h.

La Civette du Palais n'est pas un tabac ordinaire. Yves Pihan, passionné de cigares, n'est pas derrière un comptoir. Du cigarillos aux plus gros formats, des moins connus aux plus classiques, il propose plus de 300 références. Cave à cigares, étuis, cendriers, briquets, pipes, cigarettes électroniques, vous trouverez de nombreux produits. Sur ses conseils avisés, faites votre choix parmi la sélection de whiskys (français, japonais, irlandais…), rhums (agricoles et de mélasse), mais aussi de bons armagnacs, gins, champagnes et vins. On trouve aussi des produits « concept store » (bougies). Une belle adresse pour des idées de cadeaux sur le thème du cigare ou pour trouver d'excellents spiritueux.h

CRÉATEUR

LE FLAMANT BLEU

1, rue du Château
✆ 02 53 97 18 38
www.leflamantbleuboutique.com
Ouvert du mardi au samedi de 11h à 19h.

Niché en face du château des Ducs, le Flamant Bleu est une petite boutique discrète qui recèle de multiples trésors ! Pour faire un cadeau, ou bien pour se faire plaisir, le plus difficile sera de choisir parmi la sélection d'objets, bijoux, textiles et autres créations que propose la boutique. Vous pourrez également trouver ici des articles pour bébé, des éléments déco. Eloïse et Floriane accueillent ici une trentaine de créateurs locaux ! Vous pourrez même trouver leurs propres créations à travers les marques La Fabrik d'Elo et La Rêverie de Flo. Une véritable petite caverne dans laquelle chacun pourra trouver son bonheur à un prix accessible, en soutenant la filière locale : on aime !

PAPETERIE / CARTERIE

QUO VADIS

14, rue du Nouveau-Bêle - **CARQUEFOU**
✆ 02 40 30 15 19
https://quovadis1954.com
Ouvert du lundi au vendredi de 9h à 17h.

Les agendas Quo Vadis sont présents dans les cartables comme dans les serviettes en France et dans les autres pays européens. A destination du grand public ou pour les « cadeaux d'affaires », la marque se distingue par sa créativité et sa qualité de fabrication. Elle a obtenu la labellisation Origine France garantie pour ses agendas en 2013. Quo Vadis lança le premier organiseur et les premiers agendas et articles de maroquinerie « fantaisie » pour la rentrée des classes. En 1999, il rejoint le groupe papetier Exacompta-Clairefontaine. Les produits ? Agendas, calendriers, organiseurs, répertoires, trousses et bagagerie. Quo Vadis emploie plus de 250 personnes sur son site de Carquefou.

CADEAUX

SOUS LES TOITS

277 bis, route de Vannes - **SAINT-HERBLAIN** ✆ 02 40 63 50 58
www.souslestoits.com
Ouvert du lundi au vendredi de 10h à 13h et de 14h à 19h ; le samedi de 10h à 19h.

Sous les toits, c'est un magasin de l'agglomération nantaise dans l'univers de la maison et de la décoration. Ici on a affaire à des passionnés de déco qui travaillent sérieusement sans se prendre au sérieux... On trouve dans cette belle boutique des créateurs nantais, mais aussi des marques de décoration internationales. Jérémie et son équipe sont constamment à la recherche d'objets : art de la table, déco, linge de maison, parfums d'intérieur...Tout est là pour que nous puissions choyer notre maison ! C'est également un concept store : tee-shirts, montres, lunettes, feront aussi votre bonheur ! Actualité à suivre sur les réseaux sociaux. Alors, on refait notre nid sous les toits ?

CADEAUX

MADEMOISELLE FRANCE

20, rue de la Contrescarpe ✆ 06 61 63 43 08
https://mademoiselle-france.fr
Ouvert le lundi 14h30 à 18h30 et du mardi au samedi de 11h à 19h.

Mademoiselle France est totalement dédiée au bon goût. Élisabeth dont la devise est « transparence, authenticité et qualité » propose de très jolis produits *made in France*. Et il y en a pour toutes les envies et tous les budgets ! Pour vous, mesdames : des boucles d'oreilles, gels, sérums et autres crèmes pour le visage. Pour ces messieurs : des chaussettes dépareillées, des maniques et tabliers pour les chefs… Pour les petits : de jolis bavoirs, des chaussons souples… Mais aussi des puzzles illustrants Nantes, des souvenirs...Et d'autres idées cadeaux pour la déco de la maison, la papeterie, les gourmandises. De belles idées à des prix tout à fait accessibles, 100 % artisanaux et français !

VISITE GUIDÉE

SUTANPU

www.sutanpu.com
Horaires d'ouverture des points de tamponnage à retrouver sur le site Internet.

Sutanpu, prononcé « Sou - Tan - Peu » est un mot japonais dérivé du mot anglais *stamp*. Timbre ou tampons. Souvenir de voyage ou collection personnelle, il est désormais possible de partir à la recherche de ces tampons à l'effigie des lieux emblématiques nantais. (Re) découvrez donc Nantes à la recherche de ces délicats imprimés qui vous invite en plein cœur de la ville. La tour LU, le château, la Grue Jaune ou les anneaux... Ces Sutanpu sont proposés dans des points d'accueil (musée, boutiques, etc.). Une jolie façon de créer du lien entre visiteurs et hôtes locaux ! À noter qu'il est également possible de réaliser cette collection en version numérique à partir d'une application mobile.

SOUVENIRS

LA TRINITAINE NANTES

4, place Saint-Pierre
✆ 02 40 20 33 36 - Face à la cathédrale de Nantes
Ouvert du lundi au samedi de 10h à 19h ; le dimanche de 15h à 19h30.

Cette boutique est le paradis des gourmands et des amoureux de la Bretagne. On y trouve une large variété de spécialités bretonnes, dans de belles boîtes colorées peintes signées B. Morinay. À nous les galettes bretonnes, kouign-amann, sablés, madeleines, confiseries, berlingots nantais, crème de salidou, coucougnettes (amandes grillées) niniches (sucettes). Côté salé, vous trouverez un large choix de conserves et préparations (thon, sardines) mais aussi des soupes de poissons, produits de la Belle Îloise ou du sel de Guérande, des chips au sarrasin, Crousti Breizh. Goûtez aux cookies au sarrasin, Trinibeurre à la vanille, framboise, chocolat ! Et pleins d'idées cadeaux (bols, mugs bretons !)

BIJOUX - HORLOGERIE

NEW

CHYPETTE SISTER NANTES

6, rue des chapeliers ✆ 06 77 42 41 93 - Autres adresses : 3 place du Pilori – Nantes ; 116 et 142 avenue du Général de Gaulle – La Baule
2 adresses à Nantes : 6 rue des Chapeliers et 3 place du Pilori. 142 avenue du Général de Gaulle à La Baule

© CHYPETTE BOUTIQUE NANTES

© CHYPETTE BOUTIQUE NANTES

Les boutiques Chypette, ce sont 4 boutiques à Nantes et sur la côte. Celle de la rue des Chapeliers, la 2e boutique place du Pilori proche des galeries. Et nouveauté, 2 autres boutiques la Baule en 2023 ! Tel un concept store, vous trouverez Kévin épaulé par Benjamin et sa très souriante équipe pour nous faire beaux et belles. On trouve des bijoux de créatrices, des bijoux fantaisie et de l'ancien. Boucles d'oreilles originales, chaînes de corps, bracelets et autres plaisirs du quotidien avec des vêtements colorés, de nombreux accessoires et de la déco sympa. Les boucles d'oreilles à clips en acétate de cellulose : une matière noble obtenue à partir d'extrait de fleur de coton...

SPA

AQUATONIC NANTES

5, place Aristide Briand ✆ 02 40 41 89 89
www.aquatonic.fr/nantes/
Lundi à vendredi 8h30-21h, samedi 9h-20h, dimanche 10h-19h. Soin corps/visage dès 52 €. Parcours Aquatonic dès 32 €.

C'est dans le Carré Lafayette que l'on vient profiter d'un moment bien-être et remise en forme. 3 étages pour 3 univers, 17 sports, 100 cours par semaine. L'espace Aqua offre un parcours Aquatonic de 250 m² à travers un labyrinthe aquatique (bains à remous ou bouillonnants, transats immergés...), dans une eau de 31 à 34 °C, avec un hammam, un sauna, une fontaine à glace, et une piscine (10 x 15 m), dédiée à des cours que l'on choisit en fonction de ses besoins et de ses goûts. Le Spa permet de profiter de soins réalisés avec les produits Thermes Marins, et ensuite de la terrasse ensoleillée. L'espace Fitness propose de nombreux cours ainsi qu'une salle de musculation et de cardio-training.

SPA

NEW Ô DIVIN SPA BAIN À BIÈRE

1, Place du beau verger - **VERTOU**
✆ 02 40 06 28 90 - www.odivinspa.fr
A partir de 35 € par pers. 50 € bains partagés. En journée, soirée. Horaires sur site web. Selon formules de 50 à 70 €.

© Ô DIVIN SPA

Sublimes sensations que ces bains dans des baignoires en bois de chêne (comme les fûts de bière) avec une eau chaude à 38° aux douces effluves d'odeurs de bière ! Ouvert depuis un an, Olivier et Chrystelle ont découvert ce concept unique lors d'un voyage… Inspirés par l'envie de partager du bien-être, ils proposent un moment de détente pour 1h ou 1h30 dans des bains où l'on immerge des ingrédients naturels antioxydants et purifiants que sont le malt, la levure de bière et le houblon. Élimination des toxines garantie ! On peut venir seul, à deux, à quatre. Pour tous les curieux. Des bons cadeaux sont à offrir… Le service bar (bières locales, soft) est top pour buller avec son verre.

SPA

CALICÉO NANTES

14, route du Vigneau - **SAINT-HERBLAIN** ✆ 08 26 30 36 44
Tram : ligne 1, arrêt Benoît Frachon. En voiture, direction Atlantis, porte 31 ou 32. Direction Le Vigneau. - www.caliceo.com/nantes/
Ouvert tous les jours et les jours fériés 10h à 21h. Spa : lundi à samedi 10h à 20h, dimanche et jours fériés 10h à 18h.

Ce vaste « temple de l'eau » de 4 000 m² mérite le détour si vous souhaitez vous relaxer et prendre soin de vous. C'est à la fois un centre de remise en forme aquatique et un espace zen... avec une eau à 37°, des jets massants, des courants, des bains bouillonnants et des geysers. Notre coup de cœur sans conteste : le bassin extérieur où l'on peut savourer un bain de soleil et un massage des reins par des jets idéalement situés ! Entre deux baignades, faites donc un stop dans les saunas ou les hammams fleurant les huiles essentielles. Le centre propose aussi des cours d'aquagym, d'aquabike et d'aquatraining ainsi qu'un spa avec un éventail de soins du visage et du corps. Une idée cadeau !

FORME

Ô35 NANTES

35, rue Saint-Léonard ✆ 02 40 35 39 22
www.o35.fr
Séance d'essai : 11 €. Inscription aux cours impérative. Ouvert 7j/7, consulter le planning des cours.

Chez Ô35, on pratique la fameuse aquagym (soutenue ou douce, idéale pour une reprise ou un maintien d'activité) à raison de 9 personnes par cours maximum. Pourquoi ne pas essayer l'aquabike (jusqu'à 15 personnes) ou l'aquaboxing, ou bien le circuit cardio, l'aquafitness ou encore l'aqua Pilates... Les bébés nageurs ainsi que les enfants dès 3 ans sont les bienvenus pour des cours de natation pendant l'année et des stages durant les vacances. Des séances sont aussi prévues pour réconcilier les aquaphobes avec l'eau. Dans les 200 m² dédiés aux sports immergés, rien à dire, on en redemande ! Les cabines nombreuses bénéficient pour certaines d'une douche individuelle. A tester impérativement !

SPA

QUINTESSIA SPA

24, chemin des Marais du Cens - **ORVAULT** ✆ 02 40 76 06 22
www.quintessia.fr
Ouvert du lundi au samedi de 10h à 20h ; le dimanche de 10h à 19h. 7j/7, toute l'année. Sur réservation.

Dans ce joli spa de 600 m², tout a été revisité et repensé pour votre bien-être. On se laisse tenter par un circuit Détente, de jour ou de nuit (tous les 1ers vendredis de chaque mois) qui vous permettra de passer par le hammam, sauna, les massages du bain bouillonnant ou le bassin à jets. Rituels de massage, notamment celui aux pierres chaudes (un pur moment d'oubli et d'abandon), sans oublier le Quinté « Cens », les massages du monde, bien naître (pour femmes enceintes) et Cocoon sur une partie ciblée (dos, mains et pieds, visage, cuir chevelu, ventre…). Le spa dispose d'un institut de soins avec des prestations classiques (soins du visage, corps). Et un espace tisanerie et une douceur.

© NEODEN ESPACE DE FLOTTAISON NANTES

© NEODEN ESPACE DE FLOTTAISON NANTES

NEODEN ESPACE FLOTTAISON

20, boulevard de Berlin - 44000 Nantes (France)
Quartier gare Sud ✆ 02 28 49 29 37
www.neoden.fr - bienvenue@neoden.fr

Ouvert du lundi au samedi de 9h à 21h ; le dimanche de 10h à 19h. 1 h de flottaison : 60 euros, Abonnement possible.

Depuis 2021, on ne cesse d'aimer ce lieu unique en son genre, pour notre bien être ! Toujours accueillis avec un grand professionnalisme par Sandrine ! On vient ici pour flotter littéralement ! Au sein d'un Neopod, l'eau contient 550 kg de sel d'Epsom, permettant à notre corps de flotter sans effort. On ressent une véritable sensation d'apesanteur et de lâcher prise. Venir chez Neoden, c'est une expérience inoubliable. Grâce à la flottaison en isolation sensorielle ! 1 heure de voyage en apesanteur aquatique pour soi ! Cette technologie répond à toutes les garanties de sécurité, environnementale, hygiénique. Recommandé aussi pour les futures mamans ! Des sessions entreprises sont disponibles.

© NEODEN ESPACE DE FLOTTAISON NANTES

© NEODEN NANTES

© TIPHAINE MICHENEAU PHOTOS NANTES

FORME

ARTLIGNE FITNESS

ZAC du Moulin Boisseau, 1 Rue Suzanne Lenglen - **CARQUEFOU**
✆ 02 52 59 05 00 - www.artligne-carquefou.fr

Ouvert du lundi au vendredi de 9h à 21h30 ; le samedi de 9h à 18h ; le dimanche de 9h à 13h.

Artligne propose toute une panoplie de cours collectifs pour prendre soin de notre santé. Ce club nous reçoit ainsi dans une ambiance chic et cosy. D'ailleurs, l'artiste nantais Eno Krüger a eu carte blanche pour réaliser d'immenses fresques colorées. Côté sport, il y en a pour tous les goûts. Un espace aquatique, des salles de fitness, de remise en forme ou de sports de combat, il n'y a qu'à choisir. Les coachs sont à notre écoute pour nous accompagner, quel que soit notre niveau. Plus de 100 cours par semaine ont été réfléchis et programmés pour répondre à nos attentes. Après l'effort, le réconfort : un espace lounge pour que nous puissions nous détendre après notre séance.

NEW

BEAUTÉ

INSTITUT IC PARIS

13, rue Jean Jacques Rousseau ✆ 06 29 84 02 94
https://www.ic-paris.com/

Ouvert du mar au sam de 10h à 19h. Sur RV. Vente cosmétiques IC Paris. Diagnostic de peau et soins offerts

Sonia, fondatrice d'Ichalalen cosmétiques, nous accueille chaleureusement dans cet élégant institut de beauté. Sa spécialité ? Les problèmes de peau. Depuis 2010, elle travaille avec des laborantins, des herboristes, des naturopathes et des aromathérapeutes. Ses produits sont concentrés en actifs végétaux, faits à base d'ingrédients naturels, bio, fabriqués à la main en France et frais. Ils aident notamment des patients atteints de cancers ou d'autres maladies à soigner leur peau. Offrez-vous un diagnostic suivi d'un soin du visage afin de vérifier par vous-même de l'efficacité de ces produits. Tout un suivi est mis en place afin de s'assurer que la routine s'adapte à votre peau unique !

NEW

PIERCING - TATOUAGE

ART CLEAN INK

332, route de sainte luce
✆ 06 44 04 22 58

Ouvert le lundi de 14h à 18h30 ; du mardi au samedi de 10h30 à 18h30. Flashs à partir de 60 €. Projet sur devis.

Après avoir tatoué du côté de Paris ou La Réunion, Yann a ouvert son salon de tatouage il y a 9 ans. Ce passionné s'adapte à tous les styles (maori, floral, japonais...) et a le sens de la composition et du trait. Ce qu'il aime particulièrement, c'est le contact humain. Il prend plaisir à découvrir nos projets et n'hésite pas à prendre son temps pour nous proposer une agréable expérience. Il suffit de se mettre d'accord avec lui en termes de projet, taille, prix... Puis, laisser la magie opérer. Les normes d'hygiène sont respectées. Et si l'inspiration vous manque, des flashs sont disponibles dans sa boutique. On y trouve aussi des produits de soin ainsi que des toiles qu'il a pu réaliser.

NEW

DÉTENTE - FORME

KENKO SPORT SANTÉ

31, Rue de la Planche au Gué
✆ 09 83 43 68 11
www.kenko-sport-sante.fr

Ouvert du lundi au vendredi de 9h à 22h ; le samedi de 9h à 12h.

Fin 2021, au nord de Nantes, pas bien loin des bords de l'Erdre, vient d'ouvrir un petit coin de paradis où il fait bon se ressourcer, et surtout raffermir son corps ! Découvrez Kenko Sport Santé, qui propose une véritable diversité d'activités telles que le Pilate, le yoga, ainsi que des séances pré et post-natales. Plus à l'aise dans l'eau ? Pas de souci, ils ont pensé à tout et dispensent de cours d'aqua-bike, d'aquagym, ou même encore d'aqua-boxing ! Le gros plus de ce lieu est sans aucun doute l'équipe : toutes et tous sont des professeurs agréés, et certains sont même kiné ou diététiciennes ! Ils sauront vous bichonner et/ou vous pousser à donner le meilleur de vous-même ! Let's work !

AQUABIKING

FAN D'O

2, impasse Betelgeuse - **CARQUEFOU** ✆ 02 40 49 38 62 - Bus ligne 77 ; arret Véga puis 100 mètres à pied. - https://www.fando.fr

Cours du lundi à vendredi de 9h15 à 20h30, samedi jusqu'à 13h. Sur réservation. Séance découverte offerte.

En 2018, Fanny a ouvert ce lieu dédié à la remise en forme dans une eau chauffée entre 30 et 32°. Au sein de la piscine, on pratique des activités, en musique, dans un bassin bercé de lumières tamisées. Parmi les activités, on trouve les plus sportives comme l'Aqua'Bike, l'Aqua'Fast ou l'Aqua'Cardio. Les plus audacieux se lanceront dans l'Aqua'Boxing qui permet de combattre un ennemi invisible et se défouler en musique. On trouve également des séances plus douces mais complètes avec l'Aqua'Renfo ou l'Aqua'Zen. Le lieu accueille aussi les enfants dès la naissance avec l'Aqua'Bébé ou de 4 à 10 ans pour des cours de natation. Chacun trouve son bonheur pour se mouvoir comme un poisson dans l'eau !

NEW

PRATIQUE

LOVE COACH ANDREA CAUCHOIX

5, rue maryse guerlais ✆ 06 84 81 55 13
https://andrea-cauchoix.com

Ouvert du lundi au vendredi. Séances en cabinet ou par visioconférence. Podcast : cœur d'articoach.

Andréa a ce métier pas comme les autres, celui qui nait de l'évolution de la société. Avant, on cherchait l'épanouissement amoureux par le biais des annonces, des agences matrimoniales ou des conseils dans les livres. Aujourd'hui, on consulte des *love coach* ! Que vous soyez célibataire ou en couple, son objectif est de vous aider à savourer votre vie affective. Parmi ses thématiques d'accompagnement : trouver l'amour, sauver son couple, surmonter sa rupture ou même, redorer son estime personnelle. Bienveillante, elle parvient à construire une bulle de douceur. À découvrir !

HÔPITAL

CENTRE HOSPITALIER UNIVERSITAIRE [CHU]

5, allée de l'Île Gloriette ✆ 02 40 08 33 33
www.chu-nantes.fr
Ouvert tous les jours. Consultez le site Internet pour les coordonnées des différents établissements.

Le CHU (médecine/chirurgie/urgences) est composé de 9 sites. En centre-ville, l'hôtel-Dieu ; à côté, l'hôpital mère-enfant ; à proximité, près de la Faculté de pharmacie, le bâtiment Le Tourville ; au sud, l'hôpital Saint-Jacques et en son sein, la maison Pirmil ; au nord, à Saint-Herblain, l'hôpital Nord Laennec ; l'hôpital Bellier ; au nord-ouest, la maison Beauséjour et, à l'est, à Carquefou, l'hôpital de la Seilleraye. Le nouveau CHU a prévu d'ouvrir ses portes en avril 2026 sur l'Île de Nantes. Celui-ci se veut éco-engagé, accessible et adapté aux nouveaux usages.

URGENCE

POMPIERS 18

12, rue Arago - **LA CHAPELLE-SUR-ERDRE**
✆ 18
https://www.sdis44.fr/
Ouvert 24h/24.

Le Service départemental d'incendie et de secours est chargé de la prévention, de la protection et de la lutte contre les incendies. Il assure la protection des personnes, des biens et de l'environnement. Il a pour mission les secours d'urgence aux personnes victimes d'accidents, de sinistres ou de catastrophes ainsi que leur évacuation. Il intervient aussi pour la prévention et l'évaluation des risques de sécurité civile. Et il met en place la préparation des mesures de sauvegarde et l'organisation des moyens de secours. Le S.D.I.S., ce sont 3 962 sapeurs-pompiers volontaires, 715 sapeurs-pompiers professionnels, 93 centres d'incendie et de secours, plus de 73 000 interventions annuelles.

SANTÉ

CPAM DE LOIRE ATLANTIQUE

9, rue Gaëtan Rondeau ✆ 36 46
www.ameli.fr
Accueil téléphonique du lundi au vendredi de 8h30 à 12h15 et de 13h30 à 17h.

La CPAM 44 est joignable au 36 46 pour le prix d'un appel local. Vous pouvez ainsi obtenir des informations sur vos derniers remboursements, être mis en relation avec un télé-conseiller. Sur Internet, c'est encore plus simple grâce au site ameli.fr. Ouvrez votre compte personnel et de profitez à toute heure des services de votre caisse : suivre en temps réel vos remboursements, vos règlements en indemnités journalières, télécharger des récapitulatifs, commander des attestations ou recevoir les réponses à vos questions. Tout cela gratuitement et en un clic ! Le service Mon Espace Santé centralise toutes nos informations médicales sécurisées (examen) ! Direction monespacesante.fr !

CLINIQUE PRIVÉE

SANTÉ ATLANTIQUE

avenue Claude Bernard - **SAINT-HERBLAIN**
✆ 02 40 95 93 93
www.elsan.care/fr/sante-atlantique
Ouvert tous les jours et les jours fériés.

Classé 1er établissement privé de France par le magazine *Newsweek* et 2e au palmarès *Le Point*, Santé Atlantique, propose une offre de soins complète pour tous les âges. Médecine, chirurgie et obstétrique, cet établissement pluridisciplinaire regroupe plus de 200 médecins pour prendre soin de notre santé. Il allie innovation et qualité des soins, contribuant à faire de la métropole nantaise un territoire d'excellence en santé. Chacun peut bénéficier d'une offre complète, sécurisée et adaptée à son étape de vie. En plus de porter des valeurs fortes d'engagement et responsabilité, il adapte son organisation pour prendre en compte les attentes et besoins des patients et de leurs proches.

PHARMACIE

PHARMACIE DU PILORI

1, place du Pilori
✆ 02 40 47 48 35
Ouvert du lundi au vendredi de 8h30 à 21h ; le samedi de 9h à 20h30. Dimanche & Jours fériés : 9h à 21h.

Au cœur du quartier Bouffay, cette pharmacie est bien située et bien pratique ! Avec un vaste choix de produits en parapharmacie et pharmacie, c'est assurément une bonne adresse. Et surtout, elle dispose d'une amplitude horaire qui permet de trouver vos médicaments 7 jours sur 7 et jusqu'à 21h durant la semaine et jusqu'à 20h30 le week-end ! Enfin un service de proximité sans frais de garde le dimanche. Sous la houlette du Dr Pierre Coulon, le personnel y est aimable et disponible. A noter : afin de bénéficier du service d'urgence de nuit, vous devez impérativement être muni d'une ordonnance datée du jour. Pour information, la pharmacie de garde est joignable via le 3237.

URGENCE

SOS MÉDECINS

17, rue de la Cornouaille
✆ 02 40 50 30 30
www.sosmedecins-nantes.fr
Ouvert tous les jours et les jours fériés, 24h/24 et 7j/7.

C'est une association de médecins qui contribue à la permanence des soins à domicile, sur la communauté urbaine de Nantes et sa périphérie, soit 15 des 24 communes de l'agglomération nantaise. Interventions 24h/24, quelle que soit l'heure du jour ou de la nuit, avec l'équipement nécessaire aux examens et aux soins. La visite d'un médecin SOS peut se faire à la demande du centre 15 ou du médecin traitant. Les consultations peuvent avoir lieu au centre de consultation 7j/7 de 9h à minuit. Il est indispensable de contacter le centre d'appels avant de s'y rendre, afin que l'appel soit régulé et que l'on puisse vous indiquer un horaire de passage pour limiter au maximum votre attente sur place.

COUTURIER - RETOUCHE

ANA SKAIA CREATRICE

9, rue Lamoricière ✆ 02 40 73 28 76
www.anaskaia.com
Ouvert du mardi au vendredi de 8h30 à 12h15 et de 13h45 à 18h ; le samedi de 10h à 13h.

Anastasia est une passionnée. Après des études de design puis de mode à l'Esmod, elle se spécialise en haute couture et devient styliste-modeliste. Revenue à Nantes lors du confinement, c'est dans la cité des Ducs qu'elle croise Tony Zampino, qui lui lègue les clés de sa boutique, ravi quant à cette relève prometteuse. Sur place, Anastasia saura répondre à vos besoins, s'adapter à vos envies et demeure à l'écoute. Elle peut vous accompagner dans vos réalisations, patrons et fiches en main. Elle propose aussi un service de retouches et d'ourlets en complément. Elle bouillonne d'idées et a des projets plein la tête. Une jeune créatrice à suivre de près ! Du *made in France* de haute volée.

NEW SERVICES À LA PERSONNE

LA COMPAGNIE DES LAVANDIERES

12, allée Duguay Trouin
✆ 02 72 25 81 29
Ouvert du lundi au vendredi de 9h à 18h.

Une lavandière était une femme qui lavait le linge principalement avec des cendres et de l'eau chaude, puis à la main ou au battoir, dans un cours d'eau ou un lavoir. Elle s'occupait aussi de tout l'entretien de la maison. La Compagnie des lavandières souhaite renouer avec la tradition et le savoir-faire d'antan. De fait, lavandier comme lavandière sont présents dans cette entreprise afin de prendre soin de nos intérieurs. Intérieur propre et sain, rangement ou encore gestion du linge, des courses et des repas. Prendre soin de notre foyer est leur métier !

ENTRETIEN - RÉPARATION

CORDONNERIE SACRE

149, Boulevard des Belges
✆ 02 28 22 75 00
Ouvert du mardi au vendredi de 9h à 13h et de 14h à 19h ; le samedi de 9h30 à 13h et de 14h à 18h30.

À quelques pas du pont de la Tortière, votre cordonnier Olivier Sacré s'occupe avec le plus grand soin de vos chaussures et de vos clefs (clé plate traditionnelle, clé à gorges, clé de sécurité avec carte de propriété, Vigiks...). À la vente, vous trouverez de nombreux cirages, imperméabilisants ou nettoyants de la marque Famaco pour entretenir vos chaussures. Sont également proposées : les superbes chaussettes *made in France* de la marque alsacienne Labonal. Dépositaire de la marque Opinel, Olivier propose aussi de beaux couteaux (dont les jolies séries limitées). Le service traditionnel, accueillant et souriant est un vrai plus pour ce cordonnier passionné du travail artisanal !

NEW CORDONNIER

LA CORDONNIÈRE

7, Rue Francois René de Chateaubriand - **CARQUEFOU**
✆ 02 40 50 90 22
Ouvert du mardi au vendredi de 9h à 13h et de 15h à 19h ; le samedi de 9h à 13h.

Ici, on aime le travail bien fait ! Anne-Marie Chauvet s'est formée à l'Association professionnelle pour la formation des adultes de Saint-Herblain suite à une reconversion professionnelle. En partenariat avec Zaz'Art, maroquinière artisanale de la Meilleraie de Bretagne, Anne-Marie propose de la petite maroquinerie et des ceintures. Elle répare les chaussures et articles de cuir, les chapeaux, effectue de la reproduction de clefs, badges d'immeuble. Sur commande, elle fournit des plaques gravées, des tampons. On peut aussi trouver dans sa boutique des clips pour sac à dos. Amoureux du cuir et du réemploi, n'hésitez pas franchir le pas de sa porte, Anne-Marie vous accueillera avec le sourire.

COUTURIER - RETOUCHE

COUTURE CREATION

95, rue Maréchal-Joffre
✆ 02 40 48 60 56
Du mardi au vendredi de 10h à 12h30 et de 15h à 18h (fermé le jeudi) ; le samedi de 10h à 14h. A partir de 12 € l'ourlet.

Coudre un ourlet à un pantalon, raccommoder une housse de couette, rétrécir une jupe : cela n'est pas forcément aisé sans machine à coudre, mais aussi sans le savoir-faire adéquat. Heureusement, il existe de très bonnes couturières qui se mettent à votre service et vous proposent des conseils personnalisés pour réaliser tous vos travaux de couture. C'est le cas de Maëlle et Audrey, deux sœurs jumelles, couturières de formation. Ces passionnées retouchent, reprennent, réajustent et prennent soin des vêtements. Les délais sont courts, mais peuvent évidemment s'allonger suivant le nombre de commandes et l'accueil dans cette petite boutique-atelier vraiment très sympathique.

NEW RANGEMENTS

PAUSE RANGEMENT

✆ 06 60 58 76 30
www.pause-rangement.fr
Ouvert du lundi au vendredi de 8h à 18h ; le samedi de 8h à 17h.

Violaine vous accompagne dans le désencombrement de votre maison ou de votre appartement. Cette professionnelle vous délivre des conseils pour la revente de vos objets, vous incite à favoriser les objets de seconde main... Formée par Elodie Wery and Co, Violaine est à la fois Home-Organiser (aide au rangement pour la maison), Office-Organiser (pour les entreprises) et Home-Manager : elle peut aider une famille dans la distribution de tâches domestiques. Libérer de l'espace offre plus de temps pour soi et pour ses proches, une circulation plus fluide dans son domicile. Ranger chez soi, c'est ranger en soi ! Une activité qui fait du bien au moral et qui contribue au développement personnel.

MARIAGE

ATELIER PHOTO EMMATITIA

5, rue Mercoeur ✆ 02 51 89 91 49
Petit porche à proximité de la place de Bretagne.
www.emmatitia.fr
Ouvert du lundi au samedi de 9h à 18h. Service Click & Collect.

Pas de mariage réussi sans un photographe talentueux ! Le premier talent d'Emmanuelle, c'est sa capacité d'écoute et son sens de la relation humaine. Sa seconde qualité réside dans son talent de photographe. L'œil sûr et l'expérience lui permettent de saisir et imprimer tous ces instants de bonheur. Elle saura rassembler vos convives pour une photo de groupe inoubliable et réussira même à shooter les plus récalcitrants en deux temps, trois mouvements. Noir et blanc, couleur, sépia, Emmanuelle vous proposera le format le plus adapté.. Emmatitia répare les appareils argentiques et a le mérite d'un choix vaste et abordable. N'hésitez pas à consulter son site Internet pour découvrir son travail.

LIEU DE RÉCEPTION

CHÂTEAU DE LA POTERIE

La Poterie - **LA CHAPELLE-SUR-ERDRE**
✆ 02 40 72 57 57
www.chateaudelapoterie.com
Demande de devis en ligne.

À événement exceptionnel, lieu d'exception ! Cette adresse mille fois recommandée est souvent réservée longtemps à l'avance en raison de son cadre romantique, en pleine nature avec à ses pieds, « la plus belle rivière de France », l'Erdre. On peut aussi bien y écouter de la musique classique qu'y passer un bon dîner entre amis, lors d'un banquet de famille ou d'un mariage. Ouvert à l'année, le château de la Poterie peut accueillir de 20 à 800 personnes et met à la disposition de ses hôtes plus de 500 m² de salons de réception modulables avec accès direct sur terrasses et jardins. L'endroit idéal pour organiser la réception de son mariage ou tout autre événement familial ou professionnel.

ANIMATION

BLEU INDIGO JAZZ BOSSA

✆ 06 29 24 82 49
www.bleuindigo.org
Se déplace sur la région nantaise.

Une teinte de Mainstream, une pincée de bossa, du café noir et voilà que jaillit alors sous vos yeux ébaubis le septième ton de l'arc-en-ciel, la septième couleur d'une gamme absolue et sensible, observable à la lunette fine de vos terminaisons auditives. Bleu Indigo, c'est le nom donné à ce groupe musical composé de 2 guitaristes, un bassiste, une chanteuse-violoniste. Pierre, Stéphane, Yannick et Juliane sont les 4 membres du groupe. Bleu Indigo se déplace afin d'assurer l'animation musicale de votre séminaire, réception, cocktail, anniversaire... Ils s'adaptent à vos besoins. Ils vous font passer un moment plein de douceur. Vous allez voir « la vie en rose » et l'entendre en Bleu Indigo !

NEW MANIFESTATION / EVÉNEMENT

MANOIR LES LANDES BLANCHES

route de la Filée
LES SORINIÈRES
✆ 06 30 06 61 47
www.manoirleslandesblanches.com

À 5 minutes du bourg des Sorinières se cache un petit coin de paradis, idéal pour profiter de la campagne. Cette demeure au charme certain s'est métamorphosée en un lieu qui abrite désormais des événements. Vous pouvez y travailler ou y festoyer comme bon vous semble. Vous avez la possibilité de réserver deux salles, soit de 45 m² ou encore de 55 m², avec la liberté de les aménager comme bon vous semble. L'endroit offre une possibilité de location d'un gîte de charme dans le jardin. Toute l'équipe du manoir se mobilise pour vous faire passer un séjour inoubliable !

NEW LIEU DE RÉCEPTION

CAM'TARTE FOOD TRUCK

✆ 06 31 09 61 79
www.camtarte.com
Du lundi au vendredi : 11h30-14h et 16h30-19h00. Voir site web pour les emplacements.

Hadrien et Julie nous invitent à nous en mettre plein la tarte et à prendre une claque culinaire ! Le couple a ouvert un food truck spécialisé dans les tartes. Ils les proposent au sein de leur camion itinérant, le Cam'Tarte. Le concept de ce food truck est un voyage culinaire autour de la tarte. Salées, sucrées (tartelettes citron basilic, fromage blanc...) et des tourtes, pour le plaisir de vos yeux et de vos papilles ! Privilégiant les circuits courts et producteurs locaux, elles sont toutes faites à la main à partir de produits sélectionnés et de farine bio. Festivals, mariages, évènements privés, on retrouve aussi le food truck à différents endroits à Nantes.

LOCATION

TOUT SE LOUE RÉCEPTION

9, rue du Fondeur - **SAINT-HERBLAIN** ✆ 02 40 05 50 50
www.toutseloue.fr
Ouvert du lundi au vendredi de 8h30 à 12h et de 14h à 17h30. Autre agence à Rezé.

2 adresses sur la région nantaise pour louer tous types de matériel et réussir ses petites ou grandes réceptions, pour particuliers ou professionnels. Le catalogue est complet. On y trouvera aussi bien des articles de vaisselle pour réaliser de belles tables que du mobilier avec des tables type guéridon, des buffets ou des mange-debout. Le loueur ne manque pas « d'assise » puisque les chaises se déclinent en Apolline, Napoléon, en passant par la chaise bistrot ou les transparentes. Utiles aussi, les paravents ou vestiaires sur roulettes. On peut aussi louer nappages et penser à l'estrade avec pupitre si besoin, mais aussi des barnums, appareils de cuisson ou de conservation, barbecues...

PUÉRICULTURE

CHARLOU

23, rue du Château
✆ 02 51 83 51 38
www.charlou.fr
Du mardi au samedi de 10h30 à 19h.

Voici cinq ans qu'Anne-Sophie vous propose dans sa boutique de quoi réaliser une belle déco pour toute la maison. On y trouve aussi des idées cadeaux pour les petits et les grands. Côté papeterie : de jolies cartes-étapes pour immortaliser les moments de croissance de bébé, des carnets de poche aux très jolies couvertures et des papiers peints tendance. Côté soins du corps, une sélection de produits sans paraben et sans sulfates. Et pour habiller la chambre de bébé : des coussins en lin ancien, des plaids en mousseline de coton, des édredons en percale et de jolies guirlandes de fanions. Mais aussi des jouets en bois, des accessoires et des bijoux. Allez vite découvrir ce family store !

ENFANT - JUNIOR

LA CAVERNE D'ALI BAMBIN

103, rue de la Patouillerie - **ORVAULT** ✆ 02 40 94 36 04 - Bus C20 arrêt Pont du CensBus 12, 25 et 96 arrêt Bois Saint-Louis
www.caverne-ali-bambin.com
Mardi, mercredi et vendredi 10h à 12h30 et 14h30 à 19h, jeudi 15h à 19h, samedi 10h à 12h30 et 14h30 à 18h

Près du parc de la Gaudinière, la Caverne d'Ali Bambin recèle ses merveilles avec des vêtements enfants et futures mamans, jouets, livres, poussettes, tricycles, trotteurs… Des produits neufs, issus de déstockages ou d'occasion. Vous pouvez revendre les vôtres. Sur rendez-vous, vous déposez vos articles. S'ils sont vendus, vous touchez une commission. Sinon vous récupérez vos biens à la date indiquée sur votre contrat. On ne sait jamais de quoi sera composée la boutique : un chapeau Petit Bateau ou une robe IKKS ? Faites de belles affaires. Ali Bambin propose des ateliers de langue des signes sur les thèmes éducatifs, de portage à l'aide d'écharpes ou de parentalité. Un lieu très futé !

PUÉRICULTURE

EBAM BOUTIQUE FAMILLES

6, rue Louis Gaudin - **SAINTE-LUCE-SUR-LOIRE** ✆ 02 40 35 47 31
www.instagram.com/ebam.boutique
Ouvert du mardi au vendredi de 10h à 12h30 et de 15h à 18h30 ; le samedi de 9h à 13h et de 14h30 à 19h.

Cette nouvelle boutique pour les familles propose des produits 100 % authentiques, durables, originaux, ludiques ! Parmi tous les articles utiles à notre bien-être : des cosmétiques naturels, des gommages, des savons de Marseille. Pour les plus jeunes : de nouveaux jeux de société de toutes sortes, des doudous de la marque locale Moulin Roty, des enceintes Bluetooth de Lexon, des réveille-matin originaux... Pour les plus grands, des kits apéro et de jolis objets design pour la cuisine : gourdes inox, chariots Rolser... Et on se fait de jolies mains avec la gamme de vernis Nailmatic. On ne peut pas tout citer ! Et bam ! on découvre cette nouvelle boutique en mai 2020 et c'est 100 % permis !

NEW

PUÉRICULTURE

LILY OF THE VALLEY KIDS

39, Boulevard gustave roch ✆ 09 73 18 48 69
https://lilyvalleykids.com/
Ouvert le mardi de 10h à 19h ; du mercredi au vendredi de 10h à 18h ; le samedi de 10h à 17h. Dépôts sur rendez-vous.

Marie nous accueille dans son établissement aux deux facettes : dépôt-vente et concept store éthique pour enfants. La boutique propose des articles de seconde main comme des vêtements, des jeux, des livres ou du matériel de puériculture. Côté neuf, on retrouve textiles bébé, savons bio, jeux, papeterie ou encore décoration et accessoires. L'ensemble de ces articles de qualité répondent à des critères d'écoresponsabilité. Lily Of The Valley Kids offre ainsi aux parents une option responsable pour habiller comme pour divertir leurs enfants. C'est une destination incontournable pour ceux qui souhaitent allier qualité, éthique et économie. L'univers de la petite enfance à portée de bourse !

NEW

DÉPÔT-VENTE

MARELLE DEPOT VENTE

1, Rue jean de la fontaine
✆ 02 40 57 21 69
Ouvert du mardi au vendredi de 10h à 18h30 ; le samedi de 10h à 13h et de 14h à 18h30.

Cette belle boutique lumineuse et bien rangée est celle d'Estelle qui nous accueille avec le sourire. Ici des habits pour les enfants de zéro à 12 ans. Proposés en dépôt-vente, mais aussi quelques marques d'habits neufs dont l'une produite dans le 44 avec des chutes de tissus réhabilitées en vêtements enfants. Les incontournables, comme Petit Bateau. Chaussures, baskets, bottes trop mignonnes et des cosmétiques de la marque Poupon, des produits naturels comme la gelée d'huile magique pour des massages bébés. La boutique propose aussi des petites voitures en bois de hêtre au look rétro de la marque Candylab Toys. Avec Marelle, c'est un jeu d'enfants pour habiller vos petits.

PUÉRICULTURE

NANTES A COEUR CRÉATEURS

9, Rue Général Leclerc de Hauteclocque ✆ 06 49 01 92 17
Ouvert du lundi au vendredi de 10h à 18h30 ; le samedi de 10h à 19h.

Anaïs, créatrice de Nawak Boutik, et Johanne, fondatrice de l'atelier d'Elorianne, ont uni leurs forces pour créer une enseigne à Nantes qui met en valeur le travail des artisans locaux. Précédemment situé rue de l'Arche Sèche, cette enseigne a déménagé et est d'autant plus visible désormais ! Ce nouvel emplacement leur permet d'accueillir une trentaine de créateurs et créatrices aux nombreux produits, utiles et originaux ! Maroquinerie, céramique, prêt-à-porter, tirage d'art, bijoux ou encore bougies. Vous trouverez ce qu'il vous faut dans cette caverne aux mille trésors. Les créateurs se relaient tout au long de la semaine pour assurer une permanence et ils nous conseillent joyeusement.

© PATRICK ALBERA PHOTOGRAPHIE

© PATRICK ALBERA PHOTOGRAPHIE

PUÉRICULTURE

CHARLOTTE & CIE

61, rue des Hauts Pavés
✆ 02 72 01 67 40
Ligne tramway 3, arrêt Poitou
www.charlotteetcie.com
Ouvert du mardi au samedi de 10h à 12h30 et de 14h à 18h30

Charlotte et Cie, ce sont 2 magasins de seconde main avec tout pour nos enfants de 0 à 12 ans, et femmes enceintes ! On y trouve des milliers d'articles rigoureusement sélectionnés, lavés, à des tarifs jusqu'à -80 % du prix neuf ! Ici, le rayon puériculture est très fourni ! Charlotte assure un conseil de pro ! À nous le prêt-à-porter (0-3 mois) et pour les futures mamans. Aussi les produits d'éveil, pour les repas, tout pour le sommeil, les balades, la toilette et le mobilier, Charlotte vend la marque Joie® (poussettes et siège auto : produits sûrs et garantis 2 ans). À partir de 6 ans, le rayon livres et jeux : figurines, société et une pièce 100 % dédiée aux Playmobil® et Légo®. On aime !

© CHARLOTTE ET CIE NANTES

© CHARLOTTE ET CIE NANTES

© PATRICK ALBERA PHOTOGRAPHIE

JE M'AMUSE JE FAIS DU SPORT

Que l'on soit amateur, sportif, endurant ou contemplatif, la ville de Nantes offre une ribambelle d'activités. Elle est dynamique et fière de ses clubs et de son rayonnement : le FC Nantes, le Stade Nantais, L'Hermine, le HBC ou encore les Corsaires. Professionnel ou amateur, vous serez accueillis dans bon nombre de structures le temps de faire des longueurs à la piscine, d'une séance de patinage, d'une partie de football ou handball. Pour celles et ceux en quête d'expérience sportive moins conventionnelle, laissez-vous tenter par du lancer de hache, une séance de danse sur rollers, un laser game, un karting ou même une session de trampoline. Vous l'aurez compris, dans cette rubrique, vous trouverez une compilation de bonnes adresses de clubs et de sites où vous pourrez pratiquer l'activité de votre choix, que ce soit de façon occasionnelle ou régulière. Le *Petit Futé* vous encourage à chausser vos baskets, enfiler vos maillots, et découvrir ses adresses parmi le grand nombre de disciplines et d'associations existantes dans la métropole. De quoi vous éclater toute l'année, seul ou à plusieurs !

VOTRE GUIDE DEVIENT
INTERACTIF

TAPEZ **PETITFUTE.APP**
DANS LE NAVIGATEUR DE VOTRE SMARTPHONE.

PRENEZ UNE PHOTO DE LA PAGE DÈS QU'ELLE A CE PICTO !

CIRCUIT

BATTLE KART ST-SÉBASTIEN

27, bis rue Marie Curie - **SAINT-SÉBASTIEN-SUR-LOIRE**
✆ 02 51 71 23 00 - www.battlekart.com/nantes
Ouvert du mardi au jeudi 14h-23h ; vendredi et samedi 14h-2h ; dimanche 14h-20h. Ouvert lundis des vacances scolaires.

BattleKart un est un concept ultra-innovant, qui séduira les habitués de karting et jeux vidéo, mais pas que ! Il s'agit d'une console de jeu grandeur nature, où les joueurs roulent à bord de vrais karts électriques ultra-nerveux. Ici, tout le monde peut « gagner », des plus craintifs aux plus téméraires, car un système de sécurité permet de ne pas se « tamponner ». Le jeu reste cependant sportif et il faut user de stratégie pour ralentir ses adversaires. À mi-chemin entre l'auto (pas !) tamponneuse, karting indoor, jeu vidéo géant grâce à la réalité augmentée, ces bolides vont dépasser la réalité ! Une condition : mesurer 1,45 m au moins. C'est unique dans la région et c'est fun à souhait !

NEW

CANYONING - RAFTING

CANYONING DE MER 44

7, rue des Compagnons - **SAINT-HERBLAIN**
✆ 02 40 23 92 36
www.elcap.fr
Renseignement à EL CAP Canyoning (à Saint-Herblain).

Vous avez toujours rêvé de faire du canyoning ? Vous n'avez pas envie d'aller trop loin ? Bonne nouvelle pour les Nantais et autres chanceux de passage en Loire-Atlantique ! Des moniteurs diplômés de la salle d'escalade El Cap Saint-Herblain ont lancé l'activité canyoning de mer en 2023 ! À nous escalade, balade, sauts dans l'océan, tyroliennes, et ce, en toute sécurité ! Accessible à partir de 12 ans (avec une bonne condition physique) mais ouverte aux débutants, c'est l'occasion de faire cette superbe activité de plein air. Les départs se font à Batz-sur-Mer. Les moniteurs sont ceux de la salle d'escalade El Cap à Saint-Herblain qui fête ses 20 ans ! À nous la côte sauvage et la grimpe !

CIRCUIT

CITY KART ST-SEB'

33, rue Marie Curie - **SAINT-SÉBASTIEN-SUR-LOIRE**
✆ 02 40 34 86 61
www.city-kart.fr
Lundi et mardi 14h-23h ; du mercredi au samedi 14h-00h. Le dimanche et jours fériés 14h-20h.

L'un des plus grands sites dédiés au kart dans l'Ouest avec sa piste couverte de 500 mètres au virage relevé homologuée FFSA. Le panneau d'affichage numérique permet au pilote de suivre sa progression en temps réel, depuis son kart. Le kart s'ouvre à tous : karts dernière génération, plus puissants, pour les confirmés, handikart pour les pilotes à mobilité réduite, mini karts et karts ados pour les 7-13 ans. Et les simulateurs de circuit F1, identiques à ceux des pilotes de F1, et des courses d'endurance par équipes pour plus de plaisir et de sensation. Un circuit outdoor de 700 m est disponible à Sautron, avec éclairage intégral pour pouvoir piloter en nocturne.

ESCALADE

EL CAP

7, rue des Compagnons - **SAINT-HERBLAIN** ✆ 02 40 36 48 16
www.elcap.fr
Ouvert le lundi 12h-23h, du mardi au vendredi de 10h à 23h ; week-end, 10h à 19h. Boutique du lundi au samedi, 10h-19h.

Depuis plus de 20 ans, El Cap propose plus de 2 300 m² de surface grimpable (1 700 m² dédiés à la corde et 600 m² dédiés au bloc), une salle adaptée aux confirmés comme aux débutants. Salle colorée et lumineuse. Les voies d'escalade, balisées de couleur, changent régulièrement, offrant de nouveaux parcours. On aussi choisir les cours encadrés par des moniteurs diplômés (initiation et perfectionnement) et des stages pendant les vacances scolaires. Un magasin de montagne est également inclus dans l'offre d'El Cap. Une nouvelle salle d'entraînement a vu le jour en 2023 ! Et scoop : on peut désormais pratiquer du canyoning de mer sur la côte Atlantique, encadré par un moniteur diplômé !

ESCRIME

ERNM ESCRIME NANTES

Rue des Epinettes ✆ 06 16 76 20 45
www.pasc68.wixsite.com/escrime-nantes
Ouvert le lundi de 20h à 21h30, le mercredi de 17h à 21h30, le vendredi de 18h30 à 19h30.

Issu de la fusion entre La Quinte Nantaise et l'A.S.B.R. escrime, l'ERMN Nantes-La Quinte propose l'escrime au plus grand nombre, à tous âges et de tous niveaux. Dans ce club du quartier Doulon, on pratique le sabre (unique club pour sabre en loisir, en compétition et pour les seniors). À partir de 6 ans, enfants et adultes s'initient aux fondamentaux pour exercer la fameuse quinte, esquiver, attaquer et marquer le point. Le niveau d'expertise des enseignants permet à tous et à toutes de pouvoir s'épanouir dans le niveau de pratique choisi dans une ambiance très conviviale. Et aussi 2 champions de France, une des meilleures équipes de France et des athlètes Internationaux !

ESCALADE

ESCALADE CARRIERE MISERY

Quai Marquis d'Aiguillon - Tram 1 arrêt Gare Maritime
Bus 81 arrêt Misery
Site accessible aux horaires du Jardin Extraordinaire. Pour débutants, renseignements auprès de clubs d'escalade.

Le spot de la carrière Misery séduit avec ses falaises de granit et ses nombreuses voies d'escalade ! Niché au sein du Jardin Extraordinaire, le site accueille depuis l'été 2021 les aficionados de la grimpette mais aussi les débutants qui souhaitent se lancer. Les 60 voies d'escalade se partagent entre le Jardin et le mur du square Commandant Aubin, il y en a pour tous les niveaux. L'accès est libre et gratuit pour les pratiquants expérimentés et équipés, et des initiations sont proposées pour ceux qui le souhaitent. Renseignements auprès d'un club d'escalade. Un des rares sites urbains de ce type en France : un chouette terrain de jeux naturel en plein cœur de la ville !

FOOTBALL

FC NANTES

Route de la Jonelière - **LA CHAPELLE-SUR-ERDRE**
✆ 02 40 37 29 00
www.fcnantes.com
Ouvert du lundi au vendredi de 9h à 13h et de 14h à 18h.

Voici près de 80 ans que les Canaris font vibrer les passionnés de foot. Dirigé par le très controversé Waldemar Kita, le club a compté en ses rangs des footballeurs emblématiques, tels Didier Deschamps, Marcel Desailly, Christian Karembeu ou Mickaël Landreau. Depuis mai 2023, c'est Pierre Aristouy qui entraîne les joueurs jaune et vert, succédant à de nombreux entraîneurs ayant marqué la vie du FCN (José Arribas, Jean-Claude Suaudeau, ou Michel Der Zakarian). Les Canaris ont un joli palmarès : 8 titres de champions de France, 4 coupes de France et 2 demi-finales de coupe d'Europe. En mai 2022, le FC Nantes a été sacré vainqueur de la coupe de France une quatrième fois.

HANDBALL

HANDBALL CLUB NANTES HBC

3, rue André Tardieu ✆ 02 40 48 79 72
http://hbcnantes.com
Bureaux ouverts du lundi au vendredi de 9h30 à 12h30 et de 14h à 17h.

Le H est, depuis 2016, un club majeur en France et en Europe et représente la fierté du sport nantais.

Sous la présidence de Gaël Pelletier, le club a su se hisser au meilleur niveau, alliant performances sportives et structuration budgétaire, tout en investissant sur la formation de jeunes joueurs. Le centre de formation a pu faire éclore les O'Brian Nyateu, Nicolas Tournat, Romain Lagarde, Dragan Pechmalbec, Thibaud Briet ou Théo Monar. Depuis 2022, Grégory Cojean est l'entraîneur de cette équipe, portée par le meilleur buteur Valero Rivera. Saison après saison, le HBC Nantes poursuit le développement de son projet club, pérenne et ambitieux. Avec à chaque match une ambiance de folie !

CIRCUIT

LASER KARTING DE NANTES

10, avenue du Marché Commun ✆ 02 40 52 30 30
www.karting-de-nantes.fr
Mercredi 14h-20h, jeudi 16h-22h, vendredi 16h-0h, samedi 14h-0h, dimanche 14h-19h. Vacances scolaires : 7j/7 dès 14h.

NEK est devenu Laser Karting de Nantes en 2019. Nouvelle piste, nouveau Club House avec vue directe sur le circuit, et un lasergame en plus ! La piste de karting, longue de 400 m, avec tunnel est spécialement conçue pour répondre aux attentes des pilotes de tous niveaux. La zone de lasergame, de 300 m², est parfaite pour s'amuser ! Son décor unique dans la région vous permettra de vous immerger dans le monde apocalyptique d'un vieux laboratoire industriel désaffecté pendant 20, 40 ou 60 minutes. De quoi passer un excellent moment entre collègues, en famille ou entre amis. Deux circuits temporaires en extérieur ont vu le jour pour continuer à s'amuser malgré les restrictions sanitaires !

PATINAGE

PATINOIRE DU PETIT PORT

Boulevard du Petit Port ✆ 02 40 74 01 77 - Tramway ligne 2 - arrêt Morrhonnière-Petit Port.
www.petitport-nantes.fr/patinoire/
Entrée + location de patins 8,40 € à partir de 12 ans (parent, accompagnateur non patineur 2,50 €), -12 ans 6,50 €

La patinoire olympique se trouve au cœur du site universitaire nantais du Petit Port, dans un espace de loisirs comprenant aussi une très belle piscine et un spa. Elle accueille aussi bien le grand public ainsi que les clubs de la ville, pour les matchs de hockey principalement. Elle est l'endroit idéal pour un instant de détente sportive. En famille, entre amis, pratiquez et profitez des joies du patinage ! Retrouvez sur le site Internet la programmation annuelle et les animations à thème. Situé à proximité, le restaurant-bar de Nantes Camping vous accueille pour une pause bien méritée. Le lieu est facile d'accès notamment en tramway. Pour des moments de glisse ludiques, c'est par ici !

PISCINE

PISCINE DU PETIT PORT

Boulevard du Petit-Port ✆ 02 40 74 01 77 - Tramway ligne 2 - arrêt Morrhonnière Petit Port / Bus ligne 26 - arrêt Morrhonière Petit Port ou Chronobus C20 - arrêt Petit Port
www.petitport-nantes.fr/piscine/
Ouvert toute l'année. Entrée : 4,50 € (ou 10 points de la carte). Tarif réduit : 2,90 €. Enfant - de 8 ans : 1,40 €.

Avec ses 1 000 m², cette piscine aqua-ludique dispose de tous les équipements ! Jetez-vous à l'eau et profitez du bassin sportif de 25 m ou des bassins de loisirs avec la boule à vagues, la pataugeoire, et 2 toboggans, un petit et un géant de 76 m : du bonheur pour les petits et les grands ! Après l'effort, reposez-vous dans l'espace détente ou au solarium durant l'été. Retrouvez, sur le site Internet, le programme des animations, cours de natation et d'aquaforme. Profitez des nocturnes avec la fermeture à 23h du mardi au vendredi (dès le lundi en vacances scolaires). Le petit plus : exit les yeux totalement rouges, l'eau est traitée à l'ozone.

PISCINE

PISCINE JULES VERNE

41, rue Jules Grandjouan ✆ 02 51 89 16 20 - Tramway ligne 1 - arrêt Haluchère-Batignolles / Bus ligne 11 - arrêt Pâtis Rondin ou ligne 12 - arrêt Perray
Ouvert toute l'année. Entrée : 4,50 € (ou 10 points de la carte). Tarif réduit : 2,90 €. Enfant - 8 ans : 1,40 €.

Rouverte début 2017 après rénovation, cette piscine jouit désormais d'une charpente renforcée, de nouvelles verrières de toiture et de baies vitrées récentes qui lui procurent une meilleure isolation thermique de son espace loisirs. Ainsi l'on peut profiter sereinement des trois bassins ludiques, de la pataugeoire avec jeux pour les plus petits, du spa avec bains à remous, de la rivière à courant sans oublier la plage verte avec terrasses (à partir de juin). On continuera de profiter du bassin sportif de 25 mètres doté de nombreuses lignes d'eau. Nouveauté alléchante : le toboggan long de 78 m (accessible à partir de 8 ans) offre de belles sensations. Avis aux amateurs !

J'ADORE LE SPORT

PISCINE

PISCINE LÉO LAGRANGE

Allée de l'Ile Gloriette
✆ 02 40 99 26 50 - Tramway ligne 1 - arrêt Médiathèque.
Ouvert toute l'année. Entrée : 3,60 € (ou 8 points de la carte). Tarif réduit : 2,20 €. Enfant - 8 ans : 1 €.

Cette piscine située en centre-ville dispose de trois bassins : deux de taille olympique (50 m), et un petit de 15 m par 12 m pourvu de marches, pour les enfants, les apprentis baigneurs ou tout simplement pour ceux qui veulent profiter d'une eau plus chaude et se relaxer. Dans le bain dédié aux plongeurs, attention aux kamikazes qui peuvent sauter de 1 m, 3 m et 5 m ! On apprécie à certaines heures la mise en place de lignes d'eau qui réservent un espace aux nageurs. On aime également la mise à disposition gratuite de matériel de natation (planche, pull-boy) et des accessoires de jeux pour les enfants. Pour les lève-tôt, la piscine ouvre les week-ends et jours fériés dès 8h. Solarium l'été.

SQUASH

D'SPORT & CO

5, rue des Pays Bas ✆ 02 40 30 16 84
http://dsportandco.fr/
Du mardi au vendredi 9h30-22h30, le samedi 9h30-17h30, le dimanche 9h30-12h30.

D'Sport & Co, c'est du squash certes, mais c'est aussi un terrain de beach indoor sur sable de 150 m², de beach soccer (variante du foot sur sable), d'ultimate (sport collectif se pratiquant avec un disque), sandball, beach rugby, beach tennis ou beachminton. Des activités de bien-être : pilates, yoga, sophro, zumba... sont également proposées. Douches pour tous après l'effort et réconfort avec le bar et pâtisserie maison de madame... Les enfants peuvent aussi profiter de ce lieu ouvert à tous, et venir fêter leur anniversaire avec, au choix, les formules D'Sport Lanta ou Chasse au trésor. À noter : la possibilité de réserver la salle pour organiser des événements privés et séminaires.

NEW

COMPLEXE MULTISPORTS

URBAN SOCCER CARQUEFOU

ZAC du Moulin Boisseau, 3 Rue Suzanne Lenglen
CARQUEFOU ✆ 02 52 20 32 60
Du lundi au vendredi de 10h à 23h30. Samedi et dimanche de 10h à 20h

On connaissait déjà les salles de Urban Soccer dans le village de loisirs de Saint-Sébastien-sur-Loire, voici celle du Nord Loire, à Carquefou ! On vient pratiquer son sport préféré avec le fameux foot indoor, la location de terrain de foot à 5. 6 terrains de foot dit soccers, mais aussi 6 terrains de padel, nous attendent ! Avec championnats, tournois et Urban league ! On se fait plaisir avec les terrains mais aussi le bar, et les événements d'entreprises et l'incontournable Business cup ou le trophée du midi... Antoine Pannetier nous y accueille avec sa team. Les écrans du club-house diffusent les grands matchs. Des stages sont organisés régulièrement et une école de padel est prévue !

JEUX

URBANVILLAGE NANTES

14-22, rue Marie Curie - **SAINT-SÉBASTIEN-SUR-LOIRE**
✆ 02 53 00 68 50 - Bus 27 - Arrêt Marie Curie,
Bus 42 - Arrêt Laurier Fleuri, rocade N844 Sortie 46
Ouvert 7jours/7. Voir site des différentes enseignes.

À Saint-Seb, aux Gripots, un parc de Loisir de 16 000 m² nous accueille : l'UrbanVillage ! Ce concept, présent aux 4 coins de France, réunit plusieurs spécialistes du sport et du loisir afin de proposer à leur clientèle une offre de qualité. Avec les enseignes : Basic Fit, UrbanSoccer, Frères Jacks, Laser Game Evolution, Sensas, Trampoline 44. Prison Island et Illusion. Ajoutez, des espaces de restauration, comme le Memphis, un *diner* américain esprit années 1950. L'assurance de passer de bons moments en famille, entre amis ou collègues ! Le site évolue sans cesse, à suivre de près ! On vous y attend pour une partie de foot ou encore laser game ! Et à Tout le Sport qui a débarqué à Carquefou.

NEW

SPORTS INDIVIDUELS

VAGUE CAFE BOUTIQUE

25, Quai Francois mitterrand
✆ 09 86 23 39 38
Ouvert du mardi au samedi de 11h à 19h, le lundi de 14h à 19h. Ouvert le dimanche pendant l'été.

Vous déambulez du côté du pont Anne de Bretagne, sur l'île de Nantes ? Ne passez pas à côté de ce café-boutique, ouvert en avril 2023. Ronan et Elisa ont lancé cette boutique, librairie, café, en surfant sur la détente. Côté boissons, on se réhydrate avec du kombucha, des infusions glacées ou des jus des coteaux nantais, producteur bio. Côté sport, c'est surf, skate, yoga et bodyboard. Les séances de yoga ont lieu le mercredi et le samedi matin, parfois sur l'herbe devant la Loire. Mais on peut aussi profiter d'une séance de méditation ou partir en voyage par le shopping : sacs, crèmes solaires, créations artisanales et parfumées... La boutique est un vrai lieu de détente et de plaisir.

SPORTS MÉCANIQUES

WEST R SIMULATEUR F1

44, rue Ernest Sauvestre - **REZÉ** ✆ 02 28 91 38 84
www.westr.fr
Du mardi au vendredi 16h-22h. Samedi 11h-21h. Dimanche 13h-19h. A partir de 14 €/12 min. Privatisation.

Vous êtes un passionné de circuits automobiles mais vous n'osez y prendre part ? Eh bien sachez qu'il est désormais possible de ressentir les sensations fortes de ce sport intense grâce à Wilfried, créateur du West R ! Ce simulateur de courses a ouvert en 2022 à Rezé, et vous propose une technologie de pointe pour un souvenir impérissable ! Montez à bord d'une F1 Asseto Corsa et lancez-vous sur la piste ! Des obstacles rajoutent du piment à votre course, et augmente ainsi l'adrénaline. Qui plus est, les adeptes de racing s'y rendent aussi pour s'entraîner ! Une incroyable expérience, à expérimenter seul ou à plusieurs, entre amis, collègues, famille ! À vos marques, prêts, partez !

JEUX
LES FRERES JACKS NANTES

18 b, rue Marie Curie - **SAINT-SÉBASTIEN-SUR-LOIRE**
✆ 07 88 03 52 60
Ouvert du mardi au vendredi de 18h à 22h ; le samedi de 11h à 23h ; le dimanche de 14h à 19h. 1 heure, 18€ par personne.

Une légende raconte que les frères Jacks, 2 frangins issus des terres sauvages québécoises, ont traversé l'océan pour proposer aux Français leur art ancestral du lancer de haches ! Après Bordeaux et Rennes demandez Nantes, enfin, Saint-Seb…, pour vous faire profiter de leur savoir-faire ! Après un briefing où vous seront exposées toutes les règles de sécurité, saisissez-vous de votre hache et visez les cibles qui vous font face d'un coup sec, net et précis ! Plusieurs modes de jeu vous sont proposés, pour encore plus de fun, de rire et de rugissement bestial ! L'équipe reste à proximité, et vous pourrez la solliciter pour parfaire votre lancer ! Une expérience inédite, on adore !

JEUX
L'HACHEZ-VOUS !

15, avenue Jacques Cartier - **SAINT-HERBLAIN**
✆ 09 81 06 88 20 - Tram Ligne 1 - Arrêt F. Mitterand / Bus 50 et 93 - Arrêt Jacques Cartier - www.lancerdehachenantes.fr
Mardi 17h-21h, mercredi 15h-21h, jeudi/vendredi 15h-22h, samedi 11h-22h, dimanche 15h-19h. Cible : 48 €/3 pers max.

Le lancer de hache est bien un sport, surprenant certes, mais qui fait partie d'une véritable fédération ! Dans ce centre, c'est Olivier qui vous accueille pour vous mettre la main à la hache. Cette activité se joue au sein d'une salle aménagée avec six pistes de lancement. On y joue à 3 personnes maximum par cible. Après les consignes de sécurité et de technique de lancer puis l'entraînement intensif, place aux 30 min de tournoi qui consiste à atteindre la cible sur un panneau de bois. Dans cette activité tout à fait atypique, innovante et technique, il existe 5 types de haches. Pour un anniversaire ou tout autre événement festif, entre amis ou collègues, l'hachez-vous !

JEUX
PRISON ISLAND NANTES

18 b, rue Marie Curie - **SAINT-SÉBASTIEN-SUR-LOIRE** ✆ 02 40 31 96 91
http://prisonisland-nantes.fr
Ouvert le mar, le jeu et le ven de 17h à 20h30 ; le mer de 14h à 20h30 ; le sam de 10h à 21h30 ; le dim de 10h à 18h30.

Vous êtes fan de Fort Boyard et avez toujours voulu tenter l'aventure, serpents, araignées et tigres en moins ? Ne cherchez plus, Prison Island est là pour vous aider à accomplir votre rêve d'enfant ! Par équipe de 3 ou 4, vous avez un temps limité pour venir, ensemble, à bout de défis physiques, techniques ou tactiques. Dans chaque cellule, une épreuve vous attend. Le but : réussir un maximum d'épreuves pour espérer finir au tableau des meilleures équipes de Prison Island ! N'attendez plus et venez faire travailler votre corps et esprit, votre sens de la réflexion ainsi que votre agilité pour vivre une expérience de jeu immersive, étonnante et incroyable !

JEUX
SKYWAY SIMULATION

42, rue de la Noé Cottee 44230
SAINT-SÉBASTIEN-SUR-LOIRE (France)
✆ 02 28 21 20 00 - www.skywaysimulation.com
contact@skywaysimulation.com

SKYWAY Simulation est un centre de Simulation Aéronautique unique en France, accessible à tous dès l'âge de 8 ans (avion chasse) et 12 ans (avion ligne). On trouve ici différentes expériences inédites sur des simulateurs d'avions. Les sessions de simulations sont encadrées par des pilotes professionnels qui nous assistent tout au long de notre session. On trouve aussi le SKYWAY-VR pour découvrir un monde sans limites : un Escape Game en réalité virtuelle inédit à Nantes ! de 2 à 6 personnes avec 5 choix de missions. Enfin la belle nouveauté 2023 le QUIZ GAME NANTES dans un décor de plateau TV avec son et lumières, affrontez vos amis au cours de plusieurs manches de quiz ludiques et variées.

JEUX
NEW
CHALLENGE ARENA

350, Boulevard Marcel Paul
SAINT-HERBLAIN ✆ 06 59 78 03 46
www.challengearena.fr
Du mardi au vendredi de 16h à 22h30 ; le samedi de 10h à 22h30 ; le dimanche de 14h à 18h30. À partir de 20 €/pers.

© CHALLENGE ARENA

Avec Challenge Arena, on se retrouve propulsé sur un plateau télé, on plonge en sous marin ou on part à l'aventure dans une simulation de jeu de survie. Cet établissement regroupe plusieurs activités à faire entre amis, en famille ou entre collègues, pour toujours plus de divertissement ! Le Quizboxing propose une séance de quiz immersif, comme si vous étiez sur les plateaux télé. Into The Abyss nous invite à prendre les commandes d'un sous marin où la coopération est primordiale pour mener à bien la mission. Quant à Koh Nanta, référence à un jeu télévisé bien connu, deux tribus s'affrontent au travers d'épreuves physiques, d'habileté ou de dégustation. Réservation au préalable nécessaire.

ET SI ON JOUAIT ?

JEUX ET JOUETS

CHARLOTTE ET COMPAGNIE HAUTS PAVÉS JEUX

61, rue des Hauts Pavés ✆ 02 72 01 67 40
www.charlotteetcie.com
Du mardi au samedi 10h à 12h30 et de 14h à 18h30. Livraison à domicile ou choose and collect

Voici le seul magasin de seconde main qui vous propose tout pour vos enfants de 0 à 12 ans ! On y trouve des articles sélectionnés par Charlotte avec un réassort quotidien. C'est la garantie de faire des bonnes affaires ! Le coin des jeux regorge d'idées avec un rayon entier dédié aux Playmobil, aux Lego, tous mis en scène. À nous peluches, doudous, jeux d'éveil, en bois, pour le bain, de société, figurines, dînettes, poupées, voitures, soldats, déguisements, vélos et trottinettes. Et des livres en tout genre. Et bien sûr un rayon puériculture avec un large choix !

JEUX ET JOUETS

LE MONTREUR D'OURS

2, rue Franklin ✆ 02 51 84 00 26
www.lemontreurdours.com
Ouvert le lundi de 14h à 19h ; du mardi au samedi de 10h à 19h.

L'ours, on le sait, est une espèce protégée. Mais saviez-vous qu'à Nantes, une formidable boutique le décline sous toutes ses formes ? Ici, Monsieur l'ours est en peluche mais aussi en éponge, en mohair ou en pièces numérotées. Peut-être des faux, mais aussi doux que des vrais ! La boutique propose également des gammes de maroquinerie, du linge de toilette et tout plein de nouvelles peluches originales et très douces. Quelques autres animaux ont également rejoint la boutique pour le bonheur des petits : lapins, tigres, cochons, vaches… Idéal pour (se) faire un cadeau. Une référence nantaise, pour les petits… et les grands ! Immanquable avec l'immense ours qui se tient devant la boutique.

JEUX

SUR UN PLATEAU

36, rue Léon Jamin ✆ 09 81 34 49 12
www.sur-un-plateau.fr
Ouvert du mardi au jeudi de 17h à minuit ; vendredi de 17h à 1h ; samedi de 14h à 1h ; dimanche de 14h à 21h. Terrasse.

Vous cherchez un café ludique où vous pouvez jouer à vos jeux de société favoris et en découvrir de nouveaux tout en sirotant un verre et en dégustant une planche ? Ici vous serez servi ! Cette idée lumineuse s'est concrétisée au solstice d'été 2019. Frédéric, l'ex-bio-informaticien, a entraîné son acolyte Sébastien, l'ancien comptable, dans son projet de reconversion né de sa passion pour les jeux. Et ils ont pensé à tout. Un coin pour les enfants. Une salle pour les soirées privées. Quelque 400 jeux. Des mets savoureux. Des cartes de boissons en forme de cartes à jouer. Une ambiance conviviale pour passer un super moment en famille, entre amis ou bien en amoureux… des jeux bien sûr !

LOISIRS CRÉATIFS

MERCERINE NANTES

14, Route de Paris ✆ 02 28 23 54 25
www.mercerine.com
Ouvert du lundi au samedi de 9h30 à 20h. Différents ateliers proposés (voir site Internet) : 12 €/h.

La Mercerine, c'est le lieu où vous trouverez tout ce qui est nécessaire à vos activités de couture, de broderie, de reprisage… Ici, on a tout pour faire du beau DIY (Do It Yourself) à partir de tissus et bien d'autres belles matières imprimées. On n'a que l'embarras du choix parmi les tissus originaux pour coudre des vêtements uniques : waxs, velours, suédines, jacquard, simili cuir, broderies anglaises, jersey imprimés… Mais aussi des boutons, rubans et élastiques aux mille formes et couleurs, des aiguilles, des ciseaux et bien d'autres articles de mercerie. Divers ateliers couture et broderie sont proposés, que l'on soit débutant ou non. Un véritable paradis pour la création !

JEUX

TRAMPOLINE 44

16, bis rue Marie Curie - **SAINT-SÉBASTIEN-SUR-LOIRE**
✆ 02 40 80 94 54 - www.trampoline44.com
Ouvert le mar, le jeu et le ven de 17h-20h ; le mer de 14h-18h30 ; le sam 10h-20h ; le dim 14h-18h30.

Découvrez l'un des parcs à trampolines les plus grands de France ! L'ambiance est top grâce aux jeux de lumières agréables qui confèrent au lieu une dimension festive (et sportive) appréciable. Vous pouvez rebondir au rythme de la musique, mais pas que, car de nombreux concepts vous sont proposés dans ces 3 000 m^2 ! Du principe de ninja warrior au bac à mousse ou encore au mur d'escalade, vous aurez de quoi vous occuper la journée entière ! Un espace coworking pour les parents est aussi prévu, insonorisé qui plus est. Idéal pour les anniversaires, enterrement de vie de jeunes filles/garçons, tout le monde y trouvera son compte ! Qui fera le plus grand saut ? On vous attend pour voir ça !

JEUX ET JOUETS

MOULIN ROTY

1, rue Duvoisin
✆ 02 40 20 15 36
www.moulinroty.fr
Ouvert le lundi de 11h à 19h ; du mardi au samedi de 10h à 19h.

Il était une marque pas tout à fait comme les autres qui naquit dans un Moulin, et sur son berceau s'étaient penchées quelques bonnes fées : générosité, douceur et fantaisie… Il y a 50 ans, les ateliers du Moulin Roty se sont organisés en coopérative ouvrière tout près de Nort-sur-Erdre et aujourd'hui, si la marque a gardé des valeurs identiques, sa renommée a franchi les frontières. À Nantes, sur 120 m^2, tous les joyeux amis de nos enfants sont présents sur les deux étages de la charmante boutique. Chaque gamme décline différents indispensables de nos tout-petits : du tapis d'éveil à la gigoteuse, en passant par le doudou musical, ou le matelas à langer… Attention, vous allez craquer !

JEUX

TV QUIZ NANTES

1, rue Léon Durocher
https://nantes.tv-quiz.fr
Ouvert le lundi et du jeudi au samedi de 10h à 0h ; le dimanche de 10h à 18h.

Qui sera le nouveau Maître du Quiz ? TV Quiz Nantes est une activité ludique, ouverte aux particuliers comme aux entreprises. On vient se confronter aux questions de culture générale et challenger ses amis, collègues comme sur un vrai plateau de jeux TV...sans le stress des caméras ! À partir de 4 personnes et jusqu'à 18, voire 36, on s'amuse grâce à l'ambiance sonore et visuelle de ces 2 plateaux. Hervé et Quentin ont ouvert ce loisir proche des Machines de l'île. En équipe, à partir de 12 ans (accompagné) durant 1 heure, on use de stratégie, on se confronte, on joue ses jokers. On répond à des questions selon plusieurs thématiques ! Les quiz sont personnalisables. Photo souvenir en prime.

ESCAPE GAME

TADAM ESCAPE GAME

14, rue de l'hôtellerie - **CARQUEFOU** ✆ 02 28 23 15 41
www.tadamescape.fr
Le mardi de 14h à 22h, du mercredi au samedi de 10h à 23h et le dimanche de 10h à 21h. A partir de 20 €/pers.

À Carquefou, Jeremy et Marion invitent les challengers (famille, amis, collègues...) dans l'âme à tester leurs compétences. Chez Tadam Escape, vous devenez les protagonistes de scénarios en temps réel, avec des options adaptées aux enfants dès sept ans. Plongez-vous durant une heure dans les mystères du temple Yupanki, dans les plans sinistres du Docteur Ox ou découvrez la fête des morts au Mexique. Réveillez vos compétences d'observation, de logique, de réflexion et de communication pour résoudre une multitude d'énigmes en équipe. Une fois le « Tadaaam » final retenti, signifiant le succès de la mission, un débriefing autour d'un rafraîchissement s'impose. Le jeu est entre vos mains !

JEUX

ILLUSION VR NANTES

18 b, rue Marie Curie - **SAINT-SÉBASTIEN-SUR-LOIRE**
✆ 02 40 69 82 42 - www.illusion-vr.fr
Ouvert du mardi au vendredi de 13h à 24h ; le samedi de 10h à 24h ; le dimanche de 10h à 21h.

Dans la zone de loisirs de Saint-Sébastien, près du Cinéville, découvrez une multitude de nouveaux mondes grâce à la réalité virtuelle (Archer, Christmas)... Franchissez les portes d'Illusion pour vivre des expériences inédites ! Plusieurs parties vous seront proposées, pour tous les âges (dès 12 ans) et pour tous les goûts. Devenez maître dragon ou encore Viking, explorez des mondes sous-marins ou faites face à des zombies, attention à la morsure ! Tout est possible à Illusion, vous voilà prévenu. Vous pouvez tout aussi bien jouer avec d'autres personnes ou privatiser une salle pour vous et vos proches. Une belle idée pour passer du temps ensemble et créer de futurs souvenirs épiques !

ESCAPE GAME

PRIZONERS NANTES

35, rue Marie Curie - **SAINT-SÉBASTIEN-SUR-LOIRE** ✆ 02 28 02 48 84 - Périphérique nantais - Porte 46 Saint-Sébastien-sur-Loire / Ligne de Bus n° 27 - Arrêt Marie Curie - www.prizoners.com/nantes
Tous les jours de 10h à 22h. À partir de 20 €/personne. -20 % étudiants. Salle de séminaire (35 personnes).

Vous aimez l'esprit d'équipe et les énigmes ? Entrez dans cet escape game pas comme les autres ! L'immersion est totale grâce aux décors réalisés par des professionnels du cinéma. 1h, différents univers possibles, comme, celui des Vikings, avec le fantôme de Lars Gundursson, chef viking du IXe siècle, Le Bateau pirate, avec le capitaine Vié, voleur au XVIIIe siècle, la mission sous la Loire avec Karma Project ou encore une immersion en cuisine avec Chef étoilé ! Prizoners, c'est une activité ludique et fédératrice proposée aussi aux entreprises, pouvant accueillir jusqu'à 80 joueurs ! Le site propose également des expériences en réalité augmentée ! Qu'oserez-vous tenter, aventuriers ?

LASER GAME

LASER GAME EVOLUTION

3, rue des Piliers de la Chauvinière - **SAINT-HERBLAIN**
✆ 02 28 27 75 49 - Tram Ligne 1 - Arrêt François Miterrand, Bus Ligne 71 et 93 - Arrêt Cochardières
Lundi : 15h-21h ; mardi-mercredi : 14h-22h ; jeudi : 16h-22h ; vendredi : 14h-00h ; samedi : 10h-00h ; dimanche : 10h-20h.

Vous en avez assez de revenir couvert de peinture des parties de *paintball* ? Alors essayez le Laser Game Evolution de Saint-Herblain, c'est garanti sans douleur ! Venez vous amuser dans l'un des 4 labyrinthes de jeu répartis sur 1 500 m², le tout sur 2 niveaux. Les espaces sont modulables sur demande en fonction du nombre de joueurs, parfaits pour se confronter à ses voisins ou amis d'école en conviant les parents à une soirée sportive et détente ! Ici, on respecte les affinités en ne mélangeant pas les groupes avec des inconnus. Et si Saint-Herblain vous semble loin, sachez qu'il existe un autre centre à Saint-Sébastien désormais, de l'autre côté de Nantes.

ESCAPE GAME

LA LIGUE DES GENTLEMEN

8, quai de Turenne
✆ 09 81 13 86 00
www.laliguedesgentlemen.com
Ouvert du mardi au dimanche de 11h à 21h. En équipe de 2 à 6 agents.

Prêt à vous transformer en Sherlock Holmes ? Direction la Ligue, cet escape game qui vous accueille quai de Turenne pour les missions Élite, Feydeau et LU et 6, rue du Guesclin pour les missions Verne et Haut Vol ou encore au Maillé Brézé pour la mission Opération K-Méléon I ou II. Une fois votre équipe constituée (amis, collègues, famille) de 2 jusqu'à 6 personnes, vous avez 1 heure pour résoudre l'énigme et sortir. Réflexion, logique et agilité sont nécessaires pour trouver clés, codes.... L'expérience est ludique même si on ne parvient pas toujours à sortir avant l'heure ! L'accueil des Gentlemen porte bien son nom !

JE CRÉE MON ESPACE DE VIE

Se sentir bien chez soi est tout un art. C'est une question d'habitat, d'aménagement, de décoration mais surtout d'atmosphère. Dans cette rubrique, vous trouverez de nombreuses adresses qui vous apporteront conseils et savoir-faire pour réinventer votre intérieur mais aussi des professionnels sur qui compter en cas de pépin. Dépannage d'électroménager, informatique ou autres. L'espace de vie, c'est choisir avec soin les objets du quotidien : meubles design, objets upcyclés, pièces artisanales. C'est aussi embellir et végétaliser votre environnement si vous le souhaitez. Tout comme il s'agit de prendre soin de ceux qui vous entourent, plus particulièrement vos compagnons à quatre pattes. Vous pourrez trouver des adresses pour les chouchouter ou les faire garder en cas d'absence. Vous l'aurez compris, Le *Petit Futé* a sélectionné de nombreuses adresses pour créer votre espace de vie. Du fleuriste au dépanneur, en passant par les services d'entretiens de votre foyer et vos animaux. Cette rubrique n'a qu'un seul objectif : construire un espace de vie appréciable !

VOTRE GUIDE DEVIENT

INTERACTIF

TAPEZ **PETITFUTE.APP** DANS LE NAVIGATEUR DE VOTRE SMARTPHONE.

PRENEZ UNE PHOTO DE LA PAGE DÈS QU'ELLE A CE PICTO !

ARTISANAT

LE 67, ATELIERS DE CRÉATEURS

67, rue du Millau ✆ 06 11 76 72 86
www.le67ateliers.com
Ouvert du lundi au vendredi de 11h à 18h. Visite sur RDV uniquement.

Voici le lieu de Catherine Schaerrer qui accueille depuis 2010 une quarantaine d'artisans d'art autour de valeurs éthiques et de disciplines artistiques diverses : tapissières, sculpteurs sur pierre, doreuses, émailleuse, plasticienne sur métaux, photographes, peintres décorateurs, street artistes, artistes peintres, graphiste, ébéniste, luthiers, créatrices textiles, costumières, créateurs de chaussures, créateur design, illustratrices et créatrice en arts graphiques se côtoient et réalisent de beaux objets, durables et locaux. Le 67 propose aussi des stages et formations.

PAPIER PEINT - PEINTURE

BAHO

9, rue Lafayette ✆ 02 40 35 03 70
www.bahodeco.fr/decoration/
Ouvert le lundi de 14h à 18h30 ; du mardi au samedi de 10h à 18h30.

Avec ce showroom spacieux né en 2020, Olivier poursuit l'aventure de Ouest déc'Or, entreprise de peinture et décoration créée il y a 10 ans à Vertou. Il a donc imaginé Baho, une peinture biosourcée respectueuse de l'environnement et de la santé, et qui plus est made in France ! Sur les conseils chaleureux de Maud et Sophie, choisissez parmi les 156 teintes du nuancier. Jouez l'artiste en composant vous-même le papier peint de vos rêves. Découvrez la jolie gamme de sols, de parquets et de lames éco-responsables. Sans oublier les objets déco tendance d'artisans locaux pour réchauffer votre univers. Laissez-vous transporter par le concept innovant de Baho pour tout décorer de bas en haut !

DÉCORATION

COMPTOIR DES INDUSTRIES FRANÇAISES

6, rue Louis Gaudin - **SAINTE-LUCE-SUR-LOIRE** ✆ 02 40 35 47 31
www.coin-fr.com
Sainte-Luce : du lundi au samedi 10h-12h30 et 15h-18h30. Pour les entreprises nouveau show room à Thouaré.

Ce magasin met à l'honneur l'univers de la maison avec du *made in France*. Le meilleur du mobilier, arts de la table, linge de maison, déco, cadres et luminaires. Des marques françaises prestigieuses (Cristel, De Buyer) pour la cuisine, verres en cristal, porcelaine. De l'Art déco pour les fauteuils et canapés, de la literie (Tréca). On est accueilli avec le sourire au sein du show room à Sainte-Luce-sur-Loire ou l'on pourra visualiser le meilleur pour embellir notre maison, salon, chambre, cuisine et idées déco (cadres, luminaires) mais aussi transats et sublimes coussins !

DÉCORATION

DECO & CORINNERIES

46, route du verger - **TREILLIÈRES** ✆ 06 45 35 60 51
www.decoetcorinnerie.fr
Ateliers sur rendez-vous du lundi au vendredi de 10h à 18h. Ateliers et stages à partir de 40 €.

Peintre-artisan spécialisée dans la décoration d'intérieur, Corinne vous aide à relooker, rénover votre intérieur vous-même ou à le réaliser pour vous. Mettant en œuvre le concept du Do It Yourself (faites-le vous-même) tout en l'améliorant grâce à son savoir-faire, Corinne propose ateliers et stages chez vous ou dans son atelier pour apprendre les techniques : pochoirs, métal, techniques de rénovation d'un meuble... Se déplaçant à domicile munie de ses nuanciers pour des peintures respectueuses de l'environnement labellisées eco-label, Corinne prend le temps nécessaire à l'écoute de vos demandes et à l'observation de votre pièce à rénover. On ne jette plus, on rénove !

ARTISANAT

DOCTEUR PAPER

www.docteur-paper.com
Contact par mail. Illustrations de 29 € à 110 € à retrouver sur son site Internet.

Jérôme Baillet AKA Docteur Paper est un illustrateur basé à Nantes. Il griffonne depuis son plus jeune âge et ses thèmes de prédilection sont la ville, le voyage, l'architecture ou encore l'urbanisme. Que ce soit à Nantes, Grenoble, Lille ou Barcelone, il propose un nouveau regard sur ces villes avec sa patte artistique. Ses œuvres se déclinent en pièces uniques et en illustrations sur différents médiums : papier, tissu, skateboard ou même murs comme en témoigne ses fresques nantaises. Pour n'en citer que quelques-unes, découvrez *Ville imaginaire* sur un des murs du CHU ou encore sa fresque au stade de la Beaujoire. Craquez ensuite pour une de ses illustrations sur sa boutique en ligne !

PUÉRICULTURE

EBAM BOUTIQUE FAMILLES

6, rue Louis Gaudin - **SAINTE-LUCE-SUR-LOIRE** ✆ 02 40 35 47 31
www.instagram.com/ebam.boutique
Ouvert du mardi au vendredi de 10h à 12h30 et de 15h à 18h30 ; le samedi de 9h à 13h et de 14h30 à 19h.

Cette nouvelle boutique pour les familles propose des produits 100 % authentiques, durables, originaux, ludiques ! Parmi tous les articles utiles à notre bien-être : des cosmétiques naturels, des gommages, des savons de Marseille. Pour les plus jeunes : de nouveaux jeux de société de toutes sortes, des doudous de la marque locale Moulin Roty, des enceintes Bluetooth de Lexon, des réveille-matin originaux... Pour les plus grands, des kits apéro et de jolis objets design pour la cuisine : gourdes inox, chariots Rolser... Et on se fait de jolies mains avec la gamme de vernis Nailmatic. On ne peut pas tout citer ! Et bam ! on découvre cette nouvelle boutique en mai 2020 et c'est 100 % permis !

DÉCORATION
LES ESTHÈTES
27, rue de Strasbourg
www.lesesthetes.fr/
Ouvert du mardi au samedi de 10h à 19h.

En haut de grandes baies vitrées, des bouquets séchés aux teintes marron, naturel, et bleu canard révèlent une bien jolie boutique. Les esthètes, ce sont une sœur et un frère, sensibles à l'art et à la beauté. Jennifer, la happy communicante. Anthony, l'architecte d'intérieur, qui chine pour vous tous les objets délicieux pour habiller votre lieu de vie. Vases, assiettes, table basse, guéridon, armoire, miroir, canapé, tasses et théière, lampe, sculpture, tapis, chaise, bureau, carafe, fauteuil… On aime ce lieu soigneusement agencé qui donne envie d'égayer son intérieur avec ce mobilier vintage et ces fabuleux objets de réemploi sélectif triés sur le volet. C'est beau et en plus c'est écolo.

NEW
DÉCORATION
LES INSOLITES NANTES
110, boulevard des poilus
✆ 09 75 90 73 63
Ouvert du mercredi au samedi de 11h à 19h ; le dimanche de 14h à 19h.

300 mètres carrés d'objets insolites présentés dans une décoration soignée. Ce lieu idoine sert d'espace de co-working à 14 brocanteurs professionnels indépendants. Cette brocante permanente propose des tables, canapés, vaisselles d'arts de la table, vêtements, luminaires, jouets anciens, draps brodés, tableaux et vinyles ou encore du petit mobilier. Des objets à prix abordables vous attendent. Antiques, vintage et triés sur le volet, ils valorisent l'image de la brocante. Ici, pas de poussière, tout brille de mille feux comme dans un magasin de décoration haut de gamme. Cet espace cosy et bien agencé fera le bonheur des nantais. Un spot incontournable pour les balades dominicales.

NEW
RANGEMENTS
HOME BOX NANTES
2, rue du Danemark - **CARQUEFOU** ✆ 02 28 23 03 40
https://www.homebox.fr/
Ouvert tous les jours.

Homebox à Nantes, ce sont des espaces de 1 à 45 m², accessibles 24h/24, 7j/7, entièrement sécurisés, dédiés à l'entreposage de vos affaires. Il peut être utile de pouvoir conserver des meubles, cartons ou autres pendant parfois plusieurs mois sans qu'on ait forcément la place chez soi. L'équipe de Gwendolyne est là pour évaluer avec nous la surface dont on a besoin. Le centre met également à disposition wifi, diables, chariots et transpalettes pour transporter nos affaires et propose directement à la vente cartons, adhésifs, cadenas. Souplesse, transparence, sécurité, service et proximité sont les maîtres mots de cette référence en matière de self-stockage. Réservation en ligne possible.

ARTISANAT
KÔBÔ NANTES L'ATELIER
21, rue des hauts pavés
✆ 06 76 69 35 80
https://kobo-nantes.fr/
Ouvert les lundi, mardi, jeudi, vendredi, samedi de 10h à 19h.

Vous avez des envies artistiques mais vous ne savez où les assouvir ? Ne cherchez plus, on connaît une excellente adresse pour ça ! Dans la rue dynamique des Hauts-Pavés, découvrez l'atelier Kôbô, dirigé par Sophie allias Le Panda Volant ! Ce lieu atypique où tout est fait à la main est à la fois atelier et boutique où elle vend ses créations. Et c'est aussi là que vous pourrez suivre des ateliers créatifs et de couture, pour parfaire votre art, auprès d'une professeure compétente et passionnée, qui saura vous transmettre son savoir et sa passion. Et qui sait, peut-être vous découvrirez-vous d'autres talents ? Des heures de convivialité en perspective !

CRÉATEUR
L'INATELIER
1 place de la Monnaie
✆ 02 40 47 35 66
www.linatelier.fr
Du mardi au samedi, de 11h à 19h.

L'Inatelier est un concept-store dédié au mobilier et aux articles de décoration réalisés dans les ateliers français. Ici, le design français, la fabrication artisanale et les matières naturelles sont à l'honneur avec des objets Inattendus et Inspirés. Parmi les différents univers allant de celui des arts de la table à celui des enfants en passant par les luminaires, les meubles et le textile, le choix est vaste. Les matières locales et nobles sont privilégiées comme le lin, le chanvre, le feutre pour le textile, et pour les meubles des essences de bois locales (chêne, noyer, frêne, châtaignier). L'Inatelier c'est une émotion et une qualité durables dans un style contemporain et authentique.

DÉCORATION
MAISON ROUSSOT
3, place de la Monnaie ✆ 07 81 28 36 61
www.maisonroussot.com
Showroom atelier-boutique ouvert sur RDV du lundi au vendredi. Personnalisation en ligne : site marchand.

La Maison Roussot est une boutique en ligne qui met à l'honneur les arts de la table et les objets déco d'un style naturel et élégant. Les créations made in France sont personnalisables puisqu'on peut y faire broder, graver et même peindre nos noms et prénoms. Parmi les produits fabriqués dans les Pays de La Loire : les ronds de serviette fabriqués à Cholet, les jolies broderies de linge de table de La Chapelle-sur-Erdre, les bols sont faits en Vendée...Le savoir-faire français s'exprime ici avec des matières nobles et un design raffiné et sobre. Charlotte nous accueille sur rdv à Nantes, dans son atelier-boutique et nous dispense ses conseils déco utiles et à l'art de la personnalisation.

ARTS

LE MANA

Place Royale
www.le-mana.com/
Ouvert du lundi au samedi de 10h à 19h.

Le MANA, musée et boutique d'affiches, véritable institution sur l'île de Nantes, a implanté une annexe Place Royale. Ouverte dès décembre 2021, le succès fut immédiat ! En effet, Xavier, le gérant, a à cœur de vous proposer des visuels variés, originaux, et ce dans différents formats. Il vous propose de superbes affiches touristiques, ainsi que de nombreux inédits, réalisés avec des artistes locaux. Vous y trouverez aussi des anciennes publicités, des cartes pédagogiques, des affiches modernes, etc. Mais avant tout, vous trouverez ce que vous n'étiez pas venu chercher ! Car c'est ce qui fait le charme de cet endroit où l'on se sent bien, et où l'on aime flâner. Une vraie respiration.

NEW
LUMINAIRES

LES PETITES BALADEUSES

15, rue de Verdun
✆ 09 86 15 24 52
www.lespetitesbaladeuses.com
Ouvert du mardi au samedi de 10h à 19h.

Au pied d'un immeuble médiéval du quartier Cathédrale se niche une jolie boutique tout en lumières. Elles portent bien leur nom, Les Petites Baladeuses ! Passé le pas de la porte, on plonge dans un univers de déco chaleureux. Ici la spécialité est avant tout le luminaire : suspensions en tissu, en céramique, lampes tactiles, ampoules en porcelaine ou composable... On s'émerveille devant ce joli choix de produits de qualité et originaux. Comme des envie de repenser l'éclairage chez soi ! La boutique propose également d'autres éléments déco : tapis, bougies, cache-pot... Également un système d'étagères sur mesure ! Une belle adresse avec de bons conseils en prime : agréable et utile !

EQUITABLE

ORIGINE BOUTIK

1, rue Charcot
BASSE-GOULAINE
✆ 09 81 13 22 36
Du lundi au samedi de 10h à 19h.

OrigineBoutik, c'est une véritable caverne de trésors qui répond aux règles du bon goût, de la qualité et à l'éco-responsabilité, que ce soit la déco : petits mobiliers, fauteuils, vases..., les fleurs séchées, les fragrances avec les bougies et parfums, les gourdes de Qwetch, ou les Incroyables Cocottes... Les amoureux du bien-être et de l'élégance ne sont pas en reste avec les savons, les trousses de toilette, les cosmétiques naturels, les sacs à main en cuir. Pour les plus jeunes ? Les jouets et peluches de Moulin Roty, les bolides de Vilac, les marques Liliputiens, Janod, Djeco... OrigineBoutik, c'est original et plein de bonnes idées tendance qui font plaisir ! Idéal pour faire un cadeau.

MEUBLES

PLANÈTE OCCASION

Route de Paris - **CARQUEFOU** ✆ 02 40 30 18 60 - Périphérique : sortie 41, porte de Carquefou. - www.planete-occasion-nantes.fr/
Ouvert du lundi au samedi de 9h30 à 12h et de 14h à 19h. Dépôts uniquement le matin.

Nouvelle équipe en 2020 avec Arnaud et ses experts à l'enthousiasme débordant. On vient toujours pour les bonnes occasions dans cette belle brocante où on déniche des perles rares en se baladant. Pour les adeptes du terrain, quel plaisir de découvrir ces articles et de faire de bonnes affaires en vendant nos meubles et objets ! On peut réserver en ligne, puis venir « collecter » dans la boutique. Planète Occasion rachète, se déplace sur le 44, assure le débarras. À nous aussi les bijoux avec une expertise, et toujours l'électroménager, le sport, les vinyles & DVD. Mais également du neuf : literie, canapés. Et la nouveauté au rayon informatique avec l'atelier des réparations, un Shop in Shop.

NEW
SHOPPING

OTAKU NO DERA

5, Place Royale
✆ 02 40 35 25 83
https://otakunodera.fr/
Ouvert du lundi au samedi de 10h à 19h30.

Amateur du pays du soleil levant ou curieux, cette boutique saura vous ravir ! Le magasin est divisé en plusieurs espaces avec notamment, en bas, une librairie spécialisée dans les mangas. C'est l'une des plus grandes de l'Ouest et y on trouve un choix varié du Shonen au Yaoi. Quelques produits dérivés sont également présentés. Quant à l'étage, il est difficile de ne pas craquer pour l'un des univers joliment présentés. Figurines, sacs ou peluches, il y en a pour tous les goûts et tous les âges. On passe par Disney, Pokemon, Dragon Ball ou encore One Piece pour notre plus grand plaisir. Ponctuellement, pour animer le lieu : séances de dédicaces, journées flash tattoo ou concours de cosplay !

REVÊTEMENT SOS - MURS

RGB CERAMIC

rue gustave Eiffel - **SAINT-HERBLAIN** ✆ 02 85 52 26 24
www.rgb-ceramic.com
La salle exposition : du lundi au vendredi : 9h-12h30 et 14h-18h30. Le samedi : 10h-12h30 et 14h-18h.

Les magasins RGB Ceramic ont fait le choix de se spécialiser dans le carrelage, la faïence, le revêtement de sols, céramiques. Tout pour faire sa salle de bains de A à Z ! Plusieurs adresses dans le 44, le long de la côte avec Pornic, Pornichet. Nantes n'est pas en reste avec une boutique à Saint-Herblain, dans la zone dynamique d'Atlantis. L'équipe, d'excellents conseils, vous accompagne au mieux dans vos travaux, qu'ils soient en extérieur ou en intérieur ! L'espace magasin dispose de nombreux showrooms, pour vous aider à visualiser au mieux les rendus des matériaux. Votre conseiller, à l'aide de son logiciel 3D pourra s'adapter au mieux à votre demande. Une référence dans le domaine.

DÉCORATION

SERGEANT PAPER

1, place Félix fournier
www.sergeantpaper.com
Du mardi au samedi de 11h à 19h.

Sergeant Paper, marque proposant de sublimes affiches artistiques, vient d'ouvrir à Nantes ! Place Félix-Fournier, Calypso nous accueille. Ce sont plus de 1 000 œuvres d'artistes français ou internationaux émergents ou bien connus, que l'on peut s'offrir à des prix vraiment doux. Une large gamme d'affiches déjà imprimées sont disponibles dans la boutique, parmi différents thèmes (amour, urbain, voyages, cinéma...) imprimées sur du papier d'art avec un numéro unique et la signature de l'artiste. La grande nouveauté, c'est qu'au sein de la même boutique, on trouve également La Maison Sergeant : soit une belle sélection d'objets utiles, déco et design revisité pour toute la famille !

ARTS

LE TRIPHASÉ

20, boulevard Gabriel Guisth'au ✆ 06 81 17 06 90
www.letriphase.com
Du mardi au vendredi de 14h à 19h. Samedi de 11h à 18h. RV possible par téléphone.

Encadreur et Meilleur Ouvrier de France dans sa discipline, puis marchand collecteur, Franck Moinel est devenu galeriste en créant Le Triphasé. Fort de son expérience dans plusieurs villes en France, il apporte ses connaissances et ses conseils à ceux qui souhaitent monter une collection et estimer des œuvres, tableaux, dessins, sculptures... Cette galerie atypique est dédiée aux curieux et aux esprits ouverts, amateurs d'art sous toutes ses formes et sous diverses techniques, dans la galerie : des céramiques, des fusains sur papier, des tuiles sur toile, des estampes japonaises... Le Triphasé fait cohabiter avec goût et harmonieusement les arts anciens et contemporains.

MEUBLES

SOUS LES TOITS

277 bis, route de Vannes - **SAINT-HERBLAIN** ✆ 02 40 63 50 58
www.souslestoits.com
Ouvert du lundi au vendredi du 10h à 13h et de 14h à 10h. Samedi de 10h à 19h. Livraison possible.

Sous les Toits est spécialisé dans l'univers de la maison et de la décoration. Sur la route de Vannes, Jérémie et son équipe, passionnées de déco proposent des marques de créateurs nantais et internationaux et sont constamment à la recherche d'objets et de meubles tendance et originaux pour le plus grand bonheur de notre intérieur. Sous les Toits propose des meubles, des poufs de chez @harmonytextile, des canapés, du linge de maison, des luminaires, des tapis Sibérie 100 % pure New Wool, des jolis papiers peints de Papermint... Et plus qu'un magasin, Sous les Toits est un *concept store* : tee-shirt, montres, lunettes font aussi votre bonheur ! Alors, on refait notre nid sous les toits ?

PAPETERIE / CARTERIE

LE TYPOGRAPHE

1, place de la Monnaie
✆ 02 40 31 85 10
www.typographe.be
Du mardi au samedi 11h-19h.

Bienvenue au paradis de l'écriture ! Ici, dans cette jolie papeterie nantaise, vous trouverez tout ce qu'il faut pour votre correspondance : carterie, beaux cahiers, bloc-notes, dessins, mémos... et bien sûr papiers mais aussi crayons de bois et autres stylos pour laisser des messages qui durent ; à l'heure où le numérique fait loi, le temps s'arrête au Typographe ! Situé juste en face du Muséum d'Histoire naturelle, la boutique tenue par Nathalie nous transporte dans l'art de l'écriture et du beau papier et des cartes et autres articles de papeterie artisanale d'un créateur belge. Un service personnalisé est proposé en boutique pour vos cartes de visites, faire-part...

CONCEPT STORE

THE WIZARD'S SHOP BOUTIQUE HARRY POTTER

Passage Pommeraye ✆ 01 85 09 74 50
https://the-wizards-shop.com/fr
Ouvert du lundi au samedi de 10h à 19h ; le dimanche de 14h à 18h.

Si vous êtes Gryffondor, Serpentard, Poufsouffle ou Serdaigle, si vous aimez les bonbons de Bertie Crochue ou la bière au beurre, si la carte des Maraudeurs et les reliques de la Mort n'ont aucun secret pour vous, si vous êtes amateur de Quidditch, The Wizard 's Shop est fait pour vous. Cette boutique digne du Chemin de Traverse ravira les fans d'Harry Potter. Ici baguettes, vêtements, figurines, jeux, papeterie, confiseries,... raviront les mordus (et les moldus) de la saga du plus célèbre magicien. Il y en a pour tous les budgets : gallions, mornilles et noises !

MEUBLES

XXL MAISON NANTES

339, Route de Vannes - **SAINT-HERBLAIN**
✆ 02 49 53 18 55 - www.xxl.fr
Ouvert du lundi au vendredi de 10h à 13h et de 14h à 19h ; le samedi de 10h à 19h.

XXL Maison rend le design et la déco accessibles à tous ! Les collections sont présentées dans un showroom spacieux, aux ambiances chaleureuses. On s'entoure des meilleurs créateurs du moment pour sublimer nos intérieurs, séjours, salons, chambres, sans oublier la déco et les compos murales ! On aime le design et la praticité des tables de repas extensibles, les lits iconiques et design pour nos chambres, les chaises tendance aux tissus personnalisables, les buffets alliant le bois, la céramique, la déco. Le design, confort et esthétisme prennent tout leur sens avec les sublimes gamme de canapés XXL : fabricant de toutes les collections. Du sur-mesure ! L'accueil et les conseils sont au top !

PHOTOGRAPHE

L'ATELIER ARGENTIQUE

19, Chaussee de la madeleine ✆ 02 28 29 44 05
www.latelierargentique.com
Ouvert du mardi au samedi de 10h à 18h30. Ateliers de 70 € à 160 € sur réservation.

Dans la rue face au CHU de Nantes, se trouve un atelier photo peu commun. En effet, ce dernier est spécialisé dans l'argentique. Les 2 photographes, Carole et Camille, amies depuis leurs études au BAC pro photo de Montaigu, mettent leur savoir-faire en œuvre pour réaliser des tirages de qualité. Le tout fait main, réalisé avec minutie, que ce soit du développement au séchage. Aucun défi ne les arrête ! L'échange avec ces professionnelles est passionnant et permet un meilleur rendu. De plus, de nombreux événements sont proposés autour de l'art de la photo argentique : rencontre, expo, atelier. N'hésitez pas à vous inscrire ! En tout cas nous reviendrons nous faire tirer le portrait !

PHOTOGRAPHE

PHOTO SAINT-PIERRE

8, place Saint-Pierre ✆ 02 40 47 14 13
www.photo-st-pierre.fr
Mardi au samedi de 10h-12h et 14h30-19h. RV possible en dehors des heures d'ouverture pour cas particuliers.

Voyage dans le temps garanti dans ce lieu tourné exclusivement vers l'argentique. À deux pas de la cathédrale, Bertrand Hardy nous accueille dans cet antre de la photo aux boîtiers du XIXe siècle en passant par des appareils plus récents. Ici, on retrouve plus de 3 000 articles. De même, il est possible commander ses tirages, s'équiper pour installer son labo, numériser les DVD et les CD, réparer et entretenir son matériel, trouver des négatifs de clichés du Vieux Nantes, de 1850 aux années 1970. Il réalise aussi des reportages, mariages, identités, portraits et propose des formations (tirage en noir et blanc, prises de vue, etc.). Boutique incontournable pour les passionnés de photographie !

PHOTOGRAPHE

ATELIER PHOTO EMMATITIA PORTRAITISTE D'ART

5, rue Mercœur
✆ 09 50 82 69 86 - Sur la place de Bretagne
www.emmatitia.fr
Ouvert du lundi au samedi de 9h à 18h.

Emmanuelle, portraitiste d'art, nous reçoit dans son charmant Atelier Photo, un lieu agréable et confortable pour prendre la pose. Cette photographe expérimentée fait tout elle-même, du décor à la retouche d'images, en passant par la prise de vue complète. Avec sensibilité et professionnalisme, elle accueille ses modèles désireux d'immortaliser une émotion, un sourire... Elle réalise des invitations, des faire-part de naissances, de mariages... Et pour les grandes occasions, Emmanuelle se déplace pour saisir l'instant et réaliser des photos originales.

PHOTOGRAPHE

UNE PHOTO : PATRICK ALBERA PHOTOGRAPHIE

✆ 06 98 09 40 02
www.unephoto.fr
Sur rendez-vous uniquement. Tarifs sur demande.

Passionné par la photo depuis une dizaine d'années, Patrick Albera a réalisé de nombreux projets dont la série de clichés des commerçants du marché de Talensac, ou les 100 Folies, projet photographique et artistique mettant en scène cent femmes photographiées dans cent lieux nantais différents. Patrick Albera photographie également vos événements (mariage, naissance, fête familiale, book, réunion business). Une bonne occasion de donner une âme à vos clichés, grâce à l'œil d'un professionnel enthousiaste doté d'une sensibilité artistique et d'une technicité maîtrisée.

PHOTOGRAPHE

NAUTILUS PHOTOGRAPHIE

Quai de Versailles
✆ 02 40 48 08 88 - Tram ligne 2, arrêt Saint-Mihiel
www.nautilusphoto.com
Uniquement sur rendez-vous.

Un atelier hors cadre pour un photographe hors cadre ! C'est sur le pont d'une charmante péniche amarrée au quai de Versailles que Jean-Dominique Billaud a posé ses valises pour installer son atelier photographique. Le capitaine de ce Nautilus dédié à l'image dispose dans sa cale de plusieurs bagages de photographe : photos de reportage, d'art, de publicité, de mode, industrielle ou d'architecture. Il réalise aussi des photos de mariage ainsi que des portraits. Professionnels et particuliers peuvent ainsi bénéficier de son œil avisé et de son sens de l'esthétique affiné pour réaliser leurs images. Il ne reste plus qu'à monter à bord et embarquer pour un voyage alliant technique et poésie !

TÉLÉPHONIE

1001 PILES BATTERIES NANTES

8, allée de la Maison Rouge ✆ 02 51 72 10 00
www.1001piles.com/magasins/nantes
Ouvert du mardi au vendredi de 10h à 19h ; le samedi de 10h à 12h30 et de 13h30 à 18h30.

C'est le magasin utile qui peut toujours servir ! Que vous cherchiez des piles ou des batteries pour une montre, un smartphone, un vélo électrique..., ou que vous souhaitiez réparer la vitre de l'écran (tablette, smartphone...) cassée. Sans oublier les conseils bien pratiques. 1001 piles pense aussi au développement durable en récupérant vos piles ou en proposant des piles rechargeables moins nocives et gourmandes, des technologies à LED, ainsi que du solaire. En plus, question rapport qualité/prix, c'est imbattable ! Les conseillers sont à l'écoute et très efficaces.

DÉPANNAGE - RÉPARATION

ATELIER DES RÉPARATIONS

CARQUEFOU ✆ 02 85 52 97 81
www.windle.shop
Au sein du Shop in Shop de Planète Occasion. Ouvert du lundi au samedi de 9h30 à 12h et de 14h à 19h.

Au sein du magasin Planète Occasion, vous trouverez cet espace dédié aux matériels informatiques, à la téléphonie et à l'électroménager. L'expertise des techniciens est chevronnée, ils nous réparent nos téléphones, ordinateurs, consoles vidéos, petit électroménager qui ont des pannes informatiques, matérielles ou logicielles. Ici, vous ferez changer vos écrans, réparer votre clavier, remplacer votre batterie... Et c'est totalement éco-responsable : l'atelier des réparations s'occupe de vos appareils défectueux et leur redonne une seconde vie. La boutique propose aussi à la vente des téléphones, des accessoires. L'équipe vous offre également des conseils avisés toujours avec le sourire.

INFORMATIQUE

ZONE D'IMPRESSION

10, boulevard de la fraternité ✆ 02 40 43 59 86
www.zone-impression.com
Du lundi au vendredi de 9h à 12h30 et de 14h30 à 18h30 ; le samedi de 9h30 à 12h30. Photocopies. Recharge de cartouches.

Depuis 10 ans, le magasin de Marie-Cécile, Zone d'impression vous accueille pour recharger la plupart de vos cartouches d'imprimantes jet d'encre ou laser. La recharge s'effectue à partir de votre cartouche d'origine et de l'encre OCP développée pour le modèle de votre cartouche. Vous pourrez ainsi rechercher le modèle correspondant à votre imprimante, ou racheter vos cartouches en faisant des économies. Zone d'impression c'est aussi un service de photocopies, d'impressions numériques et de reliures pour vos documents couleurs ou NB. C'est idéal pour imprimer vos CV, vos rapports de stage, vos thèses, à partir d'une connexion Internet ou de votre clef USB. Des services efficaces pour tous !

IMAGE - SON

L'AUDITORIUM

22, rue Jean-Jaurès
✆ 02 40 20 53 09
www.auditorium-nantes.com
Du mardi au samedi de 9h30 à 12h et de 14h à 19h.

L'Auditorium est une institution dans le monde du son et de l'image haut de gamme avec une équipe de passionnés à la recherche constante de nouveautés et de raretés à proposer, après les avoir testées en laboratoire pour vous proposer l'excellence. Haute-fidélité sonore et qualité visuelle garanties ! Sur les 3 étages de la boutique, vous disposez de 6 salons d'écoute, de quoi vérifier les qualités des systèmes ! Côté références, vous trouvez à l'Auditorium des marques comme Yamaha, Faber, Beyerdynamic, Sony, Devialet, Epson pour la vidéo-projection, Heed, Naim, Primare, PrimaLuna et bien d'autres. Une sélection de CD, vinyles et disques pour oreilles averties est également disponible.

MULTIMEDIA-IMAGE-SON

FNAC

Place du Commerce
✆ 08 25 02 00 20
www.fnac.com
Ouvert du lundi au samedi de 10h à 19h30.

Dans l'ancien Palais de la Bourse dessiné par l'architecte Mathurin Crucy, la Fnac de Nantes s'étend sur 3 niveaux. Un espace multimédia, la billetterie, le click and collect, le SAV, la téléphonie, la photo et l'électroménager au RDC ; un 1er étage accueille le son, la vidéo et les jeux pour les plus jeunes et la littérature jeunesse, et le second dédié à la lecture : littératures française et étrangère, scolaire, mangas, BD... Dans le salon, découvrez les œuvres, les conférences, les rencontres d'artistes de la programmation Fnac. À noter : à la gare SNCF, une nouvelle adresse vous accueille pour des produits nomades et de voyage : téléphonie, accessoires, micro-informatique, son.

INFORMATIQUE

POINT ENCRE ET TONER

13, rue de l'Hôtel-de-Ville ✆ 02 40 35 64 29 - 2e adresse à Cholet : 170, rue de Lorraine, tel 02 41 29 06 51
http://point-encre-toner.fr
Ouvert du lundi au vendredi de 9h30 à 12h30 et de 13h30 à 18h30. Le samedi de 9h30 à 12h30 et de 13h30 à 17h30.

En plein centre-ville, Point encre et toner vous accueille pour recharger vos cartouches d'encre, réaliser des économies et préserver notre planète ! Plus économique et plus écologique, cette alternative intelligente au gaspillage nous invite à recharger nos cartouches d'encre d'imprimantes au lieu de les jeter. Cet ingénieux système de rechargement fonctionne une dizaine de fois avant de finir pour de bon au recyclage, c'est pourquoi vous trouverez aussi sur place des cartouches neuves à prix très compétitifs. Point encre et toner, c'est aussi des imprimantes, des fournitures de bureau, un service tampon-minute, un service de reprographie et photocopie. Une excellente impression !

MULTIMÉDIA - IMAGE - SON

AFB SHOP NANTES

3, rue de la Grande Bretagne ✆ 02 49 49 26 27
www.afbshop.fr/afb-nantes
Ouvert du lundi au vendredi de 9h30 à 12h30 et de 14h à 19h et le samedi de 9h30 à 12h30 et de 14h à 18h.

C'est l'endroit tout indiqué pour réaliser de bonnes affaires informatiques ! On vient acheter un ordinateur, une tablette, un smartphone, des accessoires... Mais c'est également le lieu pour les bons plans au niveau qualité/prix mais aussi des bons plans « verts ». Entendez par là que l'offre informatique d'AFB est de seconde main reconditionnée. Et à l'heure de l'obsolescence programmée, nous sommes nombreux à apprécier ces bons plans éco-responsables. L'autre particularité de cette entreprise est d'embaucher des personnes en situation de handicap. Un bon plan pour le porte-monnaie, un beau geste pour la planète et une bonne action. Il n'en faut pas plus pour nous convaincre !

FLEURISTE

ACQUAVERDE

33, boulevard Albert Thomas ✆ 02 40 94 17 32
www.acquaverde-fleurs.fr
Du mardi au samedi de 9h30 à 12h15 et 14h30 à 19h30 ; dimanche de 10h à 12h45.

Depuis plus de 15 ans, Acquaverde embellit et embaume nos intérieurs grâce à Thierry et son équipe qui accompagnent particuliers et professionnels. Avec son joli nom – hommage à l'eau et au vert essentiels aux plantes – cette jolie boutique propose de très jolies plantes et fleurs. Les pots et arbustes débordent dehors sur la terrasse en bois. Olivier, camélia, orchidées, pivoines, roses, tulipes, clématites, ou lilas... Les fleurs de saison sont regroupées par couleur, les blanches et vertes au centre, et sur la gauche, les roses, rosées, rouges côtoient les orangées,... Le choix est très large, et le raffinement bien présent, de la composition à la présentation. Une très belle adresse !

FLEURISTE

FLEURS DE THÉ

138, rue du Général Buat
✆ 02 51 17 68 70
Ouvert du mar au jeu 9h30-13h et 15h30-19h ; les ven et sam 9h30-13h30 et 15h30-9h30 ; le dim 10h-13h.

À deux pas de Saint-Donatien, Myriam et son équipe réalisent différents travaux floraux (mariages, deuil...). Vous pouvez aussi vous fier à elle pour la création d'ambiance florale autour de thèmes plus spécifiques. Elle propose des plantes à la location pour créer des styles selon les saisons, du contemporain, de l'exotisme, en passant par le zen, le style anglais, romantique, bucolique... Myriam vous conseille pour agrémenter une décoration d'ambiance que vous soyez un particulier ou un professionnel en respectant votre environnement et votre personnalité, grâce à une large gamme d'objets et accessoires. Elle propose également des stages de décoration florale, et fournit tout le matériel.

FLEURISTE

BRANCHE ET NATURE

9, avenue Sainte - Anne ✆ 02 40 33 16 21 - Bus C1 arrêt Lechat
www.brancheetnature.fr/
Ouvert du mardi au samedi de 10h à 13h et de 15h à 19h ; le dimanche de 10h à 13h.

Dans cette ambiance de petit village qui émane de la butte Sainte-Anne, on découvre avec plaisir la boutique de fleurs Branche et Nature. Installée depuis plusieurs années sur cette charmante avenue entre l'église et le musée Jules Verne, Stéphanie est LA fleuriste du quartier ! Passer la porte de sa boutique, c'est la garantie d'un véritable plaisir pour les yeux : de jolies fleurs de saison sélectionnées avec soin, plantes diverses et variées, créations en fleurs séchées, cache-pots et éléments de déco... Plaisir également pour le nez avec ces délicates odeurs, que ce soit les doux parfums de fleurs, ou ceux des bougies proposées. Un lieu joliment aménagé, plein de couleurs et de douceur !

FLEURISTE

LE JARDIN DOBRÉE

5, rue Voltaire
✆ 02 51 84 12 50
jardindobree.fr
Ouvert du mardi au samedi de 9h à 20h.

Chez Denis Regnier, le créateur du Jardin Dobrée et son équipe : Franck et Nadia, vous trouverez de très belles compositions et plantes de toutes sortes mais aussi des fleurs au détail pour toutes les occasions et tous les budgets. C'est au MIN, et chez les horticulteurs de la région, que Denis s'approvisionne, d'où l'excellente qualité des fleurs très fraîches. À noter aussi le beau choix d'orchidées dans de nombreuses couleurs. Pour des conseils en matière de création d'ambiances florales, c'est la bonne adresse car Denis est aussi un paysagiste d'intérieur ! Ici, on fait le plein d'idées, de déco et de cadeau, grâce à sa sélection d'objets de décoration : fontaines, angelots,...

FLEURISTE

LES FLEURETTES SAUVAGES

39, rue Léon Jamin
✆ 02 55 54 44 22
www.fleurettes-sauvages.com
Ouvert du mardi au samedi de 10h30 à 19h30.

Les Fleurettes Sauvages de Christelle ont vu le jour à l'été 2021, suite à une reconversion professionnelle. Sa boutique, installée dans la très agréable rue Léon Jamin, c'est un petit condensé de couleurs, une explosion de gaîté, un cabinet dans lequel on fait déambuler son regard avec plaisir. Ici et là de jolies fleurs pour l'essentiel françaises, du feuillage élancé et généreux, des plantes vertes dans d'anciens pots en terre cuite. Au sein de sa boutique-atelier où l'on se sent un peu comme à la maison, Christelle confectionne avec passion des bouquets et compositions selon vos envies. On ne peut que tomber sous le charme de l'univers champêtre et poétique des Fleurettes Sauvages !

FLEURISTE

PRIMEROZE AUDRIC RONFORT

65, Boulevard de la prairie au Duc ✆ 02 51 83 95 27
www.facebook.com/fleuristeprimeroze
Ouvert du mardi au vendredi de 10h à 14h et de 15h à 19h30 ; le samedi de 10h à 19h30 ; le dimanche de 9h30 à 12h30.

Le végétal, c'est son outil de création, son moyen d'expression. À travers les bouquets et compositions de fleurs fraîches ou séchées qu'il confectionne, Audric souhaite livrer une émotion, un ressenti chez celui qui contemple. Ce jeune fleuriste au savoir-faire solide a ouvert sa boutique en novembre 2021 dans le nouveau quartier de la Prairie-au-Duc. Au gré des saisons, cet artisan met à l'honneur la fleur française et européenne : chez Primeroze le choix des végétaux est effectué avec minutie. C'est une ambiance claire et épurée dans laquelle on évolue, permettant ainsi d'accentuer le regard sur ces couleurs et textures variées : une belle et délicate parenthèse fleurie.

NEW ANIMAUX
EQUILI'PETS

20, Allée de la Maison Rouge
✆ 07 45 17 37 50
Du lundi au samedi de 8h à 18h. Visite 7 jours/7.

Vous partez en vacances, vous êtes hospitalisés et vous ne pouvez pas garder votre animal ? Lauriane Baticle se charge de le faire pour vous. Diplômée de Vox Animae, elle est formée en éthologie du chat et peut étudier le comportement de votre félin en vous conseillant. Outre les chats, elle intervient à domicile pour s'occuper des NAC (nouveaux animaux de compagnie). Elle se promène dans l'espace urbain avec votre chien. Un métier passion pour cette jeune femme qui s'est reconvertie. Elle conseille aussi sur les accessoires, les griffoirs. Lauriane est aussi une bénévole au grand cœur, elle est famille d'accueil pour félins au sein de l'association Sauvetage et chats en détresse.

FLEURS
LA BROCANTE VERTE

13, Bd des Martyrs Nantais de la Résistance
✆ 06 67 47 60 81
https://labrocanteverte.fr/
Ouvert du mardi et jeudi 14h-18h, mercredi et vendredi 14h-19h.

Ici les plantes ont une seconde vie ! Dans une jolie serre, au sein de la galerie du réemploi du Wattignies, l'association la Brocante verte valorise les hommes et les végétaux. La ressourcerie de plantes créée en 2021, emploie 5 personnes en réinsertion encadrées par Aude Couturier et Maxime Olivier. L'équipe collecte les plantes dans les magasins, les pépinières, les fleuristes et même les particuliers. Elle les revalorise et remet en vente les végétaux. Les plantes sont à tout petits prix, d'intérieurs ou d'extérieurs. La ressourcerie revend aussi des compositions florales, des fleurs sèches, du terreau, des pots, des billes d'argile... La serre de la Brocante regorge de trésors verts.

NEW ANIMAUX
MATT ET COMPAGNIE

16, Rue barbara ✆ 02 28 16 95 75
https://mattetcompagnie.fr/
Le lundi 14h-19h ; du mardi au vendredi 10h-13h et 14h30-19h ; le samedi 10h-18h. Dogwash : 20 €/heure.

Nadine et Valentine, mère et fille, partagent la même passion animalière. Chez Matt et compagnie, leur objectif est de proposer des services mais aussi produits qualitatifs et tendances pour les chiens et les chats. Passez donc le pas de cette boutique afin de vous procurer des produits bien-être pour vos animaux : alimentation, jouets, couchages, vêtements, soins ou encore sellerie. On vient ici aussi pour le Dogwash, un espace dédié au lavage et séchage des chiens, en libre-service. Il est également possible de faire appel à un toiletteur professionnel pour chiens ou chats. Autre service : l'ostéopathie animalière ! Ce lieu regroupe tout le bien-être de nos compagnons en un seul endroit.

GARDE - PENSION
SOUS MON AILE PENSION POUR CHATS ET NAC

5, rue Agena - **CARQUEFOU** ✆ 02 40 52 60 99
www.sous-mon-aile.fr
Du lundi au samedi 9h30-12h et 14h-18h. Pension chat : 14 €/jour. Accueil NAC. 4 « chambres »

Voici la solution si vous avez besoin de faire garder votre animal de compagnie ! Sous Mon Aile est une crèche (pension) pour les chats, mais aussi pour les NAC (nouveaux animaux de compagnie). L'équipe se compose de David, qui gère la pension depuis 2017, et de Delphine. Les chats profitent de 4 espaces entièrement aménagés : côté jardin, côté plage avec coussins, transats et même radio ou dessins animés pour l'ambiance ! La pension s'agrandit. À l'étage bientôt l'espace côté ciel et une surprise avec une 4e chambre thématiques pour nos matous ! Idéal pour vos compagnons !

ÉDUCATEUR ANIMALIER
L'ACADÉMIE DES CHIENS

602 bis, La Haie Trois Sous, - **MAISDON-SUR-SÈVRE**
✆ 06 32 88 98 31 - https://academiedeschiens.fr
Ouvert du lundi au samedi de 10h à 18h. Tarifs formations consultables sur le site https://academiedeschiens.fr

Silvio et Vanessa ont créé l'Académie des chiens, située dans le vignoble nantais à 20 min de Nantes. Ils aident les maîtres éprouvant des difficultés d'éducation et de communication avec leurs chiens. La ré (éducation) canine est réalisée ici et ce, pour toutes les races, pour tous les âges et pour tous types de problèmes. Silvio et Vanessa approfondissent leur métier au fur et à mesure grâce à une formation en continu. L'académie des chiens est aussi bien un centre d'éducation que de rééducation canine. C'est aussi un lieu de formation afin de permettre aux amoureux des chiens de faire de leur passion, un nouveau métier. Enfin, le site web marchand propose des accessoires personnalisables.

PROTECTION DES ANIMAUX
COUSSINETS DE GAËLLE

✆ 06 30 87 96 00
www.coussinets.fr
Pension et garde à domicile pour chats sur Nantes et Sainte-Luce-sur-Loire.

Vous partez en vacances, en déplacement ? Vous devez vous absenter, mais ne pouvez prendre votre fidèle compagnon avec vous ? Pourquoi ne pas faire appel aux services d'une personne qui veillera sur votre animal en attendant votre retour ? Véritable passionnée de chats, Gaëlle prendra soin de votre félin à domicile, lors de ses visites : nourriture, changement de litière, jeux... Le bien-être de votre animal est primordial ! Cette cat-sitter professionnelle titulaire du certificat de capacité pour animaux domestiques, est également formée à l'éthologie et aux premiers secours animaliers. Vous pouvez faire confiance à Gaëlle et partir l'esprit tranquille, votre chat est entre de bonnes mains !

ARTISANAT

À 4 MAINS

16, rue Marc Sangnier ✆ 02 40 48 59 45
www.a4mains-services.fr
Tarifs de 25,50 € la première heure puis 20 €/h après réduction fiscale (tout compris)

Entreprise de service à la personne agrée par l'état, A 4 Mains offre de nombreuses possibilités d'aide en informatique, électricité, bricolage, jardinage, plomberie et nettoyage. Vous ne savez pas installer un logiciel sur votre ordinateur ? Non seulement ils peuvent le faire à votre place mais aussi vous former à son utilisation. Ils peuvent aussi assembler un meuble, raboter une porte, tailler vos haies, bêcher, retirer un tronc, raccorder vos appareils électroménager, nettoyer votre terrasse, faire le grand nettoyage de printemps, et bien d'autres choses encore. Côté tarifs, leurs services sont comptés à l'heure, à la demi-journée puis à la journée. Et si vous vous simplifiiez la vie ?

ARTISANAT

POUDRY MATERIAUX

15, rue du Bois-Briand
✆ 02 40 68 00 31
Ouvert du mardi au vendredi de 7h30 à 12h et de 13h30 à 18h, et le samedi de 9h à 12h et de 13h30 à 18h.

Aménager son chez-soi passe souvent par le choix de nouveaux matériaux. Plutôt que de les sélectionner sur catalogue – ce qui n'est pas toujours aisé – autant les voir de visu. Un show-room est alors idéal pour toucher, comparer, demander conseil. Il offre 1 300 m² d'exposition de carrelages, faïences, revêtements de sols (parquets, lames vinyle...), placards, portes, fenêtres, bardages... Attenant à ce show-room, se trouvent un espace bricolage pour acheter outils, vis, peinture, etc. nécessaires aux travaux. Pour récupérer les matériaux de second œuvre, on se dirigera vers l'espace extérieur. Le conseil est un atout indéniable grâce à l'accueil et disponibilité des équipes sur place.

PAPIER PEINT - PEINTURE

BAHO

9, rue Lafayette ✆ 02 40 35 03 70
www.bahodeco.fr/decoration/
Ouvert le lundi de 14h à 18h30 ; du mardi au samedi de 10h à 18h30.

Avec ce showroom spacieux né en 2020, Olivier poursuit l'aventure de Ouest déc'Or, entreprise de peinture et décoration créée il y a 10 ans à Vertou. Il a donc imaginé Baho, une peinture biosourcée respectueuse de l'environnement et de la santé, et qui plus est made in France ! Sur les conseils chaleureux de Maud et Sophie, choisissez parmi les 156 teintes du nuancier. Jouez l'artiste en composant vous-même le papier peint de vos rêves. Découvrez la jolie gamme de sols, de parquets et de lames éco-responsables. Sans oublier les objets déco tendance d'artisans locaux pour réchauffer votre univers. Laissez-vous transporter par le concept innovant de Baho pour tout décorer de bas en haut !

PAPIER PEINT - PEINTURE

PEINTURES INNOVA 44

ZA Ragon - 1, Rue Descartes - 44119 **TREILLIÈRES** (France)
✆ 02 28 09 33 00 - https://www.peintures-innova.fr
mailing@innova-sa.com
Ouverture du Lundi au vendredi : Du Lundi au Vendredi : 7h30 -12h00 / 13h30-17h30 - Samedi : 9h00 - 13h00.

Innova, c'est le leader français depuis 50 ans et 3 générations de Peintures 100 % made in France. L'usine basée dans l'Hérault (34) produit des peintures de qualité, fruit d'une expertise et systèmes innovants, au service des entreprises et des particuliers. La gamme de peintures répond à toutes les normes et exigences environnementales. Dans la région Nantaise, c'est à Treillières que l'on est accueilli par une équipe à taille humaine et conseils professionnels. Grâce à l'expertise de coloristes, le système à teinter Mixova offre aux clients 1 gamme de milliers de teintes gérées par ordinateur. Les Nuancier Innova, Déco, Façade... facilitent nos choix pour bien rénover notre maison !

GROS OEUVRE - MAÇONNERIE

CUPA STONE

La Garenne - **THOUARÉ-SUR-LOIRE** ✆ 02 51 13 06 26
www.cupastone.fr/tag/nantes-chevire/
Ouvert du lundi au vendredi de 8h à 12h et de 13h30 à 17h30 ; le samedi de 9h à 12h30.

Vous cherchez un matériau exclusif pour votre plan de travail ? Vous voulez que votre terrasse soit à la fois résistante et belle ? Alors vous êtes au bon endroit. Ces experts de la pierre naturelle accompagnent leurs clients dans toutes les étapes de leur projet de construction. Que ce soit pour vos salons, salles de bains, terrasses, plans de travail, jardins, cheminées..., différents types de produits de qualité vous son proposés en provenance de France, d'Espagne, du Portugal et du Brésil. Dallage, bordure, barrettes, pavement mural, parement, carrelage, marches, panneaux en pierres... Et différentes matières : ardoise, granit, calcaire, marbre... L'équipe est disponible et souriante !

ARTISANAT

ZE PLOMBIER

25, rue Petite-Biesse ✆ 06 67 17 58 79
www.zeplombier.fr
Ouvert du lundi au vendredi de 9h à 17h30. Tarifs et demande de rendez-vous en ligne.

Ze Plombier est un plombier-chauffagiste d'un genre nouveau. Il se déplace à vélo ce qui implique de nombreux avantages : arrivée rapide pour une prestation économique et écologique. À l'origine de cette entreprise se trouve Pierre-Olivier (plombier, meilleur apprenti de France en 2007 en génie climatique) et Sonia (assistante de direction). Ze Plombier ne cesse de grandir et compte aujourd'hui 3 plombiers en triporteur ainsi que de plus de 5 000 clients. Panne de chauffage, fuite d'eau ou WC bouchés ? Cet établissement est spécialisé dans le dépannage, la réparation, l'installation de plomberie, sanitaire, chauffage et l'entretien des chaudières, avec attestation.

CONSEILS

ADEME

5, Boulevard Vincent-Gâche
✆ 02 40 35 68 00
Ouvert du lundi au vendredi de 9h à 12h et de 14h à 17h.

L'Agence de l'environnement et de la maîtrise de l'énergie (ADEME) est un établissement public qui participe à la mise en oeuvre des politiques publiques dans l'environnement, l'énergie et le développement durable. Avec des capacités d'expertises et de conseils. Face à l'offre croissante d'entreprises estampillées « green », il est difficile de s'y retrouver. L'institution développe des outils variés et vous guide dans vos investissements domestiques : informations sur les aides financières aux particuliers (crédits d'impôts), sur les équipements, adresses utiles, etc. Un conseil de proximité est proposé à Nantes à l'espace info énergie Alisée… Pour mettre votre habitation au vert !

IMMOBILIER

ART ET PIERRE IMMOBILIER

37, Rue de la Patouillerie ✆ 02 22 66 98 38
www.artetpierreimmobilier.fr
Du lundi au vendredi 9h-18h. Samedi et jours fériés sur RV.
4 agences. Nantes Nord, Nantes Est, Nantes centre-ville, Rezé.

Passer la porte d'Art et Pierre Immobilier Nantes, c'est bien plus que confier votre projet à une agence immobilière lambda. Vous pouvez faire confiance à l'équipe expérimentée, indépendante, toujours à l'écoute de cette agence à taille humaine. La maison peut compter sur le savoir-faire de ses agents, qui ont à cœur de faire valoir les valeurs humaines, l'éthique et la totale transparence dans les conseils prodigués. Les biens sont estimés gratuitement et à leur juste valeur, avec une expertise claire et honnête : tout est fait pour mettre en avant le bien à valoriser ! De la recherche de la perle rare à la gestion locative, on apprécie le professionnalisme et le dynamisme de cette équipe !

NEW LOGEMENT

BED&SCHOOL NANTES

46, QUAI MAGELLAN ✆ 02 51 81 99 31
www.bedandschool.com
Ouvert du lundi au vendredi de 9h à 12h30 et de 14h à 18h.
Samedi ouvert en haute saison.

Bed & School est la première société immobilière spécialisée dans le logement étudiant. A Nantes, Amaury Guyard, épaulé de son frère Alban, tient la franchise Nantaise. Cette agence immobilière gère, loue et vend des appartements qui répondent aux besoins des étudiants. Les lieux de résidence sont sélectionnés sur critères précis : proche des écoles, des commerces, des transports en commun et des lieux de vie étudiants. L'agence s'occupe des démarches administratives (dossier de CAF, transports en commun, EDF…) afin de faciliter l'installation. Avec des partenariats avec des déménageurs et une conciergerie. Une conception impliquée du logement étudiant par des passionnés du métier.

LOGEMENT

HOOMY LOCATIONS

10, rue Voltaire
✆ 02 55 07 10 11
https://www.hoomy.fr/

Vous souhaitez mettre en location votre résidence secondaire ? Depuis 2017, Hoomy Location et Conciergerie accompagne les propriétaires de résidences secondaires dans la gestion et la valorisation de leur bien. De la création de l'annonce à la réponse aux avis clients, en passant par la gestion des réservations, l'accueil des voyageurs par leurs concierges et l'entretien de votre bien… Avec Hoomy tout est compris ! Implanté à Nantes, sur le littoral breton et sur toute la côte Atlantique, Hoomy c'est un interlocuteur unique. La gamme de services est complète pour faire de votre résidence secondaire un *home sweet home.*

CONSEILS

MAISON DE L'HABITANT

12, rue du Président Herriot ✆ 02 40 89 30 15
www.adil44.fr
Ouvert lun, mer, jeu 9h-12h30 et 13h30-17h ; mar 13h30-17h ;
ven 9h-12h30. Avec ou sans RV en fonction des thématiques

Le long de la ligne 3, à proximité de l'arrêt Jean Jaurès, se niche un lieu d'informations concernant le logement. C'est ici que vos questions les plus obscures trouveront une réponse éclairante ! Pour faciliter l'accès aux habitations, la Maison de l'Habitant a ouvert ses portes pour vous venir en aide dans votre projet immobilier. Que vous désiriez acheter, louer, rénover, l'équipe saura vous diriger pour prendre des décisions en raccord avec votre budget. Le tout en respectant les nouvelles normes environnementales et ainsi favoriser la transition écologique. N'hésitez donc pas à les consulter, vous pourriez être surpris d'apprendre toutes les aides auxquelles vous pouvez prétendre !

PROMOTEUR

NANTES MÉTROPOLE AMÉNAGEMENT

2-4, Avenue Carnot
✆ 02 40 41 01 30
www.nantes-amenagement.fr
Ouvert du lundi au vendredi de 8h30 à 18h.

Société Publique Locale jouant un rôle d'opérateur dans l'aménagement des territoires urbains. Créée par la volonté des élus, elle est l'outil opérationnel de Nantes Métropole et de 19 communes de l'agglomération. Elle intervient dans l'urbanisation des quartiers neufs ou en renouvellement, la mise à disposition de fonciers ou la mise à disposition de foncier pour l'habitat et pour les équipements publics, etc. Que vous soyez un particulier, une entreprise, une collectivité, les experts de Nantes Métropole seront là pour vous guider dans vos projets.

JE BOUGE

Vivre à Nantes, c'est bénéficier d'un emplacement stratégique pour vos escapades et profiter de nombreuses facilités pour vos trajets du quotidien. La volonté de la ville est de favoriser les déplacements doux au sein du centre-ville. Pistes cyclables en expansion, aires piétonnes, gratuité des transports le week-end, on délaisse volontiers sa voiture pour parcourir l'espace public nantais. Pour celles et ceux qui ne peuvent se déplacer sans voiture, des parkings relais en bordure de ville ainsi que les parkings de l'hyper-centre sont une bonne option. Ou alors, vous pouvez opter pour l'auto-partage de voiture avec Citiz. De nombreuses lignes aériennes, ferroviaires ou autocaristes transitent par Nantes, vous invitant à voyager aisément comme bon vous semble. A une heure de la côte en TER, du sud de la France ou vers d'autres destinations en avion, la situation est idéale pour s'évader une journée, un week-end ou plus. Il est ainsi facile de se déplacer dans, depuis, et vers Nantes. Partir, oui, mais pour mieux revenir !

VÉLO

ATELIER DU PIGNON

12, Quai Magellan
✆ 07 69 20 33 47

Ouvert lun, mer : 16h-20h. Mar : 10h-13h, prendre RV. Jeu 13h30-17h30. Adhésion selon revenus à partir de 10 €/an.

L'Atelier du Pignon est une belle initiative nantaise où des bénévoles interviennent pour vous aider et vous former à réparer votre vélo en toute autonomie. Ce lieu ouvert autour de la réparation du vélo, de l'entraide et de l'apprentissage vous apprend ainsi à bichonner vos deux-roues, qu'ils soient cassés ou abîmés. À votre disposition : des outils, pièces de vélos et petits consommables pour réparer vos vélos. L'Atelier est aussi un espace de vente de vélo et la vie associative s'articule autour de balades, de brunchs de désossage de vélos ou d'évènements festifs. Pour y participer, on s'inscrit par mail et on adhère à l'association avec une cotisation annuelle qui dépend de nos revenus.

VÉLO

BICLOO

12, rue Léon Maître ✆ 01 30 79 33 44
www.bicloo.nantesmetropole.fr

Sans abonnement : 0,75 € la 1re 1/2h. BiclooPlus illimité avec abonnement 36 € : 0,50 € la 1re 1/2h.

Le bicloo, avec son garde-boue orange, c'est le système de vélo en libre-service de Nantes Métropole. Depuis l'été 2018, le parc de vélos a été renouvelé. Les biclooPlus ont fait leur apparition : des bicloos plus légers, plus confortables et plus modernes. La ville compte aujourd'hui 123 stations installées tous les 300 mètres, et propose pas moins de 1 230 vélos dans un périmètre élargi des facultés jusqu'au sud Loire et de la place Mellinet au boulevard Dalby. Bicloo est un service disponible 7 jours sur 7 et 24 heures sur 24. Pour s'abonner : rendez-vous sur le site Internet et choisissez votre formule : annuelle, tickets ou professionnelle. Les 30 premières minutes sont offertes.

VÉLO

BEEBIKE NANTES

19, quai Henry Barbusse
✆ 02 55 54 35 84
beebike-nantes.com

Ouvert du lundi au vendredi de 9h30 à 18h30.

Déjà 3 ans que Beebike transforme vos vélo mécanique en vélo électrique ! Rendez-vous dans leur atelier face à l'île de Versailles afin d'améliorer votre 2-roues. Que de belles choses résulteront de votre venue. La démarche est plus écologique et économique, elle évite d'acheter un vélo électrique alors que vous en avez déjà un. Tout est conçu à partir de matériaux de récupération et de qualité. Mais aussi, à chaque modification, une partie de l'argent récolté est distribué à des associations apicoles, pour venir en aide aux abeilles. Chez Beebike, ils bourdonnent d'idées pour rouler vers un avenir plus responsable. À la sortie, votre vélo sera prêt à vous emmener vers de belles aventures !

NEW

VÉLO

BICYCLE CLUB VÉLO

57, quai de la fosse ✆ 06 95 41 20 13
https://thebicycleclub.fr/

Le lundi 14h-19h30 ; du mardi au vendredi 9h30-13h30 et 14h30-19h30 ; le samedi 9h30-12h et 13h30-19h.

Kévin nous accueille dans son charmant café-vélo au bord de la Loire. Après avoir travaillé dans l'aéronautique, ce passionné de vélo a eu le désir de promouvoir l'utilisation du vélo dans les déplacements du quotidien afin de limiter son impact environnemental. Réparation, entretien ou vente de vélos et accessoires sont ainsi proposés dans ce lieu chaleureux. Le petit plus ? Ici, lorsque l'on vient faire réparer son vélo, le café est offert. On patiente donc paisiblement dans l'espace café. Une boisson chaude ou fraîche à la main, on se laisse transporter par l'ambiance si singulière de ce lieu. L'accueil, l'écoute, la qualité et le partage sont au cœur de cet établissement. À découvrir !

VÉLO

DÉTOURS DE LOIRE

Péniche « Drôle de barge » ✆ 02 55 10 11 74
https://detoursdeloire.com/

Ouvert du lundi au samedi de 9h30 à 12h30 et de 16h à 18h30 ; le dimanche de 9h30 à 12h30 et de 17h30 à 19h.

Découvrez tranquillement la vallée de la Loire : ses trésors cachés et ses chemins de traverse à vélo avec Détours de Loire de Jacques et Jérémy Trosseau. En famille, en couple, entre amis, à vous le voyage doux au son du vent qui glisse dans les rayons du vélo électrique ou mécanique. Un concept simple : de Nevers à Saint-Brévin, des agences Détours de Loire et de nombreux partenaires (hôtels, campings) vous facilitent la location ou la restitution de votre vélo. Ainsi vous louez des vélos à Nantes et les rendez à Saint-Brévin. Détours de Loire propose également un service « clés en main » en Touraine (hébergement, vélo, restauration, transfert de bagages, circuit à la carte).

BATEAU

RUBAN VERT BATEAUX

Île de Versailles - Tramway, arrêts Motte Rouge, Saint-Mihiel
www.rubanvert.fr

Ouvert d'avril à octobre. Bateaux dès 25 €/h (2 adultes + 2 enfants). Canoës dès 10 €/h et 35 €/jour.

Nantes est une ville d'eau. Non loin du centre-ville où son cours a été recouvert, l'Erdre serpente entre ses berges arborées, bordées de parcs et de châteaux. Pour préserver cette quiétude, Ruban vert met en location, au départ de l'île de Versailles, des bateaux électriques. De 3 à 9 places, ils se pilotent sans permis et sans bruit pour ne pas perturber la faune. Les bateaux se louent pour une heure, jusqu'à une journée, durée qui permet de remonter les 30 km de l'Erdre navigable. En été, grâce aux horaires tardifs, on peut prolonger la balade par un apéro. Les bateaux se réservent aussi en groupe pour un afterwork. Trois autres bases existent à Sucé-sur-Erdre, Vertou et Nort-sur-Erdre.

NEW

TRANSPORT

NAOLIB

2, allée Brancas
✆ 02 40 44 44 44
https://naolib.fr

Naolib est la nouvelle marque des transports dans l'agglo nantaise depuis septembre 2023 ! Les cartes Libertan vont continuer à circuler jusqu'à leurs échéances. Naolib va supplanter la Tan et regroupera les transports en commun, mais aussi le Bicloo, les parkings NGE et Effia, le covoiturage ou encore le service d'autopartage Marguerite. Et sans démarche. Le nouveau site Internet Naolib a été mis en ligne. Le service AlloTan devient AlloNaolib pour englober tous les services et infos sur la mobilité nantaise ou prendre rendez-vous pour des conseils personnalisés. En 2025 est prévu : une application unique pour prendre le tram, débloquer un vélo ou une voiture Marguerite. Une révolution !

TRAIN

TER PAYS DE LA LOIRE

✆ 08 00 21 08 00
www.ter.sncf.com/pays-de-la-loire
Ouvert du lundi au vendredi de 7h à 20h ; le samedi de 8h à 13h. Service et appel gratuits.

Avec TER SNCF Pays de la Loire, voyagez « écomobile » et profitez de petits prix sur le réseau Aléop en TER. Choisissez entre le forfait Tutti illimité/mensuel/hebdo, la carte de réduction Mezzo valable 1 an et amortie en 3 allers-retours, les petits prix en ligne avec le billet Ecco... Et pour les moins de 26 ans, des tarifs très avantageux. Vous voyagez à plusieurs ? C'est le forfait Multi qu'il vous faut. Vous êtes demandeur d'emploi ou d'asile, la carte Mobi, gratuite et nominative, vous octroie 75 % de réduction. Le + futé : le billet Live qui permet de profiter sereinement d'une sélection d'événements (Folle Journée, Nuits de l'Erdre, Escales, Francofolies, Transmusicales, Hellfest).

TRANSPORT

TAN

2, allée Brancas ✆ 02 40 44 44 44
www.tan.fr
Du lundi au vendredi 9h30-18h ; samedi 9h30-17h30. Par téléphone du lundi au vendredi 7h-20h ; samedi 9h30-17h30.

La TAN est le réseau de transports en commun de l'agglomération nantaise : tram, bus, Navibus, TER et même certaines lignes Aléop. Choisissez la formule la plus adéquate pour circuler sur l'ensemble du réseau avec votre Carte Libertan : Formule illimitée, sur mesure, m-Ticket... (hors navette aéroport qui nécessite un titre spécifique). La plupart des lignes circulent de 5h du matin à 0h30 voire 2h30 les vendredis et samedis pour les noctambules. Embarquez à bord des Navibus pour prendre le large. Tenez le covoiturage avec Covoit'Tan ! Les week-ends, l'accès aux transports est gratuit ! Pas d'excuses pour ne pas profiter des belles adresses de la ville ! On vous emmène ?

GARE ROUTIÈRE

SNCF GARE DE NANTES

27, boulevard de Stalingrad ✆ 36 35 - Ligne 1 du tramway, arrêt gare Nord, jardin des Plantes. Chronobus C2, C3, C5, navette aéroport arrêt gare SNCF Sud.
Du lundi au vendredi de 4h20 à 23h30 ; le samedi de 5h30 à 00h45 ; le dimanche de 5h30 à 00h15.

La gare de Nantes se distingue avec sa magnifique mezzanine reliant le nord au sud en survolant les voies. Véritable plateforme multimodale fonctionnelle, elle est le centre névralgique du transport régional avec l'ambition de passer de 12 millions de voyageurs chaque année à 25 millions d'ici 2030. Nantes est actuellement la première gare de la région et la sixième de France. Elle dessert les principales villes françaises. Des liaisons TGV la relient également aux stations balnéaires tandis que les TER et Tram-trains desservent les communes alentour. Le parvis sud accueillent plusieurs arrêts de bus. Possibilité de se restaurer dans l'une des nombreuses enseignes de la gare.

TRAIN

TER SNCF SERVICE CLIENTS

✆ 08 00 21 08 00
www.ter.sncf.com/pays-de-la-loire
Service client joignable du lundi au vendredi par téléphone (appels gratuits) de 7h à 20h et le samedi de 8h à 13h.

La région des Pays de la Loire est bien desservie en transport, notamment si vous voulez vous offrir une échappée belle sur la côte, une promenade dans le vignoble, une balade dans la campagne ou découvrir le patrimoine ligérien. Vous souhaitez des informations pour effectuer vos déplacements en train ? Retrouvez tous les tarifs, services, horaires et état du trafic sur leur site Internet ou via l'Appli SNCF. Pour toute question ou conseil, vous pouvez les contacter via Twitter @TERPays2LaLoire, Facebook @terpaysdelaloire du lundi au vendredi de 6h à 20h et le dimanche de 13h30 à 20h30, ou encore par téléphone du lundi au vendredi de 7h à 20h et le samedi de 8h à 13h.

TRANSPORT

SERVICE ALEOP TRANSPORTS

1, rue de la Loire 44966 Nantes cedex 9 ✆ 09 69 39 14 14
aleop.paysdelaloire.fr
Ouvert du lundi au vendredi de 7h à 20h ; le samedi de 8h à 12h et de 14h à 17h.

Pour vos déplacements du quotidien, pour vos loisirs en famille, entre amis, pour visiter notre belle région et profiter du tourisme en Pays-de-la-Loire, pensez au réseau de transport régional Aléop ! En car, train, bateau ou transport à la demande : pour bien préparer notre voyage, il suffit de contacter Allô Aléop au 09 69 39 14 14 (appel non surtaxé) accessible de 7h à 20h du lundi au vendredi et le samedi (hors jours fériés) de 8h à 12h et de 14h à 17h. Des conseillers répondent à toutes nos questions sur nos déplacements en Région Pays-de-la-Loire. Et bien sûr en ligne 24h/24 sur le site web aleop.paysdelaloire.fr. Il suffit juste d'avoir le bon réflexe ! Pratique et utile.

VÉLO

ROYAL BIKES

1, route de Vannes ✆ 02 40 26 19 59 - Tramway ligne 3, direction Marcel Paul, arrêt : Alexandre Vincent - Sainte-Thérèse
https://royal-bikes-nantes.fr
Ouvert du mardi au samedi de 10h à 19h.

Royal Bikes est une boutique de vélos qui dénote car elle met en avant le savoir-faire néerlandais. Tous les connaisseurs vous le diront, c'est aux Pays-Bas que l'on trouve les meilleurs vélos ! Et ce savoir-faire est disponible à Nantes grâce à Sylvie Kransse, une adepte qui a réalisé son rêve, celui de rendre ces vélos de qualité accessibles. Épaulée par Arthur, un autre passionné, ils ont à cœur de vous proposer de nombreux services qualitatifs : la vente de vélos, bien sûr, mais aussi d'accessoires, la réparation (tous types de vélos notamment Hollandais) ainsi qu'une proposition de location longue durée avec option d'achat. En tout cas, ça donne envie d'étrenner son vélo aux Pays-Bas !

NEW BATEAU

NANTES BOAT CLUB

ile de Versailles
✆ 02 40 37 04 62
www.ports-nantes.fr/nantes-boat-club

La Capitainerie de l'Erdre vous propose un service innovant de bateaux partagés pour naviguer sans contraintes toute l'année sur l'Erdre et la Loire, et même en mer l'été, au départ de Pornic ! Profitez de la simplicité d'un abonnement annuel (qui intègre le permis bateau si vous ne l'avez pas encore) et bénéficiez d'un accès illimité à une flotte de bateaux récents pouvant embarquer de 6 à 9 personnes. En famille ou entre amis, en semaine ou le week-end, naviguez en toute liberté et profitez toute l'année d'invitations à des évènements nautiques et festifs !

VÉLO

PAULETTE LOCATION VÉLO

20, Rue boulevard de Berlin ✆ 02 28 49 52 28
www.paulette.bike
D'avril à octobre : ouverture 7j/7. Octobre à mai : du mardi au samedi. 9h30-12h et 14h-18h30.

Chez Paulette, on loue des vélos à la journée, la semaine ou plus. Rendez-vous sur le site Internet pour la réservation et c'est parti l'aventure ! VTT, VTC, vélo électrique, tandem et vélo enfant sont à disposition avec des accessoires. Leur service d'itinérance permet même de partir de Nantes puis rendre son 2-roues dans une autre agence du réseau Paulette : Bordeaux, La Rochelle, Brest, Tours, Royan, Toulouse, Sète... C'est donc un point de départ idéal pour la Loire à Vélo, la Vélodyssée ou le canal de Nantes à Brest. À l'agence, on retrouve un atelier de réparation et il est aussi possible d'acheter des vélos électriques de la marque Starway. Embarquez donc votre Petit Futé et pédalez !

LOCATION

CITIZ NANTES AUTOPARTAGE

✆ 02 85 52 16 14
https://citiz.coop/nantes
Accès 24h/24 et 7j/7. Facturation à l'usage, en fonction du temps et des kilomètres réalisés. Avec ou sans abonnement.

Besoin occasionnel d'un véhicule, pour 1h ou plusieurs jours ? Louez une voiture Citiz, accessible en libre-service 24h/24, 7j/7 ! À Nantes, une cinquantaine de véhicules, de la citadine à des minibus 9 places, sont répartis sur la Métropole. Ces voitures vous permettent même de bénéficier de gratuité de stationnement. L'ensemble des actions sont réalisables depuis l'appli Citiz : localiser, réserver, déverrouiller les portes... C'est pratique, économique (prix incluant carburant, assurance, entretien...) et écologique. Accédez aussi au reste du réseau Citiz dans près de 190 villes en France, sans surcoût : pratique pour voyager en train et récupérer une Citiz à votre sortie de la gare !

NEW TROTTINETTE - GYROROUE

ZE TROTT MOBILITE ELECTRIQUE

21, place Edouard Normand ✆ 02 59 10 16 30
https://nantes.zetrottstore.com
Ouvert du mardi au vendredi de 10h à 12h30 et de 14h à 18h30 ; le samedi de 10h à 18h.

Cette franchise dont le siège est à Grenoble a 6 magasins en France. Changement de pneus, plaquettes de freins, réparation mécanique et électrique, ce magasin est aussi spécialisé dans la vente (une vingtaine de marques : Hikerboy, Speedtrott, Micro, Dualtron, Rovoron, Kuickwheel...) avec une possibilité de leasing avec option d'achat. Les trottinettes sont bridées à 25 km/heure. Il faut avoir 14 ans pour circuler et pour en acheter une. Ainsi qu'une assurance responsabilité civile « circulation ». Suivez les conseils avisés de Fabien, le gérant et tout roulera pour le mieux !

NEW TROTTINETTE - GYROROUE

TROTT IN RIDE RÉPARATION

74, Quai de la fosse ✆ 06 34 67 21 85 - https://trottinride.fr/
Ouvert du lundi au samedi de 9h30 à 12h30 et de 14h à 19h

Bienvenue dans l'univers de la trottinette électrique. Avec 50 modèles différents, on trouve trottinette à son pied. Hoang, le sympathique gérant de ce magasin indépendant propose de la réparation, de la vente et de la location longue durée. Contrat de 12 mois minimum avec possibilité de rachat. Les trottinettes haut de gamme ont une autonomie de plus de 200 kilomètres. Le magasin propose toute une batterie d'accessoires pour la customisation : amortisseurs, sacoches, casques, lumières... La sécurité de votre trottinette est renforcée par des freins haut de gamme, la pose d'une alarme coupe-circuit contre les vols. Le magasin proposera des gyroroues, des roues électriques, de qualité.

TAXI - VTC

TAXIS DE NANTES

SAINT-HERBLAIN ✆ 02 40 69 22 22
www.taxis-nantes.com
Ouvert tous les jours, 24h/24. Réserver par téléphone, sur le site Internet ou sur l'application mobile.

Avec plus de 25 années au service de ses clients, cette entreprise basée à Saint-Herblain, est le plus important groupement de taxis de l'Ouest réunissant Nantes et 12 communes de l'agglomération. Ses chauffeurs à bord d'une flotte de 170 véhicules de tous types géolocalisés en temps réel, assurent un service de transport pour tous vos déplacements quelle que soit la distance (liaison gare, aéroport et autres). Le centre de relation client est disponible à tout moment. Et ce 24h/24 et 7j/7 en réservant par téléphone, sur le site en ligne ou bien encore sur l'application mobile, n'hésitez pas à la télécharger ! Le petit plus non négligeable : vous pouvez régler votre course par carte bleue.

AÉROPORT

AÉROPORT NANTES ATLANTIQUE

BOUGUENAIS ✆ 08 92 56 88 00
www.nantes.aeroport.fr
Ouvert 7j/7. Nombreux parkings. Dépose-minute gratuit 10 min, puis 2,20 € par tranche de 10 min. Wifi gratuit.

Premier aéroport de l'Ouest de la France, Nantes Atlantique est un aéroport à taille humaine, fluide et agréable. Plus de 100 vols directs sont disponibles depuis Nantes. Et parmi les plus plébiscitées : Barcelone, Londres, Rome, Genève, Lisbonne, Santorin, Reykjavik, Dubrovnik, mais également une dizaine de villes africaines ainsi que Montréal et Istanbul. Situé à environ 20 minutes du centre-ville via la navette Tan depuis la place du Commerce ou la Gare, l'aéroport est géré par Vinci et dispose de plusieurs parkings dont les tarifs s'adaptent à la durée de votre séjour.

LOCATION

WEVAN

6, rue Olympe de Gouges - **SAINT-HERBLAIN** ✆ 02 85 52 47 74
www.we-van.com
Ouvert du lundi au vendredi de 9h à 13h et de 14h à 18h. Le samedi de 9h à 13h et de 14h à 17h.

La location d'un campervan à Nantes vous ouvre les portes d'un road trip d'exception ! Que ce soit pour un week-end, une semaine ou un été, choisissez votre type de séjour selon vos envies. Embruns, longues plages, côte sauvage ou vallée de la Loire. Le patrimoine au cœur des Pays de la Loire est particulièrement riche et à seulement quelques trajets de vous. Les campervans offrent bien des avantages : plus petit qu'un camping-car, discret, maniable et confortable. Aménagé pour 2 à 5 personnes, on retrouve cuisine équipée, sièges avant pivotant pour former un salon, banquette transformable, faux plafond pour installer couchage, douchette... Drive your adventure !

AUTO

E GARAGE REVOLTE

3, rue du Nouveau Bêle - **CARQUEFOU**
✆ 09 80 80 60 42
www.revolte.club
Ouvert du lundi au vendredi de 9h à 18h.

Connaissez vous le principe des E GARAGE ? Place à la révolte ou plutôt à l'envie de faire durer 100 ans votre voiture électrique ! Revolté est un garage 100 % consacré à la réparation et à l'entretien de votre voiture électrique. Unique en France les ateliers sont dédiés à votre voiture 100 % électrique toutes marques confondues. Ici, on répare les batteries électriques de voitures électriques ou hybrides. Un certificat de santé SOH est délivré ce qui permet bien souvent de faire durer votre voiture de longues années, de gagner en coûts de réparation. Des passionnés ici participent à la bonne gestion des voitures électriques ou hybrides sur le marché, et en plus ils se déplacent chez vous.

PARKING

PARKINGS NGE

18, rue Scribe ✆ 02 51 84 94 51
www.parkings-nantes.fr
Ouvert tous les jours. Accès 24h/24 avec ticket horaire. Paiement CB en borne sortie dans tous les parkings NGE.

Ville agréable et fréquentée, Nantes attire : il peut sembler difficile de trouver une place pour garer son véhicule en sécurité. La solution est là : pensez parkings ! Les 19 parkings-relais avec contrôle d'accès gérés par NGE, permettent de stationner son véhicule dans l'agglomération nantaise. Puis utilisez les transports en commun pour un accès facilité vers le centre-ville de Nantes avec le ticket P+R pour un usage occasionnel, ou avec la carte Mobilités gérée par la TAN (transport agglo nantaise) et ce, pour un usage plus régulier. Au cœur de Nantes, parkings couverts et parkings enclos donnent accès à plus de 6 000 places réparties dans les quartiers nantais. www.parkings-nantes.fr

NEW

AUTO

NEOCAR NANTES

10, impasse de Belgique ✆ 06 11 11 70 44
https://neocarnantes.wixsite.com/auto
Lundi 9h-12h15 & 14h-19h ; du mardi au jeudi 8h-12h15 & 14h-19h ; vendredi 8h-12h15 & 14h-18h. Samedi sur RV.

Dans cette entreprise familiale fondée en 2020 par Quentin Dupau (et Charlotte), vous pouvez faire divers travaux : vidanges moteurs, réparations, carrosserie, customisation, etc. Ils sont épaulés par une équipe de mécaniciens professionnels. Ici, l'accueil et l'écoute sont primordiaux. D'ailleurs, en salle d'attente, on patiente avec un thé ou café en grains, en musique. Néocar dispose d'un appareil permettant le décalaminage des moteurs afin de décrasser nos moteurs ! Et, rare à Nantes, c'est par ici pour changer sa ligne d'échappement faite sur mesure en inox. Voiture de courtoisie (gratuite) à disposition des clients. Rachat et vente de votre véhicule et opportunité budgets sympas !

JE PENSE FUTÉ

Cette rubrique fournit de nombreuses informations utiles pour simplifier vos démarches. A qui vous adresser selon votre situation ? Quelles sont les solutions mises à disposition par Nantes Métropole, le département ou la région ? Comment apporter son aide autour de soi et aux personnes dans le besoin ? Penser futé, c'est savoir vers quelle institution se tourner en fonction de sa situation, faire preuve de solidarité ou encore connaître les bons plans pour se faire accompagner au mieux dans son quotidien. Une partie de cette rubrique est dédiée à l'emploi et la formation. Elle s'adresse aussi bien aux étudiants qu'aux personnes souhaitant reprendre un parcours de formation. Vous trouverez donc des coordonnées de structures, aussi bien institutionnelles qu'associatives, pouvant appuyer votre recherche de formation, d'emploi ou de création d'activité. Vous découvrirez également des adresses répertoriant les actions solidaires à Nantes puisque chacun peut agir à son échelle. Ces adresses vous seront utiles dans votre quotidien, pour vos démarches et la co-construction d'un espace de vie rassurant.

VOTRE GUIDE DEVIENT
INTERACTIF

TAPEZ **PETITFUTE.APP**
DANS LE NAVIGATEUR DE
VOTRE SMARTPHONE.

PRENEZ UNE PHOTO
DE LA PAGE DÈS
QU'ELLE A CE PICTO !

SÉMINAIRE - CONGRÈS

QUINTESSIA SEMINAIRES

24, chemin des Marais du Cens - **ORVAULT** ✆ 02 40 76 06 22
www.quintessia.fr
Pour toutes demande de privatisation, entreprises, séminaires, particuliers : commercial@quintessia-resort.com

Le Quintessia est ce bel établissement dans la vallée du Cens à deux pas de Nantes, entièrement rénové par Maxime Lefebvre et son équipe. Hôtel 4 étoiles, restauration avec cuisine bistronomique, bar, spa et tout le nécessaire pour organiser un séminaire. Les quatre salles et salons ont été remis à neuf, sur une surface de 300 m² dans un cadre lumineux et entièrement équipé. A noter, une grande salle pouvant accueillir 100 personnes (capacité maximum des salles 150 pers). Les salles modulables permettent une extension à 140 m². A découvrir le nouveau bar est fait pour vous décontracter. Le Club 24 avec sa décoration chic, accompagne les déjeuners, dîners d'affaires ou évènements familiaux.

CRÉATION D'ENTREPRISE

L'OUVRE-BOITES 44

20, allée de la Maison Rouge
✆ 02 28 21 65 10
www.ouvre-boites44.coop
Pour plus d'informations : www.ouvre-boites44.coop

Si vous souhaitez créer et développer votre activité, vous trouverez à l'Ouvre-Boîtes 44 des interlocuteurs qui vous permettront de tester votre projet en grandeur nature. Dans cette coopérative d'activités et d'emploi, vous bénéficiez d'un hébergement juridique et comptable tout en profitant d'un accompagnement régulier et personnalisé. Des ateliers thématiques sont organisés pour vous accompagner dans votre projet. Pendant ce temps, vous continuez à percevoir vos allocations si vous en êtes bénéficiaires. Puis, si le test s'avère positif, vous créez votre petite entreprise ou vous intégrez la coopérative d'emploi, vous choisissez. On se lance, d'accord, mais le filet n'est pas loin !

EXPÉDITION

LES COURSIERS NANTAIS

13, boulevard des Martyrs Nantais de la Résistance
✆ 06 15 24 44 68
https://lescoursiersnantais.fr/
Ouvert de 7h30 à 20h. Livraisons à vélo sur Nantes et sa banlieue.

Les Coursiers Nantais répondent à des problématiques sociales et environnementales. Cette coopérative propose des services de livraison à vélo en s'assurant des bonnes conditions de travail por ses employés ainsi que de la satisfaction des clients. Autant pour les particuliers que les entreprises, ils offrent un service journalier de livraison en circuit court à l'aide de leur vélo, vélo-cargo et remorque. Livraison de repas, courses, transport de froid, plis et colis, atelier de réparation de vélo les Coursiers nantais innovent, et pédalent durable et socialement responsable pour livrer les colis. Rapide, efficace et écoresponsable, une belle initiative !

COWORKING

LABEL ESCALE COWORKING

57, rue du Maréchal Joffre ✆ 07 77 83 61 99
Accès en train : 5 min à pied de la Gare Nord. Bus, lignes : C1, C6, 11, 12. Busway : 4. Tram : 1 - www.label-escale.fr
Ouvert du lundi au vendredi de 9h à 17h30. Privatisation sur devis pour événements soir ou week-end.

Bientôt 5 ans que Label Escale accueille des travailleurs nomades et des événements d'entreprises. Dans ce coffee shop cocooning, on se sent comme à la maison. On y retrouve l'ambiance d'un café avec tous les équipements nécessaires pour un coworking efficace. On choisit de venir à l'heure ou à la journée, seul ou à plusieurs avec les boissons incluses et en illimitée. Le café est leur spécialité, alors on peut savourer latte, flat white, cappuccino et même macchiato pour booster sa productivité. Pour une pause gourmande, il existe des formules végétariennes et sans gluten. Jessica, Melaine, Manon, Arnaud ainsi que l'ensemble de l'équipe sont très à l'écoute. Une douce escale !

NEW

SERVICES AUX ENTREPRISES

CROISIERES SAINT FELIX

84, quai de la fosse ✆ 06 62 05 64 86
croisieressaintfelix.fr
Ouvert tous les jours de 10h à 18h. Croisières de 270 € à 840 €. Devis sur demande. Accueil jusqu'à 40 personnes.

Pour l'organisation de vos événements, avez-vous penser à louer un bateau ? Les Croisières Saint-Félix proposent plusieurs parcours de 1h à 2h. Tout comme il est possible de construire son parcours sur mesure. Laissez-vous donc tenter par une balade sur l'eau afin de ravir vos collaborateurs ou convives. Ces jolies expériences peuvent s'accompagner de diverses dégustations. Que ce soit sous forme de pique-nique concocté par la Maison Arlot Cheng, de buffets cuisinés par le traiteur nantais Délicatessaine ou encore de dégustation de vins savoureux en provenance du domaine des Trois Toits ! Selon les besoins de chacun, il est possible de disposer d'un micro ou d'une source de sonorisation.

COWORKING

LA CANTINE NUMERIQUE

40, Rue de la Tour d'Auvergne
✆ 02 40 75 96 22
www.lacantine.co
Ouvert du lundi au vendredi de 9h à 18h.

Voici une étape incontournable pour toute personne souhaitant se faire un réseau dans la tech (en force à Nantes !) et qui apprécie le travail collaboratif. Située sur l'Île de Nantes, cette association a un bel espace de coworking. Forte de 250 adhérents, des start-up, des agences, des indépendants, des écoles et des réseaux professionnels, elle aide les communautés qui innovent. Ses enjeux ? La Cantine est un espace de diffusion, de partage, de savoirs et d'idées. Les évènements et les programmes d'accompagnement y foisonnent C'est aussi un haut lieu de la Nantes Digital Week, le festival du numérique pour tous qui a lieu à la rentrée de septembre. Un des plus rassembleurs de France.

ENSEIGNEMENT

AUDENCIA SCIENCES COM

41, Boulevard de la Prairie-au-Duc ✆ 02 40 44 90 00 - Bus C5 - Arrêt Gare de l'État ; Tramway ligne 1 - arrêt Chantiers navals ou Médiathèque ; Bicloo - station Prairie au Duc n° 45
https://sciencescom.audencia.com/
Ouvert du lundi au vendredi de 8h à 19h.

Fondé en 1984, Audencia Sciences Com est un établissement d'enseignement supérieur spécialisé dans la communication et les médias qui fait partie du groupe Audencia. Il s'adresse aux jeunes diplômés avec des formations médias ou communication, bac + 2 à bac + 5. Les jeunes valident ainsi leurs compétences en com' (PME et institutions, international, citoyenneté et promotion des territoires, image corporate, communication de marque et marketing digital...) ou en médias (journalisme et production de contenus, management des médias, médias numériques). A noter également : de nombreux séminaires, stages, cursus effectués dans les écoles partenaires permettent une ouverture à l'international.

ORGANISME DE FORMATION

CNAM PAYS DE LA LOIRE

25, boulevard Guy Mollet ✆ 02 40 16 10 95
www.cnam-paysdelaloire.fr/nantes/
Ouvert le lundi et du mercredi au vendredi de 9h à 12h15 et de 14h à 18h ; le mardi de 9h à 11h et de 14h à 18h. Le samedi (sauf juillet/août) de 9h à 12h. En dehors de ces créneaux, les entretiens se font sur rendez-vous.

Le Cnam Pays de la Loire, c'est l'organisme régional de référence pour acquérir de nouvelles compétences quand on souhaite évoluer dans son poste ou se reconvertir, que l'on soit demandeur d'emploi, salarié, étudiant, indépendant. Les formateurs, professionnels en entreprise, sont à la pointe de l'actualité et sont là pour nous transmettre le goût de l'innovation et du plaisir d'apprendre ou de réapprendre. Des centaines de formations sont prodiguées dans tous les secteurs d'activités. Tertiaire, industrie, services. Elles sont réalisées en alternance, à distance, ou en centre. On peut aussi préparer un bilan de compétences ou une validation des acquis de l'expérience...

ETUDIANTS

CENTRE D'INFORMATION ET D'ORIENTATION (CIO)

34, rue du Fresche-Blanc ✆ 02 40 94 00 12
http://cio44.ac-nantes.fr/spip/
Ouvert du lundi au vendredi de 9h à 12h et de 13h30 à 17h.

Jeunes et moins jeunes peuvent consulter sur place une documentation extrêmement complète et trouver, dans ce centre de ressources documentaires, une information sur les métiers, établissements, formations et diplômes existants. Côté orientation, il est également possible de réaliser un entretien individuel avec un conseiller d'orientation-psychologue ou encore d'utiliser les logiciels d'aide mis à disposition. Ici on avance dans sa réflexion personnelle sur le sujet d'un choix professionnel. Un passage obligatoire et crucial pour définir son futur dans le monde du travail.

ETUDIANTS

CRIJ

37, rue Saint Léonard
✆ 02 51 72 94 50
www.infos-jeunes.fr
Ouvert le mardi, le mercredi et le vendredi de 14h à 18h.

Faire votre CV, vous servir d'Internet, consulter une base de données de plus de mille dossiers thématiques consacrés en grande partie aux métiers mais aussi au sport, à la vie quotidienne, à la législation, à la pratique d'une activité culturelle ou sportive, aux loisirs, à la défense de ses droits, c'est possible gratuitement dans les locaux du Centre Régional Information Jeunesse. Ajoutez à cela des petites annonces (emploi, volontariat et logement), et vous saurez qu'il faut s'y rendre sans tarder ! S'y déroulent également des évènements : ateliers job, réunions collectives (adopte un coloc), formations (baby-sitting dating) ou encore rencontres jeunes/employeurs.

ENSEIGNEMENT

CINÉCRÉATIS

6, rue René Siegfried ✆ 02 40 74 00 32
www.cinecreatis.net
Ouvert du lundi au vendredi de 8h à 18h.

Depuis 2013, sur un campus de 2 600 m², CinéCréatis a le double avantage de se situer sur l'île de Nantes en même temps que de posséder une résidence étudiante, l'Artémisia. Créée par Jean Coindet il y a 20 ans, elle forme les futurs professionnels de l'audiovisuel, des métiers du cinéma et des nouvelles technologies de l'image. Tous les équipements de haute qualité inhérents à une formation performante, dont un plateau de tournage de 300 m², des box son et montage, sont proposés. La formation audiovisuelle de 3 ans permet d'acquérir et de développer de solides connaissances, un véritable savoir-faire, de la créativité ainsi qu'un bon relationnel. Sélection post Bac sur dossier et entretien.

ETUDIANTS

CROUS

2, boulevard Guy Mollet ✆ 02 30 06 02 44
www.crous-nantes.fr
Ouvert du lundi au vendredi de 9h à 17h. Accueil téléphonique aux mêmes heures.

Le Crous de Nantes, c'est la seconde maison des étudiants sur Nantes, 630 personnes y sont à leur service. Objectifs : obtenir une bourse, trouver un logement, un travail, se restaurer dans les restaurants universitaires, solliciter une aide à la création culturelle. L'accueil des étudiants étrangers fait aussi partie de ses prérogatives. Le Crous est également un excellent relais pour glaner des informations pratiques sur la vie étudiante et se trouve désormais sur Facebook ! Une adresse particulièrement précieuse lorsqu'on entame sa première année dans le supérieur. Futé, sur leur site, le bilan actualisé chaque jour des logements et jobs proposés par ce service de l'État.

ENSEIGNEMENT

ÉCOLE NATIONALE SUPÉRIEURE D'ARCHITECTURE (ENSA)

6, quai François Mitterrand ✆ 02 40 16 01 21
www.nantes.archi.fr
Ouvert le lundi, mardi et vendredi de 7h30 à 21h ; le mercredi de 7h30 à 23h ; le samedi de 8h à 18h ; de 7h30 à 00h.

Cet établissement public compte parmi les 20 écoles françaises qui préparent les étudiants au diplôme d'État d'architecte. Plusieurs cycles y sont proposés menant à une licence, un master, une certification professionnelle ou un doctorat. On peut citer le DPEA architecture navale ou scénographe, le M2 professionnel « Villes et territoires » ou le double cursus architecte-ingénieur. Ancrée dans la vie urbaine face à la Loire sur de l'île de Nantes, l'école au bâtiment conçu en 2008 par Lacaton & Vassal, est assurément un pilier incontournable du quartier de la Création.

ENSEIGNEMENT

ECOLE SUPERIEURE DES BEAUX ARTS

2, allée Frida Kahlo ✆ 02 55 58 65 00
www.beauxartsnantes.fr
Ouvert le lundi et le mardi de 9h à 17h ; du mercredi au vendredi de 9h à 18h ; le samedi de 14h à 18h.

L'établissement dispose de salles de cours, de grands plateaux, de coursives, d'un amphithéâtre, d'une bibliothèque, d'une galerie d'exposition, d'une épicerie solidaire, dans un décor faisant la part belle à la transparence et aux éléments industriels passés. Équipé d'une table circulaire pour le moins grande et originale, le grand parvis de l'école a vocation à devenir un espace public. Un autre objectif est de mutualiser et de créer des projets communs avec les écoles voisines (archi, pôles des arts graphiques). Ce site permet ainsi à l'école d'accroître ses effectifs.

ENSEIGNEMENT

ESDM

16, rue de la Rainière
✆ 02 72 25 69 80
http://www.esdm-formation.fr
Ouvert du lundi au vendredi de 8h30 à 18h.

L'ESDM (École nantaise du développement durable et du management) est une école de commerce qui propose une approche différente via le prisme du développement durable. En effet, se différencier sur le marché du travail avec un cursus dans l'écologie est un atout majeur aujourd'hui. Les formations proposées vont du BTS au Master, et le diplôme est reconnu par l'État. Le point fort de cette école est l'alternance. De plus, une équipe spécialisée dans la formation et toujours à l'écoute saura vous accompagner au mieux dans vos projets professionnels. La pédagogie est au cœur du projet, chère à Arnaud Charon, le directeur de l'établissement. Le campus ne cesse de se développer.

ORGANISME DE FORMATION

GRETA-CFA

16, Rue Dufour
✆ 02 40 14 56 56
Du lundi au vendredi de 8h à 12h15 et de 13h30 à 17h30.

Opérateur de formation public connu sur la Loire-Atlantique, le GRETA est présent sur 4 sites sur le département, Nantes (Jean Moulin), Saint-Herblain, Chateaubriant, Saint-Nazaire. En 2022, il a formé 3 500 stagiaires. Dans de nombreux secteurs d'activité : bâtiment, gestion, industrie, management-RH, prévention-sécurité, santé-social, transport, commerce, hôtellerie-restauration, langues, secrétariat, informatique... Il apporte des réponses, avec des formations certifiantes, du CAP au BTS, licences professionnelles, Validation des Acquis de l'Expérience, bilan de compétences, conseil aux entreprises, formations sur mesure. Un acteur incontournable dans le secteur de la formation.

ENSEIGNEMENT

L'ÉCOLE DE DESIGN DE NANTES ATLANTIQUE (EDNA)

61, Boulevard de la Prairie au Duc ✆ 02 51 13 50 70
www.lecolededesign.com

Cet établissement privé dédié aux métiers du design s'est établi sur l'île de Nantes. Il s'attelle à professionnaliser les métiers de la création et à promouvoir le design comme valeur économique, processus d'innovation et d'évolution des enjeux socio-économiques. Les formations de premier cycle permettent de développer créativité et culture générale tout en faisant acquérir une culture professionnelle. Le cycle Master divisé en 5 programmes thématiques mène à l'obtention du diplôme de design reconnu par l'État. L'école se distingue par ses services aux entreprises, son engagement au sein de son territoire et son ouverture à l'international. Les cours de certains programmes sont en anglais.

ENSEIGNEMENT

LYCÉE AGRICOLE LE GRAND BLOTTEREAU

34, chemin du Ponceau
✆ 02 40 49 39 98 - Tram 1 - Arrêt Mairie de Doulon
www.lyceehorticole-nantes.fr
Ouvert du lundi au vendredi de 8h à 17h.

Ce lycée accueille les jeunes de la 3e au BTS et les adultes qui s'intéressent aux métiers verts. Partisans du jardin à l'anglaise, japonais ou méditerranéen, ils sont formés sur les structures de la ville, espaces verts et serres, pépinières, parcs paysagers. L'enseignement s'articule autour de matières générales et scientifiques. Le lycée propose également un module de découverte des métiers de l'horticulture et du paysage dont l'objectif est de faire connaître le secteur horticole aux élèves des classes de 4e et de 3e. Niveau final : de l'ouvrier qualifié à l'ingénieur.

MAIRIE - COLLECTIVITÉ LOCALE

NANTES MÉTROPOLE

2, cours du Champ de Mars ✆ 02 40 99 48 48
https://metropole.nantes.fr
Accueil ouvert du lundi au vendredi de 9h à 18h. Par téléphone du lundi au vendredi de 8h30 à 18h.

Cette entité regroupe la métropole nantaise, c'est-à-dire Nantes et les 24 communes alentour, soit plus de 656 000 habitants, des espaces naturels, agricoles et urbains. Elle gère entre autres le transport, les déchets et l'aménagement urbain. Ainsi le nouveau MIN transféré à Rezé a vu le jour en février 2019 et la nouvelle gare de Nantes en novembre 2020. À l'horizon 2025, c'est le CHU sur l'île de Nantes qui impactera le cœur de la ville. Mentionnons également les 8 lignes de Chronobus ou encore la Maison de l'Emploi regroupant les services utiles aux demandeurs d'emploi ainsi qu'aux créateurs d'entreprises. À noter, la plateforme Web dédiée aux entreprises en partenariat avec la CCI.

COLLECTIVITÉ LOCALE

CONSEIL DEPARTEMENTAL DE LOIRE-ATLANTIQUE

3, quai Ceineray ✆ 02 40 99 10 00
www.loire-atlantique.fr
Ouvert du lundi au vendredi de 8h30 à 18h30.

Présidé par Michel Ménard depuis 2021, le Conseil départemental est composé de 62 élus pour les 31 cantons de Loire-Atlantique. Le dynamique Conseil départemental de Loire-Atlantique est à l'origine de nombreuses réalisations et partenariats dans des domaines diversifiés : le développement des circuits courts et le manger local, l'agriculture dynamique, diversifiée et durable, l'équipement numérique des territoires, le sport pour tous. Il a également d'autres missions : personnes âgées, personnes handicapées, ressources et milieux naturels, mers, culture et patrimoine, etc.

COLLECTIVITÉ LOCALE

CONSEIL RÉGIONAL DES PAYS DE LA LOIRE

1, rue de la Loire
✆ 02 28 20 50 00
www.paysdelaloire.fr
Ouvert du lundi au vendredi de 8h30 à 18h30.

Le Conseil régional compte 93 élus avec à sa tête Christelle Morançais depuis octobre 2017. L'administration des Pays de la Loire, composée de plus de 3 000 agents, est au service de la vie quotidienne des Ligériens : transport, éducation, formation, apprentissage, insertion sociale, développement économique, aménagement du territoire, culture, recherche, innovation… Elle dispose également d'une compétence exclusive en matière d'aides aux entreprises. En outre, elle participe à la réhabilitation de logements sociaux et encourage la création de logements pour les étudiants.

ADMINISTRATION - SERVICE PUBLIC

CCI NANTES

16, quai Ernest-Renaud ✆ 02 40 44 60 00
www.nantesstnazaire.cci.fr
Ouvert du lundi au jeudi de 8h30 à 17h30 ; le vendredi de 9h à 17h.

La Chambre du commerce et de l'industrie est un établissement public. C'est l'interlocuteur privilégié de toutes les entreprises régionales. Au fait de l'actualité du monde de l'entreprenariat, elle conseille, échange sur les créations, reprises et cessations d'activité. Elle organise des rencontres thématiques. Elle soutient les collectivités territoriales pour les grands investissements (aéroport international, autoroutes de la mer...) afin d'offrir aux entreprises un environnement adéquat. Elle propose ses services aux entreprises qui veulent s'ouvrir à l'international ou développer des projets sur la transition écologique ou numérique. Des formations et location de salles sont possibles.

ADMINISTRATION - SERVICE PUBLIC

ESPACE ACCUEIL NGE

14-16, rue Racine ✆ 02 51 84 94 51
www.nge-nantes.fr
Ouvert du lundi au vendredi de 8h30 à 18h. Souscription et renouvellement d'abonnement sur rdv ou en ligne.

Acteur majeur de la métropole nantaise dans le stationnement, les loisirs et le tourisme, Nantes Gestion Équipement accueille chaque année plus de 3 millions d'usagers au sein de ses différentes structures : piscine et patinoire du Petit Port, camping de Nantes et mini golf, ports de plaisance, parkings. Les 7 parkings couverts (Cathédrale, Commerce, Decré-Bouffay, Feydeau, Graslin, Talensac, et Tour Bretagne), et les 11 parcs en enclos (Baco-Lu 1 & 2, Bellamy, Chantiers navals, Château, CHU 1 & 2, Les Fonderies, Gloriette 1 & 2 et Hôtel Dieu) proposent plus de 6 000 places. Le parking sur 6 niveaux, Porte de Vertou a doublé la capacité de stationnement avec ses 1 000 places.

MAIRIE - COLLECTIVITÉ LOCALE

MAIRIE DE NANTES

29, rue de Strasbourg ✆ 02 40 41 90 00
https://metropole.nantes.fr/
Accueil lundi à vendredi de 9h à 17h30, samedi de 9h à 12h. Allonantes lundi à vendredi de 8h à 19h, samedi de 8h à 13h.

La mairie est un lieu central, où Johanna Rolland, maire de la ville, travaille avec ses 69 conseillers municipaux. Ils ont leur bureau dans le bâtiment Derval, le siège historique, où se situent les mariages. Depuis 1979, la mairie a pris ses quartiers dans des annexes, rue de Strasbourg pour accueillir son public. Attestation d'accueil, changement de nom, dossier de mariage, on peut y demander un acte d'état civil ou des informations sur la ville. Avec un Conseil nantais de la nuit, pour l'accessibilité universelle ou la jeunesse, la Ville recueille des avis éclairés pour prendre en compte les besoins des publics. On accède aux services sur place, grâce au site Internet ou via Allonantes.

HANDICAP

APAJH44

12, rue de Clermont
✆ 02 40 14 04 71
www.apajh44.org/fr/
Ouvert du lundi au vendredi de 9h à 18h.

Organisme laïc à but non lucratif fondé en 1970, l'Association pour adultes et jeunes handicapés de Loire-Atlantique milite pour l'inclusion des personnes handicapées avec une attention particulière portée à l'intégration scolaire. Elle accueille des personnes présentant toutes formes de handicap : sensoriel, moteur, intellectuel, polyhandicap. Concrètement, elle accompagne 800 usagers, grâce à l'action de 450 salariés répartis dans 21 établissements et services, implantés dans les agglomérations nantaise et nazairienne. Parallèlement, elle a créé le Festival Handiclap qui, en 2021, prend la forme d'un parcours : 1 exposition et 7 spectacles à Nantes et agglomération entre mars et juillet.

NEW SOLIDARITÉ - ENTRAIDE

BOUTIQUE SINGA NANTES

13, Bd des Martyrs Nantais de la Résistance
Ouvert du mardi au samedi de 14h à 19h. Boisson à base d'hibiscus, 5 € la bouteille.

Singa, association internationale qui favorise l'inclusion des nouveaux arrivants, est installée dans la galerie du réemploi et solidaire du Wattignies. Elle accompagne dans la création d'entreprises ou d'associations. Les entrepreneurs peuvent vendre leurs produits artisanaux dans la jolie boutique tenue par Isabelle Grude. Infusions d'hibiscus, de gingembre, pulpe de baobab, cosmétiques à base d'argan du Maroc, vêtements franco-tunisiens, textiles indiens et bijoux, produits ukrainiens..., le lieu célèbre les migrations et les projets. Les prix sont accessibles. Singa anime des soirées de jeux de société. Ne manquez pas l'association au marché de printemps en mars.

ENTRAIDE

LES BUREAUX DU COEUR

35, Rue Jules Verne - **ORVAULT** ✆ 09 72 35 68 71
www.bureauxducoeur.org
Dons possibles pour les particuliers (50 € = 6 nuits Bureaux des cœurs. 100 € = nuits Bureaux des cœurs)

Les Bureaux du Cœur, c'est une association dont l'objectif est de favoriser le logement de personnes en grande précarité et de les inviter. Elles sont hébergées au sein des bureaux des membres entreprises nommés les hôtes, le soir et le week-end. Leurs bureaux étant chauffés et équipés (cuisine, WC, lavabos, souvent douche), le Centre des Jeunes Dirigeants de Nantes a décidé d'accueillir des personnes en précarité dans leur locaux une fois qu'ils ne sont plus utilisés. Encadré par des règles bien précises, cet accueil permet à des personnes d'accéder à un logement individuel, de se rapprocher du monde de l'entreprise, de se socialiser, de bénéficier de la solidarité des collaborateurs...

RECHERCHE D'EMPLOI

DECOLL'TON JOB

64, bis rue Emile Zola - **REZÉ** ✆ 07 82 00 51 40
www.decolltonjob.fr/
Ouvert du lundi au vendredi de 9h à 12h et de 14h à 17h.

Depuis 2017, cette association, présidée par Olivia Delezinier, aide les citoyens en recherche d'emploi. Déposés chez les commerçants, les panneaux bleus facilement identifiables avec le logo de la fusée en phase de décollage, recense des offres et demandes d'emploi locales. L'association facilite ainsi la mise en réseau des demandeurs d'emplois et des employeurs du territoire. Décoll'ton job c'est le circuit-court de l'emploi basé sur la proximité des commerçants, des habitants d'un quartier pour démultiplier un réseau local et efficace. 70 bénévoles et 400 commerçants, associations ou lieux relais font vivre ces panneaux de diffusion d'offres d'emploi qui redonnent opportunités et espoirs.

EMPLOI - FORMATION

FACE LOIRE-ATLANTIQUE

1, avenue de l'Angevinière
SAINT-HERBLAIN
✆ 02 28 08 10 41
Ouvert du lundi au vendredi de 9h à 17h30.

L'association FACE Loire-Atlantique (Fondation Agir Contre l'Exclusion) est un réseau de 200 entreprises actives sur le département. Créée en 2006, elle a pour objectif de lutter contre toute forme d'exclusion et discriminations, de favoriser l'accès et le retour à l'emploi durable, et ce par la mobilisation des entreprises et des partenaires du territoire. L'association conduit des actions d'inclusion et de diversité autour de 5 domaines : l'emploi, l'éducation, l'entreprise, la médiation sociale et numérique et le territoire. L'association accompagne des personnes sur le chemin de l'emploi. Elle intervient dans les collèges pour la recherche de stages et encourager la mixité des métiers.

SOLIDARITÉ - ENTRAIDE

FONDATION D'AUTEUIL

Rue de la Loire - **BOUGUENAIS**
✆ 02 40 86 32 83
Paniers saisonniers (avril-septembre) le jeudi de 12h30 à 14h et le vendredi de 12h à 17h30.

Sur le 44, le Pôle Formation et Insertion PDL des Apprentis d'Auteuil, permet des parcours de remobilisation et de formations innovants. Avec les Jardiniers d'Auteuil, les jeunes sans emploi ni diplôme, profitent d'une action de formation pré-qualifiante grâce aux métiers du végétal : en maraîchage bio et entretien des espaces verts. Le Lanceur à business est une action d'accompagnement à l'entreprenariat pour les 18-30 ans, peu ou pas diplômés. Le Pôle formation est à Bouguenais. Le Potager de St Julien est un chantier d'insertion en maraîchage bio, combinant emploi, formation et accompagnement pro pour une insertion durable. Chaque semaine, des paniers de fruits et légumes sont proposés.